böhlau

Christoph Wiederkehr, Clemens Ableidinger (Hg.)

175 Jahre 1848

Liberalismus in Wien von 1848 bis heute

BÖHLAU

Gedruckt mit freundlicher Unterstützung des NEOS Lab

Bibliografische Information der Deutschen Nationalbibliothek:
Die Deutsche Nationalbibliothek verzeichnet diese Publikation in der Deutschen Nationalbibliografie;
detaillierte bibliografische Daten sind im Internet über https://dnb.de abrufbar.

© 2024 Böhlau, Zeltgasse 1, A-1080 Wien, ein Imprint der Brill-Gruppe
(Koninklijke Brill BV, Leiden, Niederlande; Brill USA Inc., Boston MA, USA; Brill Asia Pte Ltd, Singapore;
Brill Deutschland GmbH, Paderborn, Deutschland; Brill Österreich GmbH, Wien, Österreich)
Koninklijke Brill BV umfasst die Imprints Brill, Brill Nijhoff, Brill Schöningh, Brill Fink,
Brill mentis, Brill Wageningen Academic, Vandenhoeck & Ruprecht, Böhlau und V&R unipress.

Alle Rechte vorbehalten. Das Werk und seine Teile sind urheberrechtlich geschützt.
Jede Verwertung in anderen als den gesetzlich zugelassenen Fällen bedarf der vorherigen schriftlichen
Einwilligung des Verlages.

Umschlagabbildung: © Stefan Schett x Midjourney AI.
Umschlaggestaltung: Michael Haderer, Wien
Satz: le-tex publishing services, Leipzig
Druck und Bindung: Hubert & Co, Ergolding
Printed in the EU

Vandenhoeck & Ruprecht Verlage | www.vandenhoeck-ruprecht-verlage.com
ISBN 978-3-205-22036-7

Christoph Wiederkehr, Clemens Ableidinger (Hg.)

175 Jahre 1848

Liberalismus in Wien von 1848 bis heute

BÖHLAU

Gedruckt mit freundlicher Unterstützung des NEOS Lab

Bibliografische Information der Deutschen Nationalbibliothek:
Die Deutsche Nationalbibliothek verzeichnet diese Publikation in der Deutschen Nationalbibliografie;
detaillierte bibliografische Daten sind im Internet über https://dnb.de abrufbar.

© 2024 Böhlau, Zeltgasse 1, A-1080 Wien, ein Imprint der Brill-Gruppe
(Koninklijke Brill BV, Leiden, Niederlande; Brill USA Inc., Boston MA, USA; Brill Asia Pte Ltd, Singapore;
Brill Deutschland GmbH, Paderborn, Deutschland; Brill Österreich GmbH, Wien, Österreich)
Koninklijke Brill BV umfasst die Imprints Brill, Brill Nijhoff, Brill Schöningh, Brill Fink,
Brill mentis, Brill Wageningen Academic, Vandenhoeck & Ruprecht, Böhlau und V&R unipress.

Alle Rechte vorbehalten. Das Werk und seine Teile sind urheberrechtlich geschützt.
Jede Verwertung in anderen als den gesetzlich zugelassenen Fällen bedarf der vorherigen schriftlichen
Einwilligung des Verlages.

Umschlagabbildung: © Stefan Schett x Midjourney AI.
Umschlaggestaltung: Michael Haderer, Wien
Satz: le-tex publishing services, Leipzig
Druck und Bindung: Hubert & Co, Ergolding
Printed in the EU

Vandenhoeck & Ruprecht Verlage | www.vandenhoeck-ruprecht-verlage.com
ISBN 978-3-205-22036-7

Inhalt

Clemens Ableidinger, Christoph Wiederkehr
Einleitung: 175 Jahre 1848 – 175 Jahre liberales Wien?...................... 7

I. Rückblicke

Pieter M. Judson
Die Bedeutung der österreichischen Liberalen. Das Jahr 1848 und sein Erbe 19

Gabriella Hauch
Wien 1848: Akteurinnen der Revolution 33

Jana Osterkamp
Nationale Gerechtigkeit im Vielvölkerstaat. Eine revolutionäre Idee
des Jahres 1848 für Europa 45

Wolfgang Häusler
Zum Tod verurteilt, vertrieben, vergessen: Vom Leben und Wirken
österreichischer revolutionärer Demokraten 1848 59

Tamara Ehs
Demokratie als Privileg. Ausschluss von politischer Teilhabe 1848 – und heute? .. 81

Andreas Pittler
Universalgenie, Macher, Bürgermeister: Zu Leben und Wirken von
Cajetan Felder (1814–1894) 95

Pablo Vivanco
Liberale Kulturen der Erinnerung am 50. Jahrestag der Märzaufstände.
Wiener Sozialdemokraten, Liberale und Sozialpolitiker und
die Bedeutung des „13. März 1848" als Kollektivsymbol...................... 107

Janek Wasserman
Austroliberalismus während der Ersten Republik: Die Österreichische
Schule der Nationalökonomie in der Zwischenkriegszeit..................... 119

Anton Pelinka
Politischer Liberalismus nach 1945 129

Alfred Gerstl
Liberalismus in der österreichischen Politik nach 1945: Lange Zeit
ungeliebt und heimatlos 135

II. Einblicke

Manfried Welan
175 Jahre Wiener Revolution: Plädoyer für Freiheitsforschung 151

Friedhelm Frischenschlager
Politischer Liberalismus in der Zweiten Republik 159

Beate Meinl-Reisinger
Freiheit und Selbstbestimmung mehr denn je 201

III. Ausblicke

Philipp Blom
1848 — mehr Parallelen als uns lieb ist? 207

Christoph Wiederkehr
Prinzip Wien: Ein liberales Credo 221

Autor*innenverzeichnis 231

Clemens Ableidinger, Christoph Wiederkehr

Einleitung: 175 Jahre 1848 – 175 Jahre liberales Wien?

1998 war ein besonderes Jahr. In diesem jährte sich die „bürgerliche Revolution" von 1848 zum 150. Mal. Kein Wunder also, dass es zu allerhand Feierlichkeiten kam. Sonderzüge wurden auf Reisen geschickt, Veranstaltungen gemacht, Fernsehdokumentationen produziert, ja sogar eigene Gedenkmünzen geprägt. Bedauerlicherweise galt all dieser intellektuelle Pomp und Protz nicht der Revolution, sondern der Erinnerung an Kaiserin Elisabeth, die 100 Jahre zuvor – nämlich am 10. September 1898 – ermordet worden war. An dieser Anekdote zeigt sich bereits: Das Jahr 1848 ist eines, dem in Österreich traditionellerweise eher verhalten gedacht wird. Das 175. Jubiläum im Jahr 2023 war dabei zum Glück eine Ausnahme, wenn auch nur in Nuancen.

Bereits am 13. März 2023 erinnerten die Herausgeber dieses Bandes über die sozialen Medien an den 175. Jahrestag der Rede Adolph Fischhofs im Niederösterreichischen Landhaus. Einige Tage später folgte eine vom NEOS Lab organisierte, thematisch darauf aufbauende Diskussionsrunde. Auch das Wiener Stadt- und Landesarchiv nahm sich im Rahmen dreier Veranstaltungen des Themas an. Die Freiheitliche Partei organisierte eine eintägige Veranstaltung im Palais Epstein, die jedoch personell von Politikern, nicht von Wissenschaftler:innen dominiert wurde. Von Volkspartei und Sozialdemokraten sind keine Veranstaltung bekannt, die den Schwerpunkt auf das Revolutionsjahr legten, obwohl mit der Kudlich'schen Bauernbefreiung und der erstmaligen Organisation der Arbeiter:innenschaft im Jahr 1848 beide Parteien historische Bezüge geltend machen könnten. Der guten Ordnung halber sei erwähnt, dass das Parlament am 10. Oktober 2023 einen Round-Table mit Fachleuten veranstaltete.

Damit war die öffentlichkeitswirksame Behandlung der 48er-Revolution zwar besser als vor 25 Jahren, ein bundesweit gefeiertes Gedenkjahr war es jedoch – anders als das Sisi-Jubiläum 25 Jahre zuvor – beileibe nicht. Zu Unrecht. Denn 1848 steht nicht nur für eine nur vermeintlich gescheiterte Revolution, die im März begann und im Oktober schon wieder vorbei war. Die „1848er:innen" waren die Sämänner und -frauen von Verfassung, Parlament und – im Westen der Monarchie – der rechtlichen Gleichstellung der Völker und Konfessionen. Sie standen für ein neues, selbstbewusstes Bürgertum, das an der politischen Gestaltung der Donaumonarchie mitwirken und Verantwortung übernehmen wollte und dem absolutistische Kontrolle, Zensur und Bevormundung verhasst waren.

Die revolutionären Gruppen waren jedoch nicht ohne innere Widersprüche. Mit Unverständnis reagierten Teile von diesen auf das Aufbegehren von Frauen und Arbeiter:innen. „Freiheit, Gleichheit und Brüderlichkeit" bedeutete für viele der erstgenannten vor allem den Anspruch auf politische Gleichstellung mit dem Adel, den sie aus ihrer erlangten Bildung, ihrem (Grund-)Besitz oder ihrem ökonomischen Erfolg ableiteten. Mündigkeit – wie diese sie verstanden – speiste sich aus diesen drei Quellen. Unselbstständige, Ungebildete, Besitzlose und Frauen kamen im Denken der meisten „1848er" nicht vor.

Wie im Oktober des Jahres 1848 die Revolutionen im Kaisertum Österreich ein – blutiges – Ende fanden, schloss sich 175 Jahre später auch der Kreis der Erinnerungs- und Gedenkfeiern im Oktober. Am 16. Oktober 2023 – also 175 Jahre und einen Tag nach der Ernennung des Fürsten Windisch-Graetz zum Feldmarschall, der sich auf den Weg machte, Wien militärisch einzukreisen – luden die Herausgeber dieses Bandes zur Tagung „175 Jahre liberales Wien: 1848–2023" in das in der Wiener Herrengasse gelegene Palais Niederösterreich ein, um Geschichte und Erbe der „liberal" genannten Revolutionen des Jahres 1848 zu diskutieren.

Der vorliegende Band ist aber nicht nur ein Destillat der hervorragenden Vorträge dieser dort beitragenden Expert:innen. Vielmehr soll das vorliegende Buch drei verschiedene Schlaglichter auf den österreichischen Liberalismus – oder vielleicht besser: die österreichischen Liberalismen? – werfen. Denn bereits im März 2023 – also genau 175 Jahre nach der Rede Adolph Fischhofs im Niederösterreichischen Landhaus – gingen wir bei einer Veranstaltung mit der früheren Präsidentin des Obersten Gerichtshofs Dr. Irmgard Griss und dem einstigen Verteidigungsminister Dr. Friedhelm Frischenschlager der Frage nach der Bedeutung des Jahres 1848 für die österreichische Politik nach. Wie auch das Gedenkjahr daher in unserem Veranstaltungskreis den Bogen spannte von der historischen Entwicklung, der Frage nach dem Erbe von 1848 in der Zeitgeschichte, bis hin zu den Herausforderungen an Liberalismus und liberale Demokratie heute, soll auch der vorliegende Band diese drei Sphären behandeln, durch Rückblicke, Einblicke und Ausblicke. So soll dieses Buch nicht nur eine – wissenschaftlich fundierte – Rückschau auf die Geschichte des Liberalismus seit 1848 bieten, sowie Einsichten dreier Wegbereiter:innen und Wegbegleiter:innen des österreichischen Liberalismus enthalten, sondern auch Zukunftsperspektiven auf Basis aktueller Herausforderungen entwickeln.

Liberalismus in Wien

Die historische Erforschung des österreichischen Liberalismus scheint gewissen „Konjunkturschwankungen" unterworfen zu sein. Mit wenigen Ausnahmen[1] waren es zuletzt

---

1 Jonathan *Kwan*, Liberalism and the Habsburg Monarchy. 1861–1895 (Basingstoke 2013), sowie Franz L. *Fillafer*, Habsburg Liberalisms and the Enlightenment Past, 1790–1848. In: Michael *Freeden*, Javier *Fernández Sebastián*, Jörn *Leonhard* (Hg.), In Search of European Liberalisms. Concepts, Languages, Ideologies

die 1990er Jahre bzw. die frühen 2000er, in denen grundlegende Arbeiten zur Geschichte des österreichischen Liberalismus erschienen sind.[2] Diese haben zum Teil fundamentale Einsichten, Ergänzungen und Erweiterungen des quellengestützten Wissens gebracht. Umso wichtiger erschien es den Herausgebern angesichts des 175. Jubiläums der 1848er Revolution einen kleinen Beitrag zur Aktualisierung der österreichischen Liberalismusforschung zu leisten. Dass wir uns dafür auf das Wissen, die Erfahrung und nicht zuletzt die Unterstützung vieler Menschen verlassen durften, dafür wollen wir uns ausdrücklich bedanken. Ganz besonderer Dank gebührt vor allem den Mitwirkenden an den Veranstaltungen sowie den Beiträger:innen dieses Sammelbandes.

Doch warum sich mit der Geschichte und dem Erbe des Jahres 1848 überhaupt beschäftigen? Bestätigt das verschämte Gedenken in Österreich nicht genau die Annahme, dass die Revolution im Grunde gescheitert ist? Stimmt denn nicht, wie der britische Historiker George M. Trevelyan (1876–1962) schrieb: „The year 1848 was the turning point at which modern history failed to turn."?[3]

Ja und nein. Unmittelbar widerstanden weder die Revolution, noch ein Großteil ihrer Errungenschaften der blutigen Niederschlagung durch die Vertreter der Restauration.[4] Wendet man den Blick jedoch ab von den unmittelbaren Ereignissen der Jahre 1848 und 1849 und richtet ihn auf die folgenden Jahre und Jahrzehnte zeigt sich ein anderes Bild.[5] Denn nicht nur die „Bauernbefreiung" genannte Beendigung der Grundherrschaft war ein bleibendes Verdienst der Revolutionäre – allen voran Hans Kudlich (1823–1917) – sondern schon in der Phase des Neoabsolutismus erfolgte eine teilweise Umsetzung des liberalen Programms, wenn auch unter Ausschluss jedweder politischer Beteiligung breiter Bevölkerungsschichten. Denn die nötige Modernisierung der Habsburgischen Verwaltung erforderte die Rekrutierung juristisch geschulter Beamter, die nun wiederrum vor allem jenen bürgerlichen Kreisen entstammten, die sich mit den Werten der „1848er" identifizierten. Zu diesen Reformen zählte nichts Geringeres als die Ga-

---

(New York 2019) 37–71; und Wolfgang *Häusler*, Ideen können nicht erschossen werden. Revolution und Demokratie in Österreich 1789–1848–1918 (Wien, Graz, Klagenfurt 2017).

2 Darunter Pieter *Judson*, Exclusive Revolutionaries. Liberal Politics, Social Experience, and National Identity in the Austrian Empire, 1848–1914 (Ann Arbor 1996); Leopold *Kammerhofer* (Hg.), Studien zum Deutschliberalismus in Zisleithanien 1873–1879. Herrschaftsfundierung und Organisationsformen des politischen Liberalismus (Wien 1992); Lothar *Höbelt*, Kornblume und Kaiseradler. Die deutschfreiheitlichen Parteien Altösterreichs 1882–1918 (Wien 1993); oder auch Emil *Brix*, Wolfgang *Mantl* (Hg.), Liberalismus. Interpretationen und Perspektiven (Wien, Graz 1996).

3 Zitiert nach Carl *Wittke*, The German Forty-Eighters in America: A Centennial Appraisal. In: The American Historical Review LIII/4 (1948) 711–725, hier: 711.

4 Worauf auch Philipp *Blom* in seinem Beitrag in diesem Band hinweist.

5 Siehe hierzu Pieter *Judsons* Beitrag in diesem Band, sowie sein Buch Exclusive Revolutionaries. Liberal Politics, Social Experience, and National Identity in the Austrian Empire, 1848–1914 (Ann Arbor 1996).

rantie der Lehr- und Lernfreiheit an den Universitäten, die als „Thun Hohenstein'sche Universitätsreform" in die Geschichte einging.[6]

Als Reichs- Haupt- und Residenzstadt, sowie – auch deswegen – als zentraler Ort der Revolution des Jahres 1848 ist die Stadt Wien auch für die Geschichte des österreichischen Liberalismus bedeutsam. Hier hielt Adolph Fischhof seine Rede, die zum Katalysator der Revolution werden sollte. Hier – zunächst in der Winterreitschule – tagte zum ersten Mal ein Parlament. Hier regierte zwischen 1867 und 1870 das „Bürgerministerium", also die erste liberale Regierung der Habsburgermonarchie, die wesentliche Gesetze zur Verbesserung des Schulsystems, zur Entkonfessionalisierung des Staates, sowie zur Kontrolle von Regierung und Verwaltung erließ. Diese Liste lässt sich auch auf kommunaler Ebene fortsetzen. Denn hier in Wien regieren bis in das Jahr 1895 liberale Bürgermeister. Aus all diesen Gründen schien es uns folgerichtig Wien im Titel eines Buches über den österreichischen Liberalismus prominent zu positionieren.

Rückblicke

Am Beginn des historisch-wissenschaftlichen Abschnitts steht Pieter Judsons Beitrag über die Bedeutung und das Erbe des Jahres 1848 bzw. der Liberalen in Österreich. Er nimmt darin eine wesentliche Korrektur der Bedeutung des Jahres für die österreichische Geschichte vor.[7] Die 1848er Revolution war in der Habsburgermonarchie nicht nur ein Echo der Erhebungen in anderen, westeuropäischen Staaten, sondern leistete im Gegenteil einen originären Beitrag zur Geschichte von Liberalismus und Demokratie. Ebenso weist er auf den meist unterschätzten Umstand hin, dass es nicht nur *ein* „1848" gab, sondern, dass in dieser revolutionären Erhebung eine Vielzahl an Akteur:innen, Akteursgruppen, „Klassen", Konfessionen und Ethnien ihre Anliegen formulierten oder sich erstmals politisch organisierten.

Bürgerrevolution, Völkerfrühling, Konstitutionalisierung, Parlamentarismus. Diese Themen dominieren – in unterschiedlichen Akzentuierungen und Bewertungen – die Geschichtsschreibung über das Jahr 1848. Das Revolutionsjahr ist aber auch darüber hinaus bedeutsam. Das Ende der Zensur und das Fehlen rechtlicher Schranken im Vereinswesen, ermöglichte auch einen offenen und umfassenden Diskurs über Frauenrechte, Gleichberechtigung und Emanzipation, welcher selbstverständlich von Frauen mitgestaltet wurde. „In Wien sind, neben Paris, die umfassendsten [von Frauen selbst

---

6 Siehe Christof *Aichner*, Brigitte *Mazohl* (Hg.), Die Thun-Hohenstein'schen Universitätsreformen 1849–1860. Konzeption – Umsetzung – Nachwirkungen (Wien 2017).

7 Eine wichtige Aktualisierung, die Pieter *Judson* bereits mit Exclusive Revolutionaries (Ann Arbor 1996) und zuletzt in seinem monumentalen The Habsburg Empire. A New History (Cambridge MA, London 2016) geleistet hat.

artikulierten Forderungen nach Gleichstellung] während der europäischen Revolution 1848/49 zu finden", wie Gabriella Hauch in ihrem Beitrag zeigt. Von zentraler Bedeutung für die Geschlechtergeschichte(n) des Jahres 1848 ist die Gründung des „Wiener demokratischen Frauenvereins", an den ein viel zu klein geratener Gedenkstein im Wiener Volksgarten erinnert, der definitiv durch ein würdigeres Denkmal ersetzt werden sollte.[8]

Um Gleichberechtigung geht es auch in Jana Osterkamps Beitrag zur Nationalitätenfrage im Kontext von 1848. Denn die Spezifizität der „österreichischen" oder „habsburgischen" 1848er-Revolution lässt sich anhand dessen sehr gut illustrieren. Die Märzrevolution brachte eine einzigartige, im wahrsten Sinne revolutionäre Idee hervor, jene der Gleichberechtigung der Völker. Allen Erhebungen der Jahre 1848/49 war gemein, dass sie sich um das Verhältnis von Staat, Volk, Nation und Nationalitäten drehten. Die schließlich auch verfassungsrechtlich festgeschriebene Gleichberechtigung der Völker war jedoch eine mitteleuropäische Besonderheit.

Über besondere Akteure geht es im Beitrag von Wolfgang Häusler, der in einer geschichtswissenschaftlichen „Tour de Force" der Märzrevolution den radikalen, demokratischen Akteuren eine Stimme gibt. Auch in diesem spielt jedoch das Prinzip der Gleichberechtigung der Nationalitäten eine wesentliche Rolle. Dem Wirken von Hermann Jellinek, Ernst Violand und Andreas Stifft, sowie dem gespannten Verhältnis von liberalen und radikalen Revolutionären geht dieser Beitrag nach, und damit nicht zuletzt der Frage nach der Demokratie, die auch in der Habsburgermonarchie – und trotz der sukzessiven Erweiterung des Wahlrechts bis hin zum allgemeinen *Männer*wahlrecht – stets unterentwickelt blieb.

Diskussionen über Ein- und Ausschluss bestimmter Gruppen von demokratischen Prozessen beschäftigen nicht nur die heutige Politikwissenschaft im Zeitalter der Migration. Auch bei der Entwicklung von Wahlen nach dem Jahr 1848 spielten diese Fragen eine Rolle. Das Wahlrecht war kein allgemeines und gleiches, sondern im Gegenteil ein exklusives, das lediglich besitzenden und/oder gebildeten Männern vorbehalten war. Tamara Ehs analysiert am Beispiel der Stadt Wien die „Demokratie als Privileg" um 1848 und kontrastiert sie mit heutigen Wahlrechts- und Ungleichheitsdiskursen, die den Zusammenhang von Wahlrecht und Staatsbürgerschaft unabhängig vom hauptsächlichen Wohnort zunehmend in Frage zu stellen scheinen.

Es war auch diese Exklusivität des Wahlrechts, die den Liberalen im 19. Jahrhundert zu ihren Wahlsiegen verhalf. Das galt nicht nur für die Regierung des Reiches, sondern auch für die Reichs- Haupt- und Residenzstadt Wien, die zwischen 1861 und 1895 von liberalen Bürgermeistern regiert wurde. Dem prominentesten und schillerndsten unter ihnen widmet Andreas Pittler seinen Beitrag, der die Biographie dieses für die

---

8 Dieser befindet sich in der Nähe des Heldenplatz-Tors neben einer Parkbank gegenüber des Triton- und Nymphenbrunnens und ist leicht zu übersehen. Derzeit (2024) wird er jedoch restauriert.

Entwicklung der Stadt maßgeblichen Politikers nachzeichnet, der selbst – wenn auch laut eigenen Angaben wenig aktiv – an der Märzrevolution teilnahm.

Das Gedenken an 1848 war nicht immer so kleinformatig und verschämt gewesen, wie es heute erscheinen mag. Tatsächlich war die Revolution diesseits und jenseits der Leitha eine wichtige Referenz für politisch liberal, demokratisch oder sozialdemokratisch verortete Bürger:innen, wie Pablo Vivancos Beitrag über die „Märzfeiern" des Jahres 1898 in diesem Band eindrücklich zeigt. Gleichzeitig wurden dem Kaiser und seiner Regierung ein öffentliches Erinnern nach den Krawallen während der so genannten „Badeni-Krise" immer suspekter, weswegen nur mehr wenige bürgerliche Amtsträger den fünfzigsten Jahrestag der Revolution öffentlich begingen, und die Christlichsozialen um den Wiener Bürgermeister Karl Lueger diesen überhaupt – wenn auch mit einer antisemitischen Begründung – fernblieben. Das Gedenken an 1848 – wenn es der Revolution und nicht der Thronbesteigung Franz Josephs galt – war in Österreich daher stets ambivalent.

An der zunehmenden In-Frage-Stellung der liberalen Revolution lässt sich auch der Aufstieg der neuen Massenparteien – zunächst allen voran Konservative und Christlichsoziale – ablesen. Mit der Jahrhundertwende und der Luegerschen Regierung der Stadt Wien wurde daher deutlich, was schon der Regierungseintritt Eduard Taaffes angedeutet hatte: Der Liberalismus hatte seine politisch relevanteste Zeit hinter sich und sollte bis 1918 auch keine Renaissance erleben. Zumindest nicht auf der politischen Bühne. Hinter den Kulissen sah die Sache etwas anders aus.

Denn in akademischen Kreisen war liberales Gedankengut weiterhin gefragt. Janek Wasserman zeichnet die Geschichte des „Austroliberalismus" in der Zwischenkriegszeit nach, der als „Österreichische Schule der Nationalökonomie" zu einer der bestimmenden ökonomischen Denkschulen des 20. Jahrhunderts avancieren sollte und dessen Wurzeln in die Spätphase der Habsburgermonarchie zurückreichen. Wasserman behandelt die „Wachablöse" der älteren Generation der österreichischen Schule durch die jüngere, von Ludwig Mises bis Friedrich Hayek, von ihren Anfängen in der Ersten Republik bis hin zur Emigration ihrer wichtigsten Proponenten nach dem „Anschluss" Österreichs.

Die Nazi-Diktatur und die Ermordung und Vertreibung all jener Menschen, die ethnisch, weltanschaulich, politisch oder aus anderen Gründen nicht in das NS-Weltbild passten, vernichtete auch große Teile des kulturellen und intellektuellen Lebens in Österreich. Während in Deutschland allerdings auch durch personelle Kontinuitäten zur Deutschen Demokratischen Partei – z. B. in Person von Theodor Heuss – die Gründung einer liberalen oder „freisinnigen" Partie in Form der FDP vollzogen wurde, blieb eine solche Entwicklung in Österreich aus. Die drei historischen „Lager" – ÖVP, SPÖ und FPÖ – dominierten die politische Landschaft Österreichs bis zur Jahrtausendwende. Wollten sich Liberale daher politisch engagieren, mussten sie sich zwischen einer dieser Parteien entscheiden.

Mit der Frage des politischen Liberalismus in der Zweiten Republik setzen sich in diesem Band daher gleich zwei Beiträge auseinander. Der erste, von Anton Pelinka, setzt sich mit der österreichischen Besonderheit der weitgehenden Abwesenheit einer liberalen Partei auseinander. Er analysiert die spezifischen Herausforderungen, mit denen liberale Parteien in der österreichischen politischen Kultur konfrontiert sind und arbeitet die historischen Kontinuitäten und Bruchlinien heraus, die diese Herausforderungen hervorgerufen haben.

Der zweite – von Alfred Gerstl – geht dieser „Heimatlosigkeit" der Liberalen nach 1945 nach und analysiert liberale Versatzstücke in den Parteiprogrammen der Zweiten Republik. Anhand dieser zeigt sich, dass vor allem nach 1968 alle Parteien liberale Elemente in ihre Programme aufnahmen. Ein „Auswahl-Liberalismus" – wie Gerstl formuliert – der sich meist auf einzelne Themenbereiche beschränkte, wie etwa Wirtschaftsliberalismus, Bürgerrechtsliberalismus, Sozial- oder Kulturliberalismus.

Einblicke

Das weitgehende Fehlen einer sich explizit auf den Liberalismus beziehenden politischen Gruppierung im Österreich der Zweiten Republik mit der teilweisen Rezeption liberaler Versatzstücke in den drei historischen „Lagern" der österreichischen Politiklandschaft ging freilich nicht ohne das Wirken liberaler Akteur:innen vonstatten. Deren Aktivitäten und Beweggründen nachzugehen und einigen wenigen von diesen in diesem Band eine Stimme zu geben, schien uns daher wichtig, um auch die liberale Zeitgeschichte angemessen zu würdigen.

Wie auch die Beiträge von Pelinka und Gerstl zeigten, spielt die „politische Großwetterlage" eine Rolle bei der Liberalisierung der Parteien. Und zu einem gesellschaftlichen Liberalisierungsschub führte zweifellos die Dominanz der Sozialdemokratischen Partei in der so genannten „Ära Kreisky" (1970–1983). Mit der Modernisierung des Ehegesetzes, der Einführung der Fristenlösung, der Strafrechtsreform, frauen- und gleichstellungspolitischen Maßnahmen, der Entkriminalisierung von Homosexualität, sowie durch bildungspolitische Initiativen wurden Entwicklungen eingeleitet, die mit dem Dahrendorfschen Konzept eines „Liberalismus der Lebenschancen"[9] kompatibel waren. Wirtschafts- und sozialpolitisch blieb die Ära Kreisky jedoch zweifellos ihren sozialdemokratischen Wurzeln treu.

Es war daher auch der dominante, wenig innovative und ineffiziente öffentliche Sektor, sowie der Vorwurf des Bürokratismus, der in der „bürgerlichen Reichshälfte" besondere Kritik hervorriefen. Die „bunten Vögel" um den Wiener ÖVP-Chef Erhard Busek, den liberalen Publizisten Jörg Mauthe und den Juristen und Politikwissenschaftler Manfried

---

9 Ralf *Dahrendorf*, Lebenschancen. Anläufe zur sozialen und politischen Theorie (Frankfurt am Main 1979).

Welan verdankten ihren beachtlichen kommunalpolitischen Erfolg aber vor allem ihren Forderungen nach verbesserten Ökologiemaßnahmen, sowie der Identifikation der Stadterneuerung und -belebung als wichtige kommunalpolitische Felder. 1983 erreichte die – auch unter „Pro Wien" firmierende Bewegung – beachtliche 34,82 % der Stimmen. In seinem „Plädoyer für Freiheitsforschung" reflektiert Manfried Welan die 1848er Revolution, die Habsburgermonarchie und das Verhältnis von ÖVP und Liberalismus.

Zu einem Ausbruch aus dem historischen „Lagerdenken" führte schließlich die Gründung des Liberalen Forums (LIF) im Jahr 1993, das zunächst durch Austritt mehrerer Nationalratsabgeordneter – Heide Schmidt, Friedhelm Frischenschlager, Klara Motter, Thomas Barmüller, Hans Helmut Moser – aus dem Freiheitlichen Parlamentsklub geschaffen wurde und bis 1999 als eigene Fraktion dort vertreten war. Die Bedeutung des Jahres 1848 für den politischen Liberalismus in der Zweiten Republik, das Schwierige Ringen der FPÖ um eine liberale Linie in den 1970er Jahren und die Gründung des LIF, das 2014 schließlich mit NEOS fusionieren sollte, arbeitet Friedhelm Frischenschlager in seinem Beitrag heraus.

Schließlich gibt Beate Meinl-Reisinger Einblicke in die Beweggründe, die zur Gründung der NEOS führten und welche Rolle die Märzrevolution dabei (nicht) spielte. Das schwierige Verhältnis der Österreicher:innen zum „L-Wort" kommt darin ebenso zum Ausdruck, wie das demokratische Modernisierungsdefizit, welches durch die Jahrzehnte bestehende großkoalitionäre Dominanz mitverursacht wurde. Als Reformkraft, sowie als Träger der liberalen Demokratie seien liberale Parteien heute, im Angesicht des „democratic backsliding", geforderter denn je.

Ausblicke

Kurz nach dem Zerfall der UdSSR formulierte der amerikanische Politikwissenschaftler Francis Fukuyama den ursprünglich als Frage gemeinten, jedoch zu einer berüchtigten Aussage über die liberale Demokratie gewordenen Satz des „Ende[s] der Geschichte". Diese hätte durch den Zusammenbruch des Kommunismus ihre systemische Überlegenheit bewiesen, weswegen – auch durch Ablehnung einer Geschichtsteleologie – von einem tatsächlichen Ende der Geschichte gesprochen werden könnte. Dieser wohl etwas übertrieben optimistische Satz brachte Fukuyama viel Kritik ein. Und im Angesicht erstarkender Rechtspopulisten, Kapitol-Stürme, sowie „Demokratien ohne Liberalismus", die das System der liberalen Demokratie offen herausfordern, sah sich auch Francis Fukuyama selbst dazu berufen im Jahr 2022 in einem Buch dem Liberalismus und seinen Feinden nachzugehen.[10]

---

10 Francis *Fukuyama*, Liberalism and its Discontents (London 2022).

Immer häufiger werden liberale Demokratie und Liberalismus in Frage gestellt. Obwohl es publizistische Plädoyers zu seiner Verteidigung gibt[11], bleibt manchmal der Eindruck zurück, dass es sich um ein Rückzugsgefecht handelt. Ist er überhaupt im Stande mit globalen Herausforderungen wie der Klimakatastrophe, der Massenmigration oder der steigenden Ungleichheit umzugehen?

Philipp Blom formuliert in seinem stilistisch brillanten Problemaufriss über die Verwerfungen der heutigen Zeit pointiert, welche Aufgaben sich an die heutige Politik stellen. Er spannt einen Bogen von den Erhebungen der frustrierten Bürger:innen und Arbeiter:innen des Jahres 1848 zu den heutigen Problemen, die zwar ebenfalls Aktivist:innen auf die Straßen führen, jedoch noch nicht zu einer transformativen Massenerhebung angewachsen sind.

Globale Probleme haben die Angewohnheit, sich lokal zu manifestieren. In seinem „liberalen Credo" formuliert Christoph Wiederkehr daher ausgehend von Gustav Stresemanns Ausspruch, dass der Liberalismus bedeute „die Zeichen der Zeit zu erkennen und danach zu handeln" einen Auftrag an die Politik, sich den – auch von Blom formulierten – Herausforderungen zu stellen und fortschreitend an Lösungen für diese zu arbeiten. Die Basis, auf der ein solches Problemlösen möglich ist, ist jedoch das Vertrauen. Dieses herzustellen, ist die Aufgabe der Politik auf allen Ebenen.

Durch diese drei Abschnitte – Rückblicke, Einblicke und Ausblicke – soll der Kreis von 1848 bis heute geschlossen werden. Die wissenschaftliche Analyse der Geschichte dient nicht nur dem Gewinnen neuer Erkenntnisse, sondern auch dem Verstehen gesellschaftlicher Entwicklungen. Wien als Standort für die Auseinandersetzung mit dem österreichischen Liberalismus zu wählen, war keine willkürliche Entscheidung. Die Stadt war stets Bühne und Austragungsort der gesellschaftlichen und politischen Liberalisierung. Weltanschauungen sind jedoch keine starren Gebilde, die über die Jahrhunderte hinweg unverändert bleiben. Wenn es aber eines gibt, das den politischen Liberalismus in Österreich auszeichnet, dann ist es das Element der Erneuerung, das ihm innewohnt.

---

11 Z. B. Adam *Gopnik*, A Thousand Small Sanities. The Moral Adventure of Liberalism (London 2019).

I. Rückblicke

Pieter M. Judson

Die Bedeutung der österreichischen Liberalen

Das Jahr 1848 und sein Erbe

Die Revolutionen von 1848 in Österreich wurden weder durch die Bemühungen bürgerlicher Liberaler allein ausgelöst, noch sind sie allein durch diese entstanden. Ein Großteil der Gewalt – oder der Gewaltandrohung –, die die Revolutionen vorantrieb und den Zusammenbruch des Metternich-Regimes verursachte, wurde von Aktivisten aus der Arbeiterklasse, dem Handwerk und der Bauernschaft initiiert.[1] Dennoch waren es vor allem die österreichischen Liberalen, die im Rahmen der formellen und informellen Politik, den revolutionären Ereignissen eine größere Bedeutung verliehen, indem sie diese Ereignissen mit spezifischen liberalen Wünschen wie der Forderung nach einer Verfassung, nach politischer Partizipation und nach einem Ende der Zensur verknüpften. Die Arbeit der Liberalen in den Jahren 1848–49 sah neue Institutionen, neue politische Praktiken und neue Werte vor, die einen enormen Einfluss auf die späteren Entwicklungen in Österreich hatten. Die Revolutionen von 1848 setzten entscheidende und einflussreiche Ereignisse für das moderne Österreich in Gang, die alle Österreicherinnen und Österreicher kennen sollten, insbesondere heute, wo Politiker und politische Parteien in ganz Europa die Relevanz liberaler politischer Werte in Frage stellen. In einigen Staaten Europas werden die liberalen politischen Werte des Konstitutionalismus und der Bürgerrechte stark in Frage gestellt. Dennoch werden der liberale Charakter und das Erbe der Revolution von 1848 heute in der österreichischen Öffentlichkeit kaum diskutiert.[2]

Die Männer und Frauen von 1848 haben die nachfolgenden österreichischen Verfassungen, die Kataloge der Bürgerrechte und die Formen der Staatsbürgerschaft, die im neunzehnten und zwanzigsten Jahrhundert entwickelt wurden, stark beeinflusst. Die heutige österreichische Gerichtspraxis lässt sich direkt auf die liberalen Reformen zurückführen, die 1848 diskutiert und später in den 1860er und 1870er Jahren umgesetzt wurden. Dasselbe gilt für das entscheidende Engagement der Liberalen im Jahr

---

[1] Siehe die ausgezeichneten Arbeiten von Wolfgang *Häusler* zum Arbeiter- und Handwerkeraktivismus in Wien 1848, insbesondere den Klassiker Von der Massenarmut zur Arbeiterbewegung. Demokratie und soziale Frage in der Wiener Revolution von 1848 (Wien, München 1979).

[2] Eine Ausnahme bildet der Tagungsband von Sigurd Paul *Scheichl*, Emil *Brix* (Hg.), „Dürfen's denn das?" Die fortdauernde Frage zum Jahr 1848 (Wien 1999), insbesondere die Beiträge von Waltraud *Heindl*, Der Liberalismus scheiterte. Scheiterte der Liberalismus?, 85–95 und Gerald *Stourzh*, „Gleiche Rechte." Die Grundrechtsdiskussion von 1848 und ihre Entsprechung im Postulat der nationalen Gleichberechtigung, 77–83.

1848, allen Österreichern eine säkuläre, wissenschaftlich fundierte Bildung zugänglich zu machen. Mit den 1869 verabschiedeten Bildungsgesetzen war Österreich beispielsweise den meisten anderen europäischen Staaten weit voraus. Das liberale Beharren darauf, allen Österreichern 1848 eine Reihe grundlegender Bürgerrechte zu gewähren, führte schließlich im Laufe des Jahrhunderts zu einer Reihe wichtiger fortschrittlicher Reformen. Einige dieser Reformen waren im europäischen Vergleich einzigartig, vor allem wenn es um die Schaffung einer verantwortungsvollen Zivilverwaltung oder um das Recht ging, im öffentlichen Leben die eigene Sprache zu verwenden.

Wenn heute nur wenige Österreicher über die Bedeutung von 1848 für ihr Rechtssystem und ihre Bürgerrechte Bescheid wissen, gibt es meiner Meinung nach drei Hauptgründe, die erklären, warum die liberalen Vermächtnisse von 1848 aus dem Gedächtnis der österreichischen Öffentlichkeit verschwunden sind. Der erste Grund ist, dass viele zeitgenössische Beobachter und die meisten späteren Historiker der Ansicht waren, dass die Revolutionen gescheitert waren. Oberflächlich betrachtet kann man leicht erkennen, warum dies der Fall sein könnte. In Wien zum Beispiel endete die Revolution mit einem spektakulär gescheiterten Aufstand und der gewaltsamen Rückeroberung der Stadt durch die Kräfte der Reaktion. Diejenigen Revolutionäre, die nicht inhaftiert oder hingerichtet wurden, flohen ins bittere Exil, oft nach Amerika, wo sie liberale Projekte verfolgten und die reaktionäre politische Wende in Europa ablehnten. Das Regime des neuen Kaisers Franz Josef (1830–1916) demontierte auch viele der größten politischen Errungenschaften der Revolution. Im März 1849 beendete Franz Josef beispielsweise die Bemühungen des österreichischen Parlaments in Kremsier/Kroměříž, eine Verfassung für das Reich auszuarbeiten, und schickte die gewählten Abgeordneten nach Hause. Er setzte daraufhin seine eigene, größtenteils von Graf Franz Stadion (1806–1853) verfasste „oktroyierte" Verfassung durch, die doch einige der Neuerungen der Parlamentsverfassung beibehielt. Kaum zwei Jahre später, im Dezember 1851, gab Franz Josef jedoch auch diese „Stadion-Verfassung" auf und regierte stattdessen als absoluter Monarch. Zumindest oberflächlich betrachtet kann man mit Fug und Recht fragen: Was ist eigentlich von der Revolution geblieben? Kann man nach 1849 oder 1851 von einem positiven revolutionären Erbe sprechen?

Ein zweiter Grund, warum die liberalen Errungenschaften in Österreich in Vergessenheit geraten sind, liegt darin, dass viele Historiker die Revolutionen als Geburtsstunde des modernen politischen Nationalismus interpretieren, einer mächtigen politischen Kraft, die das Geschehen für mehr als ein Jahrhundert beeinflussen sollte. Die Märzaufstände von 1848 wurden als „*Völkerfrühling*" bezeichnet. Diese Bezeichnung bestätigt die allgemeine Auffassung, dass der Aufstieg des sprachlichen oder ethnischen Nationalismus die Hauptgeschichte des Jahres 1848 war. Der Nationalismus entwickelte sich in jenem Jahr in Mitteleuropa zweifellos zu einer politischen Kraft, und für viele Aktivisten im März 1848 war der Nationalismus untrennbar mit dem politischen Liberalismus verbunden. Er war ein wesentlicher Bestandteil des liberalen Gesamtprogramms. Der liberale bürgerliche und studentische Aktivismus des März 1848 in Wien, Graz, Prag, Venedig oder Mailand war stark beeinflusst und ermutigt durch den Einfluss der liberalen und nationalistischen Revolution, die im benachbarten Ungarn stattfand, insbesondere durch den Aktivismus und die Reden des populären Lajos Kossuth (1802–1894). Die liberale Revolution war auch mit dem Nationalismus in Venedig verbunden, wo Revolutionäre unter Daniele Manin (1804–1857) die kurzlebige Republik von San Marco ausriefen.

Viele liberale deutschsprachige Österreicher unterstützten 1848 auch die österreichische Beteiligung an den Verhandlungen zur Schaffung eines geeinten Deutschlands. Einige österreichische Liberale wurden in das Frankfurter Parlament gewählt, das 1848/49 für die Schaffung eines vereinigten Deutschland kämpfte. Der beliebte habsburgische Erzherzog Johann (1782–1859) wurde im Sommer 1848 zum *Reichsverweser* dieses geplanten vereinigten deutschen Reiches gewählt, und der liberale Österreicher Anton Ritter von Schmerling (1805–1893) diente im Herbst 1848 als Leiter der provisorischen deutschen Regierung in Frankfurt. Der Mährer Karl Giskra (1820–1879) und der Steirer Karl Stremayr (1823–1904) gehörten zu den beiden österreichischen Liberalen, die in das Frankfurter Parlament gewählt wurden und später als Minister in den liberalen Regierungen der 1860er und 1870er Jahre tätig waren.

Doch was bedeutete der Nationalismus im Hinblick auf die politischen Programme der damaligen Zeit? Es wurde zum Beispiel bald klar, dass die Schaffung eines vereinten Deutschlands kein so einfaches oder populäres Projekt war, wie es sich seine frühen Befürworter vorgestellt hätten. Aktivisten, die andere Sprachgruppen oder Nationen vertraten, lehnten die Idee ab, dass sich Österreich einem vereinigten Deutschland anschließen sollte. Viele beantragten beim Hof in Wien neue Rechte, die auf dem Sprachgebrauch beruhen und es unmöglich machten, dauerhaft Teil eines vereinigten Deutschlands zu werden, auch wenn viele Delegierte in Frankfurt andere nationale Gruppen zunächst als „brüderlich" betrachteten.[3] Am bekanntesten ist der böhmisch-tschechische nationalistische Historiker František Palacký (1798–1876), der im Frühjahr 1848 eine Einladung zur Teilnahme am Frankfurter Vorparlament als Vertreter Böhmens ablehnte. Stattdessen formulierte Palacký eine überzeugende Vision der Habsburgermonarchie, die die kleinen slawischen Nationen unter ihren Einwohnern vor deutschen und russischen Gebietsansprüchen schützen sollte. Palackýs Ablehnung Deutschlands war jedoch nur die berühmteste unter vielen.[4]

Im Herbst 1848 begannen aber auch viele liberale deutsche Politiker zu verstehen, dass nationalistische Konflikte unter den angeblich brüderlichen Völkern Europas die

---

3 Brian *Vick*, Defining Germany. The 1848 Parliamentarians and National Identity (Harvard 2002). Vick analysiert die Art und Weise, wie die frühe brüderliche Haltung gegenüber anderen Nationen in Frankfurt den imperialen Ambitionen im Osten (Polen) und Norden (Schleswig-Holstein) wich.
4 Siehe die Diskussion von Palackýs Antwort auf die Frankfurter Einladung und den ersten Slawenkongress in Prag, Pieter M. *Judson*, Habsburg. Geschichte eines Imperiums, aus dem Englischen von Michael Müller, (München 2017), 266–268.

Entwicklung einer liberalen neuen Ordnung in Österreich gefährden könnten. Sie lernten auch, dass der Nationalismus ein illiberales Gewand annehmen und den Interessen reaktionärer Kräfte dienen konnte. Sie begannen, sich davon zu lösen. Darüber hinaus gibt es wichtige Elemente des Nationalismus von 1848, die heute oft missverstanden werden. Zum einen war der Nationalismus nicht gegen das Fortbestehen des Kaiserreichs gerichtet. Viele Nationalisten und Liberale wollten das Kaiserreich reformieren, nicht zerstören. Mit einigen wenigen berühmten Ausnahmen – Ungarn – wollten die meisten Nationalisten Österreich nicht durch unabhängige Nationalstaaten ersetzen, sondern vielmehr einen anerkannten Platz für sich selbst innerhalb Österreichs schaffen. Selbst die meisten österreichischen deutschnationalen Aktivisten, die sich an den Bemühungen des Frankfurter Parlaments um ein vereinigtes Deutschland beteiligten, sahen zunächst keinen Widerspruch zwischen der Existenz eines vereinigten Deutschlands und dem Fortbestand der Habsburgermonarchie. Viele liberale und nationalistische Aktivisten aller Couleur plädierten selbstbewusst für ein reformiertes Kaiserreich, natürlich unter der Führung der Habsburger Dynastie.

Angesichts der entscheidenden politischen Bedeutung, die der Nationalismus später im Kaiserreich und im 20. Jahrhundert erlangte, sollte es nicht überraschen, dass der Nationalismus von 1848 den Liberalismus im historischen Gedächtnis Österreichs in den Schatten stellte. Dies gilt insbesondere für die historische Erinnerung an den Zusammenbruch der Monarchie im Jahr 1918 und ihre Ersetzung durch selbsternannte Nationalstaaten. Viele Nationalisten und Historiker nach 1918 interpretierten den Nationalismus von 1848 als Vorläufer für die Schaffung unabhängiger Nationalstaaten. Es überrascht daher nicht, dass viele nationalistische Historiker die Gründung dieser neuen Staaten als das eigentliche Erbe von 1848 feierten und nicht die liberalen Institutionen, die die Revolutionen sowohl dem Kaiserreich als auch seinen Nachfolgestaaten hinterlassen hatten. Im Jahr 1848 sahen die Dinge jedoch ganz anders aus, und abgesehen von den magyarischen und einigen italienischen Nationalisten hatten nur wenige Nationalisten im Jahr 1848 die Gründung unabhängiger Nationalstaaten im Sinn oder wollten sie. Einige Nationalisten, wie die von der Historikerin Dominique Reill dokumentierten adriatischen italienischen Nationalisten, lehnten die Unabhängigkeit sogar als eine gefährliche Idee ab, die die Beziehungen zwischen den verschiedenen Sprachgemeinschaften unnötig verschärfen und die profitablen Handelsbeziehungen innerhalb des Reiches zerstören würde.[5]

Ein dritter wichtiger Grund, warum das liberale 1848 heute in Österreich weitgehend vergessen oder verharmlost wird, ist die Annahme, dass sich die Revolution irgendwie von Westen nach Osten, also von Paris nach Wien, ausgebreitet hat. Viele Historiker Europas haben in der Vergangenheit fälschlicherweise behauptet, dass der revolutionäre

---

5 Dominique K. *Reill*, Nationalists Who Feared the Nation. Adriatic Multi-Nationalism in Habsburg Dalmatia, Trieste, and Venice (Stanford 2012).

Aktivismus in Mitteleuropa nur eine schwache Imitation des wirklich revolutionären Konflikts in Paris war. Was in Paris geschah, verdiene daher mehr Aufmerksamkeit und hatte eine größere Wirkung auf die Welt. Um den Liberalismus zu verstehen, sollten wir nach Westeuropa schauen. Liberale Ideen, liberale politische Organisationen, liberale politische Programme und liberale politische Praktiken kamen offenbar aus Frankreich, Großbritannien oder den norddeutschen Staaten nach Österreich.[6] Es stellt sich daher die Frage, ob die Revolutionen in Österreich etwas Originelles bewirkt haben? Dieses Argument wird oft verwendet, um das angebliche Scheitern der Revolution in Österreich zu erklären. Wenn bürgerlich-liberale Ideen fremd seien, könnten sie im oft als wirtschaftlich und sozial rückständig bezeichneten Osten nicht Fuß fassen. Die Vorstellung, dass der Osten und der Süden Europas in wirtschaftlicher, politischer und kultureller Hinsicht immer irgendwie hinter dem Westen zurückgeblieben sind, ist auch heute noch ein schwerwiegender Irrglaube. Es ist ein Irrtum, das Jahr 1848 in Österreich als wenig beachtenswert einzustufen. Im Gegensatz dazu argumentieren neuere Historiker, dass sich revolutionäre Ereignisse und Praktiken in der ersten Hälfte des 19. Jahrhunderts in verschiedene Richtungen ausbreiteten oder sich spontan in vielen Teilen Europas entwickelten. Der Liberalismus in Österreich war vielleicht nicht dasselbe Phänomen wie in Frankreich oder in Großbritannien – schließlich unterschieden sich diese beiden Liberalismen auch erheblich voneinander. Auch der österreichische Liberalismus war ein Phänomen, das aus den lokalen Bedingungen, dem lokalen Denken und den lokalen Praktiken entstanden ist, und er kann nicht einfach als ausländischer Import abgetan oder ignoriert werden.[7]

Der Rest dieses Artikels versucht, viele dieser Missverständnisse zu beseitigen, indem er auf einige wichtige liberale Vermächtnisse von 1848 in Österreich hinweist.

Zunächst muss ein anderer wichtiger, wenn auch impliziter Aspekt von 1848 angesprochen werden. Das ist die Tatsache, dass es keine einheitliche Revolution gab. In den ersten Monaten der Revolution gerieten, was die revolutionären Ziele anbelangt, verschiedene soziale und regionale Gruppen mit unterschiedlichen Ideologien oft in Konflikt miteinander und mit den Regierungen. Im Jahr 1848 artikulierten sich viele verschiedene Gruppen und versuchten, ihre besonderen Interessen zu verwirklichen. Man könnte zum Beispiel sagen, dass es ein jüdisches 1848, ein 1848 der Frauen, ein 1848 der Bauern, ein bürgerliches 1848, ein 1848 der Handwerker- und Fabrikarbeiter, ein 1848 der Studenten, der Juristen und ein 1848 des Adels und der Kirchen gab. Aber selbst

---

6 Für ein neueres Gegenargument, das die europäischen liberalen Revolutionen vom französischen Beispiel in der ersten Hälfte des 19. Jahrhunderts ableitet, siehe Maurizio *Isabella*, Southern Europe in the Age of Revolutions (Princeton 2023).
7 Pieter M. *Judson*, Early Liberalism in Austrian Society. In: Helmut *Reinalter*, Harm *Klüting* (Hg.), Der deutsche und österreichische Liberalismus. Geschichts- und politikwissenschaftliche Perspektiven im Vergleich, Innsbrucker historische Studien, Bd. 26 (Innsbruck 2010) 105–120; Deborah *Coen*, Vienna in the Age of Uncertainty. Science, Liberalism, and Private Life (Chicago 2007).

diese Aufzählung ist zu allgemein, um die Bandbreite der unterschiedlichen Visionen und Wünsche der revolutionären Aktivisten und Aktivistinnen zu erfassen. Außerdem waren viele dieser Gruppen eher durch regionale oder lokale Interessen als durch übergeordnete Ideologien geprägt. So unterschieden sich in ihren Zielen beispielsweise die italienischen Nationalisten in Venedig, die die Unabhängigkeit vom Habsburgerreich anstrebten und die Republik San Marco gründeten, von den italienischen Nationalisten in Triest und Istrien, die im Habsburgerreich bleiben wollten.[8]

Viele Gruppen schlossen sich der Revolution an, um grundlegende Bürgerrechte und das Recht auf politische Beteiligung für sich selbst zu erlangen. Andere, vor allem Bauern, strebten nach der Befreiung von den verbliebenen Elementen der feudalen *Robot* (Zwangsarbeit) und nach der Möglichkeit, Land zu besitzen, insbesondere in Galizien. Einige Gruppen von Adeligen forderten die so genannte Wiederherstellung von Rechten, die sie früher besessen hatten, aber später durch die Übergriffe des habsburgischen Absolutismus und seine zentralistischen Staatsbildungsbemühungen verloren hatten. Die Bürokraten waren oft hin- und hergerissen zwischen ihren liberalen Visionen für die Gesellschaft einerseits und ihrer Loyalität gegenüber dem Staat andererseits. Viele Beamte hofften, dass der Staat die Art von Reformprogramm wieder aufnehmen würde, die Joseph II. eingeleitet hatte. Joseph hatte der Bürokratie mit seiner Reformagenda eine starke Identität verliehen. Dieses Programm hatte jedoch während der napoleonischen Kriege seine reformatorischen Ziele verloren. In den folgenden Jahrzehnten wurde die Bürokratie zu einem schlecht bezahlten Instrument zur Aufrechterhaltung der bestehenden Ordnung. Unter dem Deckmantel von Pseudonymen veröffentlichten einige Bürokraten sogar vernichtende Kritiken am Metternich-Regime.[9]

Die Angst vor den Bauern, ihre Gewaltandrohungen und ihre sehr reale Brutalität in West Galizien im Jahr 1846 mögen einen großen Teil der Revolution ausgelöst haben.[10] Die Angst vor Gewalt seitens der Handwerker und Arbeiter in den Wiener Vorstädten mag sicher den schnellen Erfolg der Liberalen im März 1848 beeinflusst haben.[11] In der Regel waren es aber liberale Aktivisten, die die Forderungen verschiedener sozialer Gruppen aufgriffen und in programmatische politische Begriffe umformulierten. Die Emanzipation der Bauernschaft zum Beispiel war eine der wichtigsten Errungenschaften der Revolution. Und diese Emanzipation wurde Teil eines umfassenderen liberalen Programms, das darauf abzielte, die Monarchie auch in anderer Hinsicht umzugestalten.

Dies bringt mich zu einem weiteren Punkt, den die Historiker oft vergessen. Woher kam die Revolution? Die Revolution geschah nicht ohne Vorbereitung. Die Wiener beschlossen, sich gegen das System Metternich zu erheben, und das nicht nur wegen des

---

8 *Reill*, Nationalists Who Feared the Nation.
9 Waltraud *Heindl*, Gehorsame Rebellen. Bürokratie und Beamte in Österreich 1780 bis 1848 (Wien 1991) 51.
10 *Judson*, Habsburg 205–208.
11 *Häusler*, Massenarmut.

französischen Beispiels. Sie konzipierten ihre Idee des Rechts, des Konstitutionalismus und der liberalen Reformen auf der Grundlage der spezifischen österreichischen Verhältnisse. Die Revolution hatte ihre Wurzeln in den österreichischen Entwicklungen des Vormärz. Das Jahr 1848 in Pest, Wien oder Prag war ein für die Habsburgermonarchie spezifisches Ereignis.

Der Prager Liberale Leopold von Hasner bemerkte rückblickend in seinen Memoiren über diese Zeit, dass „ohne viel von Freiheit gehört zu haben, ein frischer Geist in uns zu keimen begann."[12] Im Hinblick auf die gesellschaftliche Hierarchie fügte er hinzu, dass weder er noch seine Schwestern im Geringsten beeindruckt waren, als sein Vater 1836 in den Adelsstand erhoben wurde. „[W]ir verachteten, was nicht auf sich selbst beruht und glaubten des Scheines eines Standesunterschiedes entbehren zu können, vor dem wir in Wirklichkeit keinen Respekt hatten."[13] Diese Worte des Mannes, der später 1868 Kultus- und Unterrichtsminister im Bürgerministerium wurde und der maßgeblich für das österreichische Schulgesetz von 1869 verantwortlich war, machen viel über den frühen österreichischen Liberalismus und seine Werte deutlich. Natürlich wurden diese Worte erst später geschrieben, als liberale Werte und Haltungen in der österreichischen Gesellschaft bereits offener und weiter verbreitet waren. Aber sie geben wichtige Hinweise auf den Liberalismus des Vormärz. Erstens zeigen sie, dass viele liberale Ideen in bürgerlichen Familienkreisen zirkulierten. Zweitens deuten sie darauf hin, dass Frauen oft an diesen Diskussionen beteiligt waren, obwohl es in den öffentlichen Aufzeichnungen kaum Belege für die Aktivitäten von Frauen gibt. Drittens unterstreichen diese Worte den Wert, dass persönliche Leistungen und nicht Adelstitel das Maß für den öffentlichen Status sein sollten.[14]

Es stimmt, dass Hasner und seine Schwestern 1836 in der zensierten Presse nicht viel über Freiheit gelesen haben werden. Aber wir wissen aus ihren Aufzeichnungen, dass Freiheit in bürgerlichen Vereinen sowie im privaten und öffentlichen Raum diskutiert und sogar praktiziert wurde. Die bürgerlichen Vereine im Vormärz engagierten sich in der Wohltätigkeitsarbeit, im Lesen und Debattieren, in der wirtschaftlichen, landwirtschaftlichen und marktwirtschaftlichen Entwicklung. In den Vereinen wurden Praktiken umgesetzt, die später die liberalen Institutionen prägten. Innerhalb des Vereins befolgten die Mitglieder Regeln, um in geordneter Weise zu debattieren. Die Mitglieder zahlten Beiträge, sie wählten den Vorstand und stimmten über verschiedene

---

12 Leopold von *Hasner*, Denkwürdigkeiten. Autobiographisches und Aphorismen (Stuttgart 1892), zitiert in *Judson*, Habsburg 198.
13 *Hasner*, Denkwürdigkeiten 18, zitiert in Pieter M. Judson, *Wien Brennt. Die Revolution von 1848 und ihr liberales Erbe*. Aus dem Englischen übertragen von Norbert Schürer (Wien 1998) 25.
14 Siehe Ulrike *Döcker*, „Jeder Mensch gilt in dieser Welt nur so viel, als wozu er sich selbst macht." Adolf Freiherr von Knigge und die bürgerliche Hofkultur im 19.en Jahrhundert. In: Ernst *Bruckmüller*, Ulrike *Döcker*, Hannes *Stekl*, Peter *Urbanitsch* (Hg.), Bürgertum in der Habsburgermonarchie (Wien, 1990) 115–126.

Themen ab. Die Zahl der Mitglieder dieser Vereinigungen mag gering gewesen sein, aber die Vereinigungen waren öffentliche Orte, an denen viele Liberale ihre Diskussions- und Debattierpraktiken entwickelten. Informelle, halbprivate Orte waren ebenfalls wichtig für die Entwicklung liberaler Werte und Ideen. Der Familienkreis, der Salon, das Familienunternehmen, das Café, die Universität – sie alle dienten als Orte, an denen politische Debatten stattfanden und an denen politische Ideen und politische Praktiken entwickelt wurden. Wie Deborah Coen in ihrer Gruppenbiografie der Familie Exner beschreibt, brachte zum Beispiel auch die Sommerfrische die Familie mit Freunden zusammen, um Einstellungen zu Wissenschaft, Bildung, öffentlichem Dienst und politischem Engagement zu besprechen.[15]

Im Bereich der formellen Politik wurden die verschiedenen Landtage der Monarchie, insbesondere der ungarische, zu Arenen der öffentlichen politischen Auseinandersetzung, auch wenn ihre Abgeordneten die privilegiertesten Schichten repräsentierten. Der ungarische Reformlandtag von 1847 im nahe gelegenen Pressburg/Poszony behauptete lautstark sein Recht, die Finanzpolitik gegenüber der Zentralregierung in Wien zu bestimmen. In den Reden und Zeitungsartikeln seiner Mitglieder wurden diese technischen Fragen im Rahmen der allgemeinen liberalen Grundsätze der Selbstbestimmung und der Rechte des Einzelnen behandelt. Die Reden der Deputierten waren daher in der Wiener Öffentlichkeit sehr bekannt. Im Januar 1848 brachen in Sizilien und Neapel Aufstände aus. Die Nachricht von der Pariser Revolution erreichte die Monarchie erst Ende Februar. Diese verschiedenen Nachrichten mögen zwar die Bemühungen der Liberalen im ungarischen Parlament und die Forderungen der Bürger in Wien beeinflusst haben. Sie löste aber nicht die Revolution in Österreich aus. Revolutionäre Ideen und liberale Programme waren in Österreich bereits weit verbreitet. Als Kossuth am 3. März vor dem ungarischen Landtag eine Rede hielt, in der er eine verantwortungsvolle Regierung, das Ende des Bauernrobots, das Wahlrecht für das städtische Bürgertum und die Schaffung einer Verfassung für das übrige Österreich forderte, wurde die Rede sofort ins Deutsche übersetzt. In Wien wurde die Rede an der Universität und später auf den Straßen der Stadt vor einer großen Menschenmenge verlesen.[16]

Wie allgemein bekannt ist, verloren die Behörden am 13. März die Kontrolle über die Straßen Wiens. Ich kann hier nicht die vielen bemerkenswerten und dramatischen Details dieser ersten Tage aufzählen. Das würde hier zu lange dauern, so sehr ich auch denke, dass diese Details es verdienen, gehört, erzählt und erinnert zu werden. Ich möchte hier lediglich einige spezifische Punkte über den liberalen Charakter der Revolutionäre anführen. Der erste Punkt ist ihre fast universelle Forderung nach einer Verfassung. Unter einer Verfassung verstanden die meisten Menschen in Wien ein

---

15 *Coen*, Vienna in the Age of Uncertainty. Siehe auch Karlheinz *Rossbacher*, Literatur und Liberalismus. Zur Kultur der Ringstraßenzeit in Wien (Wien 1992).
16 *Judson*, Habsburg 215–216.

Dokument, das die neuen Rechte und Pflichten der Bürgerschaft garantieren sollte. Diese neue Form der Staatsbürgerschaft sollte auch ein gewisses Mitspracherecht bei politischen Entscheidungen beinhalten (zumindest für die bürgerlichen Klassen). Eine Verfassung sollte den Kreis derer erweitern, die sich an der Politik beteiligen durften, auch wenn man sich in der Frage, wie stark dieser Kreis erweitert werden sollte, nicht einig war. An zweiter Stelle steht die fast durchgängige Forderung nach einem Ende der Zensur, nach Pressefreiheit und freier öffentlicher Meinungsäußerung. Übrigens sollte diese Pressefreiheit ihren liberalen Befürwortern in der Umsetzung 1848 oft Kopfzerbrechen bereiten. Drittens versuchten die Revolutionäre, mit der Gründung der Bürgergarde und der Akademischen Legion die polizeilichen Aufgaben von Polizei und Militär zu übernehmen. Bis zum 15. März hatten sich beispielsweise in Wien bereits 30.000 Männer einem dieser beiden Verbände angeschlossen. Überall in der Monarchie gründeten Städte und Dörfer ihre eigenen Bürgergarden nach dem Vorbild des revolutionären Wiens. Auch dies war nicht unumstritten, denn oft stellte sich die Frage, wer (Juden? Handwerker? Fabriksarbeiter? Studenten?) einer Bürgergarde beitreten und eine Waffe tragen durfte.[17] Der vierte Punkt ist, dass die Aktivisten mehrere Monate lang darüber diskutierten, wie diese allgemeinen Forderungen in die Praxis umgesetzt werden sollten. Allgemeine liberale Werte mögen den Revolutionären als Leitlinien gedient haben, aber sie waren keine Garantie für konkrete Ergebnisse. Diese mussten in oft schwierigen Verhandlungen sowohl unter den Revolutionären als auch zwischen Revolutionären und der Dynastie entschieden werden.

Ein weiteres entscheidendes Element der Revolution war die Entwicklung einer aktiven politischen Kultur, die die Bürger für die Revolution mobilisierte. Die verschiedenen Gruppen organisierten politische Klubs, um die Öffentlichkeit für ihre Programme zu gewinnen. Die Klubs dienten auch als praktisches Training für politisches Engagement. Sie repräsentierten ein breites Meinungsspektrum, das von radikalen Arbeitern bis zu vorsichtigen Geschäftsleuten reichte.[18] Anders als zum Beispiel in Frankreich wurde in Österreich 1848 auch häufig über die mögliche Rolle der Frau in der Öffentlichkeit und in der Politik besprochen. Dank der Arbeit vor allem von Gabriella Hauch wissen wir zum Beispiel über die Aktivitäten des Ersten Wiener Demokratischen Frauenvereins, der im August 1848 von Baronin Karoline Perin gegründet wurde. Sein Programm spiegelte eine Mischung aus verschiedenen Geschlechterideologien wider. Das Programm zeigte aber auch, dass die Möglichkeit, dass Frauen eine Rolle im öffentlichen Leben spielen, nicht so abwegig war, wie es ein halbes Jahrhundert später erscheinen sollte. Der Verein versicherte, seine Mitglieder würden „dort helfen, wo es Wunden gibt". Sie würden nicht die Rolle von „Amazonen", sondern die von „Vermittlerinnen"

---

17 *Judson*, Habsburg 232–235; Michael *Miller*, Rabbis and Revolution. The Jews of Moravia un the Age of Emancipation (Stanford 2011).
18 *Judson*, Wien Brennt 53–57.

spielen. Sie wollten Frauen aller Schichten die Liebe zur Freiheit, zur Demokratie und zum „deutschen Erbe" vermitteln. Die Statuten des Frauenvereins betonten das Engagement ihrer Mitglieder für die demokratische Praxis: „Unter den Mitgliedern darf kein Standesunterschied sein … Verheiratete Frauen haben vor den Unverheirateten keinen Vorzug." Die Frauen argumentierten, dass sie nur dann einen höheren sozialen Status erreichen könnten, wenn der Staat ein öffentliches Schulsystem mit einem reformierten Lehrplan für Mädchen garantiere.[19]

Als Teil der neuen politischen Kultur entwickelten die Revolutionäre auch schnell eine rituelle Kultur zum Gedenken an die gefallenen Märtyrer der Revolution. Dies diente auch als Mittel zur Mobilisierung der Öffentlichkeit für die Reformen. So entwickelte sich beispielsweise eine Art Kult um den mährisch-jüdischen Studenten Heinrich Spitzer, von dem viele behaupteten, er sei der erste Gefallene des 13. März.[20] In den Zeiten, in denen die Bürgergarde und die Akademische Legion nicht auf den Straßen patrouillierten, entwickelten sie ihre eigenen komplexen Rituale, wie etwa die Annahme von Fahnen, die oft von Frauen gestiftet wurden, die in Wien als „Fahnenmütter" der Gardeeinheiten bezeichnet wurden. Die Gardisten legten auch einen Eid ab, der neben anderen patriotischen Verpflichtungen versprach, die Ehre der Frauen der Gemeinschaft zu schützen, und damit die Konturen einer revolutionären Form von Männlichkeit festlegte. So schrieb eine patriotische Wienerin an die Zeitung *Volksfreund*: „Fahnen aus unseren Händen mögen voran wehen, wenn es gilt, die Freiheit künftig zu behaupten."[21]

Im Laufe des Jahres 1848 debattierten die Landtage und das neue österreichische Parlament über kritische Fragen, wie z. B. die Frage, wer bei Gemeinde-, Landtags- oder Parlamentswahlen wählen darf. In der Steiermark und in Oberösterreich waren die Abgeordneten überrascht, dass sie auch kurz über Fragen der Frauenrechte debattierten. So wurde zum Beispiel das Thema Frauenwahlrecht diskutiert, weil die Liberalen in beiden Landtagen das Wahlrecht an den Besitz von Grundstücken geknüpft hatten. Der steirischer Abgeordneter Leopold List (Fürstenfeld) argumentierte wie folgt:

„Weil wir das letzte Mal beschlossen haben, dass einer, damit er Gemeindemitglied ist, Grund- und Hausbesitz, oder ein Gewerbe durch Besitz, oder Fähigkeit haben muss, so glaube ich, dass die Frauen, welche auch oft in dermaligen Besitz sind, auch wahlberechtigt sein sollen, nämlich durch einen Deputierten; in Ungarn ist das so der Gebrauch, wenn ein Mann noch

---

19 Zitiert in *Judson*, Wien Brennt 58–59. Zum demokratischen Frauenverein und zur Person Perins, Gabriella *Hauch*, § Emanzipation bewegt… Im demokratischen Milieu der Wiener Revolution 1848. In: Ariadne. Forum für Frauen und Geschlechtergeschichte 79 (Mai 2023) 29–47. Der Klassiker zu diesem allgemeinen Thema bleibt Gabriella *Hauch*, Frau Biedermeier auf den Barrikaden. Frauenleben in der Wiener Revolution 1848 (Wien 1990).
20 *Miller*, Rabbis and Revolution 219–223; Jan *Randak*, Politische Religiöses Totengedanken zu Beginn der Revolution 1848–49 in Mitteleuropa. In: Bohemia 47/2 (2006/07) 310–328.
21 *Judson*, Habsburg 235.

so dumm ist, so ist er befähigt das Wahlrecht auszuüben. ... Warum soll das nicht auch eine Frau fähig sein? Denn nur das steuerbare Objekt, macht es, dass man Mitglied der Gemeinde ist; ich glaube daher es wäre die Emancipation der Frauen in die Stylisierung des § einzuschalten."[22]

Bekanntlich erarbeitete der Verfassungsausschuss des österreichischen Reichstages in Wien und später in Kremsier ein beeindruckendes Bürgerrechtsgesetz und debattierte über die künftige Struktur des Reiches: Sollte das Reich föderal oder zentralistisch organisiert sein? Sollen die Kronländer nach sprachlichen Nationen oder nach historischen Grenzen gegliedert werden? Im Januar 1849 legte der Ausschuss dem Parlament einen Entwurf vor, der die Rechte und Pflichten der Krone und der Bürger festlegte. In der Präambel hieß es sogar, dass alle Macht vom Volk ausgeht, eine Aussage, die revidiert werden musste, nachdem die Regierung sie natürlich abgelehnt hatte. In der zweiten Fassung hieß es jedoch immer noch, dass alle Macht sowohl von der Krone als auch vom Volk ausgeht. Der Rest der Präambel schaffte Adelstitel ab, stellte die katholische Kirche neben die anderen Religionen, fügte die Zivilehe, die Gleichheit vor dem Gesetz, die Pressefreiheit und das Vereinsrecht hinzu. Der Kaiser behielt die volle Kontrolle über die Außenpolitik, aber wenn ein Vertrag finanzielle Verpflichtungen mit sich brachte, musste das Parlament seine Zustimmung geben. Die Umrisse der liberalen Politik und die künftigen Konfliktfelder mit der Krone sind bereits erkennbar.[23]

Absatz 19 der Grundrechte erklärte, dass „alle Volksstämme des Reichs gleichberechtigt sind". Er garantierte jeder Sprachgruppe „ein unverletzliches Recht auf Wahrung und Pflege seiner Nationalität überhaupt und seiner Sprache insbesondere."[24] Dieses wichtige Recht muss erwähnt werden. Es formulierte einen Grundsatz, den die aufeinander folgenden österreichischen Regierungen meist respektierten, wenn auch oft aus pragmatischen Gründen. Es wurde bekanntlich in die Dezember-Grundgesetze von 1867 aufgenommen. Für europäische Verhältnisse war dies ein bemerkenswerter Grundsatz. Keine andere Verfassung in Europa enthielt ein solches Versprechen.[25]

Ich habe nur ein sehr allgemeines Bild von einigen wichtigen Momenten, Diskussionen und Gesetzen der Revolution von 1848 im Zusammenhang mit dem Liberalismus skizziert. Abschließend möchte ich mich nun der komplexen Frage des Vermächtnisses zuwenden. Wie ich bereits eingangs erwähnt habe, haben die Bemühungen der Liberalen von 1848 die nachfolgenden österreichischen Verfassungen, Gesetzbücher und

---

22 Verhandlungen des provisorischen Landtags des Herzogthums Steiermark, 16. Juni 1848, 35, zitiert in *Judson*, Wien Brennt 86.
23 *Judson*, Wien Brennt 98–104.
24 Kremsierer Verfassungsentwurf, online unter: https://www.verfassungen.at/at-18/kremsier49.htm#grundrechte. (Abgerufen am 3.2.2024); *Judson*, Wien Brennt 99–100.
25 Zur Umsetzung dieses Prinzips nach 1867: Gerald *Stourzh*, Die Gleichberechtigung der Nationalitäten in der Verfassung und der Verwaltung Österreichs, 1848–1918 (Wien 1985).

Bildungssysteme stark beeinflusst. Und doch wurde 1848 so oft als Fehlschlag bezeichnet. Das liegt zum Teil daran, dass Franz Josefs Regime das Kremsierer Parlament sofort auflöste und im März 1849 eine eigene Verfassung in Kraft setzte. Nur wenige Jahre später setzte Franz Josef seine selbst oktroyierte Verfassung außer Kraft und regierte das nächste Jahrzehnt als absoluter Monarch ohne jede Verfassung. Doch das ist nur ein Teil der Geschichte.

Wie viele Historiker betont haben, war der Absolutismus der 1850er Jahre keine Rückkehr zum Vormärz. Selbst in seinem Sylversterpatent von 1851, in dem er seine Absicht erklärte, als absoluter Monarch zu regieren, erkannte Franz Josef an, dass sowohl die Gleichheit aller Bürger vor dem Gesetz als auch die Emanzipation der Bauern in Kraft bleiben würden. Dieses absolutistische Regime knüpfte an einige der wirtschaftlichen, sozialen und rechtlichen Errungenschaften der Revolution an, wenn auch auf politisch absolutistische Weise. Es versuchte, große Teile der österreichischen Wirtschaft zu modernisieren, investierte stark in die Infrastruktur und reformierte das Universitätssystem. Auf der anderen Seite religiösen Minderheiten wie den Juden ihre Rechte genommen. Das Regime handelte ein neues Konkordat mit dem Papst aus und führte einen militärischen Autoritarismus in Ungarn ein. Das neue Regime machte Platz für viele bürgerliche Politiker, Wissenschaftler und Bürokraten nicht-aristokratischer Herkunft, die bereit waren, das Regime in seiner Politik zu unterstützen. Und das Regime schien sich von vielen seiner aristokratischen Unterstützer aus der Zeit des Vormärz abzuwenden. Graf Richard Belcredi beispielsweise beklagte sich darüber, dass nun alles den Bürokraten überlassen werde. Die wenigen konservativen Institutionen, die die Revolution intakt gelassen hatte, wurden nun durch die Revolution von oben zerstört.[26] Und in den 1850er Jahren überlegte das Regime, ob es nicht wenigstens Kommunalwahlen abhalten sollte, verschob die Durchführung aber auf unbestimmte Zeit.

Als dieses Regime aufgrund eines verlorenen Krieges und einer Finanzkrise zusammenbrach, ist es bemerkenswert, wie schnell liberale Aktivisten zurückkehrten, um sich an der neuen Ordnung zu beteiligen. Von 1861 bis 1867 hatte Österreich wieder ein Parlament, wenn auch mit sehr begrenzten Befugnissen. Dennoch kämpften liberale Politiker vehement – und manchmal erfolgreich – für die Stärkung der Befugnisse dieses Parlaments, indem sie beispielsweise einem unwilligen Franz Josef ein Gesetz über die Ministerverantwortung aufzwangen. Sie verabschiedeten auch Gesetze für mehr Gemeindeautonomie.[27] Als der Kaiser nach der militärischen Niederlage gegen Preußen 1867 einen Ausgleich mit den Ungarn aushandelte, hatten die Liberalen endlich die Möglichkeit, eine eigene Verfassung – die Dezembergesetze – auszuarbeiten und einen Katalog von Bürgerrechten wieder zu beleben.

---

26 *Judson*, Habsburg 286.
27 Pieter M. *Judson*, The Lost Heroes of Austria's Fundamental Laws. In: Franz *Merli*, Magdalena *Pöschl*, Ewald *Wiederin* (Hg.), 150 Jahre Staatsgrundgesetz über die allgemeinen Rechte der Staatsbürger (Wien 2018) 1–15.

Nachdem der Kaiser die neuen Verfassungsgesetze sanktioniert hatte, ernannte er widerwillig das so genannte „Bürgerministerium", das im Januar 1868 an die Macht kam. Dies war eine der politisch radikalsten Regierungen in der österreichischen Geschichte. Sie war radikal im Hinblick auf das Ausmaß der raschen Veränderungen, die die Minister dem Kaiser und dem Reich auferlegen wollten. Die neuen Minister, von denen einige 1848 Revolutionäre gewesen waren (insbesondere der mährische Radikale Karl Giskra als Innenminister), setzten eine ehrgeizige Reform des Schulwesens durch, die eine obligatorische (und für Schülerinnen und Schüler kostenlose) achtjährige Grundschulausbildung für alle Jungen und Mädchen, eine Verringerung der Macht der katholischen Kirche, die geplante Trennung der Justiz von der Verwaltung und später das Konzept eines Verwaltungsgerichtshofs zur Kontrolle der Macht der österreichischen Beamten vorsah. Und obwohl das Militär und die Außenpolitik ihrer direkten Kontrolle entzogen wurden, konnten sie über die Kontrolle des Budgets weiterhin Einfluss auf das Militär nehmen.

Im Gegensatz zu 1848 waren die Liberalen nun bereit, ein kuriales Wahlsystem zu akzeptieren, das den Wählern des Großgrundbesitzes und des städtischen Bürgertums wesentlich mehr Macht und Einfluss gab. Sie taten dies zum Teil, um ihre eigene politische Macht gegenüber den Massen der Bauern und Arbeiter aufrechtzuerhalten, und obwohl alle österreichischen Männer 1896 das Wahlrecht erhielten, wurde das Parlament erst 1907 in gleichen Wahlkreisen gewählt. Auch standen die Liberalen in den 1870er Jahren der aufkommenden Arbeiterbewegung nicht besonders wohlwollend gegenüber.[28] Dennoch glaube ich, dass es ihnen gelungen ist, liberale Werte in der Praxis und in der politischen Kultur Österreichs zu verankern. Als die Liberalen 1879 die Macht verloren, weil sie sich über die finanziellen Auswirkungen der Besetzung von Bosnien-Herzegowina zerstritten hatten, befürchteten viele, dass Österreich das liberale Verfassungssystem aufgeben und zur Herrschaft der traditionellen aristokratischen politischen Eliten zurückkehren würde. Dies war jedoch nicht der Fall. Als bedeutende politische Bewegung überlebten die Liberalen das von ihnen geschaffene System nicht länger als zwanzig Jahre. Aber ihre bleibende Leistung war das Überleben dieses Systems. Was viele für ein chaotisches, von nationalistischen Konflikten beherrschtes System halten, war in Wirklichkeit ein politisches System, das den gewählten politischen Parteien immer mehr Macht über administrative und politische Entscheidungen gab. Man kann beklagen, dass unter diesem System die Bürokratie allmählich politisiert wurde, aber gleichzeitig war diese Politisierung das Produkt einer Form der Demokratisierung.

Ich würde das österreichische System um 1900 nicht als demokratisch bezeichnen. Ich würde die meisten politischen Systeme in Europa um 1900 nicht als demokratisch bezeichnen. Aber ich sehe mehrere demokratisierende und liberalisierende Tendenzen

---

28 Wilhelm *Wadl*, Liberalismus und soziale Frage in Österreich. Deutschliberale Reaktionen und Einflüsse auf die frühe österreichische Arbeiterbewegung (1867–1879) (Wien 1987).

in Österreich zu dieser Zeit, und deshalb betrachte ich Österreich als ein liberales oder liberalisierendes Empire. Aus einer vergleichenden europäischen Perspektive betrachtet, könnte Österreichs liberales Erbe viele Errungenschaften feiern. Um 1910 z. B. war die Alphabetisierung in der österreichischen Hälfte der Doppelmonarchie auf demselben Niveau wie in Frankreich. Die österreichische Wissenschaft erlangte weltweit eine hoch angesehene und einflussreiche Stellung. Die österreichische Verfassung garantierte den Sprechern vieler Sprachen das Recht, diese Sprachen in der Schule und im Umgang mit der Verwaltung zu verwenden. Die vielen Konfessionen Österreichs erlangten eine Art Gleichberechtigung. Der Verwaltungsgerichtshof hat sich aktiv dafür eingesetzt, dass die Verwaltung gegenüber der Öffentlichkeit, der sie dient, Rechenschaft ablegt, auch wenn sich die Verwaltung nicht immer in diesem Sinne verhalten hat. Vor allem glaube ich, dass sich die Menschen in Österreich im Allgemeinen auf die Berechenbarkeit des Rechtsstaates verlassen konnten. Wenn wir all diese Entwicklungen im Kontext anderer europäischer Staaten und Gesellschaften dieser Zeit betrachten, können wir deutlicher sehen, wie Österreichs liberales Erbe von 1848 ein halbes Jahrhundert später eine unverwechselbare Regierung und Gesellschaft geformt hat.

Als österreichische Frauen und Männer vor 175 Jahren für die Verwirklichung ihrer idealen liberalen Ordnung kämpften, erwuchsen ihre Visionen von dieser neuen Ordnung aus den österreichischen Verhältnissen und der Geschichte. Österreich war in der Tat anders als andere europäische Staaten und auch der österreichische Liberalismus war anders. Dennoch war der Liberalismus im Österreich des 19. Jahrhunderts kein Fremdkörper, und ich glaube nicht, dass er letztlich gescheitert ist. Aber es ist ein Erbe, an das wir uns heute erinnern und das wir wertschätzen sollten, in einer Zeit, in der verschiedene politische Parteien und Bewegungen in ganz Europa die grundlegenden Ideale der liberalen Demokratie allzu oft in Frage stellen.[29]

---

29 Zur Art und Weise, wie 1848 später erinnert wurde, Wolfgang *Häusler*, Die Wiener ‚Märzgefallenen' und ihr Denkmal. Zur politischen Tradition der bürgerlich-demokratischen Revolution von 1848. In: Barbara *Haider*, Hans Peter *Hye* (Hg.), 1848. Ereignis und Erinnerung in den politischen Kulturen Mitteleuropas (Wien 2003); Wolfgang *Häusler*, „Noch sind nicht alle Märzen vorbei…". Zur politischen Tradition der Wiener Revolution von 1848. In: Isabella Ackerl, Walter Hummelberger, Hans Mommsen (Hg.), Politik und Gesellschaft im alten und neuen Österreich, 2 Bde (Wien 1981) 85–107.

Gabriella Hauch

Wien 1848: Akteurinnen der Revolution

„Alle Arten von Qualen petitionieren um Erlösung", formulierte im Frühling 1848 Heinrich Frauenlob, wahrscheinlich ein Pseudonym, in der Zeitschrift „Bohemia".[1] Darunter subsumierte er gesellschaftspolitische Widersprüche, die den Idealen der bürgerlichen Moderne, fußend auf den Grundsätzen der Aufklärung – Freiheit und Gleichheit – inhärent waren und sind: „Bauernqualen, Arbeiterqualen, Schriftstellerqualen, Judenqualen, Beamtenqualen." In bemerkenswerter Weise legte Frauenlob seinen Finger auf die geschlechtsspezifische Schieflage: „lauter männliche Qualen. Nur der Frauen Qualen ist jetzt noch keine Erwähnung geschehen".

Zum Geschlecht der „Sattelzeit"

Die Hellsichtigkeit des Autors Frauenlob ist ein bemerkenswertes Zeugnis für die geschlechtsspezifische Sensibilität im Habsburgerstaat Mitte des 19. Jahrhunderts.[2] Mit der europäischen Revolution von 1848/49 öffnete sich 50 Jahre nach der Französischen Revolution ein neues historisches Zeitfenster, in dem es – auch – um die Geschlechterordnung ging. Reinhart Kosellecks Definition dieser Zeitenwende hin zur bürgerlichen Moderne als „Sattelzeit" sind die Geschlechterverhältnisse einzuschreiben.[3] Die zensurfreien Monate während der Wiener Revolution von März bis November 1848 eröffnen mit den vielen Zeitungen und Flugschriften, die damals erschienen sind, den Blick auf die Ausverhandlungen und Kämpfe rund um die Handlungsspielräume, die mit (weiblichem) Geschlecht verbunden waren. Es handelte sich um Diskurse voller Widersprüchlichkeiten.

---

1 Heinrich *Frauenlob*, Die Emancipation der Frauen. In: Bohemia Nr. 16/17 (1848) o.S.
2 Frauenlobs Artikel sprechen sich allerdings nicht für Geschlechtergerechtigkeit aus, vgl. Gabriella *Hauch*, Frau Biedermeier auf den Barrikaden. Frauenleben in der Wiener Revolution 1848 (Wien 1990) 133–135.
3 Vgl. dazu den grundlegenden Aufsatz von Karin *Hausen*, Die Polarisierung der ‚Geschlechtscharaktere' – Eine Spiegelung der Dissoziation von Erwerbs- und Familienleben (1976/78). In: Heidi *Rosenbaum* (Hg.), Seminar: Familie und Gesellschaftsstruktur. Materialien zu den sozioökonomischen Bedingungen von Familienformen. (Frankfurt a. M. 1982) 161–195; und ihre Rückschau: Karin *Hausen*, Der Aufsatz über die „Geschlechtscharaktere" und seine Rezeption. Eine Spätlese nach 30 Jahren. In: Karin *Hausen*, Geschlechtergeschichte als Gesellschaftsgeschichte. (Kritische Studien zur Geschichtswissenschaft 202) (Göttingen 2012) 83–107.

Die Teilnahme an der Gestaltung der neuen politischen Räume, um die es 1848 ging, war für Frauen nicht vorgesehen. Etwaig von der historischen Forschung diagnostizierte ‚Demokratisierungsschübe' im späteren 19. Jahrhundert gründeten bereits auf einem nach 1848 gesetzlich geregelten politischen Vereins- und Repräsentationswesen, das allein Angehörigen des männlichen Geschlechts vorbehalten blieb. Dem Verbot für Frauen in politischen Vereinen Mitglieder zu werden kam in der Konstruktion vom ‚unpolitischen' Geschlecht ein hoher Stellenwert zu. Begonnen wurde damit in der Französischen Revolution während der Herrschaft der Jakobiner. Sie erwiesen sich wahrlich als Vertreter des kleinen Mannes, nicht nur frauenbewegte Gegnerinnen der Jakobinerherrschaft wie Olympe des Gouges oder Madame Roland wurden hingerichtet, sondern auch der „Club der Revolutionären Republikanerinnen" aufgelöst und verboten.[4]

In den bürgerlichen Familien- und Eherechten Europas und anderen Teilen der von der Aufklärung geprägten Welt erhielt die Konstruktion von Familie = privat und weiblich und Politik/Erwerbstätigkeit = öffentlich und männlich eine lebensweltlich nachhaltige Basis. Sei es im französischen Code Civil von 1804 oder im hiesigen Allgemeinen Bürgerlichen Gesetzbuch (ABGB) von 1811. Die idealtypische bürgerliche Familienform wurde entworfen, mit einem männlichen Alleinverdiener als „Haupt der Familie" (§ 91) und einer Ehefrau, die für sein und der Kinder Wohlergehen zuständig war. Als weitere Leistungen für ihren Unterhalt musste sie dem Mann zum Wohnort folgen oder war zum Gehorsam verpflichtet, auch zum Beischlaf.[5] Mit der Lebensrealität der großen Masse der Bevölkerung hatte dieses Ideal nur wenig zu tun. Nicht nur, dass in der bäuerlichen Ökonomie andere Arbeitsteilungen herrschten, in Wien Mitte des 19. Jahrhunderts rund die Hälfte der Neugeborenen unehelich fernab einer funktionierenden (Klein)Familie zur Welt kamen oder die ersten geschlechtsspezifischen Aufschlüsselungen der Erwerbstätigkeit in Österreich im letzten Drittel des 19. Jahrhundert, die 42,9 % der Erwerbstätigen als weiblich definierten. Bereits in der ersten Hälfte des 19. Jahrhunderts waren in Wien nicht nur Frauen unterbürgerlicher Schichten erwerbstätig, sondern auch aus dem Bürgertum, womit der Topos der Frau Biedermeier im Haus nachhaltig dechiffriert wurde.[6]

---

4 Gabriella *Hauch*, Gender and Revolution in Europe, 19th–20th centuries (2016). In: EHNE – Encycloédie d'histoire numerique de l'Europe. Online unter: https://ehne.fr/en/node/12343/printable/print oder: https://ehne.fr/encyclopedia/themes/gender-and-europe/gender-and-revolution-in-europe-19th-20th-century/gender-and-revolution-in-europe-19th-20th-centuries (Abgerufen am 13.12.2023).
5 Als patriarchales Eherecht kategorisiert, wurde dieser Teil des ABGB erst in der großen Familienrechtsreform 1975 geändert.
6 Waltraud *Schütz*, Zwischen öffentlicher Kontrolle und individuellem (Ver-)Handeln. Zur Geschichte unternehmerisch tätiger Frauen im Wiener Vormärz. In: L'Homme. Zeitschrift für feministische Geschichtswissenschaft 31/2 (2020) 95–111.

Dass die diskursive Festlegung der geschlechtsspezifischen Handlungs(spiel)räume nicht bruchlos geschah, wurde nicht nur während der Revolutionsmonate deutlich, sondern ist auch im unspektakulär Alltäglichen zu finden. Etwa in einem zeitgenössischen Benimm-Buch für Frauen: „Gedanken über weibliche Bestimmung und Bildung über Mutterpflicht und Erziehung" von Sophie von Scherer, das 1848 in Graz publiziert wurde.[7] Am 5. Mai 1849 wurde das drei Bände umfassende Werk in die kaiserliche Privatbibliothek aufgenommen, was der Autorin die „goldene k.k. Civil-Verdienst-Medaille" und höchste Anerkennung als Schriftstellerin brachte. Die in Briefform gehalten Texte lesen sich als Chronologie der weiblichen Disziplinierung. Allerdings wird das Ziel der Autorin, aus ihren Briefpartnerinnen erfüllte und glückliche Gemahlinnen und Mütter zu machen, unterlaufen: das Werk ist ein Zeitbild nicht nur für Benimm, sondern auch für Rebellion. Argumente gegen die Ehe sowie gegen den Rousseauschen Grundsatz, Frauen seien zum Gehorsam geboren oder Plädoyers für die Aufhebung von Standesunterschieden sind darin wieder und wieder, gut nachvollziehbar, zu lesen. So öffnet Scherers Erziehungsbuch mit den darin artikulierten Widersprüchen ein mögliches Fenster auf Hintergründe, warum sich Frauen bürgerlicher und adliger Schichten für die revolutionäre Bewegung 1848 und die Sache der Frauenemanzipation engagierten.

Wenn vom frauenspezifischen Benimm die Rede war, wurde das Kollektivsubjekt Frauen adressiert, das angesichts von sozialen, ökonomischen, nationalen, ethnischen oder religiösen Differenzen zu hinterfragen ist. Auch die heteronormative Zweigeschlechtlichkeit der bürgerlichen Moderne steht heute auf dem nicht nur historiografischen Prüfstand. Für die 1848er Bewegung konnte ich – außer Fällen für Cross-Dressing in diversen Armeen[8] – keine Quellen für Queerness finden. Zentral ist, sich nicht vom zeitgenössischen Kollektivbegriff ‚die Frauen' blenden oder verführen zu lassen, auch wenn Geschlecht in Gesetzeswerken zur Ordnungskategorie Nummer eins wurde.[9] Um den diversen Hoffnungen, Ängsten, Träumen und damit verbundenen Lebensverhältnissen gerecht zu werden, muss Geschlecht mit anderen Kategorien verknüpft werden. Eine wissenschaftliche Praxis, die der sozialgeschichtlich orientierten Historiographie inhärent ist und seit einigen Jahrzehnten unter dem Label Intersektionalität

---

7 Sophie *von Scherer*, Erfahrungen aus dem Frauenleben, 3 Bde. (Gratz 1848); vgl. *Hauch*, Frau Biedermeier, 16–33.

8 Gabriella *Hauch*, Bewaffnete Weiber. Kämpfende Frauen in den Kriegen der Revolution 1848/49. In:Karen *Hagemann*, Rolf *Pröve* (Hg.), Landsknechte, Soldatenfrauen und Nationalkrieger. Militär, Krieg und Geschlechterordnung im historischen Wandel (Frankfurt a. M./New York 1998) 223–246.

9 Neben dem erwähnten männlichen Haupt in der Familie im ABGB und dem Ausschluss aus dem politischen Vereinswesen, sei noch der Aus- bzw. Einschluss per Geschlecht in den Bereichen höherer Bildung, Wissenschaften sowie Berufen und dazu gehörenden Ausbildungen zu nennen sowie die sogenannte ‚Allgemeine Wehrpflicht'; vgl. Gabriella *Hauch*, Gender in Wissenschaft und Gesellschaft. Von der Nützlichkeit einer Kategorie und ihrer nachhaltigen Wirkung. In: Michael *Pammer*, Herta *Neiß*, Michael *John* (Hg.), Erfahrung der Moderne. Festschrift für Roman Sandgruber zum 60. Geburtstag (Stuttgart 2007) 491–508.

bzw. Geschlecht als relationale Kategorie theoretisch gefasst und selbstverständlicher Usus wurde.

Im Folgenden stehen Frauen als Akteurinnen im revolutionären Wien 1848 im Zentrum. Welche Konsequenzen zogen sie angesichts des Frauenausschlusses aus den politischen Institutionen, die von Männern als Männer-Räume konzipiert wurden, allerdings noch nicht in bürgerlichen Gesetzen festgeschrieben waren? Ich folge dabei einem Konzept von politischen Räumen, das die institutionalisierten ebenso einschließt wie die als informell bezeichneten, und entsprechend dem weiten Politikbegriff der Frauen- und Geschlechtergeschichte beziehungsweise der neuen Politikgeschichte keine Hierarchien setzt.[10]

Frauenemanzipation in Wien!

Als am 13. März 1848 mit friedlichen und militanten Demonstrationen die Revolution in Wien begann,[11] waren Frauen in der Inneren Stadt als solidarisierende Zuschauerinnen und in den Vorstädten und Vororten als kämpfende Aktivistinnen dabei. In beiden Fällen ist ihnen der Status der Akteurin zuzuschreiben. Sobald Staatskanzler Fürst Clemens Metternich ins englische Exil floh und Kaiser Ferdinand eine Staatsverfassung in Aussicht stellte sowie Presse- und Versammlungsfreiheit und Bildung einer Nationalgarde zugesagt wurden, erfolgte die Festlegung der künftigen Aufgaben der revolutionären (bürgerlichen) Wienerinnen: „Würdige Mütter tapferer Söhne" sollten sie sein, die Bewegung durch Tragen der revolutionären Farben schwarz-rot-gold, durch Fahnensticken und ihre Teilnahme an den Fahnenweihen unterstützen, hieß es. Kurzum, die Rolle der komplementären Gefährtinnen erfüllen.[12] Von einer Gleichberechtigung fordernden „Frauenemancipation" ist in dieser frühen Phase noch nichts zu finden. Allerdings wurde bereits in der Nr. 2 der „Wahrheit!" die politische Untätigkeit und das Desinteresse der Frauen beklagt und damit zu begründen gesucht, dass entweder häusliches „Wohlleben" oder „die Verwüstung durch Armuth und Entbehrung", die Frauen „nie zur richtigen Besinnung" kommen ließen.[13]

---

10 Ein früher Aufsatz, der das Raum-Konzept breit analysiert: Gabriella *Hauch*, Frauen-Räume in der Männerrevolution. In: Dieter *Dowe*, Heinz-Gerhard *Haupt*, Dieter *Langewiesche* (Hg.), 1848 – Reform und Revolution (Bonn 1998) 841–900.
11 Immer noch Standard: Wolfgang *Häusler*, Von der Massenarmut zur Arbeiterbewegung. Demokratie und soziale Frage in der Wiener Revolution (Wien, München 1979).
12 Dies ist nicht auf Wien oder die Habsburgermonarchie beschränkt, sondern ein europäisches Phänomen, vgl. *Hauch*, Frauen-Räume, und die dort angeführte Literatur; Eine patriotische Wienerin. In: Der Volksfreund Nr. 18 (1848) 76; Ein Wort aus dem Herzen einiger Damen Wiens. In: Die Constitution Nr. 21 (1848) 312.
13 Wahrheit! Nr. 2 (1848) 6.

Erst das massive Auftreten von Frauen aller sozialen Schichten in der sogenannten Mairevolution evozierte mehr Stimmen, die sich mit der Rolle der Frauen in der Revolution befassten. „Frauenemancipation" hieß es im „Prophet", „Die Emancipation der Frauen!" in der „Bohemia" oder in der „Wahrheit!", „Werfet weg Eure Sonnenschirme".[14] Meist changierten diese Artikel zwischen Ernst und Satire. Die Rezeptionsgeschichte der Frauenfrage 1848 zeigte, dass sich der Stellenwert und der Diskurs über Frauen im Revolutionsverlauf veränderten. Im „Reisenden Teufel" klärte ein allwissender Teufel einen Bauern darüber auf, dass nun auch die Frauen all das haben wollten, „was den Männern jetzt einen Vorzug vor ihnen gibt". Der Bauer reagierte nicht ablehnend, gab jedoch zu bedenken, „Aber besser wär's wenn man jetzt vor der Hand an andere Dinge dächte, als an die Emancipation der Frauen".[15] Damit nahm er das Konzept vom Nebenwiderspruch in der sozialistischen Konzeption der Frauenemanzipation vorweg, die die Klassendifferenzen prioritär setzte.

In der Wiener Presse des Jahres 1848 erschienen auch ernsthafte Artikel zum Thema Frauen und Politik. Ein Autor griff zum Beispiel in die öffentliche Diskussion um Frauen als Zuschauerinnen in den Parlamenten[16] mit dem Argument ein, da sie damit die Gelegenheit hätten aus dem „Pfuhl der Alltäglichkeit (…) aus den Kinderstuben (…) zu treten". Dabei betonte er die Bedeutung, „weil es neu ist, [sie, G.H.] erfaßt und mit aller Glut festhält" und konstatierte, „es ist ein erfreuliches Zeichen der Zeit, wenn selbst Frauen sich des politischen Stoffes der Zeit bemächtigen". Gleichzeitig verurteilte er das Verbot der Frauenclubs in Frankreich nach dem Pariser Juniaufstand 1848 als „Undank" und appellierte an das „junge Österreich", den Frauen ihre bürgerlichen Rechte nicht länger vorzuenthalten.[17]

Die Artikel für Frauenrechte korrespondierten mit den zusehends von Frauen selbst artikulierten Forderungen nach Gleichstellung. In Wien sind, neben Paris, die umfassendsten während der europäischen Revolution 1848/49 zu finden. Hervorragend darunter ist die Forderung nach dem aktiven und passiven Wahlrecht für Frauen.[18] Anonym gebliebene Bürgersfrauen formulierten in einer vierseitigen Flugschrift, „Hüten Sie sich zu glauben, daß wir nicht vom lebhaftesten Interesse für die Emanzipation der Menschheit durchdrungen sind … Wir beanspruchen Gleichheit der politischen Rechte. Warum sollen Frauen nicht in den Reichstag gewählt werden?". Publiziert wurde diese Flugschrift vermutlich in jener turbulenten Zeit, als öffentlich um das Wahlrecht für Arbeiter diskutiert wurde. „Es wäre falsch das Stimmrecht allgemein zu nennen, wenn von

---

14 Der Prophet Nr. 26 (1848) 102; Bohemia Nr. 26/27 (1848) o.S.; Wahrheit! Nr. 2 (1848) 6.
15 In: Der reisende Teufel. Zeitschrift für Volksbelehrung über Zeitfragen Nr. 4 (1848) 31.
16 Vgl. jüngst: Henning *Türk*, Die weiblichen Zuschauer im Paulskirchenparlament während der Märzrevolution 1848/49. In: Ariadne. Forum für Frauen- und Geschlechtergeschichte H. 79 (2023) 6–26.
17 Der Freimüthige Nr. 113 (1848) 457.
18 *Hauch*, Frau Biedermeier 139–143.

dessen Ausübung wenigstens die Hälfte der Untertanen ausgeschlossen ist", hieß es weiter, vielmehr sei es das „unläugbare, unveräußerliche, angeborene und untilgbare Recht des weiblichen Geschlechts". Mit diesem Wording vertraten sie die Egalitätskonzeption im Sinne der universalen Menschenrechte im Gegensatz zur Differenzkonzeption mit der sich die meisten 48erinnen in Europa Rechte und Anteilnahme erhofften. Diese knüpften an der Andersartigkeit von Frauen an, definierten sich als das komplementäre Geschlecht und forderten auf dieser Basis die gleichen Rechte – was meist enttäuscht wurde.[19] Weitere Forderungen von Frauen während der revolutionären Monate 1848 in Wien umfassten den Zugang zur Universität und diversen, Männern vorbehaltenen Berufen ebenso wie gleichen oder höheren Lohn und soziale Absicherung, etwa für Dienstbotinnen, oder abends ohne Männerbegleitung in ein Caféhaus gehen zu können – ohne „angegafft"[20] zu werden.[21]

Vom „Deutschen Frauenverein" zum „Wiener" bzw. „Ersten demokratischen Frauenverein"

Die erste Wienerin, die in Zusammenhang mit Frauenemanzipation öffentlich genannt wurde, war Katharina Strunz. Sie initiierte die Bildung einer Frauendeputation, die den Kaiser aus seinem selbstgewählten Exil im kaisertreuen Innsbruck, wohin er nach der Mairevolution geflohen war, wieder zurück in die Hauptstadt bringen sollte.[22] In einem satirischen Artikel der „Wiener Gassen-Zeitung" zur Forderung nach dem Frauenwahlrecht, wurde ihr in einem phantasierten „Frauenministerium" das Innenressort zugewiesen.[23]

Katharina Strunz verbarg sich auch hinter der „deutsch gesinnten Frau", die auf etlichen in der Wiener Innenstadt affichierten Plakaten „deutsche Frauen Wiens" aufforderte, sich am 26. August um 10 Uhr vormittags im Salon des Wiener Volksgartens zur Gründung eines „Deutschen Frauenvereins" einzufinden. Der Aufruf entsprach dem Mainstream der klassenübergreifenden 1848er-Bewegung: „deutsch gesinnt und patriotisch" zu sein. Um die 150 Frauen nahmen mit einer schwarz-rot-goldenen Schleife auf der linken Brust an der Versammlung teil, die Strunz leitete. Ihre Person gab Anlass zum Disput: einige Frauen bekannten, dass sie nicht in den Volksgarten gekommen wären, hätten sie gewusst, dass die Initiatorin der Innsbrucker Frauendeputation dahinter ste-

---

19 Gisela *Bock*, Frauen in der europäischen Geschichte. Vom Mittelalter bis zur Gegenwart. (Beck'sche Reihe München 2005) 119–176.
20 In: Der Prophet Nr. 26 (1848) 102f.
21 *Hauch*, Frau Biedermeier 185–204.
22 *Hauch*, Frau Biedermeier 143–144.
23 Was schadets. In: Wiener Gassen-Zeitung Nr. 92 (1848) 368.

cke.[24] Auch die Anwesenheit einer Handvoll mit schwarz-gelben Bändern als kaisertreu deklarierte Frauen trug zu Divergenzen um die inhaltliche Ausrichtung des Frauenvereins bei, bis das „schwarz-gelbe Kleeblatt" aus der Versammlung ausgeschlossen wurde.[25]

Dies alles geschah noch vor der Erstürmung des Pavillons durch nicht zugelassene Männer. Darunter wurden auch „einige Wiener Nationalgardisten" gesichtete, also Männer von Besitz oder Bildung, deren bewaffnete Formation als Rückgrat der konstitutionellen 1848er-Bewegung galt: sie drückten die Fensterscheiben ein, „sprangen auf die Tische und äfften die Diskussionen der Frauen nach, beleidigten mit den gemeinsten Grobheiten" die Anwesenden[26] und drohten den sich wehrenden Frauen Ohrfeigen an. Stolz berichtete einer der Akteure von seinem „kühnen Eindringen".[27] Die Vorsitzende Frau Strunz nannte er in dem Artikel denunzierend „Frau Strumpf", was mit der Satzgestaltung korrespondierte, da ein Teil der Seite in Strumpfform weiß blieb. Als sie ihnen entgegentrat und zum Verlassen der Versammlung aufforderte, antwortete er, „Oeffentlichkeit ist das Prinzip unseres Jahrhunderts, lassen Sie es auch das Ihre seyn". Frauen hätten Zugang zu etlichen Räumen der Revolution, also „warum wollen Sie so untolerant gegen uns seyn?". Die Versammlung löste sich auf, um sich am selben Nachmittag wieder zu treffen und später als „Wiener demokratische Frauenverein", so der Titel der im Kriegsarchiv aufbewahrten Statuen, aber auch als „Erster demokratischer Frauenverein" bezeichnet, zu konstituieren.[28]

Im Gegensatz zu den zahlreichen politischen und sozialen Vereinen, die sich androzentristisch – also scheinbar geschlechtsneutral benannt, realiter jedoch Männern vorbehalten – gerierten, trug der demokratische Frauenverein die Geschlechtergrenze bereits im Titel. Damit war keine – heute so bezeichnetes – feministisches Selbstbestimmungsrecht verbunden, sondern die einzige Möglichkeit öffentlich politisch aktiv zu werden. Mit diesem „für sich selbst Stehen" (Rahel Varnhagen) hatten sie in den Augen etlicher Männer die Grenzen des Erträglichen überschritten. Der oben geschilderte Sturm auf die Gründungsversammlung widersprach der Funktion des Beschützens im wehrhaften männlichen Geschlechtscharakter, die sich just in der Nationalgarde eine Institution der Revolution geschaffen hatte. Sie zeigten nicht nur den aggressiven Charakter der Krieger, sondern auch die militante Facette des geschlechtsspezifischen Abwehrkampfes gegen die Emanzipation der Frauen, die der

---

24 Der Frauenaufruhr im Wiener Volksgarten. In: Flugschriftensammlung 1848, Österreichische Nationalbibliothek, Wien.
25 Der Humorist Nr. 208 (1848) 855; Gerad'aus Nr. 93 (1848) 6; Bohemia Nr. 159 (1848) o. S.
26 Neue Politische Straßenzeitung. Ein Volksblatt Nr. 2 (1848) 6.
27 Deutscher Frauenverein in Wien. In: Sonntagsblätter (3.9.1848) 661–662; Gabriella *Hauch*, § Emanzipation bewegt … Im demokratischen Milieu der Wiener Revolution von 1848. In: Ariadne. Forum für Frauen- und Geschlechtergeschichte H. 79 (2023) 33–34.
28 Statuten sind abgedruckt in: *Hauch*, Frau Biedermeier 235–239.

Moderne eingeschrieben ist. Bei den Störaktionen gegen den Pariser „Club des femmes", ebenfalls 1848, hatte das Thema der Veranstaltung, die Reform des Scheidungsgesetzes in Richtung Revision des patriarchalen Familienrechts, den Anlass dazu geboten.[29]

Der Vereinsname „Wiener demokratischer Frauenverein" wurde im § 1 der Statuten verankert.[30] Als Präsidentin schien Karoline (von) Perin[31] auf und nicht Katharina Strunz oder Frau Wertheimer, die die 2. Sitzung geleitet hatte. Das Aufnahmelokal beziehungsweise die Kontaktadresse war dieselbe wie die demokratische Zeitschrift „Der Radikale", der von Perins Lebensgefährten Alfred Julius Becher redigiert wurde. Die Statuten des „Wiener demokratischen Frauenvereins" stellen ein Vereinsprogramm dar, das europaweit, mit Ausnahme Frankreichs – nach bisherigem Forschungsstand – seinesgleichen sucht. Unter den Schlagworten „politisch, sozial und human" (§ 2) vereinigten sie Forderungen und Absichtserklärungen. Die allgemeine Schul- und Ausbildung für Mädchen, die politische Bildung von Frauen zum Wohl des Vaterlandes, für die Erziehung der Kinder und um das „demokratische Prinzip in allen weiblichen Kreisen zu verbreiten" fielen ebenso darunter wie die Gleichberechtigung der Frauen oder die Proklamation, „den tiefgefühlten Dank der Frauen Wiens für die Segnungen der Freiheit" durch ihre Solidarität mit der revolutionären Bewegung und Verpflegung der Opfer zu beweisen. Neben dieser inhaltlichen Differenzierung verweisen die Formalia des Vereinslebens – Antragsrecht, Rederecht, Abstimmungsmodi – auf Egalität und Demokratie: „wirkende" und „unterstützende" Mitglieder konnten alle Frauen „von gutem Rufe und freisinnigem Charakter" (§ 7), gleich welchen sozialen oder familiären Standes (§ 10) werden, der fünfköpfige „Ausschuß" (§ 11) sollte nach drei Monaten seine Funktionen zur Verfügung stellen beziehungsweise konnte er jederzeit durch Stimmenmehrheit abgewählt werden (§ 13). Projektiert waren wöchentlich zwei Sitzungen (§ 22) und die Ausdehnung des Vereins auf die Wiener Vorstädte und Vororte (§ 32) sowie auf das ganze Land (§ 31); dabei sollte der Wiener als Zentral-Verein gelten. Männer konnten „nur ausnahmsweise als Ehrenmitglieder" bei den Sitzungen zugezogen werden und hatten kein Stimmrecht (§ 8).

Die revolutionsfreundliche Presse Wiens reagierte auf die Existenz des demokratischen Frauenvereins vor allem, wenn dieser publikumswirksam in der Öffentlichkeit auftrat.[32] Viel größere Resonanz erfuhr der Frauenverein in den revolutionsfeindlichen Zeitungen, die seit September vermehrt erschienen. Federführend war die Zeitung

---

29 *Hauch*, Frauen-Räume, 864.
30 Statuten. In: *Hauch*, Frau Biedermeier, 235–239.
31 Näheres zu Perin: *Hauch*, § Emanzipation; *Hauch*, Frau Biedermeier, 155–160; Aktuell arbeitet Andreas Kloner, an einer Biographie, vgl. auch sein Radio-Feature: Lea *Roma*, Karoline von Perin – Pionierin für Frauenrechte. Hörbilder Ö1, 4. März 2023 (online unter: oe1.orf.at/programm/20230304/711949/Karoline-von-Perin-Pionierin-fuer-Frauenrechte).
32 *Hauch*, Frau Biedermeier, 141–155.

„Die Geißel", die etlichen Sitzungen des Vereins mehrspaltige Berichte widmete, in bemüht satirischer Form, gespickt mit sexuellen Anspielungen.[33]

In Wien zählte der „Wiener demokratische Frauenverein" zum radikalen 1848er:innen-Flügel. In der ersten Sitzung solidarisierten sie sich mit den in der Praterschlacht vom 23. August 1848 Verwundeten und deren Forderung nach Rücknahme der Lohnkürzungen bei den öffentlichen Erdarbeiten. Allerdings gab es auch innerhalb der Vereins Differenzen, wie Karoline von Perin in ihren Erinnerungen schilderte, die sie allerdings im Kontext ihrer geplanten Rückkehr aus dem Exil in München nach Wien verfasste. Eine Frau Bouvard forderte, dass der Verein eine Petition an den Ministerrat verabschiede, in dem die Aufhebung der fälligen Halbjahresmieten gefordert würde, was als unrechtmäßiger Eingriff in das Eigentum vom Verein abgelehnt wurde. Als „politische Schlafmützen" hätte Bouvard sie daraufhin beschimpft.[34] Bei ihr handelte es sich um Louise Bouvard, Französischlehrerin in Ober-Döbling.[35] Besagte Louise Bouvard und Frau Bruckmüller führten gemeinsam mit der Präsidentin Karoline Perin eine aus „hunderten Frauen" bestehende Delegation an, die am 17. Oktober 1848 die von rd. 1000 Frauen unterzeichnete Petition zur Einberufung des Landsturms, dh. die Bewaffnung der Landbevölkerung zur Verteidigung Wiens, dem Reichstag übergab. Mit dieser Forderung mischte sich der demokratische Frauenverein massiv in die ernste Volksbewegung ein. Als Reaktion darauf wurde im Reichstag mehr über die unbotmäßige Frauen-Aktion als die Petition diskutiert.[36]

Von den Männern der demokratischen Linken – und das ist wiederum eine europaweite Ausnahme – wurde der „Wiener demokratische Frauenverein" im „Zentralausschuss der demokratisch-freisinnigen Vereine", in dem die Verteidigung Wiens im gegen die anrückenden kaiserlichen Truppen geplant und organisiert wurde, als politischer Partner akzeptiert,[37] und auch von der Gegenseite ernst genommen. Der Name Karoline von Perin, die Präsidentin des Wiener demokratischen Frauenvereins, stand auf der Liste der 12 auszuliefernden Revolutionsprominenten, falls Wien friedlich erobert werden wollte – so Fürst Windisch-Grätz.[38]

Fokussiert man auf der Suche nach kollektivem und individuellem Für-sich-Einstehen während der Revolutionsmonate auf geschlechtsspezifisches Verhalten in Handwerksmilieus und im entstehenden Proletariat kommt die Gründung von Arbeiter- und

---

33 In: Die Geißel. Tageblatt aller Tageblätter Nr. 58 (1849) 138 f.
34 Bruno von *Frankl-Hochwart*, Aus Bechers letzten Tagen. Mit ungedruckten Aufzeichnungen seiner Braut. In: Die Zeit. Wiener Wochenzeitschrift für Politik und Volkswirtschaft, Wissenschaft und Kunst, Nr. 203 (1898) 119.
35 Herzlichen Dank an Andreas Kloner für diese Information.
36 *Hauch*, Frau Biedermeier, 153–155.
37 *Hauch*, § Emanzipation, 38 f.
38 *Hauch*, Frau Biedermeier, 220–228; Vergewaltigungen u. ä. begleiteten die Eroberung Wiens.

Gewerkvereinen in den Blick. Und deren ambivalente Positionierung zur Frauenerwerbsarbeit. Die Forderung nach „Abschaffung der weiblichen Arbeiter" ist dort ebenso zu finden wie gemeinsame Lohnforderungen. Allerdings waren für Wien eigene „Frauen-Abtheilungen" in den Arbeiter-Assoziationen, wie in Berlin, bislang nicht zu finden.[39]

Zusammenfassend, ist festzustellen, dass die Schaffung institutionalisierter Frauen-Räume der Konstruktion der bürgerlichen Geschlechterordnung mit ihren dichotomen Geschlechtscharakteren entsprach – auch wenn diese Geschlechtergerechtigkeit für sich einforderten. Diese Ambivalenz ist als eine Variante des feministischen Paradoxons (Joan W. Scott) zu fassen, das den Spezialfall ‚weibliches Geschlecht' in der bürgerlichen Moderne begleitet: von der „Frauenfrage" des 19. Jahrhunderts bis zur institutionalisierten Gleichstellungspolitik heute.

> „… heute dürfe man die Hände doch nicht in den Schoß legen … Man kann ja doch nicht mehr wie sterben."

Mit diesen Worten begründete Margarethe Adams, eine der rund 585 Frauen, die wegen „Tragen von Steinen als Waffen und zum Bau von Barrikaden" ihr Tun, als sie nach dem Frankfurter Aufstand im September 1848 verhört wurde.[40] Für Wien ist keine ähnliche Aussage einer Barrikadenbauerin, sei es im März, Mai, September oder im Oktoberkampf überliefert. Aber es gab sie. Frauen, vor allem aus unterbürgerlichen Schichten waren an allen militanten Auseinandersetzungen 1848/49 beteiligt. Dabei handelte es sich vorwiegend um sozial und national motivierte Revolten beziehungsweise Rebellionen sowie soziale Protestformen, etwa Katzenmusiken oder andere Schmähaktionen. Sie beeinflussten die Dynamik des Revolutionsverlaufs entscheidend. Von der Durchsetzung der bürgerlichen Freiheiten bis zu den blutigen Barrikadenkämpfen, die die Niederlage in den Hauptstädten der Revolution begleiteten oder in den Feldzügen diverser (Revolutions-)Armeen.[41]

Zieht man für die Kategorisierung dieser sozialen Räume geschlechtsspezifische Handlungsmuster heran, erscheint auf den ersten Blick eine egalitäre Ebene. Denn Männer wie Frauen bewaffneten sich, benutzten ihre Arbeitsgeräte oder erstürmten verschiedene Zeughäuser, setzten ihre Körper ein und kämpften. Wie bei der Durchsetzung der bürgerlichen Freiheiten in der Wiener Märzrevolution von 13. bis 15. März. Nachdem die Stadttore nach Beginn der Unruhen geschlossen wurden, revoltierten die Vorstädte und Vororte. Nächtens wurden die die Stadt umgebenden Gasleitungen

---

39 *Hauch*, Frauen-Räume, 882–884; Rüdiger *Hachtmann*, Berlin 1848. Eine Politik- und Gesellschaftsgeschichte der Revolution (Bonn 1997) 383, Anm. 41.
40 Stanley *Zucker*, Frauen in der Revolution von 1848. Das Frankfurter Beispiel. In: Archiv für Frankfurts Geschichte und Kunst, Bd. 61 (1987) 226.
41 *Hauch*, Frauen-Räume, 877–897.

entzündet und „eine fantastische niegesehene Beleuchtungsart" geschaffen, schilderte ein Zeitgenosse,[42] Ausdruck von Bedrohung und Freude. Das verhasste Verzehrssteueramt, wo für Nahrungsmittel, die in die Innere Stadt transportiert wurden, Extrasteuern eingehoben wurden, wurde ebenso zerstört, wie Polizeikommissariate, ein Amtshaus und etliche, für ihre ungerechten Besitzer bekannten Fabriken. Frauen speziell wurden in diesen Berichten nicht erwähnt, sondern der geschlechtslose „bleiche und verwilderte Pöbel" als Akteur konstruiert.[43]

Ein Blick auf die diskursive Ebene in den folgenden Monaten zeigt allerdings eklatante Unterschiede, wie die Kämpfenden kategorisiert und welche Wertungen damit transportiert wurden. Als Beispiel sei die sogenannte Praterschlacht im August 1848 in Wien herangezogen. Dieses Ereignis markierte den Bruch der vorwiegend klassenübergreifenden Wiener Revolutions-Bewegung. Die Gemeinde Wien hatte gegen die herrschende Arbeitslosigkeit ein Infrastruktur-Beschäftigungsprogramm gestartet, wo rd. 20.000 Männer, Frauen und 12–16jährige Jugendliche arbeiteten, die sogenannten „Erdarbeiten". Anfang August sollten die gestaffelten Tagsätze um je 5 Kr. gesenkt werden, für Männer auf 20 Kr., Frauen auf 15 Kr. und Kinder auf 10 Kr. Damit war kein Auskommen mehr zu finden. Am 21. August zogen tausende Arbeiterinnen in die Innenstadt und forderten die Rücknahme der Kürzungen. Pfarrer Anton Füster, der populäre Prediger der 48er-Bewegung, suchte die Demonstrantinnen zu beruhigen, fiel allerdings „vollständig durch, das erste und das letzte Mal".[44] Zwei Tage später kam es dann zu einer großen Demonstration, die am Praterstern von der berittenen Polizei und Einheiten der Nationalgarde und blutig gestoppt wurde.[45]

Die Sicherheitswache, also die Polizei, rechtfertigte ihr brutales Vorgehen gegen Frauen damit, dass diese sich „wie die Furien" aufgeführt hätten und sie auf die „roheste, empörendste, unsittlichste Weise beleidigt" hätten – erst dann wären sie mit aufgesetztem Bajonett offensiv vorgegangen. Halsstichwunden und Kopfstichwunden waren die Folge.[46] Beschützertum, als Teil des männlichen Tugendkanons, verblasste angesichts des Verhaltens dieser Frauen, das dem bürgerlich-sittsamen Benimmcode von Weiblichkeit entgegenstand.

Neben der Kategorisierung als „unsittlich" bestimmte auch die Konstruktion als besonders grausam und vice versa besonders mutig und tapfer sowie aufopfernd die

---

42 Friedrich *Unterreiter*, Die Revolution in Wien. Mit allen ihren Ursachen und Wirkungen fortlaufend bis auf die nächsten Tage auf das freisinnigste nach eigner Anschauung und den besten Quellen dargestellt, Bd. I (Wien 1848) 43.
43 *Hauch*, Frau Biedermeier, 171–177.
44 Anton *Füster*, Memoiren von März 1848 bis Juli 1849. Beitrag zur Geschichte der Wiener Revolution, Bd. II (Frankfurt 1850) 101.
45 *Hauch*, Frau Biedermeier, 205–212.
46 Mart. *Klaus*, Bis jetzt noch nicht durch den Druck veröffentlichte interessante Scenen aus dem Arbeiter-Aufruhr, nach Mittheilungen von dabei betheiligten National-Garden der 12. Und 13. Compagnie der Leopoldstadt. In: Kurt *Mellach* (Hg.), 1848. Protokolle einer Revolution (Wien, Zürich 1968) 124.

kämpfenden Frauen. Sympathisantinnen und Akteurinnen fungierten als Integrationsfiguren und als Beweis für die Gerechtigkeit der Revolutions-Ziele. Denn wenn sie, als Schwache ihre Position als zu Beschützende aufgaben, verkörperten sie umso mehr Stärke. Das ist vor allem in den Erzählungen über die hoffnungslosen Endkämpfe in den Hauptstädten der Revolution festzustellen. Frauen wurden zu den Ausdauerndsten, zu den Tapfersten stilisiert,[47] in schwülstig-emotionalen Worten, die die Sphäre der Öffentlichkeit als triebfreien Raum der Ratio dekonstruierten und die Geschichtsmächtigkeit von Affekten und Emotionen deutlich macht.[48] Dem entsprechend markierte das „Weibergekreische" das Ende der ehrhaften, ernsthaften und vor allem männlich konnotierten Volksbewegung Ende Oktober 1848 in Wien.

Ausblick

Das dem „Sturmjahr" folgende Neoabsolutistische Regime verbot Frauen explizit Mitglied in einem politischen Verein zu werden. Damit wurde nachhaltig die Figur des ‚unpolitischen' weiblichen Geschlechts festgelegt. Erste Frauen-Vereinsgründungen, die sich an der Erwerbstätigkeit von Frauen orientierten sind in den 1860er Jahren zu finden und reproduzierten die bürgerliche binäre Geschlechterordnung. Die ersten Spuren der organisierten Arbeiterbewegung zeigen hingegen, dass Männer und Frauen in den 1870er Jahren gemeinsam, etwa in der „Gewerkschaft der Stuhl-Arbeiter" mit gleichen Rechten zu finden, und noch nicht vom Narrativ von den getrennten Sphären durchdrungen waren.[49] Als in den 1890er Jahren die Arbeiterbewegung und die sogenannte erste oder alte Frauenbewegung auch in Österreich an Fahrt aufnahm, wurde im Jahre 1898 zum 50-Jahr-Jubiläum der Revolution feierlich ihrer Traditionen und Vorkämpfer:innen gedacht.[50]

---

47 *Hauch*, Frauen-Räume, S. 887 f. und Frauen-Zeitung, 19. Mai 1849, Nr. 5, (Reprint) in: Ute *Gerhard* (Hg.), Dem Reich der Freiheit werb ich Bürgerinnen. Die Frauen-Zeitung Louise Otto-Peters, Frankfurt a. M. 1980, S. 70f.

48 Gabriella *Hauch*, Zur Geschichtsmächtigkeit von Gefühlen in der Wiener Revolution von 1848: Liebe und Vertrauen, Rache und Hass. In: Maria *Mesner*, Sushila *Mesquita* (Hg.), Eine emotionale Geschichte. Geschlecht im Zentrum der Politik der Affekte (Wien 2018) 17–48.

49 Gabriella *Hauch*, „Arbeite Frau! Die Gleichberechtigung kommt von selbst"? Anmerkungen zu Frauen und Gewerkschaften vor 1914. In: Gabriella *Hauch*, Frauen bewegen Politik. Österreich 1848–1938 (Innsbruck, Wien, Bozen 2009) 106.

50 Gabriella *Hauch*, Die Wiener Revolution 1848 *[Arbeitstitel]* (Wien 2024).

Jana Osterkamp

Nationale Gerechtigkeit im Vielvölkerstaat

Eine revolutionäre Idee des Jahres 1848 für Europa

Die Märzrevolution 1848 brachte für Österreich eine *originäre* Ordnungsidee für das Zusammenleben mehrerer Völker in einem Staat hervor, die in Europa einzigartig war und andere der damaligen Leitideen von Freiheit, Gleichheit und Brüderlichkeit auf neue Weise verband. Diese Leitideen aus dem gemeinsamen europäischen Laboratorium für politische Ordnungsvorstellungen 1848 sind bekannt und prägen unsere Lebenswelt bis heute. *Liberale* verteidigten seit der Französischen Revolution von 1789 das Konzept der Freiheit. Sie forderten eine Politik, die auf verfassungsrechtlich verbürgten Rechten der Einzelnen aufbaue und die absolute Macht der Monarchen begrenze. Während die *Radikalen* darüber hinaus politische Gleichheit über ein allgemeines Männerwahlrecht und soziale Rechte forderten, so begrenzten Liberale politische Teilhabe damals noch auf die besitzenden Klassen. Mit der Französischen Revolution und den Napoleonischen Kriegen nahmen in Europa zeitgleich *nationale Ideen* ihren Aufstieg. So unterschiedlich die europäischen Nationalismen im 19. Jahrhundert waren, die Ablehnung von Fremdherrschaft war ihr gemeinsamer Nenner. Umstritten war unter diesen Patrioten allerdings, welche Formen die ersehnte Selbstherrschaft nach der Abschüttelung der Fremdherrschaft haben solle: demokratisch, monarchisch, liberal, ständisch-konservativ? Trotz solcher Differenzen entstand 1848 eine griffige revolutionäre Formel. In Italien, in Deutschland, in Polen, aber auch in Ungarn erschallten auf den Straßen die Rufe „eine Nation, ein Staat", „Viva l'Italia", „Vive la France" … Individuelle Grund- und Menschenrechte und das Recht auf nationale Selbstbestimmung sind Grundpfeiler europäischer Politik noch heute. Eine Leitvorstellung ist allerdings ins Hintertreffen geraten – die in Österreich 1848 ausgearbeitete, verfassungsrechtlich niedergeschriebene und später mit Leben gefüllte Idee einer *Nationalitätengleichberechtigung*. Diese war eine zentraleuropäische Antwort auf die zunächst französischen, später gesamteuropäischen Auseinandersetzungen und Vorstellungen zum Verhältnis von Staat, Volk, Nation und Nationalitäten. Die Stationen Paris, Wien, Lemberg (L'viv) und Kremsier zeichnen diese Entwicklung im Folgenden für das Jahr 1848 nach.

Paris – Französische Perspektiven auf Zentraleuropa im Vormärz

Über die Nationalitäten wurde bereits *vor* der Märzrevolution 1848 europäisch gesprochen. Die republikanische Idee, den Staat auf der Nation aufzubauen, hatte in

Frankreich nach 1789 ein allgemeines Interesse an den als unterdrückt geltenden Völkern Europas beflügelt. Im Vormärz fieberten in den Salons und in den politischen Netzwerken der Haupt- und Provinzstädte viele ebenso für die Griechen in ihrem Unabhängigkeitskampf gegen das Osmanische Reich als auch für die Polen in ihrem Kampf um Eigenständigkeit gegen das als reaktionär verschriene Dreigestirn Russland, Preußen und Österreich. Ein prominenter Fürsprecher für die Sache der Polen war der französische Schriftsteller Victor Hugo, der in seinem Roman „Les Misérables" sowie in seinen faszinierenden, posthum veröffentlichen Erinnerungen „Ozean. Dinge, die ich gesehen habe"[1] seine Revolutionsbeobachtungen im Paris der 1830er Jahre und 1848 realistisch festgehalten hatte.

Im März 1846 hielt Hugo seine erste politische Rede als Pair de France. Auf der Tagesordnung standen Hilfen für das polnische Exil, das seit den gescheiterten Aufständen von 1830/31 und 1846 nach Frankreich geflohen war. Hugo unterstützte das Streben nach polnischer Eigenstaatlichkeit. Er skizzierte ein Europa mit zwei Gravitationszentren in West und Ost: „Zwei Nationen unter allen anderen haben seit vier Jahrzehnten in der europäischen Civilisation eine uneigennützige Rolle gespielt [...] Frankreich verbreitete die Ideen, Polen deckte die Grenze."[2] Mit Blick auf den neuerlichen Aufstand des polnischen Adels und die Bauernunruhen in Galizien 1846, kritisierte er ein reaktionäres Österreich, da „die jüngsten Schritte der österreichischen Regierung die Civilisation" beleidigten.[3] Es sei „verhängnißvoll, wenn die Fürsten die Nationalitäten zerbrechen".[4]

Hugos flammende Rede von 1846 wurde von den anderen Abgeordneten kühl aufgenommen. Auch die Geschichtsschreibung bewertet die Ereignisse in Galizien von 1846 keineswegs einhellig. Die einen betonen eine moderierende Rolle Österreichs in dem Konflikt und kritisieren die Skrupellosigkeit und das repressive Verhalten von polnischem Adel und katholischem Klerus gegenüber einer in prekären Verhältnissen lebenden Bauernschaft. Andere vermuten, Österreich habe die Konflikte zwischen Adel, Klerus und Bauernschaft im Sinne eines *divide et impera* bewusst geschürt.[5] In

---

1 Victor *Hugo*, Ozean. Dinge, die ich gesehen habe (Berlin 2023).
2 Victor *Hugo*, Die polnische Frage. In: ders. (Hg.), Worte und Thaten. Gesammelte Reden von Victor Hugo (Stuttgart 1876) 58–65, hier 60.
3 *Hugo*, Polnische Frage, 62. Er fährt fort „Österreich und Rußland werden gezwungen werden, das edle Beispiel Preußens nachzuahmen, die großmüthigen Sympathien Deutschlands für Polen anzunehmen", ebenda, 63.
4 Hugos Europa mit einer „Einheit der Völker" war monarchisch und beruhte auf den Dynastien und den Nationalitäten: es sei eine „verhängnißvolle Sache, wenn die Völker die Dynastien zertrümmern, aber eine noch weit verhängnißvollere, wenn die Fürsten die Nationalitäten zerbrechen." Nur unter einer höheren Idee von Ordnung und Gerechtigkeit ließe sich dauerhaft Frieden, für ihn ein göttlicher Frieden, herstellen: *Hugo*, Polnische Frage, 63 f.
5 Christopher *Clark*, Frühling der Revolution. Europa 1848/49 und der Kampf für eine neue Welt (München 2023), 102–115.

Paris (wie in Österreich) kehrte die polnische Frage bald mit Vehemenz zurück. Am 15. Mai 1848 stürmten Rebellen die französische *Assemblée Nationale*. Sie stürzten die gerade erst während der Februarrevolution installierte republikanische Regierung und ersetzten diese durch eine Übergangsregierung. Die Zeitung „Le Constitutionnel" berichtet einen Tag später, dass dieser Coup unter dem Vorwand der polnischen Frage stattfand. Die Anführer verlasen eine Petition, die die Assemblée dazu aufforderte, „de déclarer la guerre à l'Europe en faveur de la Pologne".[6] Erst danach formulierten die Aufständischen ihre „eigentlichen" Forderungen nach Brot und Arbeit für das Volk.[7]

Aus dem Blickwinkel von Victor Hugo und diesen Aufständischen betrachtet, gerahmt vom französischen Diskurs über nationale Selbstbestimmung, schien Zentraleuropa auf gleiche Weise in Nationen unterteilt zu sein wie Westeuropa. Vielen war die multiethnische und multireligiöse Alltagswirklichkeit Zentraleuropas[8] nicht bewusst. Sie ahnten nicht, dass in den Regionen des alten Polen nicht nur katholische Polen lebten, sondern dass die Bevölkerung des habsburgischen Erblands Galiziens zur Hälfte ukrainischsprachig und griechisch-katholisch war. Diejenigen, die in Paris Flugblätter für ein neues Polen verteilten, waren nie dort gewesen. Die Erzählung von Polen als einer sowohl von Russland als auch Österreich gedemütigten, freiheitsliebenden Nation war einfach und einleuchtend, denn sie ließ die ukranischsprachigen Nachbarn aus. Die Zeitschrift „La Pologne" wurde zu einem intellektuellen Sprachrohr der Forderungen nach Eigenständigkeit. Der Herausgeber Cyprien Robert, Begründer der akademischen Slawistik in Frankreich, hatte im März die „Société de l'Émancipation des peuples slaves" gegründet. Im Untertitel dieser Zeitschrift klingt die nationale Komplexität Zentraleuropas zumindest an. Roberts Zeitschrift „La Pologne" trat damit für die Emanzipation der „Slaves confédérés, Lekhites, Tchekhs, Illyriens, Bulgaro-Serbes et Ruthéniens" ein, auch wenn sie inhaltlich v. a. polnische Positionen vertrat. In historischer und heutiger Übersetzung waren mit dem Untertitel Wallachen (heute: Polen), Tschechen, Illyrier (heute: Kroaten, Slowenen), Bulgaro-Serben und Ruthenen (heute: Ukrainer) gemeint. Im Frühjahr 1848 nahmen über 1000 km weiter östlich einige dieser Völker ihr politisches Schicksal selbst in die Hand – nicht immer einhellig.

---

6 Le Constitutionnel vom 16.5.1848, 1.
7 Ebenda.
8 Aus den zahlreichen Strömungen in der Forschung dazu: Robert A. *Kann*, Das Nationalitätenproblem der Habsburgermonarchie. Geschichte und Ideengehalt der nationalen Bestrebungen vom Vormärz bis zur Auflösung des Reichs im Jahre 1918. Bd. 2: Ideen und Pläne zur Reichsreform. (Graz, Köln 1964^2); Pieter *Judson*, Habsburg. Geschichte eines Imperiums 1740–1918 (München 2017) sowie John *Connelly*, From Peoples into Nations. A History of Eastern Europe (Princeton 2020).

Wien – Self-Empowerment der Nationen und Nationalitäten in der Revolution

Die Pariser Februarrevolution 1848 mit ihren sozialen und politischen Forderungen gab ein wichtiges Momentum für die Revolutionen in Berlin, Budapest, Mailand, Venedig, Prag sowie in vielen anderen europäischen Städten – so auch in der habsburgischen Metropole. Im Hauptsitz der niederösterreichischen Stände in der Wiener Herrengasse, der in Sichtweite der Hofburg auch den liberalen Juridisch-Politischen Leseverein beherbergte, hatte die Revolution einen intellektuellen Brennpunkt. Über den Leseverein wurde eine deutsche Übersetzung der berühmten Reichstagsrede von Lajos Kossuth vom 3. März verteilt, in dem er die Abschaffung der feudalen Abhängigkeiten und Adelsprivilegien, eine Ausweitung des Wahlrechts auf besitzende Bürger und Bauern sowie eine parlamentarische Regierung für ein weitgehend autonomes Ungarn forderte.[9] Forderungen nach einer konstitutionellen Monarchie mit politischer Teilhabe der besitzenden Klassen erhoben viele Reformer auch in Wien. Am 13. März machten sich Vertreter der niederösterreichischen Stände von der Herrengasse auf, um die Forderungen der Revolutionäre, die sich hier versammelt hatten, nach Pressefreiheit, einer parlamentarischen Versammlung und einer Verfassung, in die Hofburg zu überbringen. Zum Sündenbock für das alte, keineswegs nur von ihm gelenkte Regime wurde Staatskanzler Clemens Metternich. In einer Sitzung der Staatskonferenz wurde er zum Rücktritt gedrängt und flüchtete in das Londoner Exil.[10]

Der Weg zur Idee einer Gleichberechtigung der Nationalitäten Österreichs nahm in diesen Tagen seinen Anfang.[11] Er führt zumindest mittelbar über die Straßen und Barrikaden Wiens; diese ermöglichten das politische Aushandeln einer neuen Verfassung, die dieser Idee zum Durchbruch verhalf. In der Habsburgermonarchie wechselten sich im Revolutionsjahr gleich drei Verfassungstypen ab – der präventive, der revolutionäre und der gegenrevolutionäre.[12] Am 25. April hatte der liberal gesinnte neue Innenminister Franz von Pillersdorf eine provisorische und präventive Verfassung erlassen, die mit verhältnismäßig weitreichenden Zugeständnissen den Revolutionären den Wind aus den Segeln nehmen sollte. Da sie ein zwar breites, aber nur indirektes Wahlrecht vorsah und dem Monarchen ein Vetorecht gegen Parlamentsbeschlüsse einräumte, musste dieses Dokument nach Protesten zurückgenommen werden. Das Mandat zur Verfassungsgebung erhielt nun der Revolutionäre Österreichische Reichstag – aufgrund seines letzten Sitzungsorts auch Kremsierer Reichstag genannt. Dieser bereitete im vollen Wortlaut und Umfang eine Verfassung vor, die am 4. März 1849 vom Parlament beraten

---

9 *Clark*, Frühling der Revolution, 415 f.
10 Zur Neubewertung dieses Staatsmanns siehe Wolfram *Siemann*, Metternich. Stratege und Visionär. Eine Biografie (München 2016).
11 Klassisch dazu Gerald Stourzh, Die Gleichberechtigung der Nationalitäten in der Verfassung und Verwaltung Österreichs (1848–1918) (Wien 1985).
12 *Clark*, Frühling der Revolution, 554.

und beschlossen werden sollte. Diese revolutionäre Verfassung mit einem ausgereiften Grundrechtekatalog, einer gestärkten Legislative und schwächeren Exekutive trat jedoch nie in Kraft. Die gegenrevolutionäre Verfassung des neuen Kaisers Franz Josef I., der den Reichstag auflöste und die Abgeordneten mit militärischer Härte auseinandertrieb, übernahm wichtige Meilensteine, verankerte den Ursprung der Souveränität jedoch wieder allein beim Monarchen.

Einige Besonderheiten dieses parlamentarischen Aushandelns einer neuen Verfassung müssen im europäischen Vergleich betont werden. Der österreichische Reichstag und dessen Zusammensetzung der Parlamentarier, die schließlich im Juli in der Winterreitschule zusammentraten, beeinflussten den Charakter der Revolution auf doppelte Weise. Erstens, waren in *sozialer* Hinsicht im Reichstag Österreich die bäuerlichen Schichten gut vertreten. Dies war ein wesentlicher Unterschied zu der Pariser Nationalversammlung oder auch der Frankfurter Paulskirche. Sowohl in Deutschland als auch Frankreich bestätigten diejenigen, die 1848 vor allem „Männer von Bildung und Besitz" wählten, die „etablierte gesellschaftliche Machtorganisation und Autoritätsordnung".[13] In Paris umfasste die Versammlung viele freie bürgerliche Berufe und Anwälte. In Frankfurt überwogen Staatsbedienstete. Im österreichischen Reichstag saßen Adlige, viele Bürgerliche und eben als Besonderheit einige Grundwirte. Zweitens, trat in *nationaler* Hinsicht in der Wiener Winterreitschule und später in Kremsier erstmals eine repräsentative Versammlung zusammen, die allen Beobachtern einen Eindruck von der Völkervielfalt der Monarchie vermittelte. Im österreichischen Reichstag fehlten lediglich Vertreter aus den ungarischen Ländern bzw. aus Lombardo-Venetien, Regionen, die 1848 ihre nationale Unabhängigkeit anstrebten. Dafür waren neben den deutschsprachigen Gruppen Abgeordnete vertreten, die tschechisch, polnisch, ukrainisch, italienisch oder slowenisch sprachen. Die Völkervielfalt der Monarchie als gesamtstaatliche Herausforderung hatte zuvor im Bewusstsein der Eliten existiert. Gerade Clemens Metternich setzte sich in seinen Papieren damit auseinander.[14] So unmittelbar und allgemein greifbar für alle war sie jedoch nie geworden.

Die politische Erfahrung der Völkervielfalt führte zu der naheliegenden Frage, wie die revolutionäre Forderung nach der Freiheit aller Völker von nationaler Fremdherrschaft im ethnisch und religiös gemischten Zentraleuropa verwirklicht werden könne. Auf Gebiet der Habsburgermonarchie stritten im Jahr 1848 Italiener aus Lombardo-Venetien,

---

13 Heinrich *Best*, Eine ökonomische Interpretation der Verfassung? Die Assemblée nationale Constituante und die Frankfurter Nationalversammlung im Spannungsfeld sozialökonomischer Interessen. In: Historical Social Research / Historische Sozialforschung 20 (Supplement 2008). Führungsgruppen und Massenbewegungen im historischen Vergleich. Der Beitrag der Historischen Sozialforschung zu einer diachronen Sozialwissenschaft (2008), 360–379, hier 364.
14 *Siemann*, Metternich.

die Ungarn im östlichen Reichsteil und die Polen für ihre Eigenstaatlichkeit.[15] Sie wollten die Loslösung aus der Dynastie der Habsburger und – im Fall der italienischen und polnischen Revolutionäre – die Neuschaffung eines größeren, weitere Territorien umfassenden Nationalstaats Italien oder Polen. Andere, allen voran die Tschechen, aber auch Ukrainer, Slowaken, Slowenen, Kroaten, Serben, Rumänen forderten in ihrer Mehrheit nicht den Nationalstaat, sondern größere Autonomien für ihre Nationalität in einem konstitutionellen Habsburgerreich. Die deutschsprachige Bevölkerung in der Habsburgermonarchie hatte wiederum verschiedene „nationale" Bindungen. Die österreichischen Tageszeitungen, zum Beispiel aus Graz, spiegeln die Begeisterung für ein aus dem Deutschen Bund wachsendes neues Deutschland. Andere deutschsprachige Akteure wollten die Macht und den Einfluss ihrer Region gegenüber Wien stärken. Eine von Deutschland unabhängige, österreichische Nation forderte niemand.[16]

Diese Spannung zwischen den nationalen Gruppen schien kaum auflösbar. Jede dieser Gruppen legitimierte ihre Forderungen mit der aus der Französischen Revolution geborenen Formel „eine Nation, ein Staat". Die Zerstreuung der Völker auf verschiedene Territorien im östlichen Europa machte die Umsetzung dieser einfachen mathematischen Gleichung in der Praxis jedoch unmöglich. Indem der österreichische revolutionäre Reichstag verschiedenen sozialen und nationalen Gruppen ein Sprachrohr und die Möglichkeit bot, am Aushandeln der Verfassung mitzuwirken, brachte er einen originären Kompromiss hervor. So wie die breite soziale Streuung der Abgeordneten die Abschaffung der Patrimonialstrukturen und die Bauernbefreiung erleichterte, so gab die breite nationale Auffächerung den Anstoß dafür, jenseits der Parolen von „eine Nation, ein Staat" über eine national gerechte Ordnung in einem Vielvölkerstaat nachzudenken.

Ohne die Vielfalt der Nationalitäten im Parlament wäre es zur verfassungsrechtlichen Verankerung einer Gleichberechtigung der Nationalitäten nicht gekommen. Die Idee nationaler Gleichberechtigung im Vielvölkerstaat wurde von der gegenrevolutionären Verfassung, der vom Kaiser am 4. März 1849 oktroyierten Verfassung, aufgenommen. Es liegt nahe, die Idee der Nationalitätengleichberechtigung daher vorrangig als probates Mittel des imperialen Zentrums zu werten, das Habsburgerreich mit seinen gewaltigen territorialen Dimensionen zusammenzuhalten. Allerdings würde eine solche enge Inter-

---

15 Siehe László *Péter*, Hungary's Long Nineteenth Century. Constitutional and Democratic Traditions in a European Perspective. Collected Studies (Leiden 2012); Marco *Meriggi*, Il Regno Lombardo-Veneto [Das Königreich Lombardo-Venetien] (Turin 1986); Brigitte *Mazohl*, Österreichischer Verwaltungsstaat und administrative Eliten im Königreich Lombardo-Venetien 1815–1859 (Mainz 1993). Zu Polen nur W. *Feldman*, Geschichte der politischen Ideen in Polen seit dessen Teilungen (1795–1914) (München 1917).

16 Ernst *Bruckmüller*, Nation Österreich. Kulturelles Bewußtsein und gesellschaftlich-politische Prozesse (Wien 1996²).

pretation die Intentionen und Wünsche des Verfassungsausschusses im revolutionären Österreichischen Reichstag übergehen.

Lemberg – Der Januskopf des „Kolonisierten" und „Kolonisierers"?

Die Idee von gleichberechtigten Nationen in einem gemeinsamen Staatshaus war die Antwort auf konkrete historische Konflikte in den einzelnen Regionen – das sog. Nationalitätenproblem.[17] Eine imperiale Kultur der feinen Unterschiede[18] hatte zwischen den einzelnen Gruppen jeweils eigene, charakteristische Gräben aufgerissen. Auch die nicht-deutschsprachigen Nationalitäten und Völker waren untereinander nicht gleich. Es bestanden kulturelle und sprachliche, ökonomische, politische und soziale Hierarchien, die die Verfechter einer Idee der Nationalitätengleichberechtigung überbrücken wollten.

Für das Verständnis dieser feinen Unterschiede zwischen den Nationalitäten lohnt neben dem Grundlagenwerk von Michel Foucault auch die Re-Lektüre von Etienne Balabar in seinem bekannten Dialog mit Immanuel Wallerstein „Race, Nation, Class. Ambiguous Identities". Balabar zieht, wohl nicht zufällig vor dem historischen Hintergrund des Zerfalls mehrerer multinationaler sozialistischer Länder nach 1989, eine Parallele zwischen Nationsbildung und Kolonialisierungserfahrung: „In a sense, every modern nation is a product of colonization: it has always been to some degree colonized or colonizing, and sometimes both at the same time".[19] In der Tat lässt sich auch der revolutionäre Aushandlungsprozess von 1848 besser verstehen, wenn wir die überlappenden nationalen Erfahrungen von Bevormundung und Befreiung nicht nur auf das imperiale Verhältnis von Zentren und Peripherien beziehen, sondern auch regionale Hierarchien in unsere Überlegungen einbeziehen. Man muss sie nicht zwangsläufig „kolonial" nennen.[20]

Kehren wir zur Nation der Polen zurück und werfen einen Blick auf das habsburgische Galizien.[21] In Europa standen die Polen für die meisten eindeutig auf der Seite der

---

17 Robert A. *Kann*, Das Nationalitätenproblem der Habsburgermonarchie. Geschichte und Ideengehalt der nationalen Bestrebungen vom Vormärz bis zur Auflösung des Reichs im Jahre 1918. Bd. 2: Ideen und Pläne zur Reichsreform. 2. Aufl. (Graz, Köln 1964).
18 Bourdieus Beobachtungen für verschiedene gesellschaftliche Klassen lassen sich auf nationale Gruppen übertragen. Pierre *Bourdieu*, Die feinen Unterschiede. Kritik der gesellschaftlichen Urteilskraft (Frankfurt am Main 1982).
19 Etienne *Balibar*, Immanuel *Wallerstein*, Race, Nation, Class. Ambiguous Identities (London, New York 1991) 94.
20 Vgl. zur Debatte um eine „koloniale" Habsburgermonarchie Johannes *Feichtinger*, Moritz *Csáky*, Ursula *Prutsch* (Hg.), Habsburg Postcolonial. Machtstrukturen und kollektives Gedächtnis. Innsbruck 2003.
21 Für einen Überblick Jan *Kozik*, The Ukrainian National Movement in Galicia 1815–1849 (Edmonton 1986); Svjatoslav *Pacholkiv*, Emanzipation durch Bildung. Entwicklung und gesellschaftliche Rolle der

„Kolonisierten" und „Unterdrückten". Wie eingangs beschrieben, galt dies für Victor Hugo, unbekannte Pariser Revolutionäre, die Intellektuellen um Cyprien Robert und ebenso für viele Parlamentarier in der Frankfurter Paulskirche und der Kremsierer Verfassungsversammlung. Überall hieß es, und zwar zu Recht, man müsse jenes politische Unrecht „sühnen" und rückgängig machen, das Polen durch die Aufteilung auf Preußen, Österreich und Russland geschehen war.[22] Trotz der europaweiten Netzwerke des polnischen Exils gaben die drei Teilungsmächte das errungene Territorium nicht zurück und die Polen blieben eine Nation unter Fremdherrschaft ohne eigenen Staat.

Gleichzeitig ist historisch nicht zu übersehen, dass den Polen bzw. dem polnischen Adel von einer anderen Gruppe zugleich der Vorwurf als „Unterdrücker" gemacht wurde. In Galizien tobte, verstärkt durch die Aufstände von 1830/31 und 1846 ein Konflikt mit einer Fülle von intersektionalen Verschränkungen: auf der einen Seite katholisch-unierte Priester sowie einfache, oft grundabhängige Bauern, auf der anderen eine polnischsprachige, römisch-katholische Besitz- und Bildungselite. Der Streit zwischen Polen und Ruthenen des Jahres 1848 ist ein Beispiel für vielschichtige Hierarchien, die deutlich machen, welches befriedende Potential das in der Verfassung schließlich niedergelegte Nationalitätenprinzip hatte.

Auf der europäischen Bühne waren die Ukrainer mit ihrem Wunsch nach mehr nationaler Eigenständigkeit weitgehend unbekannt. Für viele Zeitgenossen kam die „Nationswerdung" der Ukrainer und ihr Konflikt mit den Polen überraschend. Eine Vorstellung davon, was eine ukrainische Nation sei, hatte sich in Galizien allerdings schon vor der Revolution herauszubilden begonnen. Im Zentrum standen eine eigene Sprache, Schrift und Religion. Die ukrainische „Nation" wurde also nicht historisch-rechtlich abstrakt, sondern über Alltagsdinge greifbar. Es verband sich damit die Möglichkeit, in der Muttersprache zu beten, zu lernen, (auf Kyrillisch) zu schreiben und zu lesen. Dieses kulturelle Selbstverständnis als Nation und das revolutionäre Pathos von 1848, Rechte als Nationalität einzufordern, wurde auch von bäuerlichen Schichten getragen. Die Mobilisierung im ländlichen Raum war aufgrund der Revolten von 1846 vergleichsweise hoch.

Es war dabei der niedere, oft selbst bäuerlich geprägte Klerus gewesen, der sich für das Ukrainische als Mittel zu mehr Bildung engagierte. Im Vormärz taten sich drei junge Absolventen des griechisch-katholischen Priesterseminars in Lemberg besonders hervor. Die „Ruthenische Triade" bestand aus Markijan Šaškevyč (1811–1843), Ivan Vahylevyč (1811–1866) und Jakiv Holovac'kyj (1814–1888). Dieser Dichterzirkel gab den ersten Almanach in ukrainischer Sprache heraus, die Rusalka Dněstrovaja,

---

ukrainischen Intelligenz im habsburgischen Galizien 1890–1914 (Wien 2002); Larry *Wolff*, The Idea of Galicia. History and Fantasy in Habsburg Political Culture (Stanford 2010).

22 Oft wurde dafür das Wort des politischen Sühnens gebraucht, vgl. Günter *Wollstein*, Das Großdeutschland der Paulskirche. Nationale Ziele in der bürgerlichen Revolution 1848/49 (Düsseldorf 1977) 98–188, hier 132.

der das galizische Bauernidiom in die gesamtukrainische Sprache integrierte. Die drei veröffentlichten Lesebücher für Kinder. Als Priester setzten sie sich dafür ein, neben Polnisch auch auf Ukrainisch predigen zu können. Ihre wissenschaftlichen Veröffentlichungen entwarfen die Regeln für eine ukrainische Hochsprache oder eine Ethnografie der galizischen Bevölkerung. Die Anliegen der frühen ukrainischen Nationalbewegung war auf die Entwicklung von Sprache und Kultur ausgerichtet: sie wollte die ukrainische Sprache kodifizieren, die Idee einer eigenständigen Geschichte lebendig halten und die eigene Kultur durch Bildungsoffensiven in die bäuerlichen Schichten tragen.

Als die polnischen Eliten in der Märzrevolution von 1848 um ihre Rechte als eigenständige Nation kämpften und das liberale Europa – zunächst – mit breiter Unterstützung antwortete, gründeten die Ukrainer eine Interessenorganisation, die Holovna Rada Rus'ka, die für die Rechte der ukrainischsprachigen Bevölkerung in der Habsburgermonarchie kämpfte. Die Fronten zwischen Polen und Ukrainern verhärteten sich bald. Ein Beispiel dafür ist der Schriftsteller und Volkstumskundler Wacław Michał Zaleski (1799–1849), der am 30. Juli 1848 als erster Pole zum Statthalter Galiziens ernannt wurde. Im Vormärz hatte Zaleski unter Pseudonym die *Pieśni polskie i ruskie ludu galicyjskiego* („Polnische und ruthenische Lieder des galizischen Volks") herausgegeben und förderte damit die ruthenische Kultur. Als Statthalter Galiziens warf er den Ruthenen eine Nähe zu Russland vor. Er setzte sich nun für das Polnische als alleinige Bildungs- und Landessprache ein.

Die Auseinandersetzung zwischen Polen und Ukrainern wurde zu einem auch medial geführten Kampf um die Gunst der politischen Entscheidungsträger und der Öffentlichkeit. Zaleski und andere polnische Politiker nährten in Pamphleten bei den deutschsprachigen Eliten diffuse Ängste vor einer „slawischen Gefahr".[23] Die Ukrainer hingegen brandmarkten die Polen als notorische Umstürzler.[24] Im Verfassungsausschuss des österreichischen Revolutionsparlaments in Kremsier gerieten beide Seiten aneinander. Die Polen meinten, Ukrainisch sei ein polnischer Dialekt und es gebe keine ruthenische Nation. Die Ukrainer warfen den Polen ein Hegemonialstreben vor. Der scheinbar unauflösliche Widerstreit nationaler Forderungen in einem mehrnationalen Staat prägte auch das Binnenverhältnis vieler anderer nationaler Konstellationen.

---

23 Vgl. beispielsweise Anton *Dabczański*, Die ruthenische Frage in Galizien (L'viv 1848); Kasper *Cięglewicz*, Die roth-reussischen Angelegenheiten im Jahre 1848. Eine Berichtigung der Denkschrift der Ruthenen in Galizien zur Aufklärung ihrer Verhältnisse (Wien 1848).

24 Memorandum der Holovna Rada Rus'ka an das Innenministerium vom 28.10.1848. Abgedruckt bei Ivan *Krevecz'ky'j*, Sprava podyilu Halychyny w rr. 1846–1850 [Geschichte der Teilung Galiziens in den Jahren 1846–1850]. In: Zapysky Naukovoho Tovarystva Imeni Sevchenka (1910), Heft 96, 105–154, hier 110–114.

Revolutionäres Kremsier – Idee des Nationalitätenbundesstaats

Das Prinzip der Nationalitätengleichberechtigung war ein innovativer Versuch, die vielen, in Österreich auseinanderstrebenden Nationsbildungen unter dem Dach eines größeren Ganzen, des neuen Verfassungsstaats, zu bündeln. Es stand am Ende eines Aushandlungsprozesses, der noch viel radikalere Lösungen hervorgebracht hatte. Ein Gedanke, den Nationalitäten der Habsburgermonarchie nicht nur eigene Rechte, sondern auch bestimmte Territorien zuzuweisen, stammte von dem tschechischen Historiker und Nationalpolitiker František Palacký.[25] Palacký hatte es im Frühjahr 1848 gegenüber der Frankfurter Nationalversammlung abgelehnt, dort für Böhmen als Abgeordneter zu fungieren und damit – wie er es sah – als Tscheche am Aufbau eines deutschen Nationalstaats mitzuwirken. Nach dem gewaltsamen Ende des Prager Slawenkongresses und Prager Juniaufstands war Palacký in Kremsier in den Verfassungsausschuss, ein nur fünfköpfiges Gremium für die neue Staatsorganisation, gewählt worden.

Im Januar 1849 legte Palacký seinen, bereits zweiten Verfassungsentwurf vor.[26] Sein radikales Modell eines Nationalitätenbundesstaats war, so der Historiker später, durch die Revolution und „die vorangehenden, ungeheuren Stürme ermöglicht". Ständische Privilegien sollten abgeschafft und eine Gewaltenteilung auf Reichs- und Landesebene eingeführt werden. Dem Reich sollten nur die Belange von gesamtstaatlichem Interesse zukommen, insbesondere Äußeres, Militär, Finanzen, reichsweite Infrastruktur, Handel und Wirtschaft sowie Zivil- und Strafrecht. Alles andere war Sache der Länder. Palacký entwarf damit ein föderales Gebilde mit vergleichsweise starken Gliedstaaten. Hinter diesen Ländern aber, und das war neu, standen die einzelnen Nationalitäten.

Mit diesem Zusammendenken von föderaler Binnenordnung und nationaler Selbstregierung erwies sich Palacký als „als neuer Konstrukteur". Er wies acht nationalen Bevölkerungsgruppen politische Territorien zu: Deutschösterreichern, Böhmen, Polen, Illyrern, Italienern, Südslawen, Magyaren und Walachen. Die acht zugehörigen Territorien durchschnitten die historischen Grenzen in Böhmen, Mähren, Schlesien, Ungarn, Siebenbürgen und Tirol. Die acht „Landesnationen" bildeten allerdings nicht die gesamte sprachlich-nationale Vielfalt der Monarchie ab. Ruthenen und Slowaken kamen nicht vor. Für diese Gruppen hielt Palacký eine ergänzende nationale Kreiseinteilung unterhalb der Landesebene für möglich, im Vergleich zu einem föderalen „Nationalterritorium", das anderen Gruppen zugestanden wurde, war das freilich eine Herabstufung.

---

25 Zum Folgenden Jiří *Kořalka*, František Palacký (1798–1876). Der Historiker der Tschechen im österreichischen Vielvölkerstaat (Wien 2007).

26 František *Palacký*, Druhý návrh říšské ústavy (leden 1849) [Zweiter Entwurf einer Reichsverfassung (Januar 1849)]. In: Spisy drobné, Bd. 1, Spisy a řeči z oboru politiky. [Kleine Schriften Bd. 1: Schriften und Reden aus dem politischen Bereich]. Hg. v. Bohuš Rieger (Prag 1898) 69–74.

Auch der deutschösterreichische Reichstagsabgeordnete Ludwig von Löhner aus Saaz (Žatec) und das slowenische Verfassungsausschussmitglied in Kremsier, Matija Kavčič, schlugen einen ähnlichen Länderzuschnitt nach nationalen Kriterien vor. Die ethnisch-sprachlichen Nationalitäten waren für die föderale Neuorganisation des Reichs entscheidend. Letztlich kamen ihnen, den Nationalitäten, die politische Selbstbestimmungsrechte in Fragen der Kultur, Bildung und Landesinfrastrukturen zu. Die Mehrheit im Kremsierer Verfassungsausschuss trug diesen radikalen Gedanken nicht mit. Den Abgeordneten war bewusst, dass „Nationalität" in Regionen wie der Bukowina, Siebenbürgen, der serbischen Woiwodschaft, aber auch in den mehrsprachigen Gegenden Böhmens und Mährens kein trennscharfer Begriff war. Palackýs Ideen fanden ihren Weg in die Pariser Zeitung „La Pologne". Cyprien Robert zweifelte an der Umsetzbarkeit des Nationalitätenbundesstaats und vermutete, die Tschechen würden für ihre Hingabe an Österreich nicht belohnt werden. Man könne nicht Österreicher bleiben wollen und glauben, auch Slawe bleiben zu können.[27] Der Gedanke eines reformierten Vielvölkerstaats mit mehrstufigen Zugehörigkeiten und Loyalitäten lehnte Robert zugunsten der revolutionären Formel „eine Nation, ein Staat" ab.

Olmütz – Die Nationalitätengleichheit in der vom Kaiser oktroyierten Verfassung

Die Frage und Aufgabe, nicht nur Angehöriger eines Staats, sondern auch einer Nationalität sein und bleiben zu können, beantwortete der Kremsierer Verfassungsentwurf des österreichischen Reichstags mit der Idee der Nationalitätengleichberechtigung. Anders als bei Palacký, Löhner oder Kaučič war diese Idee nicht mehr territorial verankert, sondern war ein Recht, das überall im Habsburgerreich gelten sollte. Neben der Staatsbürgerschaft für jeden Einzelnen sah der Entwurf kollektive Rechte für die Nationalitäten vor. Nach der gewaltsamen Auflösung des Reichstags wurde dieses Prinzip in die vom Kaiser erlassene Verfassung vom 4. März 1849 übernommen.

Beide, der Kremsierer Verfassungsentwurf und die kaiserliche Verfassung, die in diesem Punkt auf diesen aufbaute, erachteten die „Volksstämme", „Nationalitäten" beziehungsweise „Völker" als „gleichberechtigt". Die „Nationalitäten" sollten das Recht haben, ihre Nationalität und Sprache zu bewahren.[28] In der Konferenz der kaiserlichen Minister vom Februar 1849, in der dieser Verfassungsgrundsatz beraten wurde, verteidigte Innenminister Alexander von Bach die Gleichheit der Länder, Völker und Nationen mit den Worten: „Ist die Einheit der Monarchie ein Postulat, so wird sie sich erringen lassen. […] Privilegierte Nationen kann es nicht geben, sonst würden sich auch die

---

27 Cyprien *Robert*, Les pieux désirs du parti fédéraliste autrichien. In: La Pologne v. 20. Januar 1850, S. 10f.
28 § 5 Reichsverfassung, Nr. 150/1849 RGBl.

anderen Provinzen, selbst die Deutschen, trennen wollen."²⁹ Die Gleichberechtigung der „Nationalitäten" modifizierte die Forderungen nach „einer Nation, einem Staat", die einen Zerfall der Monarchie bedeutet hätte.

Die Verfassung setzte neue Standards für eine nationale Gleichberechtigung der Sprachnationen innerhalb der Länder, aber auch über die Ländergrenzen hinweg. Die Habsburgermonarchie erhielt dadurch auch *verfassungsrechtlich* eine multinationale Stoßrichtung. Diese Richtung wurde auch in der bald folgenden verfassungslosen Zeit des Neoabsolutismus fortgeführt, bevor Art. 19 des Staatsgrundgesetzes über die bürgerlichen Rechte von 1867 diese wieder in der Verfassung verankerte.³⁰ Die Maßnahmen der österreichischen Regierung seit 1849 waren vielfältig, um die Nationalitäten und insbesondere die zehn anerkannten Landessprachen zu fördern. Die Landes- und Reichsgesetze erschienen in allen Landessprachen, in Galizien beispielsweise neben dem Polnischen auch auf Ukrainisch in kyrillischer Schrift. Die Institutionalisierung der jeweiligen Hochsprache beschäftigte wissenschaftliche Kommissionen, die beispielsweise für das Tschechische, Ukrainische oder Kroatische eine eigene Rechtsterminologie erarbeiteten. Flankierend wurde das muttersprachliche Schulwesen verstärkt. Allerdings gab es hier erhebliche regionale Unterschiede.³¹ Ruthenen, Rumänen oder Serben wurden stark benachteiligt. Das Deutsche als gemeinsame Grundlage wurde als Amtssprache überall im Reich eingeführt. Diese mehrgleisige Sprachenpolitik lieferte den Nationalitäten dennoch wichtige Bausteine für ihre kulturelle Entwicklung in der Zukunft. Eine zumindest angestrebte Chancengleichheit der Nationalitäten im Bildungserwerb ermöglichte damit auf lange Sicht auch größere Freiheiten, indem sie die Voraussetzungen für mehr politische Mobilisierung und schließlich Teilhabe schuf.

Europa damals, Europa heute

Wichtige Grundprinzipien unserer europäischen Staatenwelt wie Freiheit, Gleichheit und soziale Gerechtigkeit haben ihre Wurzeln in der Ideenwelt des europäischen 19. Jahrhunderts. In unserer gemeinsamen liberalen Tradition sind diese Prinzipien als *Individual*rechte in den Menschen- und Grundrechtskatalogen niedergelegt. Schwieriger und bis heute umstritten ist die Frage, ob und wenn ja, wie sich diese Prinzipien auch

---

29 Ministerrat vom 20.2.1849. In: *Kletečka*, Thomas: Einleitung. In: ders. (Hg.): Protokolle des Österreichischen Ministerrates. II/1: Das Ministerium Schwarzenberg (5. Dezember 1848 – 7. Jänner 1850) (Wien 2002), Nr. 20, 119–125.

30 Staatsgrundgesetz über die allgemeinen Rechte der Staatsbürger für die im Reichsrate vertretenen Königreiche und Länder vom 21. Dezember 1867, RGBl. Nr. 142.

31 Ländervergleichend neben Stourzh, Gleichberechtigung, siehe auch Burger, Hannelore: Sprachenrecht und Sprachgerechtigkeit im österreichischen Unterrichtswesen 1867–1918 (Wien 1995).

auf *Kollektive* und Gruppen übertragen lassen. Das Recht auf nationale Selbstbestimmung ist mittlerweile völkerrechtlich allgemein verankert. Die Stellung von nationalen Gruppen in den einzelnen Staaten ist nicht in gleicher Weise allgemein geregelt. Die Diskussionen der Märzrevolution um die Rechte von Nationalitäten werfen daher auch für die heutige Zeit die Frage auf, was wir unter nationaler Gerechtigkeit und Freiheit von Fremdherrschaft verstehen.

Aus der Geschichte Zentraleuropas um 1848 lassen sich für die Beantwortung dieser Frage keine direkten Schlüsse, sondern nur Denkanstöße beziehen. Die Vielfalt damals unterscheidet sich von der Vielfalt heute. Wenn französische Intellektuelle wie Victor Hugo im Vormärz und 1848 auf das aufgeteilte Polen die Formel der Französischen Revolution „eine Nation, ein Staat" anwendeten, so hatten sie ihre eigene Lebenswirklichkeit vor Augen, die typisch für das westliche, nicht das östliche Europa war: Durchquerten sie von Paris des Jahres 1848 ihr eigenes Land, wurde überall dieselbe Sprache gesprochen. Trotz aller Sprachvarietäten des Französischen: Eine gewachsene Mehrsprachigkeit und ein Vielvölkergemisch wie in Zentraleuropa fehlte. Gleichzeitig ist auch die damalige Kleinstaaterei Deutschlands von 1848 vielen kaum noch vorstellbar. Die Staaten des Deutschen Bunds bildeten ein Mosaik von insgesamt mehr als 30 Staaten. Die Habsburgermonarchie war vor 1848 ebenfalls ein unübersichtlicher *composite state*.[32]

Diese territoriale Zersplitterung in Zentraleuropa einerseits und die soziale Vielfalt mit Blick auf Ethnie, Sprache und Religion andererseits stellten die Revolutionäre 1848 vor enorme Herausforderungen. Als es darum ging, für ein neues Deutschland eine Verfassung zu entwerfen, war das Modell des französischen Territorial- und Nationalstaats zwar theoretisch attraktiv, in der Praxis gingen die revolutionären Verfassungsväter jedoch bald davon ab. In der Frankfurter Paulskirche entschied man sich für einen Föderalismus mit starken Gliedstaaten. In Österreich schuf man ebenfalls föderale Strukturen.[33]

An das heutige Europa stellt die Geschichte der damaligen west- und zentraleuropäischen Ordnungsvorstellungen wichtige Fragen. Für die von der Französischen Revolution inspirierte Vorstellungen einer Freiheit von nationaler Fremdherrschaft stand in diesem Artikel exemplarisch das Denken von Victor Hugo. Hugo strebte in seinen Reden und Schriften nach einem Modell für die „Vereinigten Staaten von Europa" und der europäischen Nationen auf der Grundlage des Prinzips „eine Nation, ein Staat". Dabei sprach er allerdings manchen Völkern vor anderen eine besondere Mission zu. Für Hugo waren es um 1848 einmal Frankreich und Deutschland, einmal Frank-

---

32 John H. *Elliott*, A Europe of Composite Monarchies. In: Past & Present 137 (1992) 48–71.
33 Dazu Jana *Osterkamp*, Vielfalt ordnen. Das föderale Europa der Habsburgermonarchie (Vormärz bis 1918) (Göttingen 2020[2]).

reich und Polen, die ein vereinigtes Europa führen sollten.[34] Diese Mäandern zwischen Gleichberechtigung auf der einen und einer „mission civilisatrice" auf der anderen Seite war auch den Eliten des Habsburgerreichs nicht fremd. Das Verfassungspostulat einer nationalen Gleichberechtigung von 1849 und später 1867 war rechtlich bahnbrechend. Diesem stand jedoch eine politische Wirklichkeit gegenüber, in der Deutsche, Ungarn, Polen, Italiener und auch Tschechen eine kulturelle und politische Führungsrolle und Vorreiterrolle beanspruchten – im Reich insgesamt oder in einzelnen Regionen. Diese Spannung blieb bis zum Untergang der Monarchie nach 1918 bestehen. Nicht nur die Idee einer nationalen Gerechtigkeit in einem Vielvölkerstaat ist also ein wichtiges Erbe der österreichischen Märzrevolution, sondern auch das kritische Bewusstsein für politische Kulturen der feinen Unterschiede – für heutige vielnationale Gesellschaften und für das heutige Europa.

---

34 Hugo, Polnische Frage, und *ders.*, Le Rhin. Le couple franco-allemand comme pilier de la paix en Europe. In: Rotraud von *Kulessa*, Catriona *Seth* (Hg.), L'idée de l'Europe au Siècle des Lumières (Cambridge 2017) 149–152.

Wolfgang Häusler

Zum Tod verurteilt, vertrieben, vergessen:

Vom Leben und Wirken österreichischer revolutionärer Demokraten 1848

Gegen Demokraten helfen nur Soldaten

In dem 1864 und seitdem in vielen Auflagen erschienenen *Zitatenschatz des deutschen Volkes* des Berliner Oberlehrers Georg Büchmann finden sich nur zwei, allerdings signifikante *Geflügelte Worte* zum Stichwort Demokratie.

Die Ablehnung der ihm vom Frankfurter Paulskirchenparlament angebotenen deutschen Kaiserwürde am 3. April 1849 kommentierte der Preußenkönig Friedrich Wilhelm IV. mit dem bösen Satz: „Gegen Demokraten helfen nur Soldaten! Adieu." Das war ein Zitat aus dem gegenrevolutionären *Demokratenlied* des Juristen Wilhelm von Merckel, das zum Titel einer Schrift des Generalmajors Gustav von Griesheim „gegen fremdes Mordgesindel" wurde. So begründete der schwankende Herrscher gegenüber seinen Vertrauten den Abscheu vor dem „imaginären Reif aus Dreck und Letten, mit dem Ludergeruch der Revolution". Sein Bruder Wilhelm wird bald die Erhebung in der Pfalz und in Baden im Blut ersticken – der „Kartätschenprinz" sollte 1871 Deutscher Kaiser, gefeiert als Wilhelm der Große, werden.

Ludwig Uhland hatte dies geahnt, als er sich am 23. Jänner 1849 gegen die kleindeutsche, Österreich ausschließende Lösung im Frankfurter Paulskirchenparlament aussprach: Es solle „kein Haupt über Deutschland leuchten, das nicht mit einem vollen Tropfen demokratischen Öls gesalbt ist". Der gelehrte Dichter von Lesebuchballaden, namentlich des *Guten Kameraden*, und patriotischer Dramen war liberaler Politiker im württembergischen Landtag. Den Soldaten, die das nach Stuttgart gehetzte Frankfurter Parlament am 28. Mai 1849 auflösten, trat er mutig entgegen.

Zum Stichwort Demokraten ist aus dem Wien des Kriegsrechts und Belagerungszustands im Herbst 1848 Schlimmes zu zitieren: *Geißelhiebe* des Dichterlings und Denunzianten Josef Weyl: „Vom Schmutz: Republikaner, / Vom Unflat: Demokrat / Fegt' rein der Serežaner, / Befreiter der Kroat." Die Serežaner, im Kleinkrieg gegen die bosnisch-osmanischen Truppen erprobte, abenteuerlich bewaffnete Rotmäntler aus der Militärgrenze, waren die gefürchtete Elite- und Gardetruppe des kroatischen Banus Jelačić, der an der Seite von Feldmarschall Fürst Windischgrätz im Oktober 1848 die Wiener Revolution blutig unterdrückte. Weyl, von Beruf Polizeioffizial, wurde der Hausdichter des Wiener Männergesangvereins; von ihm stammt der erste alberne Text zum Donauwalzer, im Fasching 1867 über Königgrätz hinwegtröstend: „Wiener seid froh, oho, wie so …"

Das Demokratikum im renovierten österreichischen Parlament ist eine multimediale Dokumentation der Geschichte des Parlamentarismus. Sie beginnt mit den lapidaren Sätzen: „Unsere Demokratie ist das Kind der Revolution von 1848. Es ist ein hartes Ringen." Wahr gesprochen, doch werden die Unterdrückung der Revolution und ihre Folgen nicht konkret dargestellt. Am Ursprung der modernen Demokratie steht der österreichische konstituierende Reichstag in der Hofreitschule, dann in die mährische Kleinstadt Kremsier verlegt, vom ohnmächtigen Herrscher Ferdinand dem Gütigen versprochen im März, durch die Sturmpetition erkämpft und auf den Barrikaden behauptet im Mai: Das allgemeine Männerwahlrecht war Sieg und Fundament der bürgerlich-demokratischen Revolution.

Die Abgeordneten der Linken des am 7. März 1849 mit Militärgewalt aufgelösten Kremsierer Reichstags erlitten Vertreibung und Verfolgung, ja Verurteilung zum Tod – keine leere Drohung, wie die Erschießung Robert Blums als Absage an das Frankfurter Paulskirchenparlament am 9. November 1848 gezeigt hatte. „Der Mörder Windischgrätz", wie das Volkslied zu Ehren des zur Verteidigung Wiens gekommenen Abgeordneten treffend sang, hatte diesen Akt bewusst in Absprache mit seinem Schwager Fürst Felix Schwarzenberg, dem neuen Ministerpräsidenten, gesetzt. Die vielfach nach den USA emigrierten Abgeordneten der Linken des Reichstags, wurden als Hochverräter noch bis in die 1850er Jahre mit bei einer willfährigen Justiz bestellten Todesurteilen bedroht: Hans Kudlich, damals Jusstudent, dann erfolgreicher Arzt, der Priester der Revolution Dr. Anton Füster, Feldkaplan der Akademischen Legion, der Mediziner Dr. Josef Goldmark, der nach 20 Jahren die Unrechtmäßigkeit der Verfahren aufzeigte, Dr. Ernst von Violand, der im Reichstag die Abschaffung der Adelstitel und -privilegien gefordert hatte. Unsere kritische Aufmerksamkeit sollte nicht den Feldherren und ihren Herrschern, sondern vielmehr diesen vergessenen und vertriebenen Wegbereitern der Demokratie gelten.

Die Tatsache, dass alle wichtigen Hauptstädte der Habsburgermonarchie im Zuge der militärischen Gegenrevolution belagert, beschossen und erobert wurden, ist aus dem Geschichtsbewusstsein verdrängt. Die nationalpolnische Bewegung wurde in Krakau schon zu Ostern unterdrückt. Windischgrätz, bereits in Wien im März mit militärischen Vollmachten ausgerüstet, bezwang den Prager Pfingstaufstand mit einem Bombardement der Stadt. Radetzkys Wiedergewinnung der Lombardei wurde von Grillparzer publikumswirksam besungen („Glückauf, mein Feldherr…"). Die Eroberung Wiens im Oktober war die größte Militäraktion gegen eine Hauptstadt vor der Vernichtung der Pariser Commune 1871, mit Tausenden Toten. Noch kämpften die Ungarn in wechselndem Verlust und Gewinn von Budapest bis zur Kapitulation von Világos; mit Komorn fiel „der Freiheit letzte Schanz" (Heinrich Heine) im Oktober 1849. Venedig wurde ausgehungert – mit den Bomben des erfinderischen Artilleristen Uchatius sollte im ersten

Luftangriff der Kriegsgeschichte von Luftballons aus der revolutionären Markusrepublik ein Ende gemacht werden.

Die traditionelle Zugabe des Radetzkymarschs beim Neujahrskonzert der Wiener Philharmoniker demonstriert weltweit die negative Revolutionssymbolik einer verzerrten Erinnerungskultur. Aufgrund einer Anregung von Josef Goebbels sollte dieses Konzert im ersten Kriegsjahr 1939, damals am Silvestertag, dem Kriegswinterhilfswerk dienen und Wien als „Stadt des Optimismus, der Musik und Geselligkeit" präsentieren. Zu Recht mehrt sich Kritik am gedankenlosen Mitklatschen des Radetzkymarschs als heimlicher Hymne im Selbstverständnis der Republik: Johann Strauß Vater begleitete mit dem Marsch den Auszug der Wiener Freiwilligen, deren Anwerbung auch auf Widerstand gestoßen war; Werbehütten wurden zertrümmert. Die dann auf den italienischen Kriegsschauplatz in Marsch gesetzten Rekruten waren Kanonenfutter in den Kämpfen um die Unterwerfung Oberitaliens. Daniel Barenboim wagte es im Weltkriegsgedenkjahr 2014, in Kenntnis des Sachverhalts das hochgestimmte Publikum um das Unterlassen des Klatschens zu bitten; zuletzt hat der Fernsehmoderator Martin Thür die Frage der Sinnhaftigkeit dieser demonstrativen Unterwerfung unter die Militärmacht gestellt, was entrüstete Reaktionen hervorrief und vergeblich blieb. Diese fragwürdige Tradition wurzelt in der Wiedereroberung der durch die Revolution erschütterten Monarchie durch die kaiserliche Armee: Die Buchstaben WIR für die Initialen von Windischgrätz, Jelačić und Radetzky ließen sich Offiziere als Majestätsplural des 18jährigen Kaisers Franz Josef in die Säbelklingen eingravieren. Die Statuen der Feldherren (und ihrer Offiziere und Soldaten) halten nicht nur Wache am Heldenberg, auch im Aufgang zur Ruhmeshalle des Arsenals sollten sie zum Projekt gebliebenen triumphalen Denkmal des jungen Kaisers in der Ruhmeshalle geleiten. Zu den dreien gesellte sich noch Julius von Haynau, der sich in Italien und Ungarn durch grausame Unterdrückungsmaßnahmen, namentlich durch die brutale Bestrafung der aufständischen Stadt Brescia und die Exekution der dreizehn Generale in Arad, einen furchtbaren Namen schuf. Der unterwürfige Wiener Gemeinderat erhob die Feldherren der Gegenrevolution zu Ehrenbürgern, gültig bis zum heutigen Tag. Windischgrätz wurde diese Ehrung nicht zuteil – sein fatales Bombardement am 31. Oktober hatte das Dach der Hofbibliothek in Flammen gesetzt, und sein Versagen gegenüber der Kriegsführung der ungarischen Unabhängigkeitsarmee wie seine Intransigenz gegenüber notwendigen Reformen führten zur Absetzung vom Kommando. Die Wiener Nationalgarde widmete Radetzky einen kostbaren Ehrensäbel nach dem Entwurf Eduard van der Nülls; der Dank war die Auflösung der Nationalgarde. Die Armee revanchierte sich bei Grillparzer mit einem Ehrenbecher, wichtige Schaustücke im Radetzkysaal des Heeresgeschichtlichen Museums, wo die genannten Militärs widersinnig als „Protagonisten der Revolution" mit ihren Porträts und Reliquien ehrenvoll präsentiert werden. Der in fünf Jahren vollendete Arsenalgroßbau und die beiden die Namen von Franz Josef und Kronprinz Rudolf tragenden Kasernen demonstrierten bei Stadterweiterung und Ringstraßenplanung weiterhin Wachsamkeit gegenüber möglicher revolutionärer Erhebung.

In der Neuen Rheinischen Zeitung vom 7. November schrieb Karl Marx zum Fall von Wien: „Die kroatische Freiheit und Ordnung hat gesiegt und mit Mordbrand, Schändung, Plünderung, mit namenlos verruchten Untaten ihren Sieg gefeiert." Der „Verrat der Bourgeoisie" habe die Gegenrevolution ermöglicht: „Die ganze Geschichte zeigt keine schmachvollere Erbärmlichkeit als die der deutschen Bourgeoisie", sie mache „die Kontrerevolution ihrer eigenen Despoten".

Es ist eine merkwürdige Tatsache, dass 2023 nicht mit der aufsteigenden, unbestritten fortschrittlichen Phase der Märzrevolution der Ereignisse vor 175 Jahren gedacht wurde, sondern erst im Oktober, mit der Niederlage der Revolution, einige Erinnerungsveranstaltungen als Parallelaktionen stattfanden, die sich in Unkenntnis voneinander vielfach zeitlich überschnitten. Auch die eigentliche demokratische Revolution im Mai und die Eröffnung des Reichstags am 22. Juli 1848 durch Erzherzog Johann wurden übersehen. Unter Beteiligung des deutschen Bundespräsidenten Frank-Walter Steinmeier wurde immerhin der Zusammentritt des Frankfurter Paulskirchenparlaments am 18. Mai 1848 offiziell gewürdigt; allerdings blieben die österreichischen Abgeordneten, mit der verhängnisvollen Polarisierung großdeutsch oder kleindeutsch, weitgehend unbeachtet.

Die Gegenrevolution versuchte mit allen Mitteln das Andenken an die unterdrückte und verunglimpfte Revolution zu tilgen. Erst die Niederlage von Solferino 1859 machte eine Liberalisierung notwendig. Schwierig genug konnte die Setzung des Obelisken für die Märzgefallenen am Schmelzer Friedhof 1864 durchgesetzt werden. Das 1888 auf den Zentralfriedhof übertragene Monument wurde Achse und Signal der sozialdemokratischen Arbeiterbewegung unter der Führung von Victor Adler. Die im Jubiläumsjahr 1898 gipfelnden Massenkundgebungen galten dem Kampf um das allgemeine Wahlrecht, das erst 1907 auf dem Stand von 1848 errungen werden konnte. Die Gräber von Victor und Friedrich Adler, Bürgermeister Karl Seitz und (seit 1948) Otto Bauer angesichts des Märzobelisken bezeugen diese identitätsstiftende Verbindung mit der bürgerlich-demokratischen Revolution, eine heute zum Schaden der Partei zur Gänze vergessene Tradition. Das deutschnationale Lager verstand sich zunächst in der schwarz-rot-goldenen Tradition von 1848; Königgrätz 1866 und Bismarcks Reichsgründung 1871 brachten eine Wende im Bewusstsein der Burschenschaften, die mit dem Vordringen des Antisemitismus ihren Anspruch verrieten, in der Nachfolge der Akademischen Legion zu stehen. Die Christlichsozialen versagten sich dem Revolutionsgedenken mit Bürgermeister Lueger grundsätzlich; lediglich der „Bauernbefreier" Hans Kudlich fand hier, in verkürzter Perspektive, Anerkennung. Von bürgerlicher Seite waren es Einzelgänger wie der vergessene Demokrat Ferdinand Kronawetter und vor allem der große Geologe Eduard Suess, die das Erbe der Revolution hochhielten. Vergeblich war Dr. Adolf Fischhof, der erste politische Sprecher der Märzrevolution, für die Gleichberechtigung der Nationalitäten im Geist von 1848 eingetreten.

Gegenwärtig droht übermächtiger Sis(s)i-Kult die kritische Auseinandersetzung mit der Modernisierungsproblematik der Habsburgermonarchie zu überwuchern. Dieses tourismusfördernde Surrogat in allen Medien reicht von harmlosem Filmkitsch und pseudoemanzipatorischem Musical über belletristische Geschichtsklitterung zu pornografischem Schund in der jüngsten höchst erfolgreichen Fernsehserie dieses Namens, deren Fortsetzung droht. Selbst die Arbeiterbewegung wird in diese Räuberpistole einbezogen. In Sisi's Amazing Journey, einer „aufregenden Fahrt voller Adrenalin mit Sisi durch das unterirdische und überirdische Wien", just in der Habsburgergasse angesiedelt, scheint der Tiefpunkt der Vermarktung der Dynastiegeschichte erreicht zu sein. Hier aufzuklären und gegenzuhalten, ist Pflicht.

Doktoren der Revolution: Hermann Jellinek

Dr. juris Heinrich Heine meinte retrospektiv mit seinem Wort von den „Doktoren der Revolution" sich selbst und den befreundeten, stolz den Titel tragenden Doktor der Philosophie Karl Marx, aus der gemeinsamen Pariser Emigrationszeit des Vormärz. Ihnen, meinte der an die „Matratzengruft" Gefesselte mit bitterer Ironie, werde „die Zukunft gehören". Von dieser Generation der um 1820, wie Marx und Engels, geborenen Protagonisten der demokratischen Revolution in Österreich, soll die Rede sein.

Das Frontispiz meines Buches zum Thema Revolution und Demokratie in der österreichischen Geschichte (2017) bildet das Porträt von „Dr. Hermann Jellinek, standrechtlich erschossen am 23. November 1848" – als Titel wählte ich sein vor der Hinrichtung gesprochenes Wort: „Ideen können nicht erschossen werden." Worin bestand das Hochverratsverbrechen des 25jährigen Philosophen und Publizisten aus der mährischen Judengasse, das er mit dem Leben büßte? Die Familiengeschichte der Jellineks offenbart die unterschiedlichen Perspektiven der Emanzipation: Bruder Adolf wurde hochgeachteter Prediger und Wiener Oberrabbiner (der liberale Gelehrte mochte diesen Titel nicht), der magyarisierte Mór(icz) wurde erfolgreicher Unternehmer im modernen Budapest; Getreidebörse und Straßenbahn gehen auf ihn zurück. Hermanns (protestantisch getaufte) Neffen erlangten Spitzenpositionen in Wissenschaft und Wirtschaft: renommierte Universitätsprofessoren für Staatsrecht und Germanistik neben dem international erfolgreichen Geschäftsmann Emil Jellinek, der sich dem Automobilsport verschrieb; von seiner Tochter Mercédès, sie war Modell für den Undinebrunnen im Badener Kurpark und fand ihr Grab auf dem Wiener Zentralfriedhof, erhielt die beim Rennen von Nizza 1901 erfolgreiche Marke ihren Namen.

Hermann Jellinek studierte in den Vormärzjahren in Leipzig und Berlin. Seine Religionskritik verlief in der Auseinandersetzung mit Feuerbach parallel zu Marx und Engels, deren frühe Schriften er mit der junghegelianischen Philosophie kennenlernte. Seine Schlussfolgerungen führten zur Erforschung der sozialen Realität und deren Veränderung, diese müsse von der zentralen Kategorie der Arbeit ausgehen: „Nur die

Hermann Jellinek, (PORT_00091830_01) Bildarchiv Austria (ÖNB)

Natur ist der Grund und Boden aller materiellen Interessen. Der Mensch bearbeitet die Natur, die reale Kritik untersucht die Arbeit. (…) Nur durch die reale Kritik werden die Epochen in ihren wesentlichen, nicht logischen, sondern realen Unterschieden erkannt werden."

Nicht in schroffer Entgegensetzung von „Masse" und „Kritik", wie in der Hegelschule, sondern nur durch Einsicht in die Notwendigkeit revolutionärer Veränderung könne und müsse Philosophie praktisch werden: „Die Bedeutung der Entwicklung der letzten 12 Jahre (vor 1847) besteht darin, dass durch ihre Arbeiten eine Erforschung der menschlichen Arbeit erst möglich sein wird, eine Forschung, die einen Willen zu erzeugen und leidenschaftliche Menschen zu schaffen vermag." Wegen seiner in Religionsfragen kritisch-radikalen Schriften ausgewiesen, eilte der junge Doktor der Philosophie nach Wien, wo er am 17. März, dem Tag des Begräbnisses der Märzgefallenen, eintraf. Sein publizistisches Debüt in der von ihm herausgegebenen Zeitschrift *Kritischer Sprechsaal* traf den Nerv des Sturmjahrs und zerstörte trügerische Euphorie: „Die Märzrevolution hat das Volk gemacht, der Pöbel, auf den die Bourgeoisie so stolz herabblickt, das Gesindel, welches der hohe Adel für Bestien erklärte, die Märzrevolution war das große Werk der Volksmassen." Er bezeichnete das Grundproblem der bürgerlichen Revolution: die Wechselwirkung der revolutionären Intelligenz mit der Massenbewegung in Wandel und Krise der technisch-industriellen und sozialen Revolution des Kapitalismus.

Demokratie wuchs für Jellinek früh in die soziale Dimension. In der liberalen Allgemeinen Österreichischen Zeitung, die an die Stelle von Metternichs Österreichischem Beobachter getreten war, forderte er am 13. April die „Zertrümmerung" der „Privilegien des Besitzes" durch ein „soziales Wahlgesetz", gegen das „feudale System", unter der „klaren Anerkennung der Volkssouveränität", ferner „Aufhebung der Adelsprivilegien, Befreiung des Bauernstandes, Anerkennung des vierten Standes, Gleichstellung aller Konfessionen" – ein vorweggenommenes vollständiges Programm für die angekündigte Verfassung: „Das Wiener Volk wird doch wahrlich seine eigene blutig vollbrachte Revolution nicht verspotten lassen. (…) Die Massen sind jetzt zu einer bestimmten politischen Bewegung gekommen, sie werden sich nach der Metternich'schen Weise nicht mehr regieren lassen." Diese klare Sprache wollten die Liberalen nicht verstehen, so lehnte etwa Heinrich Laube, nachmals Hofburgtheaterdirektor, das „norddeutsche Verstandeszeug" ab. Ein früher Antisemit, der streitbare Priester und Gründer der Wiener Kirchenzeitung Dr. Sebastian Brunner, verunglimpfte Jellinek in dem Flugblatt *Das politisch-literarische Schabesgärtle* als „Rabulist, Sophist, Sozialist, Anarchist, Fatalist, Antichrist, Talmudist". Am 20. Juli wurde der Demokratische Verein, dem Jellinek von der ersten Stunde an angehörte, Ziel tätlicher Angriffe. „Die Religion ist der Gesellschaft notwendig wie einem Narren das Irrenhaus", resümierte Jellinek (Der Radikale, 17.10.).

Unter den Wiener Demokraten war der Journalist im Blick auf die Bestrebungen der Tschechen, die vom Slawenkongress zum Prager Pfingstaufstand und dessen Niederwerfung führten, einer der wenigen auf der Seite der Linken, welche der Sympathie „für unsere lang unterdrückten Brüder in dem Augenblicke, wo sie sich befreien", treu blieben: „Kein Volk hat das Recht, ein durch Sprache und sonstige Nationaleigentümlichkeiten von ihm unterschiedenes zu beherrschen. Jedes Volk muss sich selbst regieren. (…) Die deutsche Herrschaft über die Czechen, das ist ein nationaler Eigendünkel, dieser ist wieder eine Chimäre. (…) Die Czechenfresser sind Deutschlands Feinde." (16.6. und 24.6.) Entschieden stellte sich Jellinek gegen die Verherrlichung Radetzkys – seine Siege seien „ihrem Zwecke nach ein Hohn und Spott auf die Freiheit" (25.7.). Der Reichstag votierte in der Tat mehrheitlich gegen eine Dankadresse an den Feldherrn.

Von der Kompromissformel der „demokratischen Monarchie" kamen die Wiener Demokraten angesichts der immer offener agierenden Gegenrevolution ab; der Begriff der „sozialen Demokratie" war geboren und verbreitete sich rasch. Im Ausgang der Reichstagswahlen, von denen Arbeiter als „abhängig", daher unmündig, de facto ausgeschlossen blieben, sah Jellinek „die Herrschaft des Mittelstandes" verwirklicht; man müsse „im Namen des Volkes, im Namen des Rechtes, im Namen der Revolution diese für permanent erklären" (12.7.). Von der nach rechts rückenden Allgemeinen Österreichischen Zeitung Ernst von Schwarzers, für die Jellinek gemeinsam mit Dr. Andreas Freiherr von Stifft d. J.schrieb, wechselten die Kollegen zur Tageszeitung Der Radikale, gegründet von Dr. Alfred Julius Becher. Dieser 1803 in Manchester geborene, neue Wege suchende Musikkritiker und Komponist war mit Otto Nicolai Gründer der Philharmonischen Konzerte (1842). Hier knüpfte sich die Verbindung mit dessen Lebensgefährtin Karoline von Perin an, die den Demokratischen Frauenverein als notwendige Ergänzung der Emanzipationsbewegung gründete.

Der erratische Unternehmer des Vormärz und geschäftstüchtige Zeitungsherausgeber Ernst von Schwarzer war Minister der öffentlichen Arbeiten geworden. Die Maßnahme der existenzbedrohenden Lohnkürzung bei den Notstandsarbeiten begründete er in seinem Blatt, dem Besitzbürgertum nach dem Mund redend, mit der Notwendigkeit, „das Gesindel der Arbeitsscheuen auf die eine oder andere Weise zu zwingen, wieder zu Fleiß und Ordnung zurückzukehren". Der Konflikt eskalierte im brutalen Durchgreifen von Nationalgarde und Munizipalwache gegen die Protestierenden, unter ihnen viele Frauen und Jugendliche, das 22 Tote und Hunderte Schwerverletzte forderte, in der sogenannten Praterschlacht vom 23. August. Am 28. August wurde diese Krise im Demokratischen Verein diskutiert, mit einem prominenten Gast: Karl Marx, der von Köln über Berlin angereist war. Der Chefredakteur der Neuen Rheinischen Zeitung sprach „sehr geistvoll, scharf und belehrend", dass es sich nun auch in Wien wie im Pariser Juni um den „Kampf zwischen der Bourgeoisie und dem Proletariat" handle, demgegenüber es gleichgültig wäre, wer Minister sei. Jellinek wendete ein, „dass der Wiener Arbeiter keine soziale Anschauung habe, dass er sich in der Augustbewegung nur um fünf Kreuzer geschlagen" habe – eine Kontroverse, die dennoch zur Klärung in der Beurteilung des Sozialprotests und seiner Niederwerfung führte. Es sei angemerkt, dass die in Vorbereitung des 200. Geburtstagsgedenkens von Marx erschienenen umfangreichen Marx-Biografien von Inhalt und Bedeutung seiner zehn Tage in Wien keine Notiz nehmen: der Amerikaner Jonathan Sperber, der Brite Gareth Stedman Jones, der Deutsche Jürgen Neffe schweigen ebenso dazu wie jüngst der aus Australien stammende Cambridge-Professor Christopher Clark, der in seinem Buch *Frühling der Revolution* (2023) auch die Reflexion von Eric Hobsbawms Werk zum 19. Jahrhundert vermissen lässt.

Der Konflikt um die Stellung Ungarns in der Monarchie spitzte sich seit September mit dem Einmarsch des kroatischen Banus Jelačić in Ungarn zu; der nationale Konflikt eskalierte zum offenen Krieg. Für Jellinek ging es um „Freiheit oder Untergang der Demokratie" (12.9.), im „letzten Kampf der Dynastie mit den Völkern" (14.9.). „Der Demokrat lässt sich nicht einschüchtern. Zumal jetzt. Entweder Sieg oder Tod – ein drittes erkennen wir nicht an." (26.9.) „Die Selbstregierung der einzelnen Nationen bahnt den Weg zur sozialen Demokratie." (10.10.) Angesichts des Konflikts vom 6. Oktober, in dessen Verlauf Kriegsminister Theodor Baillet-Latour, der den Einfall der Grenzertruppen gesteuert hatte, erschlagen wurde, stellte Jellinek grundsätzlich fest:

„Die Revolution vom 6. war eine Kriegserklärung der Wiener Bürger gegen den Hof selbst." (15.10.) Und grundsätzlich: „Wisst ihr, wo die Gerechtigkeit ruht? In der sozialen Demokratie und nirgends anders. (…) Diese Demokratie wird noch große Kämpfe kosten." (18.10.) Gegenüber der zögerlichen Haltung des Reichstags, des Gemeinderats und des Nationalgardekommandos forderte Jellinek: „Das bewaffnete Volk muss angreifen. Der Oberkommandant an der Spitze soll den Befehl zum Angriff erteilen. (…) Eine Exekutivgewalt muss eingesetzt werden." „Die Volkskämpfe richten sich jetzt aber nicht gegen die absolute Monarchie, auch nicht gegen die Verletzung der konstitutionellen Form, sondern sie kehren sich tatsächlich gegen die Dynastie im alten Sinne des Wortes." (25.10.)

Aus diesen Artikeln vor dem tragischen Endkampf vom 28. bis 31. Oktober konstruierte das von Windischgrätz eingesetzte Standgericht, nach den Hinrichtungen Blums und des Nationalgardeoberkommandanten Messenhauser, die Anklage gegen Becher und Jellinek „wegen Verbrechens der hochverräterischen Aufwiegelung des Volkes zur bewaffneten Empörung und offenen Widerstandes gegen die k.k. Truppen". Amalie Hempel, die Jellinek in Leipzig bei gemeinsamen politischen Aktivitäten kennengelernt hatte – am 25. September war die Tochter Hermine Antonie geboren worden, eine interkonfessionelle Heirat war damals nicht möglich –, erflehte von Windischgrätz Begnadigung. Der Fürst versprach neuerliche Untersuchung. Diese bestand in einem „ordentlichen kriegsrechtlichen Verfahren", in dem gleichfalls das anbefohlene Todesurteil gefällt wurde. Es wurde am 23. November um 7 Uhr morgens im Stadtgraben vor dem Neutor an Becher und Jellinek vollstreckt. Von Amalie Hempel wissen wir nur noch, dass sie 1852 als Dienstmagd starb.

Die Willkür dieser Exekutionen war klar – der Dramatiker Eduard von Bauernfeld sprach es offen aus: „Man brauchte einen Juden und hatte sonst keinen zur Hand." Dass Metternich in einem Gespräch mit Lord Palmerston Jellinek „einen Galgenvogel von einem Juden" nannte, gereicht dem gestürzten Staatskanzler wahrlich nicht zur Ehre.

Arbeiterbewegung und soziale Demokratie: Ernst (von) Violand

Im Bildungsprozess von Demokratie, Arbeiterbewegung und Sozialismus in der bürgerlichen Revolution stand Dr. Ernst Franz Salvator von Violand in erster Reihe. Der Biograf tut dem revolutionären Demokraten Unrecht, wenn er ihn mit dem ererbten Adelstitel nennt. In der ersten Reichstagssitzung verlangte Violand die Weglassung aller Titel, auch der Paragraph über die Abschaffung der Adelsvorrechte und -prädikate des Verfassungsentwurfs geht auf ihn zurück. Dass das Vaterland dem „in hohem Grade überspannten, wütenden Republikaner" (so die Kartei des Informationsbüros der Polizei) mit dem Hochverratstodesurteil Adel und Doktorat aberkannte, war nur die Konsequenz, mit der sich die Privilegienordnung von einem so missratenen Mitglied distanzierte. Der Urgroßvater war ein Handelsmann aus Savoyen und wurde von Josef II.

Ernst Ritter von Violand , (PORT_00026175_01) Bildarchiv
Austria (ÖNB)

1766 in den Reichsritterstand erhoben, zur Belohnung bürgerlicher Verdienste. Die Nachfahren traten in den Staatsdienst, Großvater und Vater waren höhere Beamte im Straßenbauressort. Violand kam 1818, im selben Jahr wie Marx, in Wolkersdorf an der Brünnerstraße zur Welt. Er studierte Jus und habilitierte sich 1846 als Privatdozent. Im Dienst des NÖ Landrechts, dem Sondergerichtshof des Adels, dem nur Adelige angehören konnten, kritisierte er feudale Rechtsungleichheit und die Fideikommisse. Unsere Tagung fand vor dem nur von wenigen Teilnehmern bemerkten barocken Justizthron des Landrechts im NÖ Landhaus statt. Mit seinem Freund Hans Kudlich (im Oktober hatte Violand vergeblich versucht, im Marchfeld den Landsturm gegen die kaiserlichen Truppen aufzubieten) – gelang ihm die Flucht aus Kremsier. Er emigrierte in die USA, blieb als Forty-Eighter politisch und militärisch im Sezessionskrieg aktiv. Violand starb in Peoria/Illinois 1875 „an den Folgen von Überarbeiten und Nahrungssorgen".

Vor seiner Emigration gab er „Die soziale Geschichte der Revolution in Österreich" heraus, erschienen bei Otto Wigand in Leipzig, von Arnold Ruge, Bruno Bauer, Ludwig Feuerbach bis Moses Heß und Engels der Hauptverleger der junghegelianischen, radikaldemokratischen und frühsozialistischen Literatur in Deutschland. Die Vorrede datiert vom Januar 1850. Grundlegend ist die Erkenntnis des „Kampfes der Gesellschaft mit der Idee des Staates", deren Spaltung „in die herrschende Klasse und die abhängige Klasse". Auch in der bürgerlichen Demokratie bestehe „der Despotismus des Kapitals" weiter. Violand war ein wacher Beobachter der sozialen Probleme hinter den Kulissen des Biedermeier: „Österreich hatte ein Proletariat, welches dem von Frankreich nicht viel nachstand", es gab „schauderhaftes, massenhaftes Elend". Mit Hungerkrisen, Prostitution, Arbeits- und Obdachlosigkeit zeichnete er die Folgen des „schaudervollen Elends dieser Fabrikssklaven", die „von den Behörden als Gesindel, wie eine Herde Vieh behandelt" würde – „eine Revolution gelingt nur dem armen Volke vereint mit der begeisterten Jugend." Nach dem Scheitern der parlamentarischen Verankerung der Revolution müsse der Kampf im Bündnis von Demokraten und Proletariat fortgesetzt werden: „Demnach geht das Bestreben der sogenannten sozialen Demokraten dahin, mittelst einer Diktatur jedes Privilegium abzuschaffen und die die Arbeit beherrschende Macht des Kapitals zu brechen. (…) Dieses Streben mit seiner sittlichen Berechtigung wird jedenfalls der Kampf der Zukunft, und zwar vor allem in Frankreich, sein. Ja, er hat schon begonnen und seine erste Schlacht im Juni des Jahres 1848 zu Paris geführt. Wenn auch besiegt, rüsten sich doch die sozialen Demokraten, von der Idee des Rechts begeistert, mit ihrem darniedergetretenen ungeheuren Anhang der ausgebeuteten Besitzlosen zu neuem erbittertem Kampf. (…) Die Demokraten und die sozialen Demokraten (sind) allein diejenigen, welche für die Herrschaft des Rechtes, für die Idee des Staates streiten, und sich beide nur dadurch unterscheiden, dass die ersteren wohl die von der Vernunft geforderte Freiheit und Gleichheit, aber nicht die Bedingungen, unter denen sie allein bestehen kann, anstreben, während die letzteren auch diese, und zwar mit Gewalt, einführen wollen."

Violands Klassenanalyse beruft sich auf das Werk von Lorenz Stein aus Eckernförde, der vom dänischen König nach Paris entsendet worden war, um den *Sozialismus und Kommunismus des heutigen Frankreichs* zu studieren und darzustellen. Das 1842 mit diesem Titel erschienene Buch öffnete den Zeitgenossen die Augen für die soziale Dynamik der bürgerlichen Revolution und des aufsteigenden Kapitalismus, in Frankreich wie in Deutschland. Die wesentlich erweiterte Neufassung des Steinschen Buches (*Geschichte der sozialen Bewegung in Frankreich von 1789 bis auf unsere Tage*, 1850) half Violand, seine eigenen Erfahrungen und Erkenntnisse zu einem theoretischen Modell der Widersprüche der bürgerlichen Revolution auszubauen. Die Einsicht, dass der Gesellschaft gegenüber dem Staat die primäre Stellung zukäme und dass die ökonomischen Gesetze der „volkswirtschaftlichen", „industriellen" Gesellschaft ihre Klassenstruktur bestimmten, ermöglichten es Violand, seine spontane Parteinahme für die unterdrückten und ausgebeuteten Massen in ein klares Revolutionskonzept einzufügen. Stein hatte gefolgert, dass der „Kampf im Herzen der Gesellschaft" zur „Diktatur" der nichtbesitzenden Klasse, des Proletariats, führen müsse, aber die Entschärfung des drohenden Konflikts durch „soziale Reform" verlangt, deren Träger das monarchische Staatsoberhaupt sein sollte. 1854 berief ihn Minister Leo Graf Thun-Hohenstein an die neu organisierte Wiener Universität. Steins soziologisch begründete „Verwaltungslehre" stand in der starken Tradition des aufgeklärten Absolutismus und seiner von Sonnenfels begründeten „Polizeiwissenschaft". Wohlbestallt und nobilitiert lebte und lehrte Lorenz von Stein, unermüdlich publizierend, bis zu seinem Tod (1890) in seiner Weidlingauer Villa. Die Wiener Universität setzte ihm umgehend ein Denkmal in ihrem Arkadenhof (1891).

Im April des Jahres 1850 setzten Marx und Engels in London gemeinsam mit Anhängern des Berufsrevolutionärs Louis-Auguste Blanqui und radikalen Chartisten ihre Unterschrift unter das Gründungsdokument einer „Weltgesellschaft des revolutionären Kommunismus", in dem es bündig hieß: „Das Ziel der Assoziation ist der Sturz aller privilegierten Klassen, ihre Unterwerfung unter die Diktatur der Proletarier, in welcher die Revolution in Permanenz erhalten wird bis zur Verwirklichung des Kommunismus, der die letzte Organisationsform der menschlichen Familie sein wird." Dieser merkwürdige Text stimmt mit der zentralen Forderung des Kommunistischen Manifests überein – „Erhebung des Proletariats zur herrschenden Klasse, die Erkämpfung der Demokratie" als erster Schritt in der „Arbeiterrevolution", die auf die bürgerliche Revolution folgen müsse. Die Beifügung der „Demokratie" war auch im Untertitel der Neuen Rheinischen Zeitung präsent: „Organ der Demokratie". Der Satz komprimiert jene berühmt gewordenen politischen Formeln, die auch aus anderen Marx'schen Schriften dieser Zeit bekannt sind: *Ansprache der Zentralbehörde an den Bund* und vor allem *Die Klassenkämpfe in Frankreich*, seit März 1850 in Hamburg (als Versuch einer Fortsetzung der Neuen Rheinischen Zeitung als Politisch-ökonomische Revue) erschienen – Analyse und zugleich Appell zur Erneuerung der Revolution: „die kühne revolutionäre Kampfparole (…) Sturz der Bourgeoisie! Diktatur der Arbeiterklasse!" Parallel zu Blanqui definierte Marx den „revolutionären Sozialismus" als „die Permanenzerklärung der Revolution, die Klassendiktatur des Proletariats als notwendigen Durchgangspunkt zur Abschaffung der Klassenunterschiede überhaupt". Hier ist zu betonen, dass diese für das politische Programm von Marx und den Marxismus so folgenschwere Wendung von der Demokratie zur Diktatur als Mittel der Durchsetzung der Revolution in der Analyse der Krise der Wiener Revolution wurzelt. An ihrem tragischen Wendepunkt, wir sahen es, nahm er die Niederlage im Oktoberkampf zum Anlass, von den „mörderischen Todeswehen der alten Gesellschaft, den blutigen Geburtswehen der neuen Gesellschaft" zu sprechen. Marx sah „nur ein Mittel, diese Geburtswehen abzukürzen, zu vereinfachen, zu konzentrieren, nur ein Mittel, den revolutionären Terrorismus". In diesem aufrüttelnden, aggressiven Text musste der „Verrat der Bourgeoisie" an ihrer eigenen Revolution die Rückwendung zum jakobinischen Höhepunkt der Großen Französischen Revolution begründen – und jene folgenschwere Rechtfertigung der *terreur* als Mittel der Selbstbehauptung der Republik gegen äußere und innere Feinde.

Violand, dessen Formulierung zu Beginn des Jahres 1850 Priorität zukommt, hatte von den Debatten und dem Revolutionskonzept der Londoner Emigration zweifellos Kenntnis durch seine von der Polizei beobachteten Kontakte. Allerdings hat Marx schon im September 1850 – infolge der Orientierung auf die als notwendig erkannte umfassende Kritik der politischen Ökonomie und eine langfristige, nicht voluntaristische Revolutionsperspektive – mit der auf sofortige revolutionäre Aktion drängenden sogenannten Fraktion Willich-Schapper abrupt gebrochen, die einen Sonderbund gründeten. Der Bund der Kommunisten zerbrach daran. Der ehemalige preußische Offizier August von Willich – unter ihm hatte Engels in der Reichsverfassungskampagne in der Pfalz 1849 gedient – wurde später General im Sezessionskrieg auf republikanischer Seite. Der Forststudent, frühere Gießener Burschenschafter, Teilnehmer am Frankfurter Wachensturm und Urgestein der revolutionären Bünde in Paris, vollzog noch, nach der Aussöhnung mit Marx, den Anschluss an die in der Internationalen Arbeiter-Assoziation erneuerte Arbeiterbewegung – ein früher Berufsrevolutionär, auf den die Parole des Manifests der Kommunistischen Partei „Proletarier aller Länder, vereinigt euch!" zurückgeht. Marx resümierte die Erfahrungen der Revolution in der konsequenten Kette von „Klassenkampf, Diktatur des Proletariats, Aufhebung aller Klassen zu einer klassenlosen Gesellschaft" in dem Brief an Joseph Weydemeyer in New York (5. März 1852).

Das Problem des Verhältnisses von Demokratie und Diktatur als Mittel der Revolution setzte sich fort: Marx und der Anarchist Bakunin bezichtigten einander in der kurzen, krisenreichen Geschichte der I. Internationale des Strebens nach der Diktatur. In seiner Kritik des reformistischen Gothaer Programms (1875) rief Marx die „Diktatur des Proletariats" in Erinnerung. Diesen polemischen Text, der vor der ausschließlich parlamentarischen Perspektive warnte, publizierte Engels erst 1891. Engels projizierte ferner die „Diktatur des Proletariats" rückschauend auf die Pariser Commune von 1871. Hier knüpfte Lenin an, mit der im Züricher Exil Ende 1916 verfassten, philologisch peniblen Zusammenstellung der Marx-Engels-Zitate zum Zentralthema „Marxismus und Staat" – das „blaue Heft", das er am Vorabend der Oktoberrevolution zur grundlegenden Strategie, in seiner für die Machtübernahme maßgebenden Schrift *Staat und Revolution* zusammenfasste.

In der marxistisch-leninistischen Rezeption dieser komplexen Entwicklung eines zentralen Begriffs der Revolutionstheorie waltete vielfach Auslassung der „Linksabweichung" des Jahrs 1850. Festzuhalten bleibt, dass in dieser Auseinandersetzung das Begriffsfeld *social, Socialismus, sociale Demokratie* vom Fremdwort zur zentralen Kategorie des Revolutionsverständnisses wurde. Violands *Soziale Geschichte* hat jedenfalls in dieser folgenschweren Terminologie Priorität.

In der Krise der Ersten Republik 1926 definierte das Linzer Parteiprogramm der österreichischen Sozialdemokratie „zwischen Reformismus und Bolschewismus" (Norbert Leser) die „Diktatur des Proletariats" – defensiv für den Fall einer „Gegenrevolution der Bourgeoisie" und einer „Sprengung der Demokratie": „Wenn sich aber die Bourgeoisie gegen die gesellschaftliche Umwälzung, die die Aufhebung der Staatsmacht der Arbeiterklasse sein wird, (…) widersetzen sollte, dann wäre die Arbeiterklasse gezwungen, den Widerstand der Bourgeoisie mit den Mitteln der Diktatur zu brechen." Eine problematisch verbalradikale, von den Gegnern begierig aufgegriffene Formulierung, die Max Adler gegen die Bedenken von Julius Deutsch und Otto Bauer durchsetzte – und gleichzeitig die „soziale Demokratie" als Ziel nannte! Mit dem Programmpunkt der „klassenlosen Gesellschaft" lebte dieses Dilemma des Austromarxismus fort. Als „Partei der Reform" reflektiert die gegenwärtige Sozialdemokratie nicht mehr ihren revolutionären Ursprung, und der *Plan A*, den Bundeskanzler Christian Kern für die Nationalratswahl 2017 in Auftrag gab, bezeichnete sich als „Programm für Wohlstand, Sicherheit & gute Laune", mit völliger Verwischung der Klassenanalyse – das (vor)letzte Wort der von ihren Ursprüngen abgekoppelten österreichischen Sozialdemokratie in ihrer schweren, von inhaltsleeren Personaldebatten gekennzeichneten Krise? Ein Satz Violands klingt im Ursprung aus der Tiefe der Zeit: „Hätten alle anderen Menschen das Herz, den Mut, die Begeisterung für Recht und Gerechtigkeit, hätten sie die Uneigennützigkeit wie die Proletarier Wiens, ich bin überzeugt, die Erde wäre ein Paradies."

Im Verfassungsausschuss des Wien-Kremsierer Reichstags führte der geschulte Jurist Violand das Wort. In Paragraf 1 formulierte er das immer noch gültige Prinzip der Demokratie: „Alle Staatsgewalten gehen vom Volke aus, und werden auf die in der Constitution festgesetzte Weise ausgeübt." Diese Antizipation der Volkssouveränität konnte allerdings so nicht durchgesetzt werden; selbst der liberale Kompromiss der oktroyierten Verfassung vom März 1849 wurde mit dem Silvesterpatent 1851 eliminiert, Neoabsolutismus begann. Sein Porträt, das ihn auf dem Höhepunkt seiner politischen Tätigkeit als Reichstagsabgeordneter zeigt, in der Uniform und mit dem Säbel der Nationalgarde, signierte Violand mit dem trotz alledem die Zuversicht auf den historischen Fortschritt bezeugenden Satz: „Die Demokraten der Gegenwart können fallen, aber die Sonne der wahren Völkerfreiheit wird auf ihre Leichenhügel strahlen."

Väter und Söhne: Andreas von Stifft d. J.

„Ich hoffe, wir werden uns beide in einem Convent noch nebeneinander finden." Dieser Satz steht in einem Brief, an „Herrn Dr. Stifft in Wien", datiert Harburg 6. Mai 1849. Absender des von der Polizei abgefangenen Schreibens war Marx, der auf eine neue Revolutionswelle hoffte – und, mit Selbstironie, auf einen Konvent in Deutschland wie in der Großen Französischen Revolution. Dresden hatte sich erhoben, der Aufstand wurde durch Teilnehmer wie Richard Wagner, Gottfried Semper und Michail A. Bakunin berühmt, die Reichsverfassungskampagne rief noch einmal die republikanischen und demokratischen Kräfte in der Rheinpfalz und in Baden zum Kampf. Ungarn und Venedig hielten stand. Auch in diesem Fall: Die reichliche Marx-Biografik nahm von dieser Beziehung zu den Wiener Doktoren der Revolution und zur Arbeiterbewegung keine Notiz, gleichfalls die Trierer Großausstellung 2018.

Wer war dieser Freiherr von Stifft, dem Marx das singuläre Angebot machte – der Konvent von 1793 war für Marx „das Maximum der politischen Energie, der politischen Macht und des politischen Verstandes" der bürgerlichen Revolution. Aus dem Jahr 1850 stammt eine Äußerung von Marx, dass er Stifft „für den größten Redner, den schärfsten philosophischen Denker und den bedeutendsten Sozialisten in ganz Deutschland" halte.

Generationenkonflikt ist ein Leitthema der Revolutionsgeschichte des 19. Jahrhunderts. Stiffts Großvater Andreas Joseph aus Weinviertler Bauernfamilie stieg zum nobilitierten Leibarzt des Kaisers Franz auf. Als reaktionärer und intriganter Ohrenbläser seines Herrn suchte und fand er nicht nur in der Kollegenschaft Opfer – er schaltete etwa den „Weisen von Prag", den Theologen, Mathematiker und Philosophen Bernard Bolzano aus. Stiffts Grabstein, auf den Zentralfriedhof zu den sogenannten kleinen Ehrengräbern der Gruppe O übertragen, fasst kaum die Fülle seiner Titel und Auszeichnungen, die Brust seiner Büste im Hof der Universität kaum die Orden. Sein Sohn Andreas von Stifft der Ältere wurde Gutsherr von Rosenau im Waldviertel – das Freimaurerschloss des Grafen Schallenberg aus dem 18. Jahrhundert kam dann an Georg Ritter von Schönerer, den antisemitischen Deutschnationalen. Der ältere Stifft gehörte der liberalen Fraktion der NÖ Landstände an. Im ungeliebten Dienst des NÖ Landrechts stand der 1819 geborene Sohn, mit seinem Kollegen Violand kritisch gleichgesinnt. Vater und Sohn erlebten den Ausbruch der Märzrevolution im NÖ Landhaus. Stifft hatte eingehend die Theorien der Frühsozialisten studiert, zugleich gab er sich einem mystischen Christentum hin – „die Gedanken des Sozialismus und Kommunismus erfreuen sich eines hohen Alters", meinte er mit Berufung auf die Apostelgeschichte. Gegen den liberalen Kompromiss begründete Stifft in der Allgemeinen Österreichischen Zeitung – hier kam er mit Jellinek zusammen – das Prinzip der Demokratie, er forderte politische Gleichstellung der Arbeiter bei den Wahlen und war einer der ersten, die in Österreich ausdrücklich von der sozialen Demokratie sprachen. Stifft trat für die nationalen Ansprüche der Ungarn, Italiener und Polen ein, anders als viele Demokraten forderte er das Recht auf Selbstbestimmung auch für Tschechen und Südslawen mit dem Leitgedanken eines „Sozialismus der Völker".

In der Praterschlacht stand Stifft auf der Seite der Opfer; in fulminanten Artikeln nahm er Partei für die unterdrückte Pariser Arbeiterschaft im blutigen Juni. Wie Jellinek schied er aus der Allgemeinen Österreichischen Zeitung Schwarzers aus. Am 2. September, dem Vorabend des Leichenbegängnisses für die Opfer, kamen Stifft und Marx im Arbeiterverein zusammen, der seine Sitzungen in den noblen Sträußelsälen beim Josefstädter Theater abhielt. Im Anschluss an Marx, der über Lohnarbeit und Kapital sprach – Keimzelle seiner künftigen Kritik der politischen Ökonomie! – sprach Stifft über die Unmöglichkeit des „aus dem Absolutismus künstlich zusammenkomponierten Österreich", er forderte ein Bündnis von Arbeitern, Studenten und Demokraten und wurde nach diesen „freiheitsbegeisterten Worten" zum Ehrenmitglied des Arbeitervereins ernannt.

Im Oktoberkampf trat Stifft an die Spitze des neu gewählten Wiener Gemeinderats. Im verworrenen Kräftespiel zwischen Reichstagspermanenz, Nationalgardeoberkommando, Studentenkomitee und demokratischem Verein verstand es Stifft, „ein halbes Schock erfahrener Zöpfe zu einem Leitseil zusammenzubinden" und „die kühnen Absagebriefe des Gemeinderats an Windischgrätz" zu richten. Nach dem Sieg der Gegenrevolution zog sich Stifft, dem sein Familienhintergrund das Schicksal vieler seiner Gesinnungsgefährten und Kollegen ersparte, in die innere Emigration zurück. Für die Zeitgenossen wurde er zum skurrilen Einzelgänger. Man sah ihn, mit Bücherpaketen unter dem Arm, mit sich selbst sprechend, durch das Wien der Ringstraßenzeit schlurfen, „Sommer und Winter im gleichen abgetragenen Rocke, mit schäbigem Hute und stets mit rotem Regenschirm bewaffnet", wie Die Presse zu seinem Tod am 13. Dezember 1877 berichtete. Von dem ihm zustehenden beträchtlichen Erbteil (86 978 fl. 95 2/3 Kr.) hatte er nichts angerührt; er vermachte es seinen Angehörigen. Er hinterließ außer einigen alten Möbeln, Silberbesteck und einer goldenen Uhr „zwei Kisten mit Makulaturpapier"; davon blieben nur wenige Briefe erhalten. In diesen Jahrzehnten hatte Stifft, der zu den Gründungsmitgliedern der Schriftstellervereinigung Concordia (1859) zählte, eine Fülle von (unaufgeführten) Dramen und vielbändigen Romanen verfasst, auch Reiseerinnerungen, in denen er immer wieder sein Bekenntnis zu den Ideen und Zielen der Revolutionen von 1789 und 1848, auch zur beginnenden Arbeiterbewegung verschlüsselte – der alte Freiherr von Stifft der Jüngere, der wohl begabteste publizistische Wortführer der Sache der Volkssouveränität, weitergedacht zur sozialen Demokratie und zum Selbstbestimmungsrecht der Völker.

Siegende Geschlagene

Trotz alledem: die Niederlagen von 1859 und 1866, Solferino und Königgrätz, zwangen Österreich auf die Bahn des Konstitutionalismus. Das Pensum von 1848 war aufs Neue aufgegeben. Das allgemeine gleiche (Männer-)Wahlrecht spannte in diesem unaufhaltsamen demokratischen Modernisierungs- und Emanzipationsprozess den Bogen vom Revolutionsjahr zur Wiedereinführung 1907.

Das geltende Staatsgrundgesetz über die allgemeinen Rechte der Staatsbürger unserer Bundesverfassung geht auf den Kremsierer Entwurf zurück. Als im Jahr 1867 der österreichisch-ungarische Dualismus konstruiert wurde, drängte die Zeit, um auch in der cisleithanischen Reichshälfte staatliche Rechtsgrundlagen zu schaffen. So schrieb der Abgeordnete Eduard Sturm aus Brünn zum Beratungsprotokoll des Grundrechtskatalogs das lapidare Wort „Alles 1849!" So kam es in der Tat. Auch die Verfassungsgeber der Ersten Republik wollten sich nicht auf heikle Grundsatzfragen einlassen und rezipierten kurzerhand die Staatsbürgerrechte vom Dezember 1867. Der Artikel 19 (allerdings durch den Vertrag von Saint-Germain derogiert, d. h. außer Kraft gesetzt), bleibt eine denkwürdige Erinnerung an das große Versöhnungswerk der Parlamentarier von Kremsier.: „Alle Volksstämme des Reiches sind gleichberechtigt, und jeder Volksstamm hat ein unverletzliches Recht auf Wahrung und Pflege seiner Nationalität und Sprache. Die Gleichberechtigung aller landesüblichen Sprachen in Schule, Amt und öffentlichem Leben wird vom Staate anerkannt."

Mit diesem Konzept nationaler Autonomie schufen die Parlamentarier von Wien und Kremsier ein Modell, das sich über die historischen Kronländer hinaus auf eine Gliederung in Kreise hätte stützen können – die Königsidee des tschechischen Historikers und Politikers František Palacký, dessen austroslawisches Konzept zu Unrecht von den Deutschen mit russisch orientiertem Panslawismus gleichgesetzt wurde. Mit den sozialdemokratischen Konzepten Karl Renners, Otto Bauers und des Rumänen Aurel Popovici wurde das Erbe von 1848/49 weitergedacht. Das Prinzip der Personalautonomie in Kurien wurde entwickelt; mit den Ausgleichsversuchen in der Bukowina und Mähren, geplant in Galizien, am Abend der Habsburgermonarchie schien eine Chance auf nationale Befriedung gegeben. Es war zu spät.

In unserer Zeit, die von sozialen Krisen und massenhaften Migrationsbewegungen, von der Begegnung und Konfrontation von Kulturen, Sprachen, Konfessionen, ethnischen Gruppen und Nationen herausgefordert wird, in unseren Tagen, da blutige Konflikte den Weltfrieden gefährden, lohnt es sich wohl, über den Sinn und die Aktualität des im österreichischen Vielvölkerreich geprägten Prinzips der Gleichberechtigung der Nationalitäten nachzudenken.

Demokratie beginnt in Österreich nicht erst mit der Gründung der Republik 1918. In der Sprache der bürgerlichen und sozialen Revolutionen des 19. Jahrhunderts ist hier, so scheint es, von sehr gegenwärtigen Fragen und Aufgaben die Rede. 1848 mit all seinen tragisch gescheiterten und unterdrückten Hoffnungen ist in diesem Sinn keineswegs ein abgeschlossenes Kapitel der Geschichte Österreichs und Europas. Nicht zuletzt: Das Verhältnis der Menschen- und Bürgerrechte zur Politik, in Rechtsstaat und Demokratie, ist gerade anhand der Geschichte der österreichischen Verfassung und ihres revolutionären Ursprungs exemplarisch zu studieren.

Die revolutionären Demokraten von 1848 dachten und handelten an der Seite der Arbeiterbewegung über die bürgerlich-kapitalistische Wirtschafts- und Gesellschaftsordnung hinaus, weiter zur sozialen Demokratie. Die Frage nach Glücken oder Scheitern von Revolution ist mit der Erinnerung an 1848, mit diesem radikalen Schritt des historischen Reichs in die Moderne, verbunden. Die Achtundvierziger, viele von ihnen getötet, geächtet und vertrieben, bleiben selbst in ihrer Vergessenheit wahrhaft die „siegenden Geschlagenen", wie sie der Revolutionsdichter Ferdinand Freiligrath nannte.

Quellen und Literatur in den Publikationen des Verfassers

Wolfgang *Häusler*, Die Revolution von 1848 und die österreichischen Juden. Eine Dokumentation. In: Das Judentum im Revolutionsjahr 1848 (Studia Judaica Austriaca 1) (Wien, München 1974) 5–63.

Wolfgang *Häusler*, Konfessionelle Probleme in der Wiener Revolution von 1848, ebd. 64–77.

Wolfgang *Häusler*, Demokratie und Emanzipation, ebd. 92–111.

Wolfgang *Häusler*, Hermann Jellinek. Seine Entwicklung zum revolutionären Demokraten. In: Beiträge zur Neueren Geschichte Österreichs (Veröffentlichungen des Instituts für Österreichische Geschichtsforschung 20) (Wien 1974) 345–362.

Wolfgang *Häusler*, Hermann Jellinek (1823–1848). Ein Demokrat in der Wiener Revolution. In: Jb. des Instituts für Deutsche Geschichte 5 (1976) 125–175.

Wolfgang *Häusler*, Ernst Violand (1818–1875). Der Lebensweg eines österreichischen Demokraten. In: Jb. des Instituts für deutsche Geschichte 6 (1977) 181–213.

Wolfgang *Häusler*, Vom Standrecht zum Rechtsstaat. Politik und Justiz in Österreich (1848–1867). In: Justiz und Zeitgeschichte (Veröffentlichungen des Ludwig-Boltzmann-Instituts für Geschichte der Gesellschaftswissenschaften 1) (Wien 1977) 1–42.

Wolfgang *Häusler*, Das Gefecht bei Schwechat am 30. Oktober 1848 (Militärhistorische Schriftenreihe 34) (Wien 1977).

Wolfgang *Häusler*, Einleitung und Nachwort. In: Herbert *Steiner*, Karl Marx in Wien. Die Arbeiterbewegung zwischen Revolution und Restauration 1848 (Wien, München, Zürich 1978) 7–26 und 192–210.

Wolfgang *Häusler*, Ein unbekannter Aufruf Robert Blums aus der Wiener Oktoberrevolution 1848. In: Wiener Geschichtsblätter 33 (1978) 173–187.

Wolfgang *Häusler*, Aus den Briefen Faust Pachlers (1819–1891). In: Jb. des Vereins für Geschichte der Stadt Wien 34 (1978) 239–275.

Wolfgang *Häusler*, Die Revolution von 1848 und die Anfänge der österreichischen Arbeiterbewegung. In: Geschichte der Arbeiterbewegung (Wien 1978) 7–22.

Wolfgang *Häusler*, Von der Massenarmut zur Arbeiterbewegung. Demokratie und soziale Frage in der Wiener Revolution von 1848 (Wien, München 1979).

Wolfgang *Häusler*, Die österreichische Publizistik und ihre Probleme im Revolutionsjahr 1848. In: Erich *Zöllner* (Hg.), Öffentliche Meinung in der Geschichte Österreichs (Veröffentlichungen des Instituts für Österreichkunde 34) (Wien 1979) 64–88.

Wolfgang *Häusler*, Demokratie und Sozialismus um die Mitte des 19. Jahrhunderts. Am Beispiel des österreichischen Demokraten Ernst Violand. In: Die demokratische Bewegung in Mitteleuropa im ausgehenden 18. und frühen 19. Jahrhundert. Ein Tagungsbericht (Berlin 1980) 404–420.

Wolfgang *Häusler*, Zur sozialen und nationalen Problematik der Revolution von 1848/49 in der Donaumonarchie. In: Erich *Zöllner* (Hg.), Revolutionäre Bewegungen in Österreich (Veröffentlichungen des Instituts für Österreichkunde 38) (Wien 1981) 110–128.

Wolfgang *Häusler*, „Noch sind nicht alle Märzen vorbei …" Zur politischen Tradition der Wiener Revolution von 1848. In: Politik und Gesellschaft im alten und neuen Österreich. Festschrift für Rudolf Neck zum 60. Geburtstag, Bd. 1 (Wien 1981) 85–108.

Wolfgang *Häusler*, Sigmund Engländer – Kritiker des Vormärz, Satiriker der Wiener Revolution und Freund Friedrich Hebbels. In: Juden im Vormärz und in der Revolution von 1848 (Studien zur Geistesgeschichte 3) (Stuttgart, Bonn 1983) 83–137.

Wolfgang *Häusler*, Freiherr Andreas von Stifft d. J. (1819–1877). Leben und Werk eines Wiener Publizisten im Zeitalter der bürgerlich-demokratischen Revolution. In: Jb. des Instituts für Deutsche Geschichte 15 (1986) 231–283.

Wolfgang *Häusler*, Soziale Protestbewegungen in der bürgerlich-demokratischen Revolution der Habsburgermonarchie 1848. In: Helmut *Reinalter* (Hg.), Demokratische und soziale Protestbewegungen in Mitteleuropa 1815–1848/49 (Frankfurt 1986) 327–359.

Wolfgang *Häusler*, Biedermeier, Revolution und Reaktion in satirischer Beleuchtung. In: Österreich in Geschichte und Literatur 31 (1987) 69–111.

Wolfgang *Häusler*, [*Mitarbeit*] Katalog Bürgersinn und Aufbegehren. Biedermeier und Vormärz in Wien 1815–1848 (Wien 1987).

Wolfgang *Häusler*, „Aus dem Ghetto." Der Aufbruch des österreichischen Judentums in das bürgerliche Zeitalter (1780–1867). In: Hans Otto *Horch*, Horst *Denkler* (Hg.), Conditio Judaica. Judentum, Antisemitismus und deutschsprachige Literatur vom 18. Jahrhundert bis zum Ersten Weltkrieg, Tl. 1 (Tübingen 1988) 47–70.

Wolfgang *Häusler*, Emanzipation und Revolution. Die Wiener Juden im Sturmjahr 1848, in: Wolfgang *Plat* (Hg.), Voll Leben und voll Tod ist diese Erde. Bilder aus der Geschichte der jüdischen Österreicher (1190 bis 1945) (Wien 1988) 143–159.

Wolfgang *Häusler*, Toleranz, Emanzipation und Antisemitismus. Das österreichische Judentum des bürgerlichen Zeitalters (1782–1918). In: Anna *Drabek*, Wolfgang *Häusler* et al., Das österreichische Judentum. Voraussetzungen und Geschichte (Wien, München 3. A. 1988) 83–140.

Wolfgang *Häusler*, „Überhaupt hat der Fortschritt das an sich, daß er viel größer ausschaut, als er wirklich ist." – Stichworte für den Historiker aus Johann N. Nestroys vorrevolutionärer Posse „Der Schützling" (1847). In: Römische Historische Mitteilungen 31 (1989) 419–451.

Wolfgang *Häusler*, „Überhaupt hat der Fortschritt das an sich, daß er viel größer ausschaut, als er wirklich ist." Historische Perspektiven zu Nestroys „Der Schützling". In: Burgtheater Wien – Programmbuch 46, (Wien 1989) 21–43.

Wolfgang *Häusler*, „ … garantir l'existence de l'ouvrier par le travail." Zu Theorie und Praxis der sozialen Grundrechte im Zyklus der bürgerlichen Revolution 1789–1848. In: „Sie und nicht wir." Die Französische Revolution und ihre Wirkung auf das Reich, Bd. 2 (Hamburg 1989) 691–718.

Wolfgang *Häusler*, „Biedermeier" oder „Vormärz". Anmerkungen zur österreichischen Sozialgeschichte in der Epoche der bürgerlichen Revolution. In: Wiener Biedermeier. Malerei zwischen Wiener Kongreß und Revolution, (München 1992) 35–43.

Wolfgang *Häusler*, „Mutter, a Brot!" Essen und Hungern in der Wiener Vormärzliteratur. In: Manfred *Gailus*, Heinrich *Volkmann* (Hg.), Der Kampf um das tägliche Brot. Nahrungsmangel, Versorgungspolitik und Protest 1770–1990 (Schriften des Zentralinstituts für Sozialwissenschaftliche Forschung der Freien Universität Berlin 74) (Opladen 1994) 214–229.

Wolfgang *Häusler*, „Die lieben Oestreicher!" Friedrich Hebbels Reflexionen zur Revolution von 1848 zwischen Tagebuchaphorismus und politischer Öffentlichkeit. In: Günter *Häntzschel* (Hg.), Studien zu Hebbels Tagebüchern (München 1994) 145–167.

Wolfgang *Häusler*, Kaiserstaat oder Völkerverein? Zum österreichischen Staats- und Reichsproblem zwischen 1804 und 1848/49. In: Richard G. *Plaschka*, Gerald *Stourzh*, Jan Paul *Niederkorn* (Hg.), Was heißt Österreich? Inhalt und Umfang des Österreichbegriffs vom 10. Jahrhundert bis heute (Archiv für Österreichische Geschichte 136) (Wien 1995) 221–254.

Wolfgang *Häusler*, „Die Czechen und Polacken schütteln Ihr strupp'ges Karyatidenhaupt" – Friedrich Hebbel und die „Bedientenvölker" der Habsburgermonarchie. In: Hebbel-Jahrbuch 51 (1996) 151–212.

Wolfgang *Häusler*, Anton Heinrich Springer (1825–1891). Ein österreichischer Revolutionstheoretiker des 19. Jahrhunderts. In: Jb. des Instituts für Deutsche Geschichte 8 (1979) 175–206.

Wolfgang *Häusler*, Soziale Protestbewegungen in der bürgerlich-demokratischen Revolution der Habsburgermonarchie 1848. In: Rudolf *Jaworski,* Robert *Luft* (Hg.), Revolutionen in Ostmitteleuropa. Vorträge der Tagung des Collegium Carolinum in Bad Wiessee vom 30. November bis 1. Dezember 1990 (München 1996) 173–195.

Wolfgang *Häusler*, Anton Heinrich Springer – der Historiker des Kremsierer Reichstages. In: Der Reichstag von Kremsier 1848-1849 und die Tradition des Parlamentarismus in Mitteleuropa (Kremsier 1998) 255–266.

Wolfgang *Häusler*, Die Söhne des Atta Troll. Sozialistische Utopie und Scheitern der deutschen und österreichischen Revolution im Spiegel der Satire. In: Bernd *Rill* (Hg.) 1848. Epochenjahr für Demokratie und Rechtsstaat in Deutschland (Berichte und Studien der Hanns-Seidl-Stiftung 77) (München 1998) 347–376.

Wolfgang *Häusler*, Ernst *Bruckmüller* (Hg.), 1848. Revolution in Österreich (Schriften des Instituts für Österreichkunde 62) (Wien 1999), darin: Wolfgang *Häusler*, „Was kommt heran mit kühnem Gange" Ursachen, Verlauf und Folgen der Wiener Märzrevolution 1848, 23–54.

Wolfgang *Häusler*, Dr. Ernst (von) Violand. Auf dem Weg zur „sozialen Demokratie". In: Sigurd Paul *Scheichl*, Emil *Brix* (Hg.), „Dürfen's denn das?" Die fortdauernde Frage zum Jahr 1848 (Reihe Civil Society der Österreichischen Forschungsgemeinschaft 3) (Wien 1999) 57–73.

Wolfgang *Häusler*, 150 Jahre Revolution und Reaktion 1848/49. In: Österreich in Geschichte und Literatur 43 (1999) 136–141.

Wolfgang *Häusler*, 1848 – Das Geburtsjahr der Demokratie in Österreich. In: Heiner *Timmermann*, Wolf T. *Gruner* (Hg.), Demokratie und Diktatur in Europa. Geschichte und Wechsel der politischen Systeme im 20. Jahrhundert (Dokumente und Schriften der europäischen Akademie Otzenhausen 95) (Berlin 2001) 283–304.

Wolfgang *Häusler*, „Überhaupt hat der Fortschritt das an sich, daß er viel größer ausschaut, als er wirklich ist." Historische Perspektiven zu Nestroys „Der Schützling". In: Hubert Christian

Ehalt, Jürgen *Hein*, William E. *Yates* (Hg.), Hinter den Kulissen von Vor- und Nachmärz. Soziale Umbrüche und Theaterkultur bei Nestroy (Wiener Vorlesungen. Konversatorien und Schriften 11) (Wien 2001) 61–80.

Wolfgang *Häusler*, Die Wiener „Märzgefallenen" und ihr Denkmal. Zur politischen Tradition der bürgerlich-demokratischen Revolution von 1848. In: Barbara *Haider*, Hans Peter *Hye* (Hg.), 1848. Ereignis und Erinnerung in der politischen Kultur Mitteleuropas (Zentraleuropa-Studien 7) (Wien 2003) 251–275.

Wolfgang *Häusler*, „Wehe über dich, du Staat der Donau!" Zum Österreichbild der Grenzboten und Gustav Freytags. In: MIÖG 12 (2004) 347–367.

Wolfgang *Häusler*, Wiener Demokraten zwischen bürgerlicher Revolution und sozialer Demokratie 1848. In: Helmut *Reinalter* (Hg.), Politische Vereine, Gesellschaften und Parteien in Zentraleuropa 1815–1848/49 (Schriftenreihe der Internationalen Forschungsstelle „Demokratische Bewegungen in Mitteleuropa 1770–1850" 38) (Frankfurt 2005) 317–336.

Wolfgang *Häusler*, Versuch über die Einfachheit oder die Ordnung der Vielfalt in Politik, Bildung und Kunst der bürgerlichen Gesellschaft. In: Biedermeier. Die Erfindung der Einfachheit. Ausstellungskatalog Albertina (Ostfildern 2006) 97–119.

Wolfgang *Häusler*, Im Walzertakt zur Revolution. Literarische Spiegelungen bürgerlicher Tanzkultur. In: Barbara *Boisits*, Klaus *Hubmann* (Hg.), Tanz im Biedermeier. Ausdruck des Lebensgefühls einer Epoche. Symposion Graz 2004 (Neue Beiträge zur Aufführungspraxis. Schriftenreihe des Instituts für Alte Musik und Aufführungspraxis an der Universität für Musik und darstellende Kunst Graz 6) (Wien 2006) 9–50.

Wolfgang *Häusler*, Marseillaise, Katzenmusik und Fuchslied als Mittel sozialen und politischen Protests in der Wiener Revolution 1848. In: Barbara *Boisits* (Hg.), Musik und Revolution. Die Produktion von Identität und Raum durch Musik in Zentraleuropa 1848/49 (Wien 2013).

Wolfgang *Häusler*, Volk und Freiheit, Vaterland und Nation. Die Geburt der bürgerlichen Gesellschaft in der Zeit der Revolutionen und Völkerschlachten. In: Barbara *Felsner*, Christine *Tropper*, Thomas *Zeloth* (Hg.), Archivwissen schafft Geschichte. Festschrift für Wilhelm Wadl zum 60. Geburtstag (Archiv für Vaterländische Geschichte und Topographie 108) (Klagenfurt 2014) 539–556.

Wolfgang *Häusler*, „Exzellenzen ausstopfen – ein Unfug" oder: Revolution, Demokratie und Republik im Haus der Geschichte Österreich(s). In: Thomas *Winkelbauer* (Hg.), Haus? Geschichte? Österreich? Ergebnisse eine Enquete über das neue historische Museum in Wien (Wien 2016) 235–254.

Wolfgang *Häusler*, Ideen können nicht erschossen werden. Revolution und Demokratie 1789 – 1848 – 1918 (Wien, Graz, Klagenfurt 2017).

Wolfgang *Häusler*, Wien und Ungarn 1848/49. Denkmäler und Stätten revolutionärer Erinnerung. In: Pál S. *Varga*, Karl *Katschthaler*, Miklós *Takács* (Hg.), Erinnerungen im Spannungsfeld unterschiedlicher Gedächtnisse: Galeerensklaven und 1848 (Loci Memoriae Hungaricae 4) (Debrecen 2017) 193–239.

Wolfgang *Häusler*, Der Ursprung der „sozialen Demokratie" im Revolutionsjahr 1848. In: ZUKUNFT 1/2018, 22–28.

Wolfgang *Häusler*, „… die die Arbeit beherrschende Macht des Kapitals zu brechen …" Vom Leben und Wirken des revolutionären 1848er Demokraten Ernst Violand (1818). In: Zwischenwelt. Literatur/Widerstand/Exil 35 (1–2/2018) 50–55.

Wolfgang *Häusler*, Die soziale und politische Stellung der Wiener Arbeiterschaft 1848 in Praxis und Theorie des revolutionären Demokraten Ernst Violand (1818–1875). Eine Erinnerung zum 200. Geburtstag. In: Wiener Geschichtsblätter 73 (2018) 93–103.

Wolfgang *Häusler*, „Halloh, die Wiener Studenten" – Die Universität als Schauplatz der Revolution 1848. In: Österreich in Geschichte und Literatur 63 (2/2019) 104–127.

Wolfgang *Häusler*, Schubumkehr. Von der Tradition der demokratischen Revolution 1848 zu Deutschnationalismus und Antisemitismus. In: Österreich in Geschichte und Literatur 64 (1/2020) 4–28.

Wolfgang *Häusler*, Österreichs Haupt- und Residenzstadt im Revolutionsjahr 1848. In: Der österreichische Donauraum. Eine operative Schlüsselzone Mitteleuropas (Truppendienst-Handbuch) (Wien 2020) 307–326.

Wolfgang *Häusler*, „Sie und nicht wir" – Freiheit, Gleichheit, Brüderlichkeit im revolutionären Prozess Europas und der Welt. In: Werner *Drobesch*, Elisabeth *Lobenwein* (Hg.), Politik und kulturgeschichtliche Betrachtungen, Quellen – Ideen – Räume – Netzwerke. Festschrift für Reinhard Stauber zum 60. Geburtstag (Klagenfurt 2020) 285–302.

Wolfgang *Häusler*, Von der politischen zur sozialen Demokratie. Andreas Freiherr von Stifft d. J. (1819–1877). Vordenker und Wortführer der Wiener Revolution. In: Wiener Geschichtsblätter 75 (2020) 73–122.

Wolfgang *Häusler*, Von der politischen zur sozialen Demokratie: Andreas Freiherr von Stifft d. J. (1819–1877). Vordenker und Wortführer der Wiener Revolution. In: Rudolf *Zewell* (Hg.), Akteure eines Umbruchs. Männer und Frauen der Revolution von 1848/49, Bd. 6 (Berlin 2020) 109–149.

Wolfgang *Häusler*, Ein Doktor der Revolution. Der publizistische Kampf des Philosophen Hermann Jellinek für Demokratie und Sozialismus in der Revolution von 1848. In: Tagebuch Nr. 4 (2022) 36–40.

Wolfgang *Häusler*, Bürgertum und soziale Demokratie oder: Die Widersprüche der österreichischen Revolution 1848. In: Programm der Uraufführung: Es muss geschieden sein von Peter Turrini. Raimund-Spiele Gutenstein (2023) 16–21.

Wolfgang *Häusler*, 1848: Bürgerliche Revolution und soziale Demokratie. Ein Gespräch zur 175jährigen Erinnerung an das Sturmjahr, in: Es muß geschieden sein von Peter Turrini. Programm Theater in der Josefstadt (2024) 8–12.

Tamara Ehs

Demokratie als Privileg

Ausschluss von politischer Teilhabe 1848 – und heute?

I. **Einleitung**

Zahlreiche Errungenschaften der Revolution von 1848 bilden bis heute den Grundstock der allmählichen Ausbildung einer liberalen und rechtsstaatlichen Demokratie. Die Ereignisse jener Monate legten die Basis für das Entstehen politischer Parteien, freier Medien und einer Zivilgesellschaft, die in der zweiten Hälfte des 19. Jahrhunderts und vor allem im 20. Jahrhundert konkrete Gestalt annahmen. Was aber im Rückblick die Voraussetzung für die Demokratisierung der österreichischen Gesellschaft ausmachte, war nicht integraler Bestandteil der bürgerlichen Revolution: die Volksherrschaft. Der klassische Liberalismus lehnte das allgemeine Wahlrecht ab, weil er damit die Regierungsgewalt der Ungebildeten und Besitzlosen verband, und schloss die unteren Klassen von der politischen Selbstbestimmung aus. Die fehlende Berufung der bürgerlichen Revolutionäre auf die Volkssouveränität zeigt eine Leerstelle auf, die die Errungenschaften des Jahres 1848 bald herausfordern sollte. Unfähigkeit oder Unwillen der Besitz- und Bildungsbürger, ihre erkämpften Rechte mit der Arbeiterschaft zu teilen, und die kaum adressierte Soziale Frage beeinträchtigten die Erfolge des Liberalismus in der Habsburgermonarchie; sie wurden in den darauffolgenden Jahrzehnten nicht nur von den Kämpfen des Nationalismus, sondern auch von jenen des Sozialismus überlagert.

Exemplarisch lässt sich diese Lücke in der konzeptionellen Einbettung von Demokratie im liberalen Projekt an der Wahlrechtsgeschichte des Wiener Gemeinderats im Laufe des Revolutionsjahres nacherzählen: Schon der provisorische Bürgerausschuss im März 1848, im Juni der Gemeindeausschuss und schließlich im Oktober der erste gewählte Gemeinderat schlossen die meisten Wiener und alle Wienerinnen von der politischen Mitbestimmung aus. Die liberale Revolution hatte sich von der sozialen Revolution abgekoppelt. Mitbestimmung im Sinne politischer Selbstbestimmung war ein Privileg, das man sich verdienen musste und das sich nur einige Wenige leisten konnten. Jene damaligen Versäumnisse des politischen Liberalismus spiegeln sich in gegenwärtigen Partizipationsdefiziten wider und markieren zugleich einen politischen Auftrag für Liberale. Denn bis heute ist nicht nur die politische Teilhabe der Wahlberechtigten von einer sozioökonomischen Schieflage gekennzeichnet, sondern bereits der Zugang zum Wahlrecht über die österreichische Staatsbürgerschaft ist einkommensstrukturiert. Durch die ökonomische Leistungsfähigkeit, die die Einbürgerung verlangt, sind die unteren Einkommensschichten von der politischen Selbstbestimmung überproportional ausgeschlossen.

II. Politischer Liberalismus und die Frage nach dem Volk

Diskussionen und Praktiken des Jahres 1848, wer unter welchen Voraussetzungen teilhabeberechtigt und somit politisch mündig sei, bezeugen in der historischen Entwicklung moderner Staatlichkeit die Grundfrage der Demokratie, zu der sich der politische Liberalismus bis heute immer wieder aufs Neue verhalten muss: *Wer ist das Volk?* Die Legitimität des Staates korrespondiert seit dem Zeitalter der Revolutionen zunehmend mit der demokratischen Qualität von Herrschaft. Liberalismus, der – und hierfür kann und sollte er auf das Jahr 1848 Bezug nehmen – Konstitutionalisierung und Rechtsstaatlichkeit als Dreh- und Angelpunkt der Freiheit des Einzelnen, nicht *vom*, sondern *im* Staat versteht, bläht die Frage nach dem Volk weder national noch ethnisch auf, sondern reduziert Legitimität auf Legalität. Das heißt, Herrschaft ist nicht deshalb legitim, weil sie etwa einem „Volksgeist", gar Blut und Boden oder metaphysischen Werten entspricht, sondern weil sie in Verfahren gesetzt ist, die demokratisch sind. Das Volk ist demnach nicht mehr, aber auch nicht weniger als die Gemeinschaft der Normadressaten.

Die Leitlinie, die für den politischen Liberalismus bis heute Geltung haben kann, formulierte Hans Kelsen in seinen Überlegungen zum Wesen und der Wert der Demokratie im modernen, pluralistischen und deshalb notwendigerweise liberalen Staat: „Es ist im Grunde nur ein *juristischer Tatbestand*, der sich als Volkseinheit einigermaßen präzise umschreiben läßt: Die *Einheit* der das Verhalten der normunterworfenen Menschen regelnden *staatlichen Rechtsordnung*. In ihr konstituiert sich – als Inhalt der die Ordnung bildenden Rechtsnormen – die Einheit der Vielheit menschlicher Handlungen, die das ‚Volk' als Element des Staates, als einer spezifischen sozialen Ordnung, darstellt. Als solche Einheit ist das ‚Volk' gar nicht – wie die naive Vorstellung vermeint – ein Inbegriff, ein Konglomerat gleichsam von Menschen, sondern nur ein System von einzelmenschlichen Akten, die durch die staatliche Rechtsordnung bestimmt sind."[1] Kelsen griff in seiner Theoriebildung zum Volks- und Demokratiebegriff auf die Philosophen des Revolutionszeitalters zurück, unter ihnen Sieyès, Rousseau und Kant. So definierte schon Emmanuel Joseph Sieyès 1789 für die Französische Revolution Volk als: „Un corps d'associés vivant sous une loi commune et représentés par la même législature."[2] Jean-Jacques Rousseau hielt im *Gesellschaftsvertrag* fest: „Die Gesellschaftsgenossen führen als Gesamtheit den Namen *Volk* und nennen sich einzeln

---

1 *Kelsen*, Vom Wesen und Wert der Demokratie, 15 (Hervorhebungen im Original). Siehe hierzu ausführlicher: *Ehs*, Kelsens normativer Volksbegriff nach Rousseau und Kant.
2 *Sieyès*, Qu'est-ce que le Tiers-État?

als Teilhaber der höchsten Gewalt *Staatsbürger* und im Hinblick auf den Gehorsam, den sie den Staatsgesetzen schuldig sind, *Untertanen*."[3] Auch in Immanuel Kants Moralphilosophie sind Normenquelle und Normadressat identisch, weswegen er folglich den Begriff *civitas* als Synonym für *Staat* gebrauchte[4] und meinte: „Wo staat und Volk zwey verschiedene Personen sind, ist despotism."[5] Jenes pluralistische Volksverständnis vermittelt die Grundlage für eine moderne liberale Demokratie, weswegen Kant das Wort *Volk* konsequent als Pluralbegriff verwendete.

III. Das liberale Prinzip

Die liberale Demokratie, die sich in Österreich erstmals 1848 artikulierte, aber vor allem in der Zweiten Republik zum Baugesetz der Verfassung wurde, ist gegenwärtig unter Druck. Der weltweite Demokratieindex der Universität Göteborg belegt, dass es zum ersten Mal seit zwei Jahrzehnten mehr geschlossene Autokratien als liberale Demokratien gibt.[6] Österreich ist darin seit drei Jahren vom Ideal einer liberalen Demokratie zur „Wahldemokratie" herabgestuft. Die Begründung lag im deutlichen Rückgang der Indikatoren für transparente Gesetze und ihre berechenbare Durchsetzung sowie im Bereich der politischen Kultur.[7] Ungarn ist gar nur mehr als „Wahlautokratie" gelistet, die nicht mehr die politischen Beitrittskriterien der Europäischen Union erfüllen würde. Die synonym dazu verwendete Contradictio in adiecto „illiberale Demokratie"[8] umschreibt jene Erosionsprozesse, in denen die grundlegenden Institutionen des demokratischen Rechtsstaats nicht abgeschafft, aber ihrer Liberalität beraubt werden. Weiterhin finden Wahlen statt, das Verfassungsgericht geht seiner Arbeit nach, allerdings ist das Wahlrecht auf die dominante Partei zugeschnitten, die Gerichte sind mit regierungstreuen Richtern besetzt und kritische Medien unterdrückt.[9]

---

3 *Rousseau*, Gesellschaftsvertrag, 1. Buch, Kapitel 6. Jean-Jacques Rousseau ist in der Demokratiewissenschaft nicht unumstritten und wird auch als früher Theoretiker des Totalitarismus verdächtigt. Eine differenzierte Lesart, die den Sprachgebrauch des 18. Jahrhunderts berücksichtigt, zeigt jedoch den tatsächlichen Inhalt des Kapitels *législateur* (der mit „Verfassungsgeber" für unser heutiges Verständnis treffender übersetzt wäre als mit „Gesetzgeber") im *Contrat Social*, nämlich die Konstruktion des Volkes allein durch das konsentierte Gesetz. Siehe hierzu näher *Maus*, Volk und Nation im Denken der Aufklärung.
4 Vgl. *Kant*, Metaphysik der Sitten, AA VI, S. 318 u. passim in Einleitung, Tugendlehre unter VI u. Rechtslehre unter IV.
5 *Kant*, Vorarbeiten zu Zum ewigen Frieden, 163.
6 Vgl. V-Dem-Institute, Democracy Report 2023.
7 Vgl. *Ehs*, Autokratisierungstendenzen.
8 Die Wendung „illiberale Demokratie" wurde von *Fareed Zakaria* in die Diskussion eingebracht (Zakaria, The Rise of Illiberal Democracy). *Viktor Orbán* sprach 2014 von einem „illiberalen Staat".
9 Vgl. *Enyedi*, *Krekó*, Explaining Eastern Europe.

Demokratie umfasst nämlich viel mehr als wählen, insbesondere Rechtsstaatlichkeit, Zivilgesellschaft, freie unabhängige Medien und parlamentarische Oppositionsrechte, die gemeinsam die Grund- und Freiheitsrechte als das „liberale Prinzip" der österreichischen Verfassung sichern. Die Basis hierfür wurde in der Revolution von 1848 gelegt, als erstmals europaweit eine Zivilgesellschaft das Politische jenseits des Staates zum Ausdruck brachte. Sie hatte ihre Grundlagen im Vereinswesen, verbreitete ihre Ideen über Druckschriften und brachte den Liberalismus auf die Straße.

Die beiden wichtigsten Vereine, in denen im Vormärz liberale Ideen gewälzt wurden, waren der 1839 gegründete *Niederösterreichische Gewerbeverein* und 1841 der *Juridischpolitische Leseverein*. Sie versammelten die bürgerliche Intelligenz und beklagten, dass Zeitungen „im Grunde nichts anderes als Sprachrohre der Regierung [waren], ausländische Zeitungen durften nur nach Passieren der Zensurstelle vertrieben werden."[10] Obgleich sie nicht im engeren Sinne revolutionär gesinnt waren, sondern Reformen auf Basis einer konstitutionellen Monarchie forderten, standen die Vereinsmitglieder unter strenger Beobachtung der Behörden. Doch gemeinsam mit Studenten und Arbeiterschaft erreichten sie, dass am 15. März 1848 *Preßfreiheit* gewährt und die Zensur aufgehoben wurde. Nie zuvor waren in kürzester Zeit so viele Zeitungen gegründet worden wie in den Wochen danach. Zu den neuen Zeitungen kamen Flugblätter, Petitionen und Karikaturen, die sich besonders an die Analphabeten wandten. Europa wurde unter dem Losungswort der Freiheit zu einem Kommunikationsraum.

1848 gab es erstmals in Österreich eine nachweisbare lebendige Zivilgesellschaft und die Erfahrung eines politischen Pluralismus, denn sowohl Revolution als auch Gegenrevolution verbreiteten ihre politischen Ansichten. Dies machte eine politische Öffentlichkeit auch für die unteren Klassen das erste Mal erfahrbar und Gedanken von Demokratie und Volkssouveränität greifbar. Sie konnten dadurch ihre Forderungen und Lösungsvorschläge für die Soziale Frage auf die politische Agenda setzen.

IV. Liberalismus ohne Soziale Frage?

Die Gesellschaft des Vormärz war zwar noch feudal geprägt, doch zeichneten sich die ersten sozialen Konflikte und sich verschärfenden Klassengegensätze ab, die Industrialisierung und frühkapitalistisches Konkurrenzsystem mangels politischer Moderation hervorriefen. Laut dem Historiker Helmut Reinalter war für die spätere Krise „mitentscheidend, dass der langsame Industrialisierungsprozess sich ohne soziales Verständnis vollzog."[11] Die Arbeiterschaft der 1840er Jahre – Handwerksgesellen, Fabrikarbeiter, Gelegenheitsarbeiter und immer mehr Erwerbslose (Marx' „Lumpenproletariat") –

---

10 *Reinalter*, Demokratie und Demokratiebegriff in Österreich im 18. und 19. Jahrhundert, 42.
11 *Reinalter*, Demokratie und Demokratiebegriff in Österreich im 18. und 19. Jahrhundert, 45.

litt unter Missernten, somit Lebensmittelknappheit und hohen Lebensmittelpreisen; Hungertyphus war keine Seltenheit. Außerdem waren die Arbeiter Wiens durch das Bevölkerungswachstum der Stadt von hohen Mieten betroffen; Arbeitslose konnten sich selten eine Wohnung leisten und lebten gar in den Kanälen. Allmählich formierte sich sozialer Protest in Form von Demonstrationen und Maschinensturm.

Der Liberalismus, der durch die Revolution von 1848 zum politischen Faktor wurde, forderte zum ersten Mal in der Geschichte die Einschränkung staatlicher Macht, vernachlässigte jedoch die Bedeutung der Arbeiterfrage für das konstitutionelle Projekt. Politische Freiheit und Demokratie als Recht, sich in die eigenen Angelegenheiten einzumischen, blieben weitestgehend an ökonomisches und kulturelles Kapital gebunden und kamen nur einem engen Kreis Privilegierter zugute.[12] Die bürgerliche Gesellschaft definierte sich über Besitz; nur wenige liberale Revolutionäre traten für die politische Teilhabe der Besitzlosen ein. Unter ihnen sind Hermann Jellinek und Ernst Violand hervorzuheben. Sie zählten bald zu den Vertretern radikaldemokratischer Ideen, weil sie davon überzeugt waren, dass man die liberale mit einer sozialen Revolution verbinden müsse, und setzten sich für den Ausbau politischer Mitspracherechte ein. Jellinek sprach von einer „Zertrümmerung der Privilegien des Besitzes" durch ein „soziales Wahlgesetz" und Violand verfasste im Exil *Die sociale Geschichte der Revolution in Österreich*.[13] Beide waren Mitglieder des *Demokratischen Vereins* und im *Zentralkomitee der demokratischen Vereine* engagiert, einem am 30. September 1848 gegründeten Dachverband, dem auch der *Wiener Arbeiterverein* angehörte.

Jene Offenheit für die klassenübergreifende oder gar klassenaufhebende Zusammenarbeit unterschied sie von den liberalen Konservativen. Jene strebten Rechtsstaatlichkeit und Freiheitsrechte an, nicht aber Volkssouveränität oder gar die Republik. Tragende Akteure der Märzrevolution wie der *Juridisch-politische Leseverein* hatten die Soziale Frage nicht auf der Agenda. Vielmehr blieb die bürgerliche Intelligenz in den Vereinen unter sich und schloss sich durch einen hohen Mitgliedsbeitrag gegen die unteren Klassen ab. So spaltete sich die Bewegung zusehends in eine liberale und eine demokratische Gruppierung; die Trennlinie verlief entlang der Grundfrage der Demokratie: Wer ist das Volk und damit politisch teilhabeberechtigt?

V. Wahlrechtsdiskussionen

Im Vormärz waren Wiener Bürgermeister und Magistrat auf der Grundlage der josephinischen Gemeindeordnung bloße Vollzugsorgane, auf deren Bestellung die Bewohner wenig Einfluss hatten, weshalb sie weder vom Bürgertum noch vom Mittelstand und

---

12 Hierzu ausführlich *Losurdo*, Freiheit als Privileg.
13 Vgl. *Violand*, Die sociale Geschichte der Revolution in Österreich.

schon gar nicht von der Arbeiterschaft als ihre Vertretung angesehen wurden.[14] Die Märzrevolution verwirklichte binnen weniger Tage die Machtübernahme des Bürgertums: Am 15. März 1848 sah Bürgermeister Ignaz Czapka die Zeit gekommen, seine nie genehmigten Reformideen in die Tat umzusetzen und berief einen provisorischen Bürgerausschuss ein.[15] Er verfolgte das Ziel, durch Erfüllung der Mitspracheforderung die Lage zu beruhigen, und lud an die 50 „höhere Bürger" zu sich, die aus ihren Reihen 24 Männer – wenig später folgte eine Aufstockung auf 36 – in den neuen Bürgerausschuss wählten. Der Magistrat fügte sich den Ereignissen und sprach in der offiziellen Stellungnahme davon, vom „Wunsche beseelt, Ruhe und Ordnung […] zu bewirken", einige „rechtliche und unterrichtete Männer" hinzugezogen zu haben.[16] Die Auswahl war ständisch geprägt und schloss die unteren Klassen aus, entsprach aber dem eigenen Anspruch einer Bürgervertretung und erfüllte gegenüber der Bevölkerung fürs Erste eine „Beschwichtigungsfunktion", wie Maren Seliger und Karl Ucakar schreiben.[17]

Dem Bürgerausschuss gehörten Männer der niederösterreichischen Landstände an, Professoren der Wiener Universität, Vertreter des Großhandelsgremiums, des bürgerlichen Handelsstands, des Buchhändlergremiums und der Kunsthändler, schließlich der Fabrikanten und des Advokatenkollegiums sowie zwei Doktoren der Medizin. Die kaiserliche Regierung genehmigte den Bürgerausschuss, weil sie in Zugeständnissen an jene bürgerliche Elite die Möglichkeit sah, wieder Ordnung herzustellen, und gab am 17. März eine Entschließung zur Errichtung eines durch die Bürgerschaft gewählten Gemeindeausschusses für die Stadt Wien aus. Außerdem wurde ihm die polizeiliche Zuständigkeit übertragen. Der provisorische Bürgerausschuss war somit die oberste Sicherheitsbehörde für Wien.

Der Vorsitz wurde dem bisherigen Vizebürgermeister Ferdinand Ritter von Bergmüller übertragen; er hatte die für den 20. Mai angesetzte Wahl zu organisieren. Am 6. und 7. April beriet der Bürgerausschuss darüber, wer zum Kreis der Wahlberechtigten gehören sollte.[18] Die Kundmachung vom 8. Mai informierte, wer sich zwischen 11. und 14. Mai in die Wählerlisten eintragen lassen konnte.[19] Wahlberechtigt, jene 100 Mandatare (20 für die Innere Stadt, 80 für die 34 Vorstädte) zu bestimmen, waren nur einige wenige österreichische Staatsbürger männlichen Geschlechts ab 24 Jahren, die entweder aufgrund einer durchaus hohen Steuerleistung von 20 Gulden oder durch höhere Bildung und ein entsprechendes öffentliches Amt (sogenannte „Intelligenzberufe") an der politischen Selbstverwaltung teilhaben durften. Arme waren

---

14 Vgl. zum Folgenden *Seliger, Ucakar*: Wien. Politische Geschichte 1740 – 1895, 211 ff.; *Seliger, Ucakar*, Wahlrecht und Wählerverhalten, 19 ff.
15 Vgl. *Czeike*, Wien und seine Bürgermeister, 272 ff.
16 Magistrat der Stadt Wien, Flugblatt, Mitglieder des Bürgerausschusses: Wien, 15. März 1848.
17 *Seliger, Ucakar*, Wien. Politische Geschichte 1740 – 1895, 214.
18 Vgl. Sitzungsprotokoll und Index: Provisorischer Bürgerausschuß (15.3.–19.5.1848).
19 Magistrat und provisorischer Bürger-Ausschuss, Kundmachung, 8. Mai 1848, 3.

dezidiert ausgeschlossen, wie die Liste der Wahlberechtigten gleich an erster Stelle verdeutlichte:
- Bürger der Stadt, „wenn sie keine Armenbetheilung genießen",
- graduierte Doktoren aller Fakultäten, die seit mindestens zwei Jahren ihren ordentlichen Wohnsitz in Wien haben,
- Vorsteher, Professoren und Lehrer aller Wiener Unterrichtsanstalten,
- Pfarrer (katholisch, griechisch uniert/nichtuniert, Prediger der evangelischen Gemeinden, israelitischen Gemeinde),
- alle übrigen Stadtbewohner, die von einem steuerpflichtigen Gewerbe oder durch steuerpflichtigen Haus- oder Grundbesitz in Wien einer jährliche direkte Steuer von mindestens 20 Gulden Conventionsmünze leisten.[20]

Somit war die Mehrheit der über 400.000 Einwohner zählenden Stadt von der Wahl ausgeschlossen. Im Gemeindeausschuss erhielten schließlich 79 Gewerbevertreter, 17 Handelsvertreter sowie vier Beamte und Intellektuelle Mandate.

Anzumerken ist, dass der Ausschluss der Armen und der meisten Lohnarbeiter vom Wahlrecht zum Wiener Gemeindeausschuss in der Bevölkerung weniger Aufmerksamkeit erfuhr als der Ausschluss vom Wahlrecht für den Reichstag, das zeitgleich diskutiert wurde. Die Wahlordnung vom 9. Mai für die Wahl zum ersten österreichischen Reichstag, die die Pillersdorfsche Verfassung ergänzte, hatte einen Wahlzensus für das Unterhaus vorgesehen und „Arbeiter gegen Tag- oder Wochenlohn, Dienstleute und Personen, die aus öffentlichen Wohltätigkeitsanstalten Unterstützung genießen" ausgeschlossen. Doch neuerliche Aufstände – die Mairevolution – im Wissen, dass die Frankfurter Nationalversammlung im April bereits auf Basis des allgemeinen Wahlrechts gewählt worden war, sowie „die Furcht, die Arbeiter durch die Verweigerung des Wahlrechts dem Kommunismus in die Arme zu treiben", bewirkten laut dem Historiker Wolfgang Häusler ein Umdenken.[21]

Allerdings fürchtete das Ministerium die Demokratie der Massen noch mehr als das Gespenst des Kommunismus, sodass in der Wahlrechtsnovelle vom 1. Juni der generelle Ausschluss der Arbeiterschaft zwar wegfiel, das Wahlrecht in einem Erlass vom 10. Juni aber auf „selbständige Arbeiter mit ordentlichem und bleibendem Wohnsitz" begrenzte. Das gesetzliche Zugeständnis hatte durch den Erlass also kaum praktische Folgen, denn Dienstboten, Kellner etc. galten nicht als „selbständige Arbeiter" und der „komplizierte Wahlmodus – der Nachweis der Ansässigkeit vor den Behörden, die umständliche Eintragung in die Wählerlisten, überhaupt die indirekte Form der Wahlen – machte die Teilnahme der Arbeiter an den Wahlen weitgehend illusorisch."[22]

---

20 Grundzüge der Oesterreichischen Constitution und die Bestimmungen zur Bildung eines Gemeinde-Ausschusses für die Stadt Wien.
21 *Häusler*, Von der Massenarmut zur Arbeiterbewegung, 258.
22 Ebd., 262.

So zeichnete sich bald eine gesellschaftliche Polarisierung ab. Die Mehrheit des Bürgertums hatte sowohl auf kommunaler als auch auf gesamtstaatlicher Ebene ihr Ziel der Liberalisierung und Konstitutionalisierung erreicht, akzeptierte den praktischen Ausschluss der Arbeiterschaft und war nicht mehr bereit, mit Studenten und Arbeitern auf die Barrikaden zu steigen. Das eingeschränkte Wahlrecht für den Wiener Gemeindeausschuss begründete der Abgeordnete Johann Kaspar von Seiller damit, dass man dorthin nur jene Männer berufen dürfe, in deren persönlichem Interesse es gelegen sei, mit dem Gemeindevermögen gewissenhaft umzugehen, was von Besitzlosen schlicht nicht zu erwarten sei.[23]

Der Gemeindeausschuss trat erstmals am 25. Mai zusammen und hatte die Aufgabe, über den Sommer eine Gemeindeordnung zu entwerfen, aber vor allem für Ruhe und Ordnung zu sorgen und die „Arbeiterfrage" zu lösen. Sein Präsident wurde der Industrielle und Mitgründer des *Niederösterreichischen Gewerbevereins* Theodor Friedrich Hornbostel, somit de facto erster gewählter Bürgermeister Wiens.[24] Zwar entwickelte der Gemeindeausschuss zahlreiche Maßnahmen, um die aus Arbeitslosigkeit, Hunger und Wohnungsnot bestehenden sozialen Probleme in Angriff zu nehmen, wie Notstandsarbeiten, Suppenanstalten, Notunterkünfte für Arbeitsuchende und gar Wohnbauten für Arbeiterfamilien, doch scheiterte das meiste am fehlenden Geld. Als die Unruhen Ende August 1848 in der blutigen „Praterschlacht" mündeten, war es der Gemeindeausschuss als oberste Wiener Sicherheitsbehörde, der Waffengewalt gegen die sozialen Forderungen der Arbeiter anordnete. Dies markierte den endgültigen Bruch der Revolutionskoalition aus Bürgerlichen, Studenten und Arbeiterschaft. Der radikaldemokratische Journalist Andreas von Stifft sprach treffend von einem „Bürgerkrieg" und stellte weitsichtig fest, dass die sozialen Fragen „die Welt durchziehen werden, wie die Revolution es gethan hat."[25]

Anfang Oktober 1848 fand die erste Wiener Gemeinderatswahl statt. Die Wahlordnung für den Gemeinderat war inklusiver als jene zum Gemeindeausschuss im Mai gestaltet, weil man mittlerweile die revolutionäre Arbeiterschaft fürchtete. Sie verzichtete auf eine Steuerleistung, schloss aber weiterhin Frauen und jene, die Armenbeteiligung erhielten, aus.[26] Die Wahlbeteiligung war aufgrund des komplizierten Wahlmodus und zahlreicher Nachweise, um sich als Wähler eintragen zu lassen, äußerst gering; schon in den Wählerlisten hatten sich nur 8.717 Einträge gefunden. Schließlich war im ersten Wiener Gemeinderat, der am 7. Oktober 1848 im niederösterreichischen Landhaus

---

23 Vgl. Protokolle des Bürgerausschusses 1848. Zu den Mitgliedern des Gemeindeausschusses siehe *Till*, Die Mitglieder der ersten Wiener Gemeindevertretung im Jahre 1848.
24 Wien war seit 16. März 1848 ohne Bürgermeister. Der Präsident des Gemeindeausschusses hatte seine Funktion aber de facto inne. Vgl. *Adlgasser*, Die Mitglieder der österreichischen Zentralparlamente 1848–1918, 483.
25 Vgl. zu diesem Absatz *Seliger, Ucakar*, Wien. Politische Geschichte 1740 – 1895, 228.
26 Kundmachung, Gemeindeausschuß der Stadt Wien, 3. September 1848.

zusammentrat, vor allem das Besitzbürgertum vertreten.[27] Nur drei „Radikaldemokraten" gehörten ihm an, namentlich der oben erwähnte Andreas von Stifft, weiters Karl Freund und Alois Wessely. Zusammenfassend hält Wolfgang Häusler fest, „daß ein politisches Mitspracherecht der sozialen Unterschichten im Bereich der städtischen Verwaltung während der ganzen Dauer der Revolution nicht verwirklicht wurde; auch der auf breiter Basis gewählte Sicherheitsausschuß schloß Arbeiter und Gesellen von der politischen Vertretung aus."[28]

Dies führte dazu, dass der Gemeinderat in der Oktoberrevolution äußerst zögerlich reagierte. Seliger und Ucakar sprechen gar davon, dass seine Haltung „schwer von einem Verrat an der Revolution unterschieden werden kann."[29] Diesem Verhalten allerdings war es zuzuschreiben, dass er nach der Niederschlagung der Revolution nicht aufgelöst wurde. Die Liberalen unter den Gemeinderatsmitgliedern blieben im Amt, Demokraten wie Andreas von Stifft mussten aber auf Verlangen von Fürst Windisch-Graetz ausscheiden, und weitere allgemeine Wahlen waren untersagt. Im Neoabsolutismus blieb der Wiener Gemeinderat einflusslos.

Erst 1861 fanden wieder Wahlen statt. In drei Kurien mit höchst unterschiedlicher Stimmgewichtung war das Wahlrecht für die nächsten Jahrzehnte auf gelehrte und wohlhabende Männer beschränkt. Im Gegensatz zu anderen Lokalverwaltungen – wie etwa in den Wiener Vororten – waren steuerzahlende und grundbesitzende Frauen in Städten mit eigenem Statut (wie Wien und Prag) nicht wahlberechtigt. Dies führte gar dazu, dass vormals wahlberechtigte Frauen durch die Eingemeindung der Vororte (Bezirke 11 bis 19) 1890 ihr Wahlrecht verloren.[30] Während beispielsweise in der Stadt Salzburg die Zahl der Wählerinnen um die Jahrhundertwende schon ein Viertel aller Wahlberechtigten ausmachte, blieben die Wienerinnen bis 1919 rechtlos.[31] Allerdings erfolgte in ökonomischer Hinsicht eine Demokratisierung: 1885 wurde die erforderliche Steuerleistung für den dritten Wahlkörper auf fünf Gulden gesenkt, womit erstmals auch Kleinbürger und einige Arbeiter wahlberechtigt waren. 1900 kam eine vierte, allgemeine Wählerkurie hinzu.

---

27 Vgl. WStLA, Gemeinderat, B6/1. Ex., Sitzungsprotokolle: Öffentliche Sitzungen, 07.10.1848 ff.; *Till*, Die Mitglieder der ersten Wiener Gemeindevertretung im Jahre 1848, 69 ff.; *Steininger*, Der Wiener Gemeinderat und der Wiener Landtag.
28 *Häusler*, Von der Massenarmut zur Arbeiterbewegung, 212.
29 *Seliger, Ucakar*, Wien. Politische Geschichte 1740 – 1895, 240.
30 Vgl. Bader-Zaar, Politische Rechte für Frauen vor der parlamentarischen Demokratisierung.
31 Vgl. *Urbanitsch*, Die Gemeindevertretungen in Cisleithanien, 2214.

VI. Demokratie als Verteilungsproblem

Freiheit war 1848 das Losungswort, nicht *Demokratie*. Wer eine Bearbeitung der Sozialen Frage oder gar „soziale Wahlgesetze" forderte, galt als radikal. Die Vertreter des Liberalismus mieden das Wort Demokratie oder verwendeten es, um es mit Chaos und Extremismus gleichzusetzen.[32] Befähigung zu und Anteil an den Staatsgeschäften hatte man nur durch Besitz und Bildung. Entsprechend traten die meisten Liberalen für ein beschränktes Wahlrecht ein und „negierten damit die politische Mündigkeit der Vielen, deren Petitionen und Barrikadenkämpfe erst die Bildung von Nationalversammlungen erzwungen hatten", wie die Historikerin Claudia Gatzka betont.[33] Das Volk, das auf den Straßen Wiens kämpfte und sich in den neu gegründeten Vereinen politisch bildete, war ein anderes als jenes des Wiener Gemeinderats. Diskussion, Inklusion und Mitsprache, ja Mitbestimmung wurden in den neuen Organisationen – Vorformen moderner politischer Parteien – gelebt und geübt; in die staatlichen Institutionen drangen sie kaum vor.

Durch den Abschluss gegen die unteren Klassen wurde politische Teilhabe zur sozialen Frage und Demokratie zu einem kapitalistischen Verteilungsproblem gemacht, das die folgenden Jahrzehnte die Politik bestimmen sollte. Erst in langwierigen Kämpfen durch Massenparteien, Gewerkschaften und Frauenbewegung erfuhr das Wahlrecht eine Ausweitung; allmählich eroberten auch Arbeiter Parlamente und politische Führungspositionen. Die Einbindung möglichst aller sozialen Milieus stärkte die repräsentative Demokratie. Ihre Vollendung nicht nur als liberale, sondern nun auch als soziale Revolution war schließlich der Wohlfahrtsstaat des 20. Jahrhunderts. Sein Gleichheitsversprechen gilt als die eigentliche integrative Erzählung des Kapitalismus, die damit auch den politischen Liberalismus stützte.[34]

Der Soziologe Stephan Lessenich bezeichnet die Geschichte der Demokratie als „im Kern eine Geschichte der Klassenkämpfe."[35] Der politische Liberalismus muss sich heute im Spannungsfeld zum Wirtschaftsliberalismus positionieren und für die Demokratie Partei ergreifen, denn sie beansprucht das gleiche Recht aller Bürger „auf Teilhabe an der kollektiven Gestaltung der sie gleichermaßen betreffenden gesellschaftlichen Lebensverhältnisse."[36] Im Istzustand behindert aber zunehmende ökonomische Ungleichheit die Realisierung gleicher Teilhabe an der politischen Selbstbestimmung. Sozioökonomische Ungleichheit übersetzt sich in politische Ungleichheit, wie sowohl

---

32 Vgl. *van Reybrouck*, Gegen Wahlen, 88 ff. Siehe dazu auch *Ehs*, Die demokratische Gleichheit des Loses.
33 *Gatzka*, 1848/49 und der Ort des Revolutionären in der deutschen Geschichte.
34 Hierzu näher *Ehs*, Soziale Ungleichheit und Demokratie.
35 *Lessenich*, Grenzen der Demokratie, 20.
36 Ebd., 18.

der Zugang zum Wahlrecht als auch die Ausübung desselben selbst im Wien des Jahres 2024 belegen.[37]

Der massenhafte Ausschluss der Rechtsadressaten vom Wahlrecht – in Wien ist es mittlerweile der Drittel der dauerhaft in der Stadt lebenden Menschen – muss im Verständnis eines modernen politischen Liberalismus gerade auch unter wirtschaftlichen Vorzeichen untragbar sein. Denn alle Wiener sind nicht nur Rechtsunterworfene, sondern auch Steuerpflichtige; selbst wer keine Lohn- und Einkommenssteuer abführt, ist doch zumindest von der Mehrwertsteuer erfasst: *No taxation without representation* markiert die ideologische Grundlage des demokratischen Liberalismus. Da das Wahlrecht zum Wiener Gemeinderat aber an die österreichische Staatsbürgerschaft geknüpft ist, muss man es sich leisten können. Wer es nicht durch Abstammung per Geburt erhält, kann es nur erwerben. Es ist vor allem der Nachweis eines „hinreichend gesicherten Lebensunterhalts", damit „das Einkommen ohne Unterstützung durch Sozialhilfeleistungen sichergestellt ist", wie es im Gesetz (§ 10 Abs 1 StbG) heißt, der viele Menschen der untersten Einkommensschicht vom Wahlrecht ausschließt. Hierzu muss über die vergangenen Jahre hinweg ein monatliches Einkommen von über 1.100 Euro nachgewiesen werden, allerdings nach Abzug von Miete, Kreditraten, Unterhaltszahlungen. Für arme und armutsgefährdete Nichtösterreicher sind Staatsbürgerschaft und Wahlrecht kaum erreichbar. Hierzu zählen praktisch alle Hilfsarbeiter, die Mehrzahl der Arbeiter und Dienstleister in der Pflege sowie im Tourismus und die Hälfte der Wiener Handwerker.[38] Dieser Ausschluss hat Folgen für die Legitimation des Wiener Landtags/Gemeinderats und beeinflusst über die Bürgerzahl schließlich die Mandatsverteilung und so die Mehrheitsverhältnisse im Nationalrat.[39]

Wie im 19. Jahrhundert sind heute viele besitzlose Wiener vom Wahlrecht praktisch ausgeschlossen. Zwar nicht formal, wohl aber de facto vollzieht sich ein politischer Ausschluss der untersten Einkommensschicht, die sich überproportional aus Ausländern zusammensetzt. Jene „soziale Unterschichtung"[40] war in der Gastarbeiteranwerbung der 1960er und 1970er Jahre angelegt und trug wesentlich zum materiellen Aufstieg der alteingesessenen Wiener bei. Der nun geforderte Einkommensnachweis, der über die Staatsbürgerschaft erst die Türen zum Wahlrecht öffnet, erinnert an den 1848 getroffenen Ausschluss der Armen und Besitzlosen.

---

37 Vgl. *Ehs, Zandonella*. Mehr zusammenbringen.
38 Vgl. *Waldhör*, Österreichs Arbeiter:innenklasse ist migrantisch.
39 Vgl. *Ehs, Zandonella*, Demokratie und Beteiligungsarmut in Wien.
40 *Weigl*, Demographischer Wandel in Wien, 412.

VII. Conclusio

Der Liberalismus des Jahres 1848 war nicht genuin demokratisch. Die geringe Beachtung der Forderungen der Arbeiterschaft nach Mitsprache oder gar Mitbestimmung markiert eine Schwäche des politischen Liberalismus, der weder die Gefahr der Pauperisierung für den nachhaltigen Erfolg liberaler Errungenschaften erkannte noch die Bildungsbestrebungen der Arbeiter zu würdigen wusste. Ende Juni 1848 war der *Erste Allgemeine Arbeiterverein* gegründet worden, der politische Gleichberechtigung insbesondere durch Bildung erreichen wollte, und die Arbeiter hatten sich bis zur Praterschlacht hinter die Studenten und die Nationalgarde beziehungsweise den Sicherheitsausschuss gestellt. In der Geschichtsschreibung der Revolution heißt es jedoch gemeinhin, die Bürgerschaft hätte sich wegen der Gewalt im Sommer 1848 von der Arbeiterschaft distanziert, weil sie um ihr Hab und Gut fürchtete. Vielmehr muss mit Blick in die Beratungsprotokolle des Bürger-, später des Gemeindeausschusses eingeräumt werden, dass sich viele Liberale bereits im Frühjahr von der Arbeiterschaft und ihren Forderungen nach Mitsprache distanziert und nicht die Notwendigkeit gesehen hatten, Demokratie in das liberale Projekt konzeptionell einzubetten. Die liberal-konstitutionelle Phase der Revolution hatte politische Teilhabe nur für Wenige verwirklicht und das demokratische Begehren von Kleinbürgern, Arbeiterschaft und Frauen kaum beachtet.

Somit weist das Jahr 1848 auf eine bleibende Herausforderung hin: Demokratie und Liberalismus sind keine natürlichen Zwillinge, sondern müssen in ihrer Bezugnahme aufeinander immer wieder erstritten und verteidigt werden. Deshalb beinhaltet die moderne Demokratie mittels Rechtsstaatlichkeit zahlreiche institutionelle Schranken, um ihr liberales Prinzip mit hohem Bestandsschutz zu versehen, und setzt darüber hinaus ihr Vertrauen in die politische Bildung der Bürger. Die Aufgabe des politischen Liberalismus im 21. Jahrhundert ist vor allem die Arbeit an der Synthese. Die Überwindung eines ökonomischen begründeten Wahlrechtsausschlusses stellt für den demokratischen Liberalismus einen wichtigen programmatischen Schritt dar.

VIII. Literatur

Franz *Adlgasser*, Die Mitglieder der österreichischen Zentralparlamente 1848–1918. Konstituierender Reichstag 1848–1849, Reichsrat 1861–1918. Ein biographisches Lexikon (Teilband 2: A–L, Studien zur Geschichte der Österreichisch-Ungarischen Monarchie 33, Wien 2014).

Brigitta *Bader-Zaar*, Politische Rechte für Frauen vor der parlamentarischen Demokratisierung. In: Hedwig *Richter*, Kerstin *Wolff* (Hg.), Frauenwahlrecht. Demokratisierung der Demokratie in Deutschland und Europa (Bonn 2019) 77–98.

Felix *Czeike*, Wien und seine Bürgermeister. Sieben Jahrhunderte Wiener Stadtgeschichte (Wien 1974).

Tamara *Ehs*, Soziale Ungleichheit und Demokratie. Von Hermann Heller bis in unsere Zeit. In: Thilo *Scholle*, Mike *Schmeitzner* (Hg.), Hermann Heller, die Weimarer Demokratie und der soziale Rechtsstaat (Bonn 2024, im Erscheinen).

Tamara *Ehs*, Autokratisierungstendenzen: Institutionenkonflikte und fehlende demokratische Gesinnung. In: juridikum. Zeitschrift für Recht, Kritik, Gesellschaft 3 (2021) 291–295.

Tamara *Ehs*, Die demokratische Gleichheit des Loses: Aus der Nische des Rechtswesens zurück in die Polis. In: Momentum Quarterly 8, H. 1 (2019) 14–26.

Tamara *Ehs*, Kelsens normativer Volksbegriff nach Rousseau und Kant. In: Tamara *Ehs* (Hg.), Hans Kelsen. Eine politikwissenschaftliche Einführung (Baden-Baden/Wien 2009) 153–169.

Tamara *Ehs*, Martina *Zandonella*, Mehr zusammenbringen. Zur Verbesserung politisch wirksamer Beteiligung in Wien. Studie im Auftrag der Arbeiterkammer Wien (Wien 2024, im Erscheinen).

Tamara *Ehs*, Martina *Zandonella*, Demokratie und Beteiligungsarmut in Wien (Perspektiven JBI, Linz 2023).

Zsolt *Enyedi*, Péter *Krekó*, Explaining Eastern Europe: Orbán's Laboratory of Illiberalism. In. Journal of Democracy 29, H. 3 (2018) 39–51.

Claudia *Gatzka*, 1848/49 und der Ort des Revolutionären in der deutschen Geschichte. In: Aus Politik und Zeitgeschichte 7–9 (2023) 4–9.

Grundzüge der Oesterreichischen Constitution und die Bestimmungen zur Bildung eines Gemeinde-Ausschusses für die Stadt Wien (Wienbibliothek, urn:nbn:at:AT-WBR-64157).

Wolfgang *Häusler*, Von der Massenarmut zur Arbeiterbewegung. Demokratie und soziale Frage in der Wiener Revolution von 1848 (Wien 1979).

Immanuel *Kant*, Metaphysik der Sitten (Königsberg 1785).

Immanuel *Kant*, Vorarbeiten zu Zum ewigen Frieden, AA 23, 153–192.

Hans *Kelsen*, Vom Wesen und Wert der Demokratie (2. Aufl., Tübingen 1929).

Kundmachung, Gemeindeausschuß der Stadt Wien, 3. September 1848 (Wienbibliothek, urn:nbn:at:AT-WBR-102859).

Stephan *Lessenich*, Grenzen der Demokratie. Teilhabe als Verteilungsproblem (Stuttgart 2019).

Domenico *Losurdo*, Freiheit als Privileg (Köln 2010).

Magistrat der Stadt Wien, Flugblatt, Mitglieder des Bürgerausschusses: Wien, 15. März 1848 (ÖNB, Sammlung von Handschriften und alten Drucken, Flugblätter Josefsplatz, Signatur: F 015180-C).

Magistrat und provisorischer Bürger-Ausschuss, Kundmachung, 8. Mai 1848, 3 (digitalisiert durch die Universitätsbibliothek J. C. Senckenberg, Frankfurt am Main 2011. DOI: urn:nbn:de:hebis:30:2-30017).

Ingeborg *Maus*, Volk und Nation im Denken der Aufklärung. In: Blätter für deutsche und internationale Politik 5 (1994) 602–13.

Protokolle des Bürgerausschusses 1848 (WStLA, Serie 1.6.1.B1, Sitzungsprotokoll und Index: Provisorischer Bürgerausschuß, 15.3.–19.5.1848).

Helmut *Reinalter*, Demokratie und Demokratiebegriff in Österreich im 18. und 19. Jahrhundert. Der ideengeschichtliche Hintergrund. In: Ludger *Helms*, David *Wineroither* (Hg.), Die österreichische Demokratie im Vergleich (Wien/Baden-Baden 2012) 33–58.

Jean-Jacques *Rousseau*, Gesellschaftsvertrag (1762) (textkritische Ausgabe, 2. verbesserte Auflage, Schutterwald 2018).

Maren *Seliger*, Karl *Ucakar*, Wien. Politische Geschichte 1740 – 1895 (Geschichte der Stadt Wien 1, Wien 1985).

Maren *Seliger*, Karl *Ucakar*, Wahlrecht und Wählerverhalten in Wien 1848 – 1932. Privilegien, Partizipationsdruck und Sozialstruktur (Wien 1984).

Emmanuel Joseph *Sieyès*, Qu' est-ce que le Tiers-État? (Paris 1789).

Barbara *Steininger*, Der Wiener Gemeinderat und der Wiener Landtag. Eine Zeitreise 1848–2013. In: Wiener Geschichtsblätter, Beiheft 2 (2013).

Rudolf *Till*, Die Mitglieder der ersten Wiener Gemeindevertretung im Jahre 1848. In: Wiener Geschichtsblätter 5 (1950) 61–72.

Peter *Urbanitsch*, Die Gemeindevertretungen in Cisleithanien. In: Peter *Urbanitsch*, Helmut *Rumpler* (Hg.), Die Habsburgermonarchie 1848–1918 (Band VII/2, Wien 2000) 2199–2281.

V-Dem-Institute, Democracy Report 2023: Defiance in the Face of Autocratization (Göteborg 2023) https://www.v-dem.net/publications/democracy-reports/ (01.12.2023).

David *van Reybrouck*, Gegen Wahlen. Warum Abstimmen nicht demokratisch ist (Göttingen 2016).

Ernst *Violand*, Die sociale Geschichte der Revolution in Österreich (Leipzig 1850).

Nora *Waldhör*, Österreichs Arbeiter:innenklasse ist migrantisch (Perspektiven JBI, Linz 2022).

Andreas Weigl, Demographischer Wandel in Wien. In: Michael *Dippelreiter*, Herbert *Dachs* (Hg.), Geschichte der österreichischen Bundesländer seit 1945 (Bd. 9, Wien 2013) 397–444.

WStLA, Serie 1.6.1.B1, Sitzungsprotokoll und Index: Provisorischer Bürgerausschuß (15.3.–19.5.1848).

WStLA, Gemeinderat, B6/1. Ex., Sitzungsprotokolle: Öffentliche Sitzungen, 07.10.1848 ff.

Fareed *Zakaria*, The Rise of Illiberal Democracy. In: Foreign Affairs 76, H. 6 (1997) 22–43.

Andreas Pittler

Universalgenie, Macher, Bürgermeister:

Zu Leben und Wirken von Cajetan Felder (1814–1894)

I.

Die so genannte „liberale Ära" dauerte nur knapp mehr als 30 Jahre (und damit immerhin zehn Jahre länger als jene der „Christlich-Sozialen"), doch sie ebnete Wien den Weg zur Weltstadt, zur mondänen Metropole der ausgehenden Donaumonarchie, als welche die Stadt heute noch weltweit bekannt ist. Es waren die Liberalen, die Wien aus der Enge einer mittelalterlichen Siedlung heraushalfen und Wien mit Gebäuden schmückten, die heute noch beliebte Ansichtskartenmotive darstellen. Und Cajetan Felder konnte von sich sagen, er war von Anfang an dabei gewesen. Er weist unter allen liberalen Bürgermeistern die längste Amtszeit auf und war auch durch seine Erscheinung und vor allem sein umfassendes Wissen als einer der nennenswertesten Gelehrten seiner Zeit eine besondere Persönlichkeit.

Seine Lebensspanne deckt gleich mehrere markante Epochen der österreichischen Geschichte ab. Als er geboren wurde, war Europa noch im Banne Napoleons. Seine Jugend verbrachte er in der nur vordergründig gemütlichen Biedermeierzeit, ehe er in der bürgerlichen Revolution des Jahres 1848 seine ersten politischen Sporen verdiente. Es war das Scheitern der Revolutionäre, welche die Entwicklung des Landes noch einmal für zehn Jahre unterbrach. Erst die Niederlage des Kaisers in der Auseinandersetzung mit Frankreich anno 1859 zwang diesen, den Bürgern doch Anteil an der politischen Machtausübung einzuräumen, und so kam auch Felder wieder in die Politik. Wie kaum ein zweiter sollte er die Politik der Liberalen in den 60er und 70er Jahren des 19. Jahrhunderts prägen. Am Ende seiner Amtszeit als Bürgermeister musste er freilich das Entstehen neuer Massenparteien zur Kenntnis nehmen, der Christlich-Sozialen und der Sozialdemokraten, welche die Liberalen recht bald von den Hebeln der Macht vertreiben sollten, da sie – im Gegensatz zu dem losen liberalen Verbund von Individualisten und Honoratioren – ein klares Weltbild verfochten und die Massen politisierten, womit sie in ihrer politischen Strategie eben schon in das 20. Jahrhundert hineinreichten, während Felders Vorstellungen noch in der Zeit der Aufklärung wurzelten. Felder, der in seiner Jugend noch kein anderes Fortbewegungsmittel als die eigenen Beine, das Pferd und die Kutsche gekannt hatte, erlebte am Ende seines Lebens noch den Siegeszug des Automobils, während die Eisenbahn zur Zeit seiner Amtsführung bereits das normale Verkehrsmittel geworden war. Er ist damit ein typischer Vertreter einer Generation, die, noch aus dem Zeitalter des Feudalismus kommend, schon die moderne Industrialisierung in all ihren Ausprägungen miterlebte. Die stürmische Modernisierung brachte dem Besitzbürgertum einen ungeahnten Aufschwung, der in Personen wie Cajetan Felder seinen sinnfälligsten Ausdruck fand. Felder ist mithin nicht nur eine markante Persönlichkeit des politischen Liberalismus, er ist auch Repräsentant einer Ära, ohne die das heutige Wien nicht verstehbar wäre.

II.

Cajetan Felder entstammte einer Familie, die sich erst zu Zeiten von Maria Theresia in Wien angesiedelt, die es aber mit Fleiß (und wohl auch ein wenig Glück) geschafft hatte, sich in der gehobenen Mittelschicht der Stadt zu etablieren. Felders Lebensweg wäre vor diesem Hintergrund fern jener tückischen Klippen und Untiefen, die das Schicksal so vieler Wienerinnen und Wiener jener Tage bedrohten, verlaufen, wäre er nicht im Alter von 12 Jahren Vollwaise geworden. Doch mag es gerade dieses Unglück gewesen sein, das Felder dazu ansporte, sich erst recht in einer Welt durchzusetzen, deren Credo es war, dass jeder für sich selbst verantwortlich war.

Unter nicht geringen Entbehrungen gelang es ihm, erst das Gymnasium, dann das Studium der Jurisprudenz zu absolvieren, sodass er 1841 zum Doktor promoviert wurde. Noch im selben Jahr heiratete er und zog mit seiner Frau auf die Wieden (jener Bezirk, in dem er auch zur Welt gekommen war), und zwar in das Haus Margaretenstraße 39, welches heute noch steht, freilich ohne, dass dort bislang eine Gedenktafel für diesen bedeutenden Bürgermeister angebracht worden wäre.

So strebsam Felder auch seinen juristischen Studien nachgegangen war, seinem Wissensdurst langte diese einzelne Wissensquelle bei weitem nicht. Mit besonderem Eifer lernte Felder Sprachen. Über seine Verwandtschaft war er quasi bilingual – Deutsch und Tschechisch – aufgewachsen, dazu hatte er umfangreiche Kenntnisse des Altgriechischen und des Lateinischen im humanistischen Gymnasium erworben. Während des Studiums erlernte er Englisch, Französisch, Italienisch und Spanisch, in späteren Zeiten kamen noch sieben weitere Sprachen (Schwedisch, Dänisch, Niederländisch, Portugiesisch, Persisch, Arabisch und Türkisch) hinzu, sodass Felder nicht weniger als 15 Sprachen beherrschte, womit für jemanden wie ihn der Ausdruck „polyglott" nachgerade erfunden schien.

Ebenfalls nicht unwichtig für die Bildung seiner Persönlichkeit war seine Reiselust, die es ihm buchstäblich ermöglichte, neue Horizonte zu erschließen. Mehrmals war er während seiner Jugendzeit zu Fuß durch Europa gewandert, und auch in späteren Jahren galt dem Reisen seine ungebrochene Leidenschaft. In seinen Memoiren sollte er sich des Umstands rühmen, praktisch alle Highlights der Antike mit eigenen Augen geschaut zu haben. Wenig verwunderlich also, dass Felders wissenschaftliches Interessen kaum Grenzen kannte, sodass er sich alsbald auch als Forscher einen Namen machte. Welcher Bürgermeister kann schon für sich in Anspruch nehmen, aufgrund seiner außerordentlichen Leistungen als Gelehrter ordentliches Mitglied der Akademie der Wissenschaften gewesen zu sein? So verwundert es wohl auch nicht, dass Felders Privatbibliothek mehr als 10.000 Bände umfasste, die er wie seinen Augapfel hütete.

III.

All diese Charaktereigenschaften schienen Felder nicht gerade zum Politiker zu prädestinieren, und doch entging auch dem feinsinnigen und sprachverliebten Gelehrten nicht, dass der enge Rahmen, den das System Metternich der österreichischen Gesellschaft angelegt hatten, längst zu einer Fessel geworden war. Als sich im März 1848 die aufgestaute Frustration über die allerorts hemmenden Grenzen eines autoritären Nachtwächterstaats in spontanen Protesten entlud, da stand auch Felder nicht länger abseits und reihte sich als promovierter Jurist in die „Akademische Legion" der bürgerlichen Revolutionäre ein. Rückblickend bewertete Felder seine revolutionäre Phase übrigens mit einem gewissen Augenzwinkern. Sie habe sich, ließ er die Leserschaft seiner Memoiren wissen, im Wesentlichen darin erschöpft, einen Kalabreser mit Straußenfeder zu tragen und mit einem „Schießprügel", der sicherlich an die 25 Pfund wog, aber keinerlei Gefahr bot, jemals loszugehen, an einer Straßenbarrikade auf und ab zu paradieren. Der vollen Wahrheit freilich trägt diese Charakterisierung nicht Rechnung, denn immerhin wurde Felder am 2. Oktober 1848 für den Wahlkreis Alsergrund in den Wiener Gemeinderat gewählt. Denn Metternichs ancien Regime war im Frühjahr 1848 binnen weniger Tage wie ein Kartenhaus zusammengebrochen, und das Kaiserhaus hatte sich gezwungen gesehen, dem Bürgertum nennenswerte Zugeständnisse zu machen, um seiner Macht nicht gänzlich verlustig zu gehen. Doch schon Ende Oktober wähnten sich die Habsburger wieder in der Lage, den revolutionären Bestrebungen einen Riegel vorzuschieben. Die bürgerliche Freiheit wurde von den Truppen des Fürsten Windischgrätz buchstäblich niederkartätscht, und nicht wenige Exponenten einer liberalen Weltordnung wurden im Anschluss von der kaiserlichen Rachejustiz hingerichtet. Felder dachte nicht daran, diese neue Diktatur durch das Ausüben seines Mandats zu legitimieren und schied daher aus dem Gemeinderat umgehend wieder aus, um sich seinem Beruf als Anwalt und seiner Leidenschaft als Wissenschaftler zu widmen.

IV.

Zehn Jahre nach der großen Revolution von 1848 hätte also niemand Anlass dazu gehabt, dem Namen Cajetan Felder besondere Aufmerksamkeit zuteil werden zu lassen, doch eine neuerliche Wendung der Geschichte stellte den Universalgelehrten erneut ins Licht der Öffentlichkeit. Nach der Niederlage Österreichs am italienischen Kriegsschauplatz 1859 sah sich der Kaiser zu abermaligen politischen Zugeständnissen veranlasst.

Neben der allmählichen Rückkehr zu einem verfassungsrechtlich organisierten Staatswesen sollte nun auch die Gemeinde Wien wieder nach parlamentarischen Grundsätzen verwaltet werden, weshalb erstmals seit 1848 wieder eine Gemeinderatswahl anberaumt wurde. In der Josefstadt, mittlerweile Felders Wohnadresse, wurde am 18. Januar 1861 eine Wählerversammlung abgehalten, bei der man den anwesenden Felder als einen der Revolutionäre von 1848 wiedererkannte, weshalb man ihn zur Kandidatur aufforderte. Felder erinnerte sich später: „Mehrere Stimmen sekundierten, der Ruf wurde ein allgemeiner. Es half mir nichts mehr, ich musste hinauf." So wurde Felder zum Kandidaten erkoren. In seinen Memoiren heißt es dazu: „Meine Kandidatenrede war unzweifelhaft die originellste und lakonischste in Wien. Auf das Tiefste angewidert von der sinnlosen Phrasendrescherei über gehaltlose, unverstandene Utopien, hatte ich mir vorgenommen, eine Kandidatenrede ohne alle Politik zu halten. Ich stellte den Josefstädtern vor, was der Bezirk, um sich mit anderen messen zu können, vor allem in materieller Hinsicht anzustreben habe, nämlich den offenen Verkehr nach außen und nach innen. Den ersteren unterbinde der Mangel einer Fahrstraße durch den Wienerwald, den zweiten der unglückselige Parade- und Exerzierplatz, der als Sandwüste ohne jedwede Fahrverbindung zwischen der Josefstadt und der Inneren Stadt liegt. Ich versprach, als Abgeordneter für den Bezirk in diesen beiden Punkten einzutreten, sprach kein Wort über Freiheit, Gleichheit und Brüderlichkeit und wurde dennoch in den Gemeinderat gewählt."

Wie sehr sich das politische Gefüge der Wienerstadt verändert hatte, zeigte sich bei der konstituierenden Sitzung des neu gewählten Gemeinderates im April 1861. Der noch vom Kaiser persönlich eingesetzte Bürgermeister Seiller konnte an dieser gar nicht teilnehmen, weil er kein Mandat errungen hatte, sodass es dem von den Revolutionären des Jahres 1848 aus der Stadt gejagten Biedermeier-Bürgermeister Czapka vorbehalten blieb, die Tagung als Alterspräsident zu leiten, was nicht einer pikanten Ironie entbehrte. Andreas Zelinka, ein Exponent der „48er", wurde zum neuen Bürgermeister gekürt, auf seinen Vorschlag hin wählten die Abgeordneten Cajetan Felder zu dessen Vize. Mit knapp 47 Jahren war Felder im Zentrum der Stadtpolitik angekommen.

Und dies kam zu einem Zeitpunkt, da Wien sich wirklich von Grund auf zu ändern begann. Die Revolution von 1848 hatte gezeigt, dass mittelalterliche Vorstellungen tatsächlich der Vergangenheit angehörten, weshalb schließlich auch der Kaiser bereit war, Wien ein modernes Gesicht zu geben. So kam es, dass die Jahrhunderte alte Stadtmauer abgebrochen wurde. An ihrer Stelle sollte eine neue Prachtstraße entstehen, welche die Innenstadt wie einen Ring umfassen sollte, womit auch schon ihr Name gefunden war. Auf dieser „Ringstraße" waren einerseits staatliche Repräsentativbauten geplant, Museen, eine neue Universität, das Parlamentsgebäude und ein an das alte Rom angelehnte Kaiserforum, andererseits bot man reichen Bürgern die Gelegenheit, sich mit einem eigenen Palais in Szene zu setzen.

V.

Im November 1868 starb Bürgermeister Zelinka unerwartet im Alter von 66 Jahren, sodass sich die Frage seiner Nachfolge stellte. Seitens der Liberalen galt Felder von Anfang an als logischer Nachfolger, hatte er doch schon bisher Seite an Seite mit Zelinka zusammengearbeitet. Am 20. Dezember 1868 kam der Gemeinderat zur Wahl eines neuen Stadtoberhaupts zusammen: „Mir als Vorsitzendem fiel die Aufgabe zu, die von den Gemeinderäten nach Namensaufruf in die Urne gelegten Stimmzettel Stück für Stück herauszunehmen, abzulesen und den Schriftführern zur Kontrolle und Protokollierung auszuhändigen. Der erste Stimmzettel lautete: Doktor Julius Newald (lebhaftes Bravo auf der Linken), aber schon die nächsten Zettel korrigierten die Laune des Zufalls, denn sie brachten zahlreiche Felder zum Vorschein. Nach Verlesung der ersten zehn Zettel stand das Verhältnis 7 zu 3, bei fünfzig 35 zu 15 und beim 61. Stimmzettel Felder erscholl ein lebhaftes, vielstimmiges Bravo im Saal und auf der Tribüne, denn die erforderliche Majorität war damit gegeben."

Schließlich wurde Felder mit 84 zu 29 Stimmen gewählt und war damit der neue Bürgermeister der Stadt Wien. Neun Tage später wurde er feierlich in sein Amt eingeführt, am 4. Januar 1869 wurde er vom Kaiser zur Antrittsaudienz geladen. Felder wurde sehr höflich empfangen und durfte seine Vorstellungen ebenso darlegen, wie er Anliegen vorbringen konnte. Dabei verwies er auf das verkehrstechnische Problem, dass man große Umwege in Kauf nehmen müsse, wenn man in den 8. und 9. Bezirk wolle, da es keine Direktverbindung von der Innenstadt zur Ringstraße gäbe. Der Kaiser erkundigte sich, ob ein Durchfahrtsrecht durch die Hofburg diesem Problem Abhilfe schaffen könne. Damit berührte Franz Joseph ein Thema, das schon geraume Zeit in Wien für Aufregung sorgte. Nachdem es zu einem Unfall zwischen einem öffentlichen Stellwagen (eine Art Vorläufer der Wiener Verkehrsbetriebe) und der privaten Kutsche des Kaisers gekommen war, hatte die Burgverwaltung jeglichen Verkehr vom Ring zum Michaelerplatz untersagt, was eben zu nachhaltigen Unannehmlichkeiten führte. Felder antwortete daher, dass die freie Durchfahrt natürlich ein Wunsch Wiens wäre, dass man aber von niemandem, und schon gar nicht vom Kaiser, erwarten könne, dass er öffentlichen Durchzugsverkehr durch seinen eigenen Grund und Boden akzeptiere. Die Antwort schien den Kaiser zu amüsieren, denn noch am Abend dieses 4. Januar wurde Felder von Innenminister Taaffe kontaktiert, der ihm mitteilte, ab sofort dürfte der genannte Weg wieder benutzt werden. Felder konnte sein Amt also mit einem nicht unwichtigen Erfolg beginnen.

Und in den zehn Jahren, in denen Felder das Steuer der Wienerstadt fest und sicher in der Hand hatte, sollte er drei enorme Probleme, mit denen sich die Donaumetropole in jenen Tagen konfrontiert sah, so dauerhaft lösen, dass sein Name schon allein deshalb nicht aus der Geschichte Wiens wegzudenken ist. Zentralfriedhof, Donauregulierung und Hochquellenwasserleitung sind untrennbar mit Cajetan Felder verbunden, dazu sind aber auch noch die Errichtung des neuen Wiener Rathauses und die Weltausstellung von 1873 zu nennen, Themen genug also für eine Ära, die Wien wahrhaft den Weg in die Moderne ebnete.

VI.

Als erstes ging Felder ein Problem an, das schon länger auf der Stadt lastete. Die Stadt brauchte einen zentralen Friedhof, dessen Größe der Bevölkerungsentwicklung entsprach. Bis in Felders Tage war nämlich Wien durchsetzt von kleinen Friedhöfen, was auch der historischen Entwicklung des Ortes geschuldet war, denn Wien war bekanntlich aus der Inneren Stadt, den Vorstädten (die heutigen Bezirke drei bis neun) und den Vororten (die Bezirke zehn bis 23) entstanden, und alle diese Orte hatten natürlich, so wie es in Niederösterreich noch heute der Fall ist, ihre eigenen Friedhöfe. Viele davon lagen nun aber mitten in der Stadt, was weder sonderlich hygienisch noch recht praktikabel war, zumal, wenn sie mittlerweile längst überfüllt waren. Die Gemeinde wollte nun also diese kleinen kommunalen Gottesacker – wie etwa den Matzleinsdorfer oder den Gaudenzdorfer Friedhof – schließen und stattdessen am Stadtrand einen großen neuen anlegen, für den sich der Name „Zentralfriedhof" alsbald durchsetzte, auch wenn jene in den Vororten – etwa der Ottakringer, der Dornbacher oder der Döblinger Friedhof – weiter bestehen blieben. Drei Gebiete boten sich für die Errichtung eines solchen Objekts an: Ober- und Unterlaa in Favoriten, Rannersdorf und ein Teil im Süden von Simmering und Kaiserebersdorf, der schließlich auch den Zuschlag erhielt. Den Ausschlag dafür hatte ein Gutachten des Geologen Dionys Stur gegeben, der darin nachgewiesen hatte, dass der Simmeringer Boden den Verwesungsprozess beschleunige und außerdem so beschaffen sei, dass sich Krankheiten und Epidemien von dort nicht ausbreiten könnten. Der Lössboden war zudem besonders geeignet, um Gräber auszuheben. Noch 1869 wurde also der betreffende Grund von der Gemeinde angekauft, danach schrieb man einen Architektenwettbewerb aus, den der Schweizer Alfred Bluntschli mit einem Frankfurter Kompagnon für sich entschied. Nach dessen Plänen wurde der Friedhof in nur drei Jahren errichtet und konnte schließlich 1874 feierlich eröffnet werden.

Von den bisherigen Gräberhainen unterschied sich der neue Friedhof nicht nur durch seine beeindruckende Größe, sondern auch durch seinen überkonfessionellen Charakter, was damals ein absolutes Novum war. Erstmals sollten Katholiken, Protestanten, Orthodoxe, aber auch Juden, Moslems und Angehörige anderer Religionen in einem Gottesacker gemeinsam bestattet werden, wobei den einzelnen Konfessionen zu diesem Zweck eigene Abteilungen zugewiesen werden sollten. Und wenn auch die damals noch recht mächtige katholische Kirche gegen diesen Plan Sturm lief, so ließ Felder, der Gelehrte und Liberale, religiöse Einwände nicht gelten. Getragen von einer Weltanschauung, die nicht Gott, sondern den Menschen in den Mittelpunkt stellte, hielt er den Klerikern entgegen, dass – ihrer eigenen Lehre gemäß – alle Lebewesen Gottes

Geschöpfe seien, weshalb man den einen Kindern nicht verwehren dürfe, was man den anderen angedeihen lasse.

Zunächst freilich war der neue Gottesacker nicht sonderlich populär, was einerseits daran lag, dass er sich – damals – weit außerhalb der Stadt befand, andererseits dem Umstand geschuldet war, dass es zu Beginn noch kaum brauchbare Infrastruktur rund um den Zentralfriedhof gab. Beide Nachteile konnten in verhältnismäßig kurzer Zeit behoben werden. Und als dann noch die Idee aufkam, Wiens Prominente „zentral am Zentral" zu beerdigen, hatte Felders Idee endgültig gesiegt. Schubert, Beethoven, Mozart (wenn auch nur als Kenotaph) und Co. sorgten dafür, dass die Wiener „a dabei" sein wollten, und so ist es bis zum heutigen Tag geblieben.

VII.

Ein weiteres wichtiges Projekt, das Felder schon als Vizebürgermeister beschäftigt hatte, war die Errichtung einer Hochquellwasserleitung zur besseren Wasserversorgung der Stadt. Bereits am 11. November 1862 hatte der Gemeinderat eine Resolution angenommen, in der es hieß: „Der Bedarf der Bevölkerung an Trinkwasser ist mit dem besten erreichbaren Quellwasser zu befriedigen, wofern die Mächtigkeit der hiezu ausersehenen Quelle es gestattet, daraus gleichzeitig den Bedarf an Nutzwasser zu decken."

In der Folge wurden zahlreiche verschiedene Projekte geprüft, ehe die von Felder bevorzugte Variante, nämlich das Wasser von den Hochquellen des Schneebergs zu nehmen, am 12. Juli 1864 mit 94 gegen zwei Stimmen angenommen wurde. Das Projekt freilich stieß auf lebhaften Widerspruch. Bürgermeister Zelinka plädierte dafür, einfach die Donau für die Wasserversorgung heranzuziehen, was fraglos weitaus kostengünstiger gewesen wäre, als das Wasser fast 100 Kilometer hindurch nach Wien zu leiten. Allerdings war die Donau damals schon nicht mehr schön und blau, während das alpine Gebirgswasser allerhöchste Qualität besaß. Das räumten die Gegner des Plans zwar ein, doch verwiesen sie auf die technische Undurchführbarkeit des Vorhabens. Es sei unmöglich, ließen sie verlauten, die erforderliche Wassermenge über eine derart große Distanz nach Wien zu bringen. Felder beharrte auf seinem Projekt und setzte schließlich durch, dass es ohne Abänderungen mit 65:45 Stimmen im Juni 1866 angenommen wurde. Wenig später begannen die notwendigen Vorarbeiten, wobei die Gegner des Plans immer noch darauf hofften, dieser werde sich als undurchführbar erweisen. Zu diesen gehörte nach wie vor Zelinka, sodass bis zu dessen Tod nicht mit dem eigentlichen Bau der Wasserleitung begonnen wurde. Erst, als Felder auf dem Bürgermeisterstuhl saß, konnte 1869 mit den konkreten Grabungen begonnen werden. Im April 1870 nahm Kaiser Franz Joseph den Spatenstich für die Wasserleitung vor, doch zeigten sich bald zahlreiche Detailprobleme, welche die Bautrupps immer wieder vor große Schwierigkeiten stellten. Einmal passten die Röhren nicht zusammen, dann wieder erwiesen sie sich zu dünn, und dann wiederum kam es zu Lieferengpässen.

Die Realisierung des kühnen Plans schien in weite Ferne zu rücken. Verschlimmert wurde die Lage durch die Tatsache, dass die alte Wasserversorgung 1871/72 vollends zu versagen begann, sodass es bereits erste Wasserengpässe in der Stadt gab. Felder setzte daher durch, dass der Gemeinderat zusätzliche Geldmittel bewilligte, um den Bau vor seiner geplanten Beendigung fertigzustellen. Tatsächlich gelang es, die Leitungen nun zügig voranzutreiben, und im Oktober 1873 erreichte man das geplante Leitungsende am Schwarzenbergplatz. Die feierliche Eröffnung der Hochquellenwasserleitung hatte Felder noch Jahrzehnte später in lebhafter Erinnerung: „Nie wird meinem Gedächtnis der erhebende Augenblick entschwinden, als sich an einem schönen Oktobermittag (es war der 24. Oktober 1873) auf dem Schwarzenbergplatz zum ersten Mal majestätisch der Strahl des Hochstrahlbrunnens erhob, allmählich höher und höher stieg, um sodann, in perlenden Schaum aufgelöst, den Sonnenstrahl in vielfältige Regenbogen brechend, niederzustürzen. Das köstliche Element quoll bis in die Stockwerke der Häuser. Die Aufgabe war gelöst."

Die Wiener Hochquellenwasserleitung war die erste leistungsfähige Wasserversorgung mit einwandfreiem Trinkwasser. Noch heute liefert sie auf ihrem 95 Kilometer langen Weg rund 62 Millionen Kubikmeter Wasser, was in etwa der Hälfte des gesamten in Wien benötigten Wassers entspricht.

VIII.

Noch unter Bürgermeister Andreas Zelinka hatte man sich 1864 eines Problems angenommen, welches die Wienerstadt seit ehedem immer wieder belastete. Die Donau floss in einem wilden Wirrwarr von zahlreichen Armen durch die Stadt und sorgte Jahr um Jahr für Überschwemmungen. Um diesem potentiellen Quell für Katastrophen Herr zu werden, wurde im Januar 1865 eine Kommission eingesetzt, der auch Felder angehörte. Sie sollte Möglichkeiten ausloten, wie man am besten für eine ungefährlichere Donau sorgen konnte. Nach einem langwierigen Planungsstadium einigte sich die Kommission auf eine Regulierung des Donaustroms, deren Umfang Felder am 23. Februar 1866 vor dem Gemeinderat wie folgt umriss. Man möge einen Plan verwirklichen, „welcher mit möglichster Wahrnehmung der Sicherheit vor Überschwemmungen, des Uferschutzes sowie der Handels-, Gewerbs- und Verkehrsinteressen der Stadt Wien, den Hauptstrom der Donau in die möglichste Nähe der Stadt Wien verlegt, die Beseitigung der Übelstände im Wiener Donaukanal ermöglicht und zugleich die Herstellung einer stabilen, dem allgemeinen Verkehr in umfassender Weise Raum gebenden Brücke an der zweckmäßigen Stelle enthält."

Der Plan, zu dessen Fürsprecher sich Felder gemacht hatte, wurde im Gemeinderat einstimmig angenommen. Doch es wäre nicht Österreich, wenn eine solch einhellige Beifallskundgebung sofort umgesetzt worden wäre. Da mussten erst Gutachten erstellt werden, auf die Gegengutachten folgten. Die einen meinten, die vorgesehene Variante wäre unmöglich durchführbar, die anderen hielten sie für die einzig mögliche, und wiederum andere vertraten die Ansicht, sie sei möglich, aber zu teuer. Es wurden ausländische Spezialisten hinzugezogen, die wiederum eine andere Ansicht vertraten, und so starb Zelinka, der dieses Problem in seiner Amtszeit hatte lösen wollen, ohne dass auch nur ein Anfang gemacht worden war. Felder „erbte" das Problem und versuchte, neuen Schwung in die Sache zu bringen.

Tatsächlich bedurfte es gewaltiger Vorarbeiten, um überhaupt mit dem Hauptproblem der Regulierung beginnen zu können. Es mussten riesige Dämme gebaut werden, die verhindern konnten, dass die Donau im Falle eines neuerlichen Hochwassers die Baustelle vernichtete, und die Baustelle selbst musste gleich in mehrfacher Hinsicht abgesichert werden, um nicht die Mühen des Grabens eines neuen Flussbettes zu vernichten, noch ehe der Fluss überhaupt in sein neues Bett geleitet werden konnte.

Im Mai 1871 fand endlich der Spatenstich statt, und zur allgemeinen Überraschung schritten die Arbeiten rasch voran. Bereits im Herbst 1874 bestand die technische Möglichkeit, die Donau umzubetten, doch schien man Angst vor der eigenen Courage bekommen zu haben. Die Gefahr von Eisstößen im Winter und Schmelzwasserüberflutungen im Frühjahr wog so schwer, dass man schließlich übereinkam, den Durchstich erst im Frühjahr 1875 durchzuführen. Dabei ging man dann mit betonter Vorsicht vor. Es sollte nur ein kleiner Durchlass geschaffen werden, gerade soviel, dass Schiffe das neue Bett passieren konnten, um Material für den Endausbau des neuen Bettes heranschaffen zu können. Zur allgemeinen Freude ging alles gut, und seit nunmehr 136 Jahren fließt die Donau in ihrem breiten Bett, das der Schifffahrt genügend Raum lässt und für die angrenzenden Bezirke keine Gefahr mehr bildet. Gleichwohl wurden einige der Seitenarme erhalten, die heute primär der Erholung dienen und unter dem Namen „Alte Donau" bekannt wurden. Stadtauswärts hielt man damals einen großen Grünstreifen frei, das so genannte „Inundationsgebiet", der allfällige Überschwemmungen so weit abfangen sollte, dass für die Wohnhäuser endgültig keine Gefahr mehr bestand. In den 70er Jahren des 20. Jahrhunderts wurde dann unter Bürgermeister Gratz die Donauinsel geschaffen, mit der man Hochwasserschutz mit Freizeitvergnügen kombinierte. Im Gegensatz zu anderen Großstädten an großen Flüssen wie etwa Prag oder Dresden hat Wien also keinerlei Gefahr vor Überschwemmungen mehr zu fürchten, zudem hat die Stadt ein ebenso beliebtes wie kostengünstiges Erholungsgebiet bekommen. Noch unter Felder wurden nach vollendeter Regulierung fünf Brücken über die Donau errichtet, mit der nun die Vororte östlich der Donau näher an die Stadt heranrückten. Diese sind sämtlich noch heute in Betrieb, wenngleich die Reichsbrücke mehrmals neu gebaut wurde.

IX.

Die Weltausstellung von 1873 wurde nicht der Erfolg, den sich Österreich gewünscht hätte, und das lag bei weitem nicht im Verschulden des Wiener Bürgermeisters. Immerhin aber bot diese internationale Werkschau Felder die Gelegenheit, praktisch jede Delegation in ihrer Muttersprache zu begrüßen, was seinen Namen prompt in die ganze Welt trug, waren die ausländischen Gazetten doch restlos begeistert von einem derart polyglotten Stadtvater.

Mit dem Beginn einer modernen Stadtverwaltung konnte es nicht ausbleiben, dass Wien mit seinem „alten" Rathaus nicht mehr das Auslangen fand. Dieses Gebäude war bereits 1316 von Herzog Friedrich dem Schönen dem Stadtrat für seine Zwecke geschenkt und in den folgenden 550 Jahren mehrmals erneuert, umgebaut und renoviert worden. Dennoch war absehbar, dass die Beamten der Stadt Wien in dem kleinen zweistöckigen Gebäude nicht mehr untergebracht werden konnten. Auch hier erwies sich Felder als die treibende Kraft der Erneuerung. Er rang dem Kaiserhaus den unnötigen Exerzierplatz der Armee ab und sicherte der Stadt so den Baugrund für das Parlament, die Universität und das neue Wiener Rathaus, das fünf Jahre nach Felders Rücktritt feierlich eröffnet werden konnte. Dabei musste der mittlerweile pensionierte Felder zur Kenntnis nehmen, wie schnelllebig die Politik ist. Zur der Feier wurde er nicht eingeladen, auch sein Glückwunschsschreiben an Bürgermeister Uhl wurde nicht verlesen. So beschränkt sich die Erinnerung an jenen Bürgermeister, welcher das Rathaus erst ermöglicht hatte, auf eine kleine Gedenktafel, an welcher der Grundsteinlegung gedacht wird.

Generell ist festzuhalten, dass die Wienerstadt mit ihrem großen liberalen Bürgermeister bislang nicht gerade wohlwollend umgegangen ist. Im Gegensatz zu Zelinka und Lueger, zu Reumann, Seitz und Körner blieb Felder ein Denkmal bislang versagt. Zwar gibt es an der Nordseite des Rathauses die Felderstraße, doch wäre diesem großen Gelehrten, diesem Macher und Tatmenschen ein wenig mehr der öffentlichen Wahrnehmung im heutigen Wien durchaus zu wünschen.

X.

Es wäre einem Mann wie Felder gegenüber ungerecht, ihn nach heutigen Maßstäben beurteilen zu wollen. Natürlich hat sich Felder kaum Gedanken über die elende soziale Lage am Rande seiner Stadt gemacht, natürlich war ihm die Idee, alle Menschen hätten ein Anrecht auf ein Leben in Glück, Frieden und Wohlstand, fremd, entstammte er doch einer Zeit, in der die große soziale Ungerechtigkeit vielerorts als gottgegeben angesehen wurde. Stellt man dies in Rechnung, dann kann man anerkennen, dass Felder wirklich aufrichtig bemüht war, die Dinge, so wie er sie sah, zum Besseren zu wenden. Und innerhalb seiner Logik handelte er auch konsequent. Seine Maxime „lieber unpopulär als unwahr" hatte mithin nichts Zynisches, sondern war Ausdruck einer Geisteshaltung, die den Bürger neben den Adeligen stellen und den Beweis erbringen wollte, dass Menschen ohne Adelsprädikat genauso erfolgreich einen Staat machen konnten wie Fürsten, Prinzen und Grafen.

Über die Jahre hatte sich Felder ein recht klar umrissenes politisches Weltbild geformt, dem er sein Handeln unterordnete. Überzeugt „von der Sache", hielt er nichts davon, diese durch allzu inniges Entgegenkommen einer Mehrheitsmeinung gegenüber zu verwässern, weshalb ihm bald der Ruf anhaftete, autoritär, stur und eigensinnig zu sein. Doch diese Charakterisierung wird Felder nicht gerecht. Er war liberal in seiner Geisteshaltung, konservativ in seinen Grundsätzen und fortschrittlich in seiner Tagespolitik. Er bemühte sich, ein echter Sachpolitiker zu sein, der, je nach den konkreten Erfordernissen, jener politischen Richtung den Vorzug gab, welche die beste Lösung für ein politisches Problem anzubieten schien. Durch diese Vorgangsweise erschien er vielen als unberechenbar, weshalb er sich im politischen Geschäft nur wenig Freunde machte. Aber Felder war schon allein ob seiner mannigfachen Bildung, seiner Weltgewandtheit und seines Forscherdrangs zum Individualisten prädestiniert. In unserer Zeit würde jemand wie er in der Politik kaum reüssieren können, da er allerorten nur als Querdenker und Freigeist, als nicht kontrollierbar gelten würde, wovon die Parteiapparate unserer Tage in der Regel nicht allzu viel halten. Damals jedoch wusste eine Mehrheit der Verantwortlichen eine unabhängige Persönlichkeit zu schätzen, wenngleich nur wenige zu einem solch euphorischen Befund kamen wie sein Biograph Karl Glossy, der 1904 schrieb: „Einen Bürgermeister, der zugleich zu den bedeutendsten Entomologen seiner Zeit zählte, der tagsüber sich mit administrativen Aufgaben der Gegenwart, abends mit Schmetterlingen und Käfern beschäftigte, dazwischen lateinische und griechische Klassiker und Kirchenväter in der Ursprache las, hat bisher die Geschichte Wiens nicht zu verzeichnen, und sie wird es auch in Zukunft nicht."

Pablo Vivanco

Liberale Kulturen der Erinnerung am 50. Jahrestag der Märzaufstände

Wiener Sozialdemokraten, Liberale und Sozialpolitiker und die Bedeutung des „13. März 1848" als Kollektivsymbol

Im März 1898 fanden an zahlreichen Orten auf dem Gebiet der Doppelmonarchie Gedenkveranstaltungen in Erinnerung an 1848 statt. Erste Stichproben lassen darauf schließen, dass allein in Niederösterreich in Gemeinden nahezu jeder Größe aus Anlass des 50. Jahrestags des 13. März 1848 Jubiläumsfeiern veranstaltet wurden.[1] In Böhmen beteiligten sich etliche Gemeinden an einer Petitionsbewegung für das allgemeine und gleiche Wahlrecht.[2] Es überrascht, dass zu diesen Jubiläumsfeiern keine aktuellen Forschungen existieren.[3]

Das Andenken an die Märzgefallenen von 1848 als Kollektivsymbol „Gegen das Vergessen"

Das Thema dieses Beitrags ist die Märzfeier des Jahres 1898 in Wien. Aufgrund der ungewöhnlich großen Menschenmengen (80.–100.000 BesucherInnen) und des Denkmals für die Märzgefallenen am Zentralfriedhof kam dieser Feier eine zentrale Bedeutung zu. Die Kranzniederlegung am festlich beleuchteten Denkmal bildete für viele BesucherInnen den Höhepunkt der Feier an diesem Sonntag, dem 13. März 1898. Es war aber nicht ausschließlich der Märzobelisk, der teilnehmende Beobachter dazu anregte, von einer Gedächtnisfeier zu sprechen. Der Begriff einer „Gedächtnisfeier", der von dem sozialdemokratischen Abgeordneten Johann Resel auf der Märzfeier in Graz verwendet wurde, brachte die Programmatik der Feier und das Spannungsverhältnis zum heute üblichen Begriff einer Revolution auf den Punkt:

„Es ist nicht lange her, dass, wenn das Wort ‚Revolution' ausgesprochen wurde, die ganze Macht auf den Beinen war. Wir feiern die Revolution nicht in dem Sinne, wie ihn die Polizei auffasst, sondern als einen Absatz in der Entwicklung der Geschichte. Wir feiern heute nicht nur den Gedenktag, da sich in Österreich erstmals das freie Wort

---
1 NÖL Statth. Präs. J1 ad 770 (Z. 1072).
2 Hinweis auf böhmische Petitionen in: STLA Statth. Präs. Faszikel 8 – 663 – 1898 (2019/M.Z.).
3 Die Historie des Märzgedenkens behandelt grundlegend Wolfgang Häusler: Ideen können nicht erschossen werden. Revolution und Demokratie in Österreich 1789 – 1848 – 1918 (Graz 2017). S. 96–121.

Bahn gebrochen hat, sondern gleichzeitig ein Fest für diejenigen, die am 13. März 1848 gefallen sind."[4]

Eine kürzlich erschienene Darstellung hat dieses, gegen das Verständnis einer abgeschlossenen Revolution gerichtete Selbstverständnis der unmittelbar Beteiligten belegt. Christopher Clark wies darauf hin, dass es die Bestattungen der zivilen Opfer des Militärs in der frühen Phase der Aufstände waren, die dem „europäischen Frühling" seinen bis heute gültigen Sinn verliehen.[5] Die paradigmatische Bestattungszeremonie für Österreich war die Trauerfeier vom 17. März 1848. Bei diesem Anlass wurden 35 Gefallene der Inneren Stadt von dem Feldpastor der Akademischen Legion Anton Füster, einem protestantischen Geistlichen und dem Wiener Gemeinderabbiner in einer interkonfessionellen Zeremonie beigesetzt.[6] Die Beisetzung der Frauen, Männer, Juden und Christen inmitten eines Kampfs um moderne Verfassungen entwickelte sich bald schon zu einer gesellschaftlichen und politischen Verpflichtungserklärung.[7] Die Märzgefallenen wurden zu stummen Mahnern, die an die erreichten und die (noch) nicht erreichten Ziele der 1848er erinnern konnten.[8]

Ganz in diesem Sinne einer lebendigen Erinnerungskultur begleiteten liberale, sozialpolitische und sozialdemokratische Zeitungen die 50-jährige Gedächtnisfeier am 13. März 1898 mit zahlreichen Beiträgen. Das sozialpolitische „Wiener Illustrierte Extrablatt" (WIE) enthielt eine Zeichnung des (1864 errichteten) Märzobelisken und druckte die Namen der Gefallenen mit samt ihren Berufen ab.[9] Das „Neue Wiener Tagblatt" (NWT) veröffentlichte eine, von rund 40 liberalen und demokratischen Abgeordneten unterzeichnete Bittschrift, die dazu ermahnte, die Ideale des Jahres 1848, also Menschenrechte, soziale und konfessionelle Emanzipation, nicht zu vergessen.[10] Düsterer im Duktus deuteten die „Arbeiterzeitung" (AZ) und Sozialdemokraten auf die kontinuierliche Präsenz des stehenden Heers im Inneren, das Problem der Zensur und auf die nach wie vor fehlende Gleichberechtigung der Konfessionen.[11] Die Forderung der „Gleichberechtigung der Religionen" stellte eine Repetition der zentralen

---

4 STLA Statth.Präs. Faszikel 8 – 663 – 1898 (Z.2207); mehr zu Johann Resel: https://www.parlament.gv.at/recherchieren/personen/parlamentarierinnen-ab-1848/parlamentarier-1848-1918/Resel.
5 Christopher Clark: Frühling der Revolution. Europa 1848/49 und der Kampf für eine neue Welt (München 2023), S. 488–522.
6 Dies war damals noch auf dem Friedhof „Auf der Schmelz".
7 Zur Thematik sinnstiftender Ereignisse vgl. Jan Assmann: Exodus. Die Revolution der Alten Welt (München 2019).
8 Anton Füster: Memoiren von März 1848 bis Juli 1849. Beitrag zur Geschichte der Wiener Revolution. Band 1 (Wien 1850), S. 27.
9 WIE Nr. 71 (13. März 1898). S. 10.
10 NWT Nr. 71 (13. März 1898). S. 4.
11 AZ Nr. 71 (13. März 1898), S. 1–3; Rede Johann Resel (wie Fußnote 4); Die Reichspost Nr. 59 (13. März 1898) S. 1–3. Resels Erinnerungsrede liest sich in Teilen wie eine bewusste Repetition der programmatischen Märzforderungen Adolf Fischhofs.

emanzipatorischen Märzforderungen dar: Ein kaum missverständlicher Hinweis auf die anti-jüdischen Programme eines Großteils der bürgerlichen Fraktionen im Wiener Reichstag seit den österreichweiten Wahlen im Jahre 1897.[12]

Die berichtenden Tageszeitungen verloren die permanente Gefahr der Deklassierung von Bürgern und liberaler Institutionen also nicht aus dem Blick. Als Beteiligte an einer Erinnerungsfeier im Jahre 1898 wiesen sie sich jedoch durchgehend als Anhänger gemäßigter demokratischer bzw. sozialpolitischer Reformen *im Rahmen der österreichisch-ungarischen Monarchie* aus. Die Feier wurde am Abend des 12. März im Grand Hotel mit einem Prosit auf Franz-Joseph eröffnet.[13]

Der grundsätzlich patriotische Geist der Märzfeier stand einer kritischen Einstellung zur politischen Geschichte der Monarchie aber nicht im Wege. Die Sonntagsausgabe der „Neuen Freien Presse" (NFP) widmete sich besonders den politischen Opfern der Gegenrevolution: Ein mehrseitiger Beitrag erinnerte an Robert Blum, jenem prominenten Mitglied des Frankfurter Vorparlaments, der zwischen der Paulskirche und Wien vermitteln wollte und im November 1848 standrechtlich hingerichtet wurde.[14] Dem Schwerpunktthema „Erinnerung an Vertriebene" widmete sich die NFP gleich auf der Titelseite, welche die Zuschriften des zwangsemigrierten Aktivisten Hans Kudlich (1823–1917) und die Briefe ehemaliger politischer Häftlinge wie Franz Smolka (1810–1899) und Florian Ziemialkowsky (1817–1880) abdruckte. Eine gesonderte Erinnerungsstunde durch eine Delegation Wiener Sozialpolitiker am Vormittag des 13. März diente dem Gedenken zweier kürzlich verstorbener Gründungsväter der liberalen Kultur und Politik in Österreich: Dem aus Ungarn stammenden demokratischen Föderalisten Dr. Adolf Fischhof (1816–1893) und jenem bereits genannten (liberalen) Geistlichen Anton Füster (1808–1881). Die Anwesenden ehrten Spätrehabilitierte: So wurde der 1849 in die USA geflüchtete Feldpastor noch 1856, also zur Zeit des Neo-Absolutismus, „in absentia" zum Tode verurteilt und erst 1867 amnestiert. Und dem demokratischen Föderalisten und „Vater der freien Rede" (WIE) Fischhof wurde nach Anschuldigungen des Hochverrats ebenfalls erst viel später Straffreiheit gewährt. Diese biographischen Schicksale konnten den Teilnehmenden und den LeserInnen die Fragilität der Errungenschaften von 1848 plastisch und ohne Rücksicht auf ethnisch-nationale Identitäten, die im Fin de siècle immer populärer wurden, vor Augen führen.[15] Die Stigmatisierung von Persönlichkeiten wie Blum, Füster oder Fischhof bewies allerdings, wie rasch aus Helden eines Bürgeraufstands politische Kriminelle werden konnten.

---

12 Peter Urbanitsch, Helmut Rumpler (Hg.): Die Habsburgermonarchie 1848 – 1918. Band VII/1: Verfassung und Parlamentarismus (Wien 2000) S. 838 ff. und S. 951 ff; Lothar Höbelt: Kornblume und Kaiseradler: Die freiheitlichen Parteien Altösterreichs, 1882 – 1918 (Wien 1993); Michal Frankl: „Prag ist nunmehr antisemitisch." Tschechischer Antisemitismus am Ende des 19. Jahrhunderts (Berlin 2011), S. 186.
13 NWT Nr. 71, S. 4.
14 NFP Nr. 12052 (13. März 1898, Morgenblatt), S. 19–24.
15 NWT Nr. 72 (14. März 1898), S. 1.

Den Märzgefallenen und den Opfern der Gegenrevolution kam somit die Qualität eines Kollektivsymbols zu, dessen konkrete Inhalte keiner ausführlichen Erläuterungen bedurften und durch rituelle Gesten ausagierbar waren.[16]

Die beteiligten Organisatoren an der Märzfeier des Jahres 1898

Parteipolitische Anliegen im engeren Sinne wurden auf der Wiener Märzfeier 1898 nicht artikuliert. Anders als in den Jahren zuvor, als die Sozialdemokraten das Märzgedenken noch dominierten, beteiligten sich am runden 50. Jahrestag auch (2) die Wiener Sozialpolitiker, die durch Ferdinand Kronawetter, einem Demokraten und Vorkämpfer gegen den politischen Antisemitismus und den politischen Juristen Julius Ofner vertreten wurden.[17] Die progressiven Sozialpolitiker, die seit 1896 bzw. 1897 in Landtag und Reichstag vertreten waren, konnten eine beachtliche liberale und jüdische Wiener Wählerschaft für sich reklamieren. Diese Wähler waren durch einen 600 Männer und Frauen umfassenden Wählerverein besonders sichtbar auf der Märzfeier vertreten.[18] (3) Die 120 Veteranen der Akademischen Legion, die auf einem Festbankett von prominenten Wiener Altliberalen (u. a. Josef Kopp, Eduard Süß) begrüßt wurden, nahmen eine besonders wichtige Rolle als Repräsentanten der zeitüberschreitenden Kollektivsymbolik ein. Die Veteranen erinnerten als Zeitzeugen nämlich an die herausragende Rolle von Akademikern und Studenten in der 1848er Akademischen Legion und im Zentralausschuss (Mai 1848), welche die Gewaltenteilung und die zivile Kontrolle über die Militärverwaltung befürwortet hatten.[19] Auch die Studenten traten bei der Wiener Märzfeier von 1898 prominent in Erscheinung: Sozialdemokratische und deutschnationale Korporationen schritten am Nachmittag des 13. März 1898 in getrennten, einige hundert Personen umfassenden Zügen vom Schottentor zum Zentralfriedhof. Polizeibeamte, die den Ablauf der Feier in Berichten an den (liberalen) Niederösterreichischen Statthalter dokumentierten, wiesen auf zwei Merkmale hin: Ideologisch entgegengesetzte Gruppierungen (Sozialdemokraten und Deutschradikale) feierten gemeinsam. Die Repräsentanten der großen österreichischen Volksparteien des gewählten Reichs-

---

16 Beispielhaft für die Relevanz der Kollektivsymbole im 21. Jahrhundert sind die interreligiösen Gottesdienste vom 14. September 2001 (USA) in Erinnerung an die Angriffe vom 11. September. Vgl. Frank *Becker*, Ute *Gerhard*, Jürgen *Link*, Moderne Kollektivsymbolik. Ein diskurstheoretisch orientierter Forschungsbericht mit Auswahlbibliografie (II). In: Internationales Archiv für Sozialgeschichte der deutschen Literatur 22 (1997), S. 70–154. Eine kritische Erörterung der Gefahr der Simplifizierung bieten Margarete Jäger, Siegried Jäger: Deutungskämpfe. Theorie und Praxis kritischer Diskursanalyse (Wiesbaden 2007).
17 Eva Holleis: Die sozialpolitische Partei. Sozialliberale Bestrebungen in Wien um 1900 (Wien 1978).
18 Gemeint sind die „Wiener Freisinnigen". Zu diesen mehr in: NWT Nr. 71, S. 5 und NÖL, Statth. Präs. J1 ad 770 (ohne Aktenzahl).
19 Christopher Clark: Frühling der Revolution, S. 665–670.

rats glänzten durch Abwesenheit.[20] Was waren die zeitgeschichtlichen Gründe für die selektive Beteiligung der bürgerlichen Eliten Wiens im März 1898?

Der zeithistorische Kontext der Märzfeier: Die „Ära der Verordnungen" und politische Bestattungen als Manifestationen des Kollektivsymbols 1848

Die 50-jährige Märzfeier fiel in einen Kontext, in dem breite Öffentlichkeiten einen zunehmenden Einfluss auf das politische Geschehen hatten. Die Jahre zwischen 1889 und 1907 (dem Jahr der Einführung des allgemeinen *Männer*wahlrechts in der österreichischen Reichshälfte) können als eine Übergangszeit betrachtet werden, in der sich das Parteienwesen von Honoratiorenparteien mit schmalem Wahlzensus zu Massenparteien wandelte. Die neuen Möglichkeiten hatten jedoch widersprüchliche Auswirkungen. Während politische Veranstaltungen und Jubiläen zunehmend als Kommunikationskanäle neuer Massenparteien genutzt wurden, konnten gesichert erscheinende Freiheiten mit dem Argument des Staatsschutzes ausgesetzt werden. Die Rechtsanwendung der Notverordnungen nach § 14 Grundgesetz war in der Theorie an Nachweise innerer Unruhen und somit an den Ausnahmezustand geknüpft. In der Praxis wiesen jedoch Historiker wie Gernot Hasiba auf vermehrte Missbräuche des § 14 (u. a. während der Amtszeiten der Ministerpräsidenten Badeni bis Koerber zwischen 1897 und 1904) hin.[21] Als besonders umstritten gilt in der Historiographie noch immer die Ära des Ministerpräsidenten Kasimir Badeni, der kurz nach den Wahlen zum Reichsrat im März 1897 mit der „Sprachenverordnung für Böhmen" und einer Reihe von Sondererlässen eine Welle heftiger Gegendemonstrationen auslöste.[22] Am 2. Juni 1897, also am Tag der einsetzenden Sommerpause des Reichsrats, schränkte die Exekutive durch einen Geheimerlass das bestehende Vereins- und Versammlungsrecht (RGBL Nr. 134/1867) ein. Dieser Erlass sah nun erstmals die Auflösung regierungskritischer Kundgebungen durch „Konskriptionsbeamte" (Polizei und stehendes Heer) ein. Die Details dieses Sondergesetzes wurden darüber hinaus erst 10 Tage später der Presse bekannt gegeben, ein zeitnaher Abdruck durch die auflagenstarke liberale Neue Freie Presse zensiert.[23]

---

20 NÖL Statth. Präs. J1 ad 770 (ohne Aktenzahl); NWT Nr. 72, S. 1 ff.
21 Gernot Hasiba: Das Notverordnungsrecht in Österreich (1848 – 1917). Notwendigkeit und Missbrauch eines „staatserhaltenden Instruments" (Wien 1985), S. 46–54.
22 Pieter Judson: Habsburg. Geschichte eines Imperiums, 1740 – 1918 (München 2022), S. 400–411.
23 Berthold Sutter: Die Badenischen Sprachenverordnungen von 1897. Ihre Genesis und ihre Auswirkungen vornehmlich auf die innerösterreichischen Alpenländer (Graz – Köln 1965). 2. Band. S. 146–160; Gustav Kolmer: Parlament und Verfassung in Österreich. Band 6, 1895–1898 (Graz 1978), S. 270. Über Einzelheiten des Vereins- und Versammlungsrechts der Staatsgrundgesetze informiert Ernst Mayerhofer: Handbuch für den politischen Verwaltungsdienst in den im Reichsrathe vertretenen Königreichen und Ländern. 2. Band (5. Auflage, Wien 1898), S. 115 ff.

Weil der amtierende Ministerpräsident eine ausgleichende Politik zwischen Deutschösterreichern und Tschechen vertrat, war ein beträchtlicher Teil der Proteste zunächst auf die deutschösterreichische, bürgerliche Sprachgemeinschaft beschränkt. Der Eindruck einer *interessensgeleiteten* Gesetzesintervention führte jedoch dazu, dass sich auch Sozialdemokraten und liberale Kritiker in Wien mit den nationalbewussteren, deutschböhmischen Mittelschichten solidarisierten.[24] Zum sprichwörtlichen zerbrechenden Krug wurde aber die sogenannte „Lex Falkenhayn", eine Anordnung, die die polizeiliche Entfernung von Abgeordneten aus dem Wiener Parlament ermöglichte und in Wien und Graz Massendemonstrationen auslöste.[25] Bei Demonstrationen in Graz kamen zwischen dem 20. und dem 28. November 1897 Protestierende durch einberufene Infanteristen vereinzelt ums Leben. Verletzt wurden aber auch an den Demonstrationen Unbeteiligte.[26]

Einige der Umstände dieser Novemberproteste von 1897 und die öffentlichen Debatten, die diesen folgten, weisen auf die Märzfeiern von 1898 voraus. Politisch-ideologisch entgegengesetzte Protestsegmente, Sozialdemokraten, Studenten und zunächst auch die Führung der Mittelstandsparteien artikulierten ihre Proteste gemeinsam und bezweckten das fest umrissene Ziel des Abtritts der amtierenden Regierung Badeni. Zweitens kam es in der Landeshauptstadt Graz zu einer lokal begrenzten Renaissance der März-Beerdigungen von 1848: Die Bestattungen der Todesopfer der Demonstrationen gerieten zu Solidaritätsbekundungen eines städtischen Kollektivs. Da die Opfer beruflich durchgehend der Arbeiterschaft angehörten, brachten die Beerdigungen somit auch langjährig eingeübte habituelle Grenzen des Kurien- und Klassenwahlrechts durcheinander: An der Beisetzung eines der Opfer beteiligten sich am 30. November 1897 der Bürgermeister (Deutsche Volkspartei), Gemeinderäte, Korpsstudenten aber auch viele slowenisch- und deutschsprachige ArbeiterInnen. Der Sozialdemokrat Johann Resel, der auf der Märzfeier 1898 in das Programm der Gedächtnisfeier eingeführt hatte (und auch persönlich von der Lex Falkenhayn betroffen war), hielt bei diesem Anlass die Grabrede.[27]

Im Resultat hatten alle diese Bekundungen eines friedlichen Protests gegen eine illiberale Regierung Erfolg, denn bereits am 28. November reichte der Ministerpräsident beim Kaiser seine Demission ein. Der Wechsel an der Spitze der Administration ging

---

24 Gustav Kolmer: Parlament und Verfassung. Band 6, S. 266–288; Die Zeit. Wiener Wochenschrift für Politik, Volkswirtschaft, Wissenschaft u. Kunst Nr. 140 (3. Juni 1897).
25 https://www.parlament.gv.at/fachinfos/rlw/Sicherheit-in-Parlamenten. Zum Verständnis dieser Grassroots – Proteste nach wie vor grundlegend ist Berthold Sutter: Die Badenischen Sprachenverordnungen, S. 176–230.
26 NFP Nr. 11955 (4. Dezember 1897, AB), S. 1–2.
27 Berthold Sutter: Die Badenischen Sprachenverordnungen (2. Band), S. 203 und S. 205.

jedoch nicht mit prinzipiellen Veränderungen einher.[28] Bereits am 1. Dezember rief der neue Ministerpräsident und ehemalige Unterrichtsminister im Kabinett Badeni, Baron Paul von Gautsch, in Reaktion auf tschechische Proteste in Böhmen den Ausnahmezustand aus, den sein Vorgänger erst 1895 beendet hatte. Um chaotische Situationen wie in Graz zu vermeiden, formalisierte Paul von Gautsch die Militäreinsätze durch Einführung des Standrechts, das in Prager Vororten auch zur Anwendung kam.[29] Aber auch auf den oben beschriebenen friedlichen Protest wirkten sich die Ereignisse aus: Die massive Beteiligung an den Begräbnissen einzelner Opfer wurde von den neuen Machthabern in Wien jetzt dem Delikt der Majestätsbeleidigung zugerechnet. Statthalter und örtlicher Korpskommandant einigten sich in Absprache mit den zuständigen Ministerien in Wien und nach Audienzen beim Kaiser darauf, dass die Beerdigungszüge in Graz das Ansehen der bewaffneten Macht und des Staatsoberhaupts beschädigt hätten. Der Korpskommandant bezeichnete die Beteiligung an Beerdigungen gefallener Zivilisten als „Zeichen revolutionärer Gesinnung".[30] Gegen 150 Offiziere der k. u .k. Armee und Studenten der Grazer Technischen Universität wurden Disziplinarverfahren eingeleitet.[31] Hochrangige Persönlichkeiten gerieten auf diese Weise in den Verdacht der Majestätsbeleidigung und der staatsbürgerlichen Unzuverlässigkeit. Dieses Verdikt traf auch den Bürgermeister der Stadt Graz.[32]

Dass die Märzfeier 1898 vor dem Hintergrund einer Zunahme repressiver Mittel bei den mittelständischen Parteien schwerlich populär sein würde, lag nahe. Bereits am 2. Dezember 1897 einigte sich die deutschösterreichische Opposition auf die „Gemeinbürgschaft der deutschen Parteien": Christlich-Soziale, nationalliberaler Fortschrittsklub und Deutsche Volkspartei stellten sich als potenzielle Partner der neuen Regierung Gautsch zur Verfügung. Zogen die bürgerlichen Mittelstandsparteien eine neue Grenze zwischen den angeblichen Anhängern des „Umsturzes" (jetzt: Sozialdemokraten, Liberale) und dem „kaisertreuen" Lager? Vereinzelte Vorkommnisse deuten darauf hin.

Ein Polizeibericht (16. Februar 1898) bemerkte in Bezug auf die Nichtbeteiligung an der Märzfeier:

> „Das Jahr 1848 ist gleichzeitig das Jahr des Antritts seiner k.u.k. Apostolischen Majestät. Die deutschen bürgerlichen Kreise Wiens werden sich aus Ehrfurcht und Dankbarkeit (…) jeden Misstons einer Jubiläumsfeier enthalten".[33]

---

28 https://www.parlament.gv.at/recherchieren/personen/parlamentarierinnen-ab-1848/parlamentarier-1848-1918/Gautsch.
29 NFP Nr. 11954 (3. Dezember 1897, MB).
30 Berthold Sutter: Die Sprachenverordnungen, S. 218.
31 Ebenda, S. 219–230.
32 Ebenda, S. 205–206; Philip Czech: Der Kaiser ist ein Lump und Spitzbube. Majestätsbeleidigung unter Kaiser Franz Joseph (Wien, Köln, Weimar 2010).
33 NÖL Statt. Präs. J1 ad 770 (ohne Zahl).

Lediglich Gustav Gross und Anton Pergelt, die Obmänner des nationalliberalen Fortschrittsklubs, nahmen an der Märzfeier teil.[34] Der Bürgermeister in Graz, dem intern ein Amtsenthebungsverfahren wegen Beteiligung an Begräbnissen angedroht wurde, ließ kurz vor der Märzfeier in Graz (Illumination der Wohnungen durch Kerzen) Militär anfordern, um eventuellen „Unruhen" vorzubeugen.[35]

Die Wiener Märzfeier von 1898 als symbolischer Protest: Kollektivsymbole und ihre politischen Gegner

Die Auffassung, dass Sozialdemokraten und Liberale als die alt-neuen Parias zu gelten hätten, spiegelt sich auch in Einstellungen der Regierung wider. Eine Ordre des Ministeriums Gautsch vom 28. Februar 1898 befasste sich mit den Regulatorien rund um die Abhaltung des Jubiläumstags und wirft ein Licht auf die mentalen Befindlichkeiten, die dem neuen Typ der Verordnungspolitik zugrunde lagen.[36] Der Text enthielt die Sorge, dass Sozialdemokraten und Presse die Möglichkeit für „Agitationen" nutzen würden. Politische Kundgebungen und die Publikation von Flugschriften, die einen Vergleich 1848 und 1898 zögen, müssten verboten werden. Ein anderer Teil des Dokuments war spezifisch auf die mnemotechnische Kraft des Kollektivsymbols 1848 bezogen: Da Tageszeitungen sich ausführlich mit den Ereignissen des 13. März 1848 befassen würden, müssten Sicherheitsbehörden mit Unruhen rechnen. Bei Bedarf würde das Ministerium den Gemeinden auch Militäreinheiten zur Verfügung stellen.

Die Sorge der Regierung war auf den Wirkungszusammenhang zwischen näher und weiter in der Vergangenheit liegenden Ereignissen, ihrer Kommunikation durch die Wiener Presse und imaginierten „Rückfällen in die populäre Gewalt" (Revolution) bezogen. Symbolische Handlungen oder Berichte, die das Ansehen und Charisma der Armee beschädigten, mussten somit im Voraus verhindert werden.

Alle diese komplexen Umstände beeinflussten auch den Charakter und die Machart der Märzfeier. Die sozialdemokratischen Parteileiter versprachen den Behörden, dass politische Reden am Zentralfriedhof unterbleiben würden und legten diese auf den 6. März.[37] Am Denkmal wurden nur kurze Ansprachen (darunter in Polnisch, Tschechisch und Italienisch) gehalten und einige populäre Lieder intoniert.[38] Die Mehrsprachigkeit war vielleicht beabsichtigt: Einem Antrag Theodor Wähners, des Chefredakteurs

---

34 Zu Pergelt vgl. https://www.parlament.gv.at/recherchieren/personen/parlamentarierinnen-ab-1848/parlamentarier-1848-1918/Pergelt; zu Gustav Gross: https://www.biographien.ac.at/oebl/oebl_G/Gross_Gustav_1856_1935.xml.
35 Antrag des Stadtrats in: STLA Statth. Präs. Faszikel 8 – 332 – 1898.
36 STLA Statth. Präs. Faszikel 8 – 663 – 1898 (2019/M.Z.).
37 NÖL Statt. Präs. J1 ad 770 (Z. 849–924).
38 NÖL Statt. Präs. J1 ad 770 (Nr. 1072).

der „Deutschen Zeitung" und Wiener Stadtrats zufolge könnte das Tschechische als Zeichen der Aufwiegelung verstanden werden. Wähner unterstützte daher die Verstärkung der Militärpräsenz am Zentralfriedhof.[39] Allerdings traten Wiener Polizeibeamten derartigen Befürchtungen entgegen und gaben vor und nach der Feier Entwarnung. Dutzende von Dienstzetteln dokumentierten einen friedlichen und ruhigen Ablauf ohne Zwischenfälle.[40]

Was den Kritikern in Regierung und Opposition entgangen war, war die Bedeutung von 1848 als Kollektivsymbol. Die Kranzniederlegung und die beinahe theatralische Gesamtgestaltung, die in den gruppenweisen Menschenzügen zum Zentralfriedhof und den blumengeschmückten Straßenbahnen zum Ausdruck kam, konnte als Protest gegen eine Generalamnestie exzessiver Staatsgewalt und zugleich als schlichte Inszenierung des historischen Gangs zum Landhaus im Jahr 1848 verstanden werden. Einem möglichen Vorwurf der „Beschädigung der Staatsautorität" entkamen die Organisatoren durch einen ausgesprochen sparsamen Umgang mit Worten. Die Märzfeier konnte nur so zu einer heimlichen politischen Meta-Bestattung werden. Der Befürchtung der Regierung, es könnte mit Kränzen aus Provinzstädten agitiert werden, begegneten die TeilnehmerInnen mit einem weitgehend stillen Andenken an unschuldige Opfer.[41] Die Formulierung „Kränze aus der Provinz" (Februar-Erlass) ließ sich auf Vorgänge in Graz und Prager Vororte beziehen, wo noch bis zum 10. Januar 1898 das Standrecht in Kraft blieb. Wie zu Demonstrationszwecken gab das demokratische NWT in seiner 68-Seiten starken Sonntagsausgabe eine Vielzahl der 200 Kranzaufschriften wieder und dokumentierte auf diese Weise die breite Beteiligung der Wiener Bevölkerung: Von Gewerbevereinen, politischen Frauenvereinen (offiziell noch verboten!) bis zu Freizeit- und Fahrradvereinen war ein durchaus repräsentatives Segment des städtischen Wiener Lebens bei dieser fiktiven Beisetzung anwesend.[42] Die Möglichkeit einer persönlichen Identifikation mit individuellen Opfern der Zeitgeschichte drückte ein halber Satz in der demokratischen Zeitung aus: Unter den Kränzen befände sich ein „Herz aus roten Blumen mit der Jahreszahl 48 in der Mitte".[43] Der interdependente Gedanke, dass der Schutz der Monarchie und des Kaiserhauses vor innerem Aufruhr zwar notwendig, aber Schüsse auf friedliche Demonstranten die Grenze des Erlaubten überschritten, bildeten überdies Leitmotive in den Festansprachen Josef Kopps und Julius Ofners im Grand Hotel bzw. im Hotel de France auf einem Empfang am Vorabend der Veranstaltung.[44]

---

39 WIE Nr. 67 (9. März 1898), S. 2 und NÖL Statth. Präs. J1 ad 770 (wie Fußnote 35).
40 NÖL Statt. Präs. J1 ad 770 (Nr. 849–924).
41 STLA Statth. Präs. Faszikel 8 – 663 – 1898 (2019/M.Z.); NWT Nr. 71 (13. März 1898), S. 4.
42 NWT Nr. 71 (13. März 1898), S. 4.
43 NÖL Statt. Präs. J1 ad 770 (Nr. 849–924).
44 NWT Nr. 71, S. 4.

Antiliberalismus als kultureller Code: Karl Lueger und die Wiener Märzfeier 1898

Eine befriedigende Auseinandersetzung mit der März-Opposition in der nationalistisch-antisemitischen Wiener Presse würde den Rahmen dieses Beitrags sprengen. Polizeiberichte lassen jedoch vermuten, dass ein populäres antiliberales Kollektivsymbol als oppositionelles Instrument in die Wortwahl der Gegner der Gedächtnisfeier einfloss: Die symbolische Waffe des Antisemitismus. In einem Polizeibericht vom 16. Februar heißt es über die Einstellung der Wiener Gemeinderegierung:

> „Die Christlich-Sozialen werden sich (…) der Feier vollkommen fernhalten. Sie stellten sich stets der sozialdemokratischen Märzfeier feindlich gegenüber, mit einem verdächtigen Seitenhieb auf die ‚jüdische Führung' in der Partei wiesen sie darauf hin, dass auch der ‚Jude Spitzer' im Grab der Märzgefallenen bestattet sei."[45]

Laut Shulamith Volkov konnte die Kodierung komplexer Botschaften in bildhaften Reden und Texten als politische antiliberale Waffe in der Jahrhundertwendezeit einen Mehrwert an Effekten erzeugen.[46] Mit „Spitzer" gemeint war hier der zum Zeitpunkt seines Todes erst 17-jährige jüdische Student Karl Heinrich Spitzer, der zu den ersten Märzgefallenen gehört hatte. Die antisemitische Symbolik der wiedergegebenen Formulierung überschritt aber die zeitlich-historische Begrenztheit der Märzgefallenen durch assoziative Mehrdeutigkeit. In dieser Hinsicht war sie mit dem liberalen Kollektivsymbol „Bestattungen" zumindest verwandt. Denn einer bei den Grazer Demonstrationen umgekommenen Personen war ein (slowenischsprachiger) Arbeiter, der nach einer offenen Konfrontation mit einem Lueger-Verbündeten des Reichsrats durch Infanteristen-Einsätze zu Tode gekommen war.[47] Der behandelnde Arzt des Opfers (der an der Erstversorgung gehindert wurde) war jedoch, wie Spitzer, ein aus Mähren stammender Jude und (wie der ums Leben gekommene Slowene) ein Sozialdemokrat.[48] Der illiberale kulturelle Code richtete sich somit gegen die Feinde der neuen Gemeinbürgschaft im Reichsrat und er entschuldigte radikale Maßnahmen der militärischen Einsatzgruppe ohne jeder kritische Fragerei. Dies war der größtmögliche denkbare Bruch mit dem Kollektivsymbol 1848. Ohne Hinweis auf den

---

45 NÖL Statt. Präs. J1 ad 770 (ohne Zahl); https://www.encyclopedia.com/religion/encyclopedias-almanacs-transcripts-and-maps/spitzer-karl-heinrich.
46 Shulamit Volkov: Antisemitismus als kultureller Code (München 2000).
47 Bei dem Politiker handelte es sich um Julius Axmann: https://www.parlament.gv.at/person/33747.
48 Berthold Sutter: Die Badenischen Sprachenverordnungen, S. 186-190. Zur Biographie des Arzts Michael Schacherl vgl. https://www.parlament.gv.at/recherchieren/personen/parlamentarierinnen-ab-1848/parlamentarier-1848-1918/Schacherl. Die beiden jüdischen Märzgefallenen stammten aus Mähren. Michael L. Miller: Rabbis and Revolution, S. 247 ff.

Namen Lueger und wie zur Entkräftung der falschen Metapher des Antisemitismus ließ das Wiener Illustrierte Extrablatt ein Porträt des jugendlich-unschuldig wirkenden Technikstudenten Spitzer in der Tagesausgabe vom 13. März 1898 abdrucken.[49] Überdies beteiligten sich an der Bekränzung der Gräber Füsters und Fischhofs in der Israelitischen Abteilung am Vormittag der Feier einhundert Arbeiterradfahrer: Das Todesopfer vom 20. November 1897 war in einer Fahrradfabrik beschäftigt gewesen.[50]

Die Märzfeiern in und außerhalb Wiens besaßen im Gegensatz zu den radikalen Ausfällen Luegers und seiner Verbündeten bis in die Kapillaren der Veranstaltung hinein ein Programm der radikalen Inklusion. Als die NFP den letzten Brief Robert Blums an seine Frau am Morgen seiner Hinrichtung abdruckte, orientierte sie sich an den damals unter Liberalen zirkulierenden persönlichen Briefen unschuldig Inhaftierter (Oscar Wilde, Alfred Dreyfus).[51] Die journalistische Präsentierung der persönlichen, privaten Seite Robert Blums ermöglichte die mitfühlende Identifikation der LeserInnen mit einem todgeweihten, schuldlos inhaftierten Gefangenen: Blum kam als Ehemann und Vater (die NFP druckte die Erinnerungen Hans Blums mit ab), keineswegs aber als unheilbringender „Meister aus Deutschland" zur Darstellung. Zudem fungierte Blum als Kollektivsymbol. Eine freie Assoziation mit Alfred Dreyfus und dessen Briefen an seine Frau Lucy sollte die LeserInnen der NFP an einen bekannten Fall der Gegenwart erinnern.[52] Die erste Initiative zu einer großangelegten Märzfeier erfolgte am 14. Jänner 1898 durch den ehemaligen liberalen Vizebürgermeister Josef Matzenauer. Das war am Tag nach der Veröffentlichung von Emil Zolas berühmten offenen Brief an den Präsidenten der französischen Republik.[53] Das „J'accuse" druckte die NFP allerdings, in Rücksicht auf österreichische Zustände, nicht ab. Die Frage, ob der Schutz geheiligter Säulen der Monarchie (wie das hehre Ansehen von Militär und Kaiser) auch Kompromisse mit Menschenrechten rechtfertigen würde, beantworteten Wiener liberale, sozialpolitische und sozialdemokratische Zeitungen und Beteiligte im März 1898 mit einem klaren Nein.

---

49 WIE Nr. 71 (13. März 1898), S. 7.
50 Die Fahrradwerke Puch & Franz. Berthold Sutter: Die Badenischen Sprachverordnungen, S. 187; NÖL Statth. Präs. J1 ad 770 (ohne Zahl).
51 NFP Nr. 12052 (13. März 1898, MB), S. 24.
52 Paul Reitter: The Anti-Journalist. Karl Kraus and Jewish Self-Fashioning in Fin de Siècle Europe (Chicago 2007), S. 84.
53 NFP Nr. 11995 (15. Jänner 1898, MB), S. 1; zu Josef Matzenauer: https://www.biographien.ac.at/oebl/oebl_M/Matzenauer_Josef_1837_1905.xml.

Schlussbemerkung: Die Märzfeier 1898 – Effektives Kollektivsymbol oder Wendepunkt?

Die physische Präsenz von 80.000–100.000 Menschen am Tag der 50- jährigen Wiederkehr der Märzaufstände zeugt von einer eindrucksvollen gesellschaftlichen Solidarität mit Opfern der kommunalen Zeitgeschichte und der Ereignisgeschichte von 1848. Die Verbote parteipolitischer Stellungnahmen an diesem Tag wurden durch nonverbale Kommunikationsformen ausgeglichen. Das Kollektivsymbol der Märzgefallenen ermöglichte es einer sehr breiten Öffentlichkeit, sich über akute Differenzen hinweg auf ein gemeinsames Erbe zu besinnen und die simultane Kranzniederlegung durch deutschradikale, sozialdemokratische (und sogar anarchistische Gruppen) belegt den inklusiven, demokratischen Charakter der Feier. Ein gemeinsamer Nenner der Berichte in liberalen und sozialpolitischen Tageszeitungen, auf die sich diese Untersuchung hauptsächlich gestützt hat, war die Hervorhebung langfristig fehlender Grundrechte für Individuen bzw. deren Missachtung durch Personen in Regierungsverantwortung. Welche Breitenwirkung hatte die kollektive Erinnerung an 1848 für die Zeitgenossen um 1900 aber tatsächlich?

Der politische Trend der Jahrhundertwende lief in eine andere Richtung. So enthielt das Pfingstprogramm der deutschösterreichischen Volksparteien zwar eine Tilgung des § 14 Staatsgrundgesetz. Es knüpfte dieses Ziel jedoch auch an die Bedingung deutschzentralistischer Besitzansprüche in Böhmen. Im sozialdemokratischen „Brünner Programm" (September 1899) nahmen die kollektiven nationalen Identitäten als Rechtsinstanzen einen höheren Stellenwert ein als individuelle Bürger- oder Menschenrechte.[54]

Der stille Konsens der Gedächtnisfeier lässt sich vielleicht mit dem Satz zusammenfassen, keine blutigen Opfer mehr hinnehmen zu wollen bzw., die prinzipielle Gleichheit der Opfer wenigstens im Angesicht ihres Todes anzuerkennen. Im Nachhinein wirkt das Denkmal für die Märzgefallenen auf dem Wiener Zentralfriedhof für uns heute wie ein Markierungspunkt vor einer Weggabelung, in der sich liberale Kulturen der Erinnerung noch in aller Öffentlichkeit zeigten, bevor sie von neuen Typen des Staatsnationalismus in Mitleidenschaft gezogen wurden.

---

54 Heinrich August Winkler: Geschichte des Westens. Von den Anfängen in der Antike bis zum 20. Jahrhundert (München 2016), S. 1022–1023.

Janek Wasserman

Austroliberalismus während der Ersten Republik:

Die Österreichische Schule der Nationalökonomie in der Zwischenkriegszeit

Friedrich von Wieser diente der österreichischen Regierung während des Ersten Weltkriegs in verschiedenen Funktionen. Er wurde 1917 Mitglied des Herrenhauses und fungierte dreimal als Handelsminister. Als das Habsburgerreich im November 1918 einen Waffenstillstand mit der Entente unterzeichnete, war Wieser noch im Amt. In seinem 1919 erschienenen Buch „Österreichs Ende" beklagte er den Untergang des Kaiserreichs und argumentierte, dass das österreichische Volk ein „neues Heldentum" brauche, das auf der Vergangenheit aufbaue und dennoch auf eine lebenswichtige Zukunft ausgerichtet sei. Dies wäre die Aufgabe einer neuen Generation.[1] Wiesers Abhandlung ist nicht nur eine Geschichte der Auflösung Österreichs; Sie sprach auch über die Österreichische Schule der Nationalökonomie. Die Mitglieder der Schule genossen in der späten kaiserlichen Ära einen bevorzugten Status. Sie hatten Verbindungen zu den höchsten Regierungsebenen. Ihre Ansichten waren an den Universitäten gut vertreten. Doch schon vor dem Ende des Weltkriegs befand sich die Schule im Umbruch. Carl Menger, der Gründer der Schule, veröffentlichte nach 1915 keine wissenschaftlichen Publikationen mehr. Eugen von Böhm-Bawerk, ein Führer der zweiten Generation und Wiesers Schwager, ist 1914 gestorben. Auch Eugen von Philippovich, Wiesers langjähriger Kollege und Freund an der Universität Wien, verstarb 1917.

Dieser Aufsatz verfolgt die Wachablöse an der Österreichischen Schule, wo Joseph Schumpeter, Ludwig von Mises und Hans Mayer Menger, Böhm und Wieser sowie zukünftigen Koryphäen wie Gottfried Haberler, Friedrich Hayek, Fritz Machlup und Oskar Morgenstern folgten. Diese jüngere Kohorte hatte mit schlechteren Aussichten und einer umkämpften liberalen Tradition zu kämpfen. Die bedeutendste Weiterentwicklung der Schule, das Institut für Konjunkturforschung, integrierte sie in neue wissenschaftliche Netzwerke, die Christian Fleck als „transatlantische Bereicherungen" bezeichnete, und schlug damit ein neues Kapitel für die Schule auf.[2]

Als der Krieg zu Ende ging, beschäftigten sich Persönlichkeiten der Österreichischen Schule mit dringenden öffentlichen Angelegenheiten. Joseph Schumpeter beispielsweise äußerte eine vorsichtig optimistische Einschätzung der Verhältnisse im Jahr 1918.

---

1 Friedrich *von Wieser*, Österreichs Ende (Berlin 1919) 9, 316–318.
2 Siehe Christian *Fleck*, Transatlantische Bereicherungen. Zur Erfindung der empirischen Sozialforschung (Berlin 2007).

Schumpeter veröffentlichte eine Broschüre mit dem Titel „Die Krise des Steuerstaats", in der er die Möglichkeiten für die Nachkriegswirtschaft untersuchte. Er bezweifelte, dass eine Rückkehr zur Vorkriegsmischung aus freiem Wettbewerb und staatlicher Beteiligung möglich sei. Der österreichische Staat, der sich einer zentral geplanten Kriegswirtschaft zugewandt hatte, musste sich nach einem liberaleren englischen Modell neu erfinden.[3] Das Habsburgerreich überlebte nicht lange genug, um Schumpeter anzuwerben, dennoch wurde er Finanzminister in der von der Sozialdemokratischen Arbeiterpartei (SDAP) geführten Regierung. Er versuchte, Österreich für ausländische Investitionen zu öffnen und die Kreditvergabe auszuweiten, allerdings mit begrenztem Erfolg. Er schlug eine hohe Kapitalabgabe und den Verkauf inländischer Unternehmen an ausländische Investoren vor, was die meisten Nichtliberalen entsetzte. Nach sieben Monaten gab er sein Ministeramt auf. Danach wurde Schumpeter Präsident und Vorstandsvorsitzender der Biedermann Bank. Die Bank ging Mitte der 1920er Jahre bankrott und Schumpeter war verschuldet. Er kehrte in die akademische Welt zurück und nahm 1925 eine Professur in Bonn an.[4]

Wie Schumpeter diskutierte Ludwig von Mises über Steuern, Sozialisierung und Finanzen. Die beiden machten gemeinsame Sache gegen die inflationären Tendenzen der Kriegsregierung. Mises argumentierte, dass Deutschlands Vorliebe für Autoritarismus, Nationalismus und Militarismus die Welt in ihre gegenwärtige missliche Lage gebracht habe. Er war der Ansicht, dass nur ein demokratischer Staat nach englischem oder französischem Vorbild eine Nachkriegsordnung aufrechterhalten könne. Er vertrat eine liberale Vision der Nationalität, die auf der freien Migration der Völker, liberalen Staatsbürgerschaftsgesetzen und der freiwilligen Integration in die nationale Gemeinschaft beruhte. Für ihn war das liberale Prinzip gleichbedeutend mit demokratischer Regierungsführung: „Der Grundgedanke des Liberalismus und der Demokratie ist die Harmonie der Interessen aller Teile eines Volkes und dann die Harmonie der Interessen aller Völker."[5] Mises hoffte auf eine neue Ordnung, die auf liberalem Individualismus und der Gleichheit aller Menschen und Nationen beruhte. Das Versailler System erreichte dieses Niveau jedoch nicht. Die Vorrechte der Nationalstaaten – insbesondere der angelsächsischen und französischen – hatten weiterhin Vorrang vor internationalen Standards für Rechte und Gerechtigkeit.

In den 1920er Jahren argumentierte Mises auch gegen die ökonomische Zurechnung im sozialistischen Gemeinwesen und löste damit eine kontinentale Debatte über die Möglichkeit einer effizienten sozialistischen Wirtschaft aus. Für Mises machte der Sozialismus wirtschaftliche Berechnungen unmöglich und bedeutete das En-

---

3 Joseph *Schumpeter*, Die Krise des Steuerstaats (Graz/Leipzig 1918).
4 Siehe Wolfgang *Stolper*, Joseph A. Schumpeter: The Public Life of a Private Man (Princeton 1994) und Thomas *McCraw*, Prophet of Innovation: Joseph Schumpeter and Creative Destruction (Cambridge 2007).
5 Ludwig *von Mises*, Nation, Staat, Wirtschaft (Wien/Leipzig 1919) 35.

de der Wirtschaftstätigkeit, der rationalen Produktion und schließlich der Zivilisation.[6]

In den Krisenjahren 1922–23 begann Mises konservative Politiker, darunter Bundeskanzler Seipel, zu beraten. Er befürwortete Sparmaßnahmen – Kürzungen der Staatsausgaben und Entlassungen Zehntausender Beamter – und eine Rückkehr zum Golddevisenstandard, um die Hyperinflation einzudämmen und den österreichischen Schilling zu stabilisieren. Mises agierte hinter den Kulissen, während Österreich mit dem Völkerbund und ausländischen Investoren über Kredite verhandelte.[7] An diesen Verhandlungen beteiligte sich auch Richard Schüller, Carl Mengers letzter Doktorand, der als Sektionschef für Handel im Auswärtigen Amt und Mitglied des Wirtschaftsausschusses des Völkerbundes fungierte.[8]

Während einzelne Mitglieder der Österreichischen Schule noch weitreichende Wirkung hatten, wirkten sich die Bedingungen im Wien der Nachkriegszeit grundlegend negativ auf die Österreichische Schule aus. Die Nationalökonomie als Wissenschaft stand in Mitteleuropa vor gewaltigen Hindernissen. Wissenschaftliche Vereinigungen und Publikationen hatten Mühe, sich über Wasser zu halten. Unterdessen erhielten konservative, nationalistische Gelehrte wie Othmar Spann Ernennungen zu prominenten Posten, was den Einfluss des Liberalismus in der Akademie schmälerte. Studenten, die sich diesen Trends widersetzten, mussten ihren eigenen Wegen folgen. Junge Liberale wie Herbert Fürth und Friedrich Hayek gründeten Vereine zur Verteidigung demokratischer Ideale. Sie beteiligten sich 1918 an der Gründung der Deutschen Demokratischen Hochschülerschaft. Fürth und Hayek gründeten daraufhin den Geist-Kreis. Der Kreis von etwa fünfundzwanzig Männern (Frauen waren nicht zugelassen) traf sich in den nächsten siebzehn Jahren alle zwei Wochen.[9] Neben Furth und Hayek schlossen sich Morgenstern, Haberler und Machlup an. Alfred Schütz und Felix Kaufmann waren anwesend. So auch Karl Menger, der Sohn des Gründers der Schule.

Während die Interessen des Kreises vielfältig waren, dominierten die Ökonomen. Sie standen bereits im Bann von Menger und Wieser. Wiesers Kurse und sein Lehrbuch „Theorie der gesellschaftlichen Wirtschaft" waren der Einstieg in die fortgeschrittene Wirtschaftswissenschaft. Das Buch bot eine Einführung in die Grenznutzentheorie, forderte die Ökonomen jedoch auch auf, sozialen Implikationen zu überdenken. Während Wert- und Kalkulationsfragen eine Rolle spielten, erkannte Wieser eine andere Kraft: Macht. Die klassischen Ökonomen hatten mit ihrer Laissez-faire-Haltung den

---

6 Siehe Ludwig *von Mises*, Die Gemeinwirtschaft. Untersuchungen über den Sozialismus (2. Auflage, Jena 1932).
7 Jörg Guido *Hülsmann*, Mises: The Last Knight of Liberalism (Auburn 2007) 483–517.
8 Jürgen *Nautz* (Hg.), Unterhändler des Vertrauens. Aus den nachgelassenen Schriften von Sektionschef Dr. Richard Schüller (Wien 1990).
9 Friedrich *von Hayek*, Hayek on Hayek. An Autobiographical Dialogue (Chicago 1994) 49–50.

sozialistischen Kritikern Tür und Tor geöffnet. Wiesers Projekt bestand darin, die „Lücken" in der bürgerlichen Theorie zu schließen, indem er sich mit der zerstörerischen Kraft der Machtverhältnisse in der liberalen Gesellschaft befasste, damit eine auf subjektivistischen Prinzipien basierende Sozialwirtschaft dem Sozialismus widerstehen konnte.[10]

Als Wieser 1922 in den Ruhestand ging, schockierte die Universität viele, indem sie Hans Mayer vor Schumpeter und Mises ernannte. Mayer, ein Wieser-Schüler, stand dem methodologischen Individualismus dennoch skeptisch gegenüber. Seine Forschung konzentrierte sich auf die Rolle der Zeit für die Gleichgewichtstheorie, die er mit dem Konzept der „Komplementarität" identifizierte.[11] Seine Schüler, insbesondere Paul Rosenstein-Rodan und Leo Schönfeld, nutzten seine Erklärungen des wirtschaftlichen Wandels, um wichtige Kritikpunkte an der allgemeinen Gleichgewichtstheorie zu äußern. Sie identifizierten die Komplementarität – die Idee, dass der Nutzen von Gütern nicht nur auf subjektiven Bewertungen einzelner Güter, sondern auf der Beziehung zwischen verschiedenen Gütern basiert – als das herausragende Thema der modernen Wirtschaftstheorie. Sie erklärten, die „Neue Österreichische Schule" sei die einzige Gruppe, die in der Lage sei, diesen Mangel zu beheben.[12]

Das Erbe Mayers war jedoch vor allem ein negatives. Mayer war jähzornig und führte offene Fehden mit Spann und Mises. Er erlangte den Ruf, unorganisiert und mittelmäßig zu sein. Dennoch stand die Schule Mitte der 1920er Jahre auf einem stabileren Fundament. Ihre Schüler schrieben in der Neuen Freien Presse und im Neuen Wiener Tagblatt sowie in populären Wirtschaftszeitschriften wie dem Österreichischen Volkswirt. Sie engagierten sich in sozialwissenschaftlichen Organisationen wie der Nationalökonomischen Gesellschaft (NÖG) und der Gesellschaft Österreichischer Ökonomen (GÖV) sowie in Interessenvertretungen wie der Wirtschaftskammer Wien und Niederösterreich. Die Hauptquellen ihrer Forschung waren die Zeitschrift für Volkswirtschaft, Sozialpolitik und Verwaltung und das Archiv für Sozialwissenschaft und Sozialpolitik.

Die jüngeren Gelehrten schrieben in diesen Zeitschriften ihre ersten Aufsätze. Haberler, Marianne Herzfeld und Helene Lieser publizierten zur Geld- und Bankentheorie. Fürth, Hayek, Kaufmann und Voegelin verfassten methodologische Arbeiten. Hayek veröffentlichte ein Hauptwerk zur US-Bankenpolitik. Martha Stephanie Braun und Fritz Machlup schrieben über die britische Bankengeschichte und Knut Wicksells Theorien des neutralen Geldes. Jüngere Schulmitglieder distanzierten sich zunehmend von

---

10 Friedrich *von Wieser*, Theorie der gesellschaftlichen Wirtschaft (Tübingen 1924).
11 Siehe Hansjörg *Klausinger*, Hans Mayer, Last Knight of the Austrian School, Vienna Branch. In: History of Political Economy 47, H. 2 (2015) 271–305.
12 Paul *Rosenstein-Rodan*, La Complementarietà: Prima della tre tappe del progresso della Teoria Economica Pura. In: La Riforma Sociale 44 (1933) 257–308.

Mayer, indem sie sich an seinen Rivalen um den Titel des Leiters der Österreichischen Schule wandten: Mises.

Mises' Privatseminar wurde zu einem der bekanntesten Wiener Kreise. Immer mehr Studenten suchten ihn auf. Hayek ist dafür ein gutes Beispiel. Hayek verbrachte die Jahre 1922 und 1923 im Osten der USA. Als Hayek 1924 nach Österreich zurückkehrte, schloss er sich dem Mises-Kreis an. Auch Morgenstern begann, das Mises-Seminar zu besuchen.[13] 1924 traten Haberler und Machlup in seinen Wirkungsbereich. Haberlers erstes Buch bezweifelt die Nützlichkeit von „Indexzahlen". Die Unzulänglichkeiten der modernen Statistik zeige sich vor allem bei der Beurteilung des Geldwertes, des Preisniveaus und der Inflation, so Haberler.[14] Machlup wurde Mises' einziger Doktorand. Sein 1925 erschienenes Buch über den Golddevisenstandard war eine Erweiterung von Mises' 1912 erscheinenden Werk.[15]

Von Mitte der 1920er bis Mitte der 1930er Jahre trafen sich jeden zweiten Freitag um 19 Uhr zwanzig junge Männer und Frauen im Mises-Büro der Niederösterreichischen Wirtschaftskammer. Die Abende begannen mit einem Wirtschaftsvortrag. Um 22 Uhr begab sich die Gruppe zum Abendessen in ein italienisches Restaurant (Der Grüne Anker), wo sich das Gespräch den „feineren theoretischen Fragen" zuwandte. Ab 23:30 Uhr waren die Männer – Frauen waren von diesem Ritual ausgeschlossen – im Café Künstler zu finden. Am Ende der Nacht waren die von Felix Kaufmann adaptierten Trinklieder der Seminarteilnehmer zu hören. Auch ein halbes Jahrhundert später erinnerten sich Mitglieder der Österreichischen Schule an die Melodien.[16]

Mises behauptete, dass er „weder Schule, noch Gemeinschaft, noch Sekte" pflegte,[17] aber der Liberalismus sei eine heilige Kuh. So sangen sie in „Mises-Mayer-Debatte" (zur Melodie des Fiakerlieds):

I bin a Liberaler,
Doch net vom alten Schlag.
Weil I ja alles anders
Als alle Frühern sag.

---

13 Siehe Bruce *Caldwell*, Hansjörg *Klausinger*, Hayek: A Life, 1899–1950 (Chicago 2022).
14 Gottfried *Haberler*, Der Sinn der Indexzahlen (Tübingen 1927).
15 Fritz *Machlup*, Die Goldkernwährung. Eine währungsgeschichtliche und währungstheoretische Untersuchung (Halberstadt 1925).
16 Siehe Martha Stephanie *Browne*, Erinnerungen an das Mises-Privatseminar. In: Wirtschaftspolitische Blätter 28, H. 4 (1981) 110–119; Gottfried *Haberler*, Mises's Private Seminar. In: Wirtschaftspolitische Blätter 28, H. 4 (1981) 121–126.
17 Ludwig *von Mises*, Memoirs (Auburn 2009) 81.

Liberaler kann a jeder wern,
Begründen ka mas nur in Wean.
Das weiß I halt, weil I a Grenznutzler bin,
Da kriagt halt die Wirtschaft an eigenen Sinn.[18]

Das 1927 von Mises gegründete und von Hayek geleitete Institut für Konjunkturforschung stellte den Höhepunkt dieser von Mises geleiteten Neuerfindung dar. Die österreichische Regierung hatte zwar Verständnis für das Institut, hatte jedoch kaum finanzielle Mittel um dieses zu fördern. Ausschlaggebend für den Erfolg des Instituts war die Intervention der Rockefeller Foundation (RF). Der Laura Spelman Rockefeller Memorial Fund ermöglichte Fürth, Haberler, Machlup, Morgenstern, Rosenstein-Rodan, Gerhard Tintner und Voegelin ein Studium in den USA und im Vereinigten Königreich. Stipendien im Umfang von ein oder zwei Jahren, führten die Österreicher in neue Forschungstrends ein, insbesondere in die Konjunkturforschung des Cambridge (UK) Economic Service, des Harvard Economic Service und des National Bureau of Economic Research.[19] Nach diesen positiven Verbindungen gewährte die RF dem IfK ab 1931 einen fünfjährigen Zuschuss in Höhe von insgesamt 20.000 US-Dollar. Die RF erneuerte ihre Unterstützung 1936 für zwei Jahre mit 6.000 US-Dollar pro Jahr und 1938 erneut für drei Jahre, stellte die Zahlung jedoch nach dem „Anschluss" Österreichs an Hitler-Deutschland ein.[20]

Während sich die Ökonomen Ende der 1920er Jahre auf der internationalen Bühne etablierten, pflegten sie auch ein beeindruckendes nationales Netzwerk. Moritz Benedikt, bis 1920 Herausgeber der Neuen Freien Presse, war ein Klassenkamerad von Böhm und Wieser und ein früher Popularisierer des Marginalismus. Sein Sohn Ernst trat seine Nachfolge an und bot seine Zeitung als Ventil für liberale Wirtschaftswissenschaften an. Unterdessen leitete Viktor Graetz, ein Menger-Schüler, das Neue Wiener Tagblatt. Richard Reisch und Viktor Kienböck, die beiden Präsidenten der Österreichischen Nationalbank aus der Zwischenkriegszeit, hatten enge Beziehungen zu Böhm bzw. Mises. Schließlich entwickelte die Österreichische Schule durch Kienböck, den dreimaligen Bundeskanzler Ignaz Seipel und Walter Breisky, Leiter des Statistischen Amtes, gute Beziehungen zur Christlichsozialen Partei.[21]

Als die österreichische Wirtschaft in den frühen 30er zusammenbrach, waren die Mitglieder der Österreichischen Schule gut aufgestellt, um politische Vorschläge zu formulieren. Mises befürwortete die Einmischung internationaler Finanziers in die inneren

---

18 Felix *Kaufmann*, Wiener Lieder zu Philosophie und Ökonomie (Oldenbourg 1992) 27.
19 Earlene *Craver*, Patronage and the Directions of Research in Economics: The Rockefeller Foundation in Europe, 1924–1938. In: Minerva 24, H. 2/3 (1986) 205–222.
20 Janek *Wasserman*, Marginal Revolutionaries: How Austrian Economists Fought the War of Ideas (New Haven 2019) 123–125.
21 *Wasserman*, Marginal Revolutionaries 130–133.

Angelegenheiten Österreichs, um die Marktfunktionen zu glätten, lehnte jedoch in „Kritik des Interventionismus" (1929) die Beteiligung des Staates an der wirtschaftlichen Entscheidungsfindung ab.[22] Mises' Heimatinstitution, die Wiener Handelskammer, sowie ihre angeschlossene Organisation, die International Handelskammer (ICC), boten ihm die dafür nötige Bühne. Auch Hayek und Haberler arbeiteten dort in den 1920er Jahren. Mises leitete 1930 eine dreiköpfige Wirtschaftskommission und fungierte gleichzeitig als Sekretär der Kammer. Der ICC versuchte, Zollmauern niederzureißen, den Kapitalfluss zu steigern und die Weltwirtschaftsaktivität anzukurbeln. Die Handelskammer empfahl im Februar 1930 Kürzungen des Arbeitslosengeldes sowie der Kranken- und Unfallversicherung.[23]

Hayeks Einschätzung der frühen Stadien der Weltwirtschaftskrise verfolgte ähnliche Analysen, die er 1929 in seinem Buch „Geldtheorie und Konjunkturtheorie" darlegte. Er sah niedrige Zinsen und ein hohes Preisniveau als Ursache für Spekulationsblasen und wirtschaftliche Unsicherheit. Als entscheidenden Faktor identifizierte er das Geld. Hayek lehnte die Idee ab, dass einer deflationären Episode durch geldpolitische Maßnahmen entgegengewirkt werden sollte. Hayek plädierte stattdessen für eine langsame Neukalibrierung der Wirtschaft.[24] Seine „Geldtheorie" machte Hayek international berühmt. Gelehrte der London School of Economics luden Hayek 1931 zu einer Reihe von Vorträgen ein. Lionel Robbins sah Hayek als Verbündeten in seinen Debatten mit John Maynard Keynes und anderen Cambridge-Ökonomen. Mit der Unterstützung von Robbins wurde Hayek auf den Tooke-Lehrstuhl für Wirtschaftswissenschaften und Statistik an der LSE berufen.[25]

Als Hayek auf derselben Reise Cambridge besuchte, bereitete man ihm einen unterkühlten Empfang. Die Cambridge-Kohorte lehnte seine Ideen ab. Sie hatten kein Verständnis für seine Erklärungen zum Zusammenhang zwischen Produktion und Investitionen oder zum Zusammenhang zwischen relativen Preisniveaus, Produktion und Inflation. Obwohl Keynes bei diesen Gesprächen nicht anwesend war, war dies doch der Beginn des berühmten Hayek-Keynes-Kontroversen. Lionel Robbins lud Hayek ein, Keynes' Abhandlung über Geld zu rezensieren. Hayek warf Keynes Dilettantismus in der Geld- und Konjunkturtheorie vor. Seine theoretischen Grundlagen hielten einer genaueren Prüfung nicht stand: „[T]he exposition is so difficult, unsystematic, and obscure, that it is extremely difficult for the fellow economist who disagrees with the conclusions to demonstrate the exact point of disagreement and to state his objec-

---

22 Ludwig *von Mises*, Kritik des Interventionismus. Untersuchungen zur Wirtschaftspolitik und Wirtschaftsideologie der Gegenwart (Stuttgart 1929).
23 Quinn *Slobodian*, Globalists: The End of Empire and the Birth of Neoliberalism (Cambridge 2018) 30–48.
24 Friedrich *von Hayek*, Geldtheorie und Konjunkturtheorie (Wien/Leipzig 1929).
25 Siehe *Caldwell* und *Klausinger*, Hayek, besonders das 16. Kapitel.

tions."²⁶ Keynes reagierte hart und nannte Hayeks Ansichten ein „frightful muddle". Hayeks Modell konnte Krisen weder verhindern noch lindern. Hayeks Rezept „leave it to time to effect a permanent cure" war unzureichend.²⁷

Man sollte sich davor hüten, diesem akademischen Geplänkel einen zu großen Stellenwert einzuräumen, aber es führte eine neue Kohorte österreichischer Wissenschaftler in dieses transnationale Gespräch ein. Fritz Machlups Schriften zur Depression boten eine politikorientierte Analyse, die auch in den USA ein Publikum fand. In „Börsenkredit, Industriekredit und Kapitalbildung" untersuchte er die Kreditverteilung zwischen Börse und Industrie und die Auswirkungen dieser Verteilung auf die Wirtschaft. Machlup verteidigte das derzeitige Kreditsystem und die Grundsätze des freien Wettbewerbs. In Anlehnung an Mises schlug er vor, dass Kreditausweitung, Inflation und die Behinderung des Kapitals von der Bankpolitik herrührten und vermieden werden sollten. Generell vertraute Machlup auf die Börse als „Kompass" und „Lenkrad" für die Wirtschaft. Er lehnte eine Politik ab, die zu einer inflationären Finanzierung des öffentlichen Haushalts führte. Nur die Märkte, nicht der Staat, könnten die Weltwirtschaft ankurbeln. Er schrieb eine beliebte Artikelserie mit dem Titel „Zwei Minuten Volkswirtschaft" im Neuen Wiener Tagblatt, um seine Argumente zu verbreiten.²⁸

Unter den „Austroliberalen" mäßigte nur Haberler seine Begeisterung für die österreichische Konjunkturtheorie. Mitte der 1930er Jahre war Haberler vielleicht das angesehenste Mitglied der jüngeren Schule. Seine Arbeit zum internationalen Handel erregte die Aufmerksamkeit von Arthur Loveday und dem Völkerbund. Dieser beauftragte ihn daher, „Prosperity and Depression" zu schreiben, eine zusammenfassende Studie über Konjunkturtheorien und ihre Anwendung auf die Depression. Nach der Verschärfung der Depression zwischen 1931 und 1933 begann er die Richtigkeit der österreichischen Erklärungen zu Überinvestitionen, Kreditausweitung und Inflation zu hinterfragen. Haberler kritisierte die österreichische Schule für ihre Unachtsamkeit gegenüber der Möglichkeit und den Auswirkungen einer sekundären Deflation. Dennoch gab Haberler den österreichischen Analyse gegenüber anderen den Vorzug und fühlte sich nach einer Untersuchung der Fehlschläge keynesianischer und monetaristischer Theorien in seiner Position bestärkt.²⁹

Die Österreicher nahmen auch Kontakt mit Mitgliedern der Chicago School wie Frank Knight auf, mit dem sie über die Konzepte von Kapital und Unsicherheit debattierten. Diese transnationalen Verbindungen führten zu Bestrebungen den Libe-

---

26 Friedrich *von Hayek*, Reflections on the Pure Theory of Money of Mr. J.M. Keynes. In: Economica 33 (1931) 270–1.
27 J.M. *Keynes*, The Pure Theory of Money. A Reply to Dr. Hayek. In: Economica 34 (1931) 395.
28 Fritz *Machlup*, Börsenkredit, Industriekredit und Kapitalbildung (Wien 1931). Siehe auch Hansjörg *Klausinger* (Hg.), Machlup, Morgenstern, Haberler, Hayek und andere Wirtschaftspublizistische Beiträge in kritischer Zeit (1931–1934) (Marburg 2005).
29 Gottfried *Haberler*, Prosperity and Depression (Geneva 1937).

ralismus neu zu formulieren. In den 1930er Jahren kämpften die Liberalen darum, neben Sozialisten, Konservativen und Faschisten Fuß zu fassen. Die Veröffentlichung von Walter Lippmanns „Inquiry into the Principles of the Good Society" im Jahr 1937 spiegelte diese neuen Einstellungen wider und ermutigte zu einer konzertierten Reaktion.[30] Lippmann hatte den Glauben an die Wirksamkeit der Wirtschaftsplanung verloren und führte seine neue Sichtweise auf die Lektüre von Hayeks „Collectivist Economic Planning" zurück. In einem Brief an Hayek gestand er: „without the help of you and from Professor von Mises, I could never have developed the argument."[31] Wilhelm Röpke schrieb aus der Schweiz an Lippmann, Hayek, Robbins und Alexander Rüstow über die Entstehung eines liberalen Intellektuellenkollektivs. William Rappard und Louis Rougier diskutierten über die Übersetzung von Lippmanns Werk. Rougier ging noch einen Schritt weiter und organisierte 1938 ein Kolloquium. Für viele waren diese Diskussionen der Beginn der „neoliberalen" Bewegung, in deren Mittelpunkt die Österreicher standen. Mises, Hayek, Haberler und Machlup nahmen am Kolloquium und seinem spirituellen Nachkommen, der Mont Pèlerin Society, teil.

Die 1930er Jahre waren für die Mitglieder der Österreichischen Schule eine schwierige Zeit. Obwohl sie keine politischen Flüchtlinge waren und nur wenige tatsächliche Verfolgung erlebten, zwangen sie die wirtschaftlichen und politischen Bedingungen dazu, eine sicherere Umgebung zu finden. 1933 erkannten viele von ihnen, dass sie in Mitteleuropa keine Zukunft hatten. Obwohl der austrofaschistische Sieg im österreichischen Bürgerkrieg 1934 das Ende des Roten Wien bedeutete und die neue Regierung gesundes Geld und den Goldstandard unterstützte, befand sich der Ständestaat im Gegensatz zur Wirtschaftspolitik der Österreichischen Schule und befürwortete eine „ständische" Ökonomie, die von der katholischen Soziallehre, dem Universalismus von Othmar Spann und dem italienischen Faschismus inspiriert war.

Der Exodus österreichischer Ökonomen vollzog sich in Wellen. Nachdem Hayek und Rosenstein-Rodan Anfang der 1930er Jahre nach Großbritannien abgereist waren, folgte 1934 der nächste Aufstieg. Mises übernahm eine Gastprofessur am Genfer Institut Universitaire des Hautes Études Internationale. Obwohl er weiterhin Teilzeit für die Wiener Wirtschaftskammer arbeitete, kehrte Mises in den Ferien nur für wenige Tage zurück. Ebenfalls 1934 nahm Haberler eine Stelle bei der Wirtschaftssektion des Völkerbundes in Genf an. Mit der Unterstützung von Joseph Schumpeter sicherte sich Haberler 1936 eine Professur in Harvard. Schumpeters erfolgreiche Intervention für

---

30 Serge *Audier*, Le Colloque Lippmann: Aux Origines du Neo-Liberalisme (Bordeaux 2008). Siehe auch Bernhard *Walpen*, Die Offenen Feinde und ihre Gesellschaft. Eine hegemonietheoretische Studie zur Mont Pèlerin Society (Hamburg 2004) und Angus *Burgin*, The Great Persuasion: Reinventing Free Markets Since the Depression (Cambridge 2012).
31 Zitiert in *Burgin*, Great Persuasion 59.

Haberler beeinträchtigte Machlups eigene Aussichten an Harvard, doch er fand einen Platz an der University of Buffalo.[32]

Die Österreicher suchten bessere Arbeitsbedingungen im Ausland, versuchten jedoch, die Verbindung zu ihrer Heimat aufrechtzuerhalten. Obwohl Hayek seit 1931 in London lebte, kehrte er in den 1930er Jahren regelmäßig nach Österreich zurück, um Familie und Freunde zu besuchen, und verbrachte die Sommer im Salzkammergut. Auch Mises und Haberler kehrten im Sommer aus Genf zurück. Obwohl ihre Mitglieder ausgewandert waren, war die Österreichische Schule in Wien noch nicht dem Untergang geweiht. Mayer lehrte weiterhin an der Universität. Morgenstern leitete das Institut und fungierte als Herausgeber des Journals. Unter seiner Führung gewann das Institut Aufträge vom Völkerbund, dem Internationalen Strafgerichtshof und der Bank for International Settlements. Nach Mises' Weggang im Jahr 1934 gestaltete Morgenstern auch das Seminar der Schule um und lud vermehrt Mathematiker zu Beiträgen ein. Dies war ein Vorgeschmack auf seine Beschäftigung mit den Grundlagen der Spieltheorie im nächsten Jahrzehnt.[33] Als die Nazis im März 1938 einmarschierten, entschloss sich Morgenstern, das Land zu verlassen. Im Winter 1937/38 hatte er eine Carnegie-Gastprofessur angenommen, mit der Absicht, im Sommer nach Mitteleuropa zurückzukehren. Zu diesem Zeitpunkt war der Staat Österreich von der Weltkarte verschwunden. Morgenstern beschloss, nicht zurückzukehren, und nahm ein Professorenangebot von Princeton an.

Obwohl er nicht das letzte Mitglied der Österreichischen Schule war, das auswanderte, bedeutete Morgensterns Weggang deren faktisches Ende. Deutsche Ökonomen übernahmen das IfK. Hans Mayer leitete die Judensäuberung aus der NÖG und begrüßte die Nazis auf den ersten Seiten der Zeitschrift. Während einige Schulmitglieder in Wien blieben und andere nach dem Zweiten Weltkrieg regelmäßig zurückkehrten, würde die Österreichische Schule der Wirtschaftswissenschaften nun in der anglophonen Wildnis definiert – oder neu definiert – werden. Seine Art des Liberalismus verschwand für die nächsten Jahrzehnte weitgehend aus Österreich.[34]

---

32 Siehe *Wasserman*, Marginal Revolutionaries, 4 und 5. Kapitel.
33 Siehe Robert *Leonard*, Von Neumann, Morgenstern, and the Creation of Game Theory: From Chess to Social Science, 1900–1960 (Cambridge 2012).
34 Siehe *Klausinger*, Hans Mayer, und auch Hansjörg *Klausinger*, „In the Wilderness": Emigration and Decline of the Austrian School. In: History of Political Economy 38, H. 4 (2006) 617–664. Siehe auch *Wasserman*, Marginal Revolutionaries, 5. Kapitel.

Anton Pelinka

Politischer Liberalismus nach 1945[1]

Der österreichische Rechtshistoriker Ernst Carl Hellbling (1901–1985) war einer der wenigen, der Studierenden in den ersten Jahrzehnten der Zweiten Republik ein Verständnis von politischem Liberalismus zu vermitteln versuchte. Nicht ohne ironisches Augenzwinkern definierte er Liberalismus als einen „nicht konsequent zu Ende gedachte Anarchismus". Viel mehr bekamen österreichische Studentinnen und Studenten in den 1950er und 1960er Jahren nicht mit. Die politische Landschaft des Landes war bestimmt von Parteien, die der politische Ausdruck streng abgegrenzter weltanschaulicher „Lager" waren. Die SPÖ war der politische Arm einer auf den Austromarxismus zurückgehenden Arbeiterbewegung. Die ÖVP – in der erkennbar Mitglieder des ÖCV, des Cartellverbandes katholisch- farbentragender Verbindungen dominierten, repräsentierten den Politischen Katholizismus. Die FPÖ – mit Abstand die schwächste der Parlamentsparteien – stand für den österreichischen Deutschnationalismus, einschließlich dessen historischer Verflechtung mit der NSDAP. Eine deklariert liberale Partei gab es nicht.

Das Fehlen einer liberalen Partei war ein österreichisches Alleinstellungsmerkmal: In der Bundesrepublik gab es die Freien Demokraten des Theodor Heuss (1884–1963); im Vereinigten Königreich von Großbritannien und Nordirland war die Tradition der Liberalen à la David Lloyd George (1863–1945) lebendig; in der Französischen Republik beanspruchten die Radikalsozialisten, deren Merkmal es war, dass sie weder radikal, noch sozialistisch waren, für sich die Position der politischen Mitte – ähnlich wie liberale Parteien in den Benelux-Staaten und im Norden Europas: Sie waren zumeist keine Großparteien, aber als Mehrheitsbeschaffer in den parlamentarischen Systemen fast unverzichtbar.

In Österreich war alles anders. Und das hatte seine historischen Ursachen im ethnischen Nationalismus. Der hatte schon in den letzten Jahrzehnten des Reiches der Habsburger die vorhandenen liberalen Tendenzen überlagert. Dass prominente Sozialdemokraten – Victor Adler (1852–1918) etwa – in ihrer Jugend „Liberale" waren, wurde vom bald rassistische Tendenzen annehmenden Antisemitismus überwuchert: National schlug liberal, und die Koalitionspartner der Christlichsozialen in den Bürgerblock-Regierungen der Ersten Republik – die Großdeutsche Volkspartei und der Landbund – wurden in den 1930er Jahren fast durchwegs von der NSDAP geschluckt. „Liberal" war

---

1 Vortrag vom 16. Oktober 2023 im Palais Niederösterreich, Wien.

ein Opfer des Nationalen, und „national" war in Österreich nach 1945 durch den Nationalsozialismus diskreditiert. Das für die Nationalen bis 1933, bis zum Regierungsantritt der NSDAP in Deutschland bestimmende Merkmal der Nationalen in Österreich – die Idee vom „Anschluss", war durch die Realität des 1938 erzwungenen Anschlusses eine Geschichte, an die nur ungern erinnert werden sollte und sich jedenfalls als zentrale Position einer österreichischen Partei nach 1945 absolut nicht mehr eignete.

Adam Wandruszka (1914–1997) hat in seiner Veröffentlichung über die Entwicklung der politischen Struktur Österreichs darauf verweisen, dass die politisch-weltanschaulichen Lager – auf deren Traditionen und persönliches Reservoir in den Anfängen der Zweiten Republik SPÖ, ÖVP und auch FPÖ (zunächst: VDU) zurückgreifen konnten – in vieler Hinsicht, vor allem auch personell, mit dem Liberalismus von 1848 verbunden waren. Es war der ethnisch verstandene (und damit latent rassistische) Nationalismus, der diese Gemeinsamkeiten zerstörte; und es war insbesondere der Antisemitismus, der trennte, was an Gemeinsamkeit vorhanden war. Das Ziel des Deutschnationalismus – ob im ursprünglichen Verständnis „großdeutsch" oder „kleindeutsch" – war das Aufgehen Österreichs in einem ethnisch verstandenen Deutschen Reich. Und dieses Reich scheiterte in schrecklicher Form – der scheinbare Erfolg des österreichischen Deutschnationalismus, der „Anschluss" von 1938, bedeutete das Ende der zentralen Vision des Deutschnationalismus. Aber davor schon hatte er den Liberalismus von 1848 politisch erstickt.

1945 war der „Anschluss" tot. Trotzdem blieb der politische Liberalismus in Österreich – zunächst einmal – heimatlos: Keine der politischen Parteien sah sich in dessen Tradition, und es blieb bei der durchaus zutreffenden Beobachtung, dass „Liberale" in Österreich Nicht-Marxisten waren, die dennoch am Sonntag nicht den katholischen Gottesdienst besuchten.

Das begann sich zu ändern, als die Abgrenzungen der politischen Lager zueinander zunehmend durchlöchert wurden. In der „Ära Kreisky" (1970–1983) erreichte die damals noch Sozialistische Partei Österreichs eine politische Hegemonie, weil viele – vor allem jüngere – Wählerinnen und Wähler mit einer sich öffnenden Sozialdemokratie „ein Stück des Weges" gemeinsam gehen wollten. Es entwickelte sich, aus einer wachsenden Sensibilität für ökologische Herausforderungen, eine Umweltbewegung, aus der die „Grünen" als neue Partei hervorgingen. Und die FPÖ wandelte ihren historisch gewachsenen Deutschnationalismus in eine populistisch artikulierten Österreich-Patriotismus um: „Österreich zuerst".

Dieser Entwicklung waren Versuche der Traditionsparteien vorangegangen, die Etikette „liberal" zu nützen, um nicht festgebundene Wählerinnen und Wähler anzusprechen: Die SPÖ hatte in den 1950er Jahren eine Intellektuelle ansprechende Wochenzeitung gegründet – das „Heute", in dem zum Beispiel Friedrich Torberg (1908–1979) und Hans Weigel (1908–1991) miteinander stritten, was denn jüdische Identität ausmache. Die ÖVP forcierten einen „Akademikerbund", nicht als Konkurrenz, sondern als Ergänzung zum ÖCV: dass der Präsident dieses Akademikerbundes ein früherer Nationalsozialist war – Reinhard Kamitz (1907–1993), demonstrierte freilich die historisch bedingte Enge eines liberalen Potentials in Österreich. Und auch die FPÖ wurde von der neuen Beweglichkeit der politischen Landschaft erfasst: Friedrich Peter (1921–2005) versuchte – trotz oder wegen seiner NS-Vergangenheit – eine Bündnisfähigkeit der FPÖ herzustellen, indem er (deutlich in der Ära seines Nachfolgers Norbert Steger) Absprachen mit der SPÖ (und, regional, auch mit der ÖVP) traf.

Schon vor dieser Strategie, mit der Friedrich Peter und Norbert Steger die FPÖ von einer postnazistischen deutschnationalen zu einer liberalen Partei umorientieren wollten, hatte es Versuche punktueller Kooperation mit den anderen Parteien gegeben: So 1956, als Anton Reinthaller (1895–1958) mit Julius Raab (1891–1964) einen gemeinsamen Kandidaten – Wolfgang Denk (1882–1970) – für die Bundespräsidentschaftswahl aufstellten, der allerdings 1957 gegen den SPÖ-Kandidaten Adolf Schärf (1890–1965) unterlag; so 1963, als die FPÖ im Nationalrat gemeinsam mit der SPÖ gegen die ÖVP stimmte, um die Verzichtserklärung Otto Habsburgs (1912–2011) abzulehnen. Doch diese Vorstöße blieben einzelne Aktionen ohne dauerhafte Folgen. Die FPÖ blieb isoliert und konnte gegenüber der in einer Großen Koalition verbundenen beiden anderen Parlamentsparteien keinen Einfluss gewinnen.

Das änderte sich 1970, als eine Absprache zwischen Friedrich Peter und Bruno Kreisky (1911–1990) – dessen SPÖ bei der Nationalratswahl eine relative Mehrheit ohne Mandatsmehrheit gewinnen konnte – einer SPÖ-Minderheitsregierung für ein Jahr stützte. Zwar gewann Kreisky 1971 eine absolute Mehrheit (und behielt sie bis 1983) und war daher auf die Stützung der FPÖ nicht mehr angewiesen, doch SPÖ und FPÖ hatten Kontakte geknüpft, die letztlich 1983 zu einer Koalition zwischen SPÖ und FPÖ führte. Die FPÖ hatte sich – im erfolgreichen Bemühen um ein liberales Erscheinungsbild (dazu gehörte auch der Beitritt zur Liberalen Internationale) – als eine Partei etabliert, die nicht mehr primär als Nachfolgepartei der NSDAP gesehen wurde.

Doch dieser Erfolg wurde bei Wahlen nicht wirklich belohnt: Als die von Steger geführte Partei als Juniorpartner einer von Kreiskys Nachfolger Fred Sinowatz (1929–2008) geführten Koalition bei Regional- und Lokalwahlen fast nur Verluste erlitt, führte der deutschnationale (und in diesem Sinn nicht liberale) Flügel auf einem Parteitag 1986 Stegers Abwahl herbei. Die SPÖ unter dem neuen Bundeskanzler Franz Vranitzky kündigte die noch mit Steger geschlossene Koalitionsvereinbarung. Die FPÖ war wieder eine kleine Oppositionspartei, die sich einer erneuerten Großen Koalition gegenübersah. Allerdings: Die nun von Jörg Haider (1950–2008) geführte FPÖ entwickelte eine Oppositionsstil („Populismus"), der ihr Wahlerfolge einbrachte. Die Abkehr von einem betont liberalen (auch pro-europäischen Kurs) wurde nicht bestraft, sondern belohnt.

Eben dieser Abtausch einer um Respektabilität bemühte Politik der Mitte gegen eine am kurzfristigen Wahlerfolg orientierte Oppositionspolitik bewirkte den Aufstieg einer liberalen Partei: Aus Protest vor allem gegen die xenophoben Aspekte der populistischen

Oppositionspolitik der Haider- FPÖ löste sich ein deklariert liberaler Flügel von der Partei und gründete das Liberale Forum, aus dem nach 2000 die NEOS hervorgehen sollten: eine im europäischen Sinn liberale Partei, bündnisfähig gegenüber der demokratischen Linken und Rechten, und in deutlicher Abgrenzung zur NS-Vergangenheit des „nationalen Lagers".

Was waren die spezifisch liberalen Merkmale dieser neuen Partei(en), deren Existenz die Lücke schloss, die bis dahin das Parteiensystem der Republik – sowohl der Ersten nach 1918 als auch der Zweiten nach 1945 – so spezifisch gemacht hatte? In demonstrativer Distanzierung zum Deutschnationalismus der Vergangenheit waren LIF und NEOS den universellen Menschenrechten verpflichtet und verfolgten eine Politik der Erweiterung und Vertiefung der sich zur EU wandelnden Europäischen Gemeinschaft.

„Liberal" war um 2000 wieder „in", in Österreichs politischer Landschaft. Alexander Van der Bellen definierte, anlässlich seines 80. Geburtstages, seine politische Entwicklung während seiner Jahre an der Parteispitze der „Grünen", als einen Wandel vom dogmatischen Antikapitalisten zum offenen Linksliberalen. So ähnlich hätten das auch Personen aus dem Führungskreis der SPÖ jeweils für sich formulieren können, und Erhard Buseks (1941–2022) „bunte Vögel" wurden aus nachvollziehbaren Gründen als „liberal" punziert. Liberal wollte nur eine Parlamentspartei nicht sein – die FPÖ, die in den 1980er Jahren Ausgangspunkt eines post-1848er Liberalismus in Österreich war.

Was macht den politischen Liberalismus in der Zweiten Republik aus? Zunächst ist es die eindeutige Positionierung gegen den „Tribalismus", im Sinne von Susan Neiman ein klares Eintreten für den „Universalismus". Rechte und Pflichten sind nicht abhängig von einer Zuordnung zu Nationen, Religionen, anderen Gemeinschaften („Stämmen"). Dem entspricht eine Parteinahme für die Universalität der Menschenrechte. Auf Österreich bezogen bedeutet dies, dass Liberale die europäische Integration als Antithese zum Nationalismus jedweder Art verstehen und befürworten. In diesem Sinn waren liberale Parteien – LIF und NEOS – aktiver Teil der liberalen Fraktion des Europäischen Parlaments.

Diese Eigenschaft des politischen Liberalismus macht auch klar, warum liberale Parteien Jahrzehnte hindurch in Österreich keinen Platz finden konnten. Der „bürgerliche", nicht der Arbeiterbewegung verbundene, aber gleichzeitig säkulare Teil der österreichischen Gesellschaft wurde von den Nationalismen und den ethnisch-nationalen Konflikten des alten Österreich aufgesogen – und nach 1918 trat er gegenüber der bald von der NSDAP (der „tribalistischsten" aller österreichischen Parteien) vollständig in den Hintergrund. Erst das faktische Ende der Anschluss-Orientierung nach 1945 und die schrittweise Realisierung einer europäischen Integration stellten auch in Österreich Rahmenbedingungen her, die – wie in West- und Nordeuropa schon Jahrzehnte früher – einen eigenständigen Liberalismus ermöglichten.

Die Verortung eines politischen Liberalismus als „universalistisch" und konsequenterweise „anti-tribalistisch" bedeutet auch, dass politischer Liberalismus grundsätzlich auf politische Inklusion setzt – und prinzipiell politische Exklusion ablehnt. Das war zwar vor und nach 1900 auch europaweit nicht immer ersichtlich, als in der Auseinandersetzung um ein allgemeines und gleiches Wahlrecht für Frauen und Männer oft ein das Proletariat ausschließender Klassenstandpunkt liberaler Parteien sichtbar war und Liberale der Sozialdemokratie die Rolle der Vorkämpfer in Wahlrechtsfragen überließen. Doch in Fragen des Zuganges zur Staatsbürgerschaft und damit der Inklusion legal in Österreich lebender Personen ist der politische Liberalismus in der Lage, den Vorrang von Universalismus gegenüber bürgerlichen Klasseninteressen zu unterstreichen und den (auch von einem ökonomisch liberalen Denken begründbaren) Widerspruch zu Grundsätzen des politischen Liberalismus zu überwinden.

Die Schwäche des politischen Liberalismus wurde durch die Schwäche des ökonomischen Liberalismus verstärkt. Die Zustimmung der ÖVP – die als Partei der rechten Mitte eigentlich die Gralshüterin der Marktwirtschaft sein sollte und auch durch den „Raab-Kamitz-Kurs" in den Jahren unmittelbar nach 1945 einen entsprechenden Anspruch erhob – zu den Verstaatlichungen der Stahlindustrie und der Großbanken zeigt ihre Ambivalenz zum Liberalismus. Durch ein von ÖVP und SPÖ gemeinsam unterstütztes Gesetz zur Verstaatlichung der bis 1945 im „deutschen Eigentum" gestandenen Industrie und Banken zeigten die in der Koalitionsregierung Verbundenen (und damit auch die ÖVP), dass sie wirtschaftsliberale Grundsätze pragmatischen Überlegungen zu opfern bereit waren: Das Gesetz von 1946 war ein Instrument, das verhindern wollte, dass die betroffenen Unternehmungen der Kontrolle der sowjetischen Besatzungsmacht in Form der USIA- Betriebe unterstellt werden sollten. Das Gesetz – das bis 1955 nur in den US-amerikanischen, britischen und französischen Besatzungszonen implementiert werden konnte – war das seltene Beispiel einer aus antikommunistischen (antisowjetischen) Intentionen formulierten Verstaatlichung.

Pragmatischen Überlegungen entsprach auch der Umgang der Koalitionsregierung mit den ehemaligen Mitgliedern der NSDAP. Bis zur Nationalratswahl 1949 blieben alle NS-Parteimitglieder vom Wahlrecht ausgeschlossen, bis 1954 war dieser Ausschluss noch für die „Schwerbelasteten", bis 1945 prominenten (ehemaligen) Nationalsozialisten aufrecht. Diese Maßnahmen konnten zwar vom Standpunkt einer „wehrhaften Demokratie" begründet werden, entsprachen aber nicht den Prinzipien des grundsätzlich um die Inklusion aller bemühten politischen Liberalismus. Der Ausschluss der ehemaligen NSDAP-Mitglieder war als pragmatische Konzession an die Alliierten zu verstehen, die ja sowohl „Befreier" als auch „Besatzer" bis 1955 in einer Doppelrolle agierten. Die Alliierten hatten ja – demonstrativ Mitverantwortung für die Überwindung des NS-Gedankengutes übernehmend – zum Beispiel in Glasenbach bei Salzburg in der US-Zone und in Wolfsberg in Kärnten unter britischer Kontrolle „Anhaltelager" für prominente ehemalige Nationalsozialisten eingerichtet, aus denen etwa auch der erste Bundesparteiobmann der FPÖ (Anton Reinthaller) hervorging.

Ob mit der Etablierung deklariert „liberaler" Parteien – LIF und NEOS – Österreichs Besonderheit, das Fehlen einer relevanten liberalen Partei überwunden ist, wird sicherlich auch von der Prägekraft des sich in der Fraktionsbildung des Europäischen

Parlaments abzeichnenden europäischen Parteiensystems abhängen. LIF und NEOS haben durch ihre prononcierte europäische Politik, gerichtet auf die weitere Vertiefung der Europäischen Union, sich – jedenfalls vorläufig – einen Platz in der europäischen liberalen Parteienfamilie erworben. Und das war und ist ein Novum in der politischen Entwicklung des Landes.

Literatur

Susan *Neiman*, Left Is Not Woke (Cambridge 2023).
Anton *Pelinka*, Vom Glanz und Elend der Parteien. Struktur- und Funktionswandel des österreichischen Parteiensystems (Innsbruck 2005).
Adam *Wandruszka*, Österreichs politische Struktur. Die Entwicklung der Parteien und politischen Bewegungen. In: Heinrich *Benedikt* (Hg.), Geschichte der Republik Österreich (Wien 1954) 292-485, 619–621.

Alfred Gerstl

Liberalismus in der österreichischen Politik nach 1945:

Lange Zeit ungeliebt und heimatlos

Den Liberalen, seien es Politikerinnen und Politiker oder Intellektuelle, fiel es in Österreich aus politischen wie gesellschaftlichen Gründen immer schwer, bleibende Spuren in Politik, Wirtschaft und Gesellschaft zu hinterlassen. Dieser Befund gilt gleichermaßen für die Erste wie die Zweite Republik. Unmittelbar nach Ende des Zweiten Weltkrieges existierte keine eigenständige liberale Partei. Liberal gesinnte Menschen waren deshalb parteipolitisch heimatlos, respektive mussten sie politisch-ideologische Kompromisse eingehen, wenn sie eine weltanschaulich anders orientierte Partei wählten oder sich gar parteipolitisch engagieren wollten. Zudem fehlte es an prominenten liberalen Intellektuellen, welche den gesellschaftlichen Diskurs im Sinne liberaler Ideen beeinflussen hätte können. Der Hauptgrund dafür bestand darin, dass die meisten liberalen Intellektuellen des frühen zwanzigsten Jahrhunderts und der Zwischenkriegszeit jüdischer Abstammung waren und daher entweder im Holocaust ermordet oder vertrieben worden waren. Eine weitere Ursache lag darin, dass nach 1945 der staatliche und wirtschaftliche Wiederaufbau sowie die Wiedererringung der vollen staatlichen Unabhängigkeit Priorität genossen – wozu kollektive Anstrengungen erforderlich waren. Noch dazu herrschte in der Politik nicht das Prinzip der Wettbewerbs-, sondern jener der Konkordanzdemokratie, in der maßgebliche Entscheidungen im außer- oder vorparlamentarischen Raum getroffen wurden, vor allem im Rahmen der Sozialpartnerschaft. Und um die Wirtschaft anzukurbeln, schienen in den vom Keynesianismus geprägten Jahrzenten nach dem Zweiten Weltkrieg staatliche Eingriffe und Regulierungen erfolgversprechender zu sein als (ordo)liberale Grundsätze.

Bis in die frühen 1990er Jahre ist die Wechselwirkung offensichtlich: Einerseits blieb das Angebot an Liberalismus begrenzt – andererseits hielt sich auch die Nachfrage nach diesem in Grenzen. Diese Situation änderte sich erst allmählich in den 1970er Jahren, als auch Österreich von einem wirtschaftlichen und gesellschaftlichen Modernisierungsschub in der Folge des Aufbruchs von 1968 erfasst wurde. In dieser Umbruchphase begannen sich auch die damals noch Sozialistische Partei Österreichs genannte SPÖ und die Österreichische Volkspartei (ÖVP) verstärkt um das liberale Gedankengut und die – zahlenmäßig überschaubare – liberal gesinnte Wählerschaft zu bemühen.

Noch mehr gilt dies für die Freiheitliche Partei (FPÖ), namentlich unter der Obmannschaft von Norbert Steger (1980–1986), der, unterstützt von jüngeren Kräften, die Partei auf einen liberaleren Kurs verpflichten wollte. Allerdings machten es die deutschnationalen programmatischen und personellen Verbindungslinien der FPÖ vielen liberal Gesinnten unmöglich, sich für die FPÖ zu engagieren. Erst 1993 entstand mit dem Liberalen Forum (LIF) – eine Abspaltung von der FPÖ – eine Partei, die den Liberalismus eindeutig in das Zentrum ihres politischen Wollens rückte. Das Erbe dieser nur kurzzeitig erfolgreichen Formation findet sich heute in den seit 2013 im Nationalrat vertretenen NEOS – Das Neue Österreich und Liberales Forum. Im Folgenden soll analysiert werden, ob und in welchem Ausmaß die relevanten Parteien der Zweiten Republik liberales Gedankengut in ihre Programmatik aufgenommen und in ihrer realen Politik umgesetzt haben. Der Beitrag schließt mit einem Ausblick auf die Zukunft des politischen Liberalismus in Österreich.

Das Phänomen des Auswahl-Liberalismus

Stellt man auf die Programmatik und tatsächliche Politik der SPÖ, der ÖVP und des Verbands der Unabhängigen (VdU) sowie später der FPÖ ab, so handelt es sich bei diesen lediglich um auch ein wenig liberale Parteien. Wobei der Liberalismus aufgrund der ideologischen Gesinnung dieser Parteien noch dazu logischerweise nie im Mittelpunkt der Programmatik stand. Zudem interpretierten sie ihn häufig im Sinne einer Geisteshaltung, nämlich Liberalität oder Aufgeschlossenheit. Historisch gesehen, hatten sich diese Parteien – oder genauer: politisch-gesellschaftliche Lager – seit den 1880er Jahren gemäß Adam Wandruszkas „Drei Lager"-Theorie aus dem liberalen Urlager entwickelt. Sowohl das christlichsozial-konservative als auch das sozialistische und nationale Lager versprachen ihrer Wählerschaft, die vorgeblich vom Liberalismus verursachten sozialen Probleme ideologisch und politisch zu lösen.

Aller Antipathie zum Liberalismus zum Trotz: „Das Erbe des ursprünglichen gemeinsamen Gegners, des Liberalismus, wirkte in allen drei Bewegungen stark nach (…)",[1] und zwar bis weit in die Zweite Republik hinein. In Ermangelung einer eigenständigen liberalen Partei diente der Liberalismus den anderen Parteien indes lediglich als Steinbruch: Im Sinne eines Auswahl-Liberalismus adaptierten sie die für sie nützlichen und „bequemen", also nicht kontroversiellen Elemente.[2] Gut erkennbar ist dieser Ansatz bei der Definition der (individuellen) Freiheit, die in einen je spezifischen ideologischen Kontext gesetzt und damit relativiert wurde. So handelt die Volkspartei in ihren programmatischen Leitsätzen aus 1945 Freiheit lediglich aus kulturpolitischer Perspektive ab, wobei sie die individuelle Gewissens- und Religionsfreiheit unmittelbar der

---

[1] Adam *Wandruszka*, Österreichs politische Struktur. Die Entwicklung der Parteien und politischen Bewegungen. In: Heinrich *Benedikt*, Walter *Goldinger* (Hg.), Geschichte der Republik Österreich (Verlag für Geschichte und Politik, Wien 1954) 289–485, hier 293.

[2] Alfred *Gerstl*, Der verspätete Liberalismus in Österreich nach 1945. Politische, gesellschaftliche und liberale Ursachen. In: Erich *Reiter*, Sozialwissenschaftliche Schriftenreihe des Internationalen Institutes für Liberale Politik Wien (Heft 17, Wien 2006) 23–37 hier 24.

„Freiheit und Unabhängigkeit der Kirche und der Religionsgemeinschaften im Staate" gegenübergestellt.³ Das Aktionsprogramm der Sozialistischen Partei aus dem Jahr 1947 betrachtet individuelle Freiheit ebenfalls lediglich im Kontext der Glaubensfreiheit. In ihrem Zehn-Punkte-Programm von 1952 bezeichnet sich die SPÖ zwar als „Partei der Freiheit". Zudem betont sie ihr Ringen „um eine Welt, in der die Entwicklung der Persönlichkeit des einzelnen die Voraussetzung ist für die fruchtbare Entwicklung der ganzen Menschheit".⁴ Doch die kollektivistische Perspektive – die Republik Österreich und die internationale Gemeinschaft – ist im sozialistischen Programm wesentlich stärker ausgeprägt als die individuelle.

Generell beinhalten die Partei- und Wahlprogramme von SPÖ und ÖVP der 1940er und 1950er Jahre liberales Gedankengut lediglich in Spurenelementen, und es ist noch dazu übergeordneten Zielen untergeordnet, wie dem sozialistischen Umbau des Staates im Falle der SPÖ oder dem traditionell-konservativen und christlichen Weltbild im Falle der ÖVP. Kein großes Thema ist auch der Minderheitenschutz, der für Liberale jedoch seit je ein zentrales Anliegen verkörpert. Zu einer intellektuellen Weiterentwicklung der liberalen Programmatik trug die selektive parteipolitische Übernahme liberaler Ansätze naturgemäß nicht bei, insbesondere da sie keinen lautstarken Widerspruch von „echten" Liberalen provozierte.

In den späten 1940er Jahren bemühten sich die beiden Journalisten Herbert A. Kraus und Viktor Reimann darum, eine neue Kraft zu etablieren, die sie bewusst liberal verorteten: den Verband der Unabhängigen. Sie verknüpften dieses Ziel mit dem realpolitisch vernünftigen Anliegen, die knapp 500.000 minderbelasteten ehemaligen NationalsozialistInnen wieder in den politischen Prozess zu integrieren. Dass sich beide Vorhaben nicht unter dem Dach einer liberal ausgerichteten Partei verwirklichen ließen, wurde jedoch rasch offensichtlich. Ideologisch versuchten einige Parteiintellektuelle das Dilemma mit der Konstruktion des dritten Lagers als sogenanntes deutschnational-liberales Lager aufzulösen. Doch dieser Reinterpretationsversuch glich stets mehr einer parteipolitisch motivierten Geschichtsklitterung.

In den Programmen des VdU, beispielsweise im Ausseer-Program (1954), und später derjenigen der FPÖ, etwa im Kurzprogramm (1955) oder im Freiheitlichen Manifest zur Gesellschaftspolitik (1973), wurde das deutliche Eintreten für die individuelle Freiheit mit Bekenntnissen zur sozialen Volksgemeinschaft sowie deutschen Volks- und Kulturgemeinschaft vermengt.⁵ Noch dazu wurde der polarisierende Terminus „liberal" bewusst vermieden; stattdessen wurde „freiheitlich" bevorzugt. Im Kern verfolgte die FPÖ in ihrer Programmatik dennoch immer wieder auch ganz wesentliche liberale Anliegen, wie die Kritik am Parteienproporz und Kammerstaat sowie die Forderungen

---
3 *Österreichische Volkspartei*, Die programmatischen Leitsätze der ÖVP 1945 (Wien 1945) hier II.6.
4 Zit. nach Klaus *Berchtold*, Österreichische Parteiprogramme: 1868–1966 (Verlag für Geschichte und Politik, Wien 1967) hier 278.
5 *Berchtold*, Parteiprogramme, 484–512.

nach mehr Demokratie und dem Leistungsprinzip oder einem Beitritt zur Europäischen Wirtschaftsgemeinschaft (EWG) belegen.

Realpolitisch spielte der Liberalismus in Österreich in den 1950er Jahren eine prominentere Rolle, als es die Parteiprogramme, insbesondere von ÖVP und SPÖ, erwarten ließen. Der wirtschaftspolitische Raab-Kamitz-Kurs der Großen Koalition (1953–1956) kann als ordoliberal bezeichnet werden. Mit angebotsseitigen Maßnahmen wurde die Inflation erfolgreich gesenkt und das Steuersystem reformiert. Verstärkte Leistungsanreize bewirkten eine Steigerung der Kaufkraft, wobei jedoch auch staatliche Investitionen weiterhin einen wichtigen Beitrag leisteten. Der Raab-Kamitz-Kurs legte den Grundstein für den Wirtschaftsaufschwung der 1950er und 1960er Jahre.

Es war indes nicht die ÖVP, sondern die SPÖ, welche unter ihrem Parteiobmann Bruno Kreisky als erste Partei aktiv auf den gesellschaftlichen Wandel in den 1960er und 1970er Jahren reagierte. Ähnlich wie der westdeutsche Sozialdemokrat Willy Brandt erzeugte Kreisky durch die Öffnung und programmatische Erneuerung der Partei eine beachtliche Aufbruchstimmung: Es gelang ihm, etliche parteiferne Intellektuelle, darunter zahlreiche liberale, dazu motivieren, mit ihm ein Stück des Weges zu gehen. Die von der SPÖ-Alleinregierung von 1970 bis 1983 angestoßene Modernisierung, Liberalisierung und Demokratisierung zahlreicher Gesellschaftsbereiche erfasste nicht zuletzt die Rechtsordnung und das Bildungssystem – Rechtsstaats- und Kulturliberalismus waren für Liberale stets prioritäre Anliegen. Ganz allgemein vertrat die Kreisky-SPÖ einen sozialliberalen Ansatz, die prononcierte Förderung der Verstaatlichen Industrie widersprach jedoch Kernprinzipien des Wirtschaftsliberalismus. Dieser gewann in den 1980er Jahren an Zulauf, sahen doch zunehmend mehr Menschen den Staatsinterventionismus „eher als Ursache denn als Lösung ökonomischer Probleme".[6] Generell setzte auch in der österreichischen Gesellschaft schrittweise ein Wertewandel ein, der liberale und ökologische Anliegen beförderte. Nicht nur begann die Allmacht der Sozialpartnerschaft zu schwinden, sondern 1986 zogen die Grünen in den Nationalrat ein. Dies markierte das Ende des Zweieinhalb-Parteiensystems und erhöhte die Chancen für neue politische Bewegungen.

Die Volkspartei hatte ebenfalls, aber etwas verspätet auf diesen Wandel reagiert. Hinsichtlich des Umgangs mit liberalen Ideen und Forderungen lassen sich bei der ÖVP zwei Argumentationslinien unterscheiden. Der 1979 zum Parteiobmann gewählte Alois Mock argumentierte, dass die Volkspartei zwar primär keine liberale Partei sei. Jedoch habe sie immer einen liberalen Flügel gehabt, und der Liberalismus sei dank ihres Eintretens für Wirtschafts- und Rechtsstaatsliberalismus bei der ÖVP gut aufgehoben,[7]

---

6 Robert *Kriechbaumer*, Die Ära Kreisky: Österreich 1970–1983 in der historischen Analyse, im Urteil der politischen Kontrahenten und in Karikaturen von Ironimus (Böhlau Verlag, Wien 2004) hier 27.
7 *Die Furche*, Grundsatzdiskussion wird weitergeführt. Furche-Gespräch mit Alois Mock. Jg. 34, Nr. 26 (26./27.6.1979) 4.

ja sei die ÖVP gar die „natürliche politische Heimat des Liberalen".[8] Immerhin konnte er sich auf den im Salzburger Programms aus dem Jahr 1972 erhobenen Anspruch berufen, „das christliche Menschenbild mit liberalem Freiheits- und Leistungsdenken" zu vereinen.[9]

Im Gegensatz zu Mock definierte Erhard Busek, der langjährige Wiener ÖVP-Landesparteichef und spätere ÖVP-Bundesparteiobmann, den Liberalismus weniger als eine politische Ideologie denn als eine Geisteshaltung oder Lebenseinstellung. Daher sei es im Sinne der politischen Kultur vorteilhafter, den Liberalismus und Liberale in andere Parteien zu integrieren, als eine eigenständige liberale Partei zu gründen. Die Etablierung einer liberalen Partei sei laut Busek einerseits also gar nicht wünschenswert, andererseits wäre sie ja ohnedies stets „zu klein", um politischen Einfluss ausüben zu können.[10] Auch wenn man sowohl bei Busek als auch Mock persönliche Sympathien für den politischen Liberalismus orten mag, so darf man die parteipolitisch geprägte Logik ihrer Ansichten – und insbesondere die Furcht vor einer eigenständigen liberalen parteipolitischen Konkurrenz oder einer verstärkt liberal ausgerichteten FPÖ – nicht außer Acht lassen. Programmatisch kann der von der ÖVP mitvertretene Liberalismus mit Liberalkonservatismus umschrieben werden,[11] wobei der Konservativismus immer das höhere Gewicht besaß.

Ein Liberalisierungsschub für die FPÖ unter Norbert Steger

Gemeinsam mit einigen anderen jungen liberal gesonnenen Freiheitlichen versuchte Norbert Steger Anfang der 1980er Jahre, die FPÖ ideologisch in eine echte liberale Partei zu verwandeln. Abgesehen von einer programmatischen Erneuerung waren zwei zentrale Anliegen das Erschließen neuer Wählerschichten – vor allem Jüngere und Wirtschaftstreibende – sowie die Ersetzung der altgedienten deutschnationalen Funktionäre durch jüngere, liberal orientierte Kräfte. Bereits das Salzburger Programm von 1985 hatte erstmals ein ausdrückliches Bekenntnis zum Liberalismus abgelegt.[12]

---

8 Zit. nach Joachim *Neurieser*, Zwischen Liberalismus und Nationalismus. Programmatische Transformationsprozesse in der Geschichte des dritten Lagers in Österreich nach 1945 (Diplomarbeit, Universität Wien 2008) hier 89, Fn. 101.
9 *Österreichische Volkspartei*, Salzburger Programm.
10 Erhard *Busek*, Zu klein für eine Partei. Zum heutigen Zustand der Liberalen im Land. In: Die Furche, Jg. 44, Nr. 12 (24.3.1989) 4.
11 Wolfgang *Mantl*, Liberalismus und Antiliberalismus in Österreich. Eine Spurensuche in: Emil *Brix*, Wolfgang *Mantl* (Hg.), Liberalismus – Interpretationen und Perspektiven (Böhlau Verlag, Wien 1996) 15–48 hier 42.
12 Kurt Richard *Luther*, Die Freiheitliche Partei Österreichs (FPÖ) und das Bündnis Zukunft Österreich (BZÖ). In: Herbert *Dachs* (Hg.), Politik in Österreich: Das Handbuch (Manz Verlag, Wien 2006) 364–388.

Freiheit und Würde des Einzelnen wurden klar als „liberaler Auftrag" formuliert.[13] Insgesamt kommen „liberal" und „Liberalismus" 38 Mal im Programm vor. Wie bereits in den früheren Programmen ist das Leistungsprinzip zentral, allerdings wird auch die soziale Verantwortung des Einzelnen wie der Gesellschaft betont. Zudem sieht das Salzburger Programm das Individuum in einen größeren sozialen Kontext eingebunden, wobei die Familie als wichtigste Gemeinschaft hervorgehoben wird. Dieser Ansatz setzt sich im Versuch fort, deutsch-nationales Denken programmatisch abgeschwächt im Gemeinschafts-Ansatz einzubetten, gab es doch innerhalb der FPÖ bedeutende Widerstände gegen ein zu liberal ausgerichtetes Programm. Insofern ist die Aussage logisch, dass auch Nationen in ein größeres Ganzes eingebunden sind, im Falle von Österreich in den „deutschen Volks- und Kulturraum".[14] Leicht konterkariert wird der nationale Gedanke vom prononcierten Eintreten für die europäische Integration. Auch die Förderung des Umweltschutzes belegt, dass es sich beim Salzburger Programm um ein sehr modernes Programm handelt, in dem stringent argumentiert wird und teilweise sehr konkrete Lösungsvorschläge angeboten werden. Insgesamt wies die FPÖ von Mitte der 1970er bis 1986 im österreichischen politischen System die größte Schnittmenge mit liberalen Prinzipien auf. Allerdings betonte selbst Steger im Rückblick, dass die FPÖ „in der Substanz keine wirklich liberale Partei" gewesen sei.[15]

Bei den Wählerinnen und Wählern stieß die Steger-FPÖ während der Kleinen Koalition mit der SPÖ (1983–1986) auf immer geringeren Anklang. Dies lag jedoch nicht nur am liberaleren ideologischen Profil der FPÖ, sondern hatte auch konkrete politische Ursachen: Als Juniorpartner stellten die Freiheitlichen zwar drei Minister (Steger war als Wirtschaftsminister auch Vize-Kanzler) und drei Staatssekretäre. Jedoch führte die Unerfahrenheit der FPÖ-Regierungsriege dazu, dass die Partei nur wenige ihrer Kernprojekte verwirklichen konnte. Die Affäre Frischenschlager-Reder – der liberale Verteidigungsminister holte im Jänner 1985 den Kriegsverbrecher Walter Reder per Flugzeug aus der Haft in Italien ab – schwächte den liberalen Flügel innerparteilich noch weiter.[16] All dies führte dazu, dass gemäß Meinungsumfragen der Wiedereinzug der FPÖ in den Nationalrat gefährdet schien, worauf der rechtspopulistische Flügel um Jörg Haider weiter an Zuspruch gewann.

Die innerparteilichen Spannungen kulminierten im September 1986 am Innsbrucker Bundesparteitag. Allerdings spielte Steger die ideologischen Differenzen zwischen ihm und Haider herunter. Vielmehr gehe es bei der Kampfabstimmung um den Parteivorsitz um ein Votum für die weitere Regierungsbeteiligung, für die er stehe, und den Gang in die Opposition. Während viele heimische Medien dieser Auffassung zustimmten,

---

13 *Freiheitliches Bildungswerk*. Programm der Freiheitlichen Partei Österreichs (Beschlossen am Parteitag am 1.–2. Juni 1985 in Salzburg, Wien 1985) hier § 2.
14 *Freiheitliches Bildungswerk*, Programm, hier § 17.
15 Anton *Pelinka*, Die Kleine Koalition 1983–1986 (Böhlau Verlag, Wien/Köln/Graz 1993) hier 100.
16 *Pelinka*, Kleine Koalition, 46–50.

hoben der „Kurier" und die „Neue Zürcher Zeitung" die ideologischen Bruchlinien zwischen Liberalismus und Deutschnationalismus hervor. Für diese beiden Zeitungen bestätigte sich die Ansicht, dass die Mehrheitsmeinung in der FPÖ laute, die Steger-Gruppe gehöre im Grunde nicht zur FPÖ.[17] Umso bedeutsamer war für die Liberalen in der FPÖ die Mitgliedschaft in der Liberalen Internationale (LI), dem weltweiten Dachverband der liberalen Parteien, dem die FPÖ seit 1979 angehörte, da diese als internationales Gütesiegel für den liberalen Charakter der Partei präsentiert werden konnte.

Zwar stellte sich die FPÖ unter Haider neu als rechtspopulistische Protest- und Antisystem-Partei auf – auch unter Stegers Vorgänger Alexander Götz hatte die Partei einen ähnlichen Kurs gesteuert –, doch herrschte inhaltlich eine bemerkenswerte Kontinuität zur Steger-FPÖ. Ideologisch bezeichnete man sich allerdings wieder als „freiheitlich" statt „liberal", wobei die FPÖ trotz anhaltender gegenseitiger Kritik in der LI verblieb.

Für die liberal Gesinnten in der FPÖ markierte die Wahl Haiders eine Wegscheide. Während einige in der Partei verblieben, etwa Friedhelm Frischenschlager, oder unter Haider sogar erst ihre Karriere starteten, allen voran Heide Schmidt, traten andere aus, etwa Christian Allesch und Volker Kier. Letztere kamen im Verein Atterseekreis zusammen, wo sie wichtige intellektuelle und programmatische Weiterentwicklungen des Liberalismus vornahmen, die 1993 Eingang in das Parteiprogramm des LIF fanden. Jedoch bedeutete diese Spaltung der Liberalen auch eine Hypothek für das Liberale Forum, in dem die Verbliebenen und zahlreiche der 1986 Ausgetretenen erneut zusammenkamen: Im Gegensatz zu Ersteren hatten die in der FPÖ Verbliebenen argumentiert, es sei besser, weiterhin innerparteilich für den Liberalismus einzutreten. Jedenfalls genossen die ausgetretenen Liberalen eine höhere Glaubwürdigkeit, hatten sie ihre Prinzipien doch über allfällige Karrierepläne gestellt.

Das Liberale Forum und die NEOS

Bis Ende der 1980er Jahre schien die Neugründung einer liberalen Partei angesichts des geringen Interesses der Wählerschaft keine erfolgversprechende Option, selbst nicht für liberal Orientierte.[18] Allenfalls vorstellbar gewesen wäre in dieser Zeit ein liberale Wirtschaftspartei, deren Anziehungskraft für das breite Publikum und Linksliberale

---

17 Hans *Ramming*, Klare Fronten in Österreich. In: Neue Zürcher Zeitung Jg. 207, Nr. 215 (17.9.1986) 3, und Christoph *Regger*, Liberaler Nationalismus? Die FPÖ zwischen Liberalismus und Nationalismus 1949–1986 (Diplomarbeit, Karl-Franzens-Universität Graz 2021) hier 75.
18 Christian G. *Allesch*, Der Stellenwert des Liberalismus in der österreichischen Politik. In: Andreas *Khol* (Hg.), Österreichisches Jahrbuch für Politik (ÖJP) 1988 (Wien 1989) 391–407.

jedoch beschränkt geblieben wäre. Symptomatisch für die ungewisse politische Strahlkraft des Liberalismus selbst noch in den 1990er Jahren ist daher, dass die liberale Partei Liberales Forum im Februar 1993 nicht in einem langwierigen und mit vielen Unsicherheiten behafteten Prozess von Bürgerinnen und Bürgern oder den 1986 aus der FPÖ Ausgetretenen gegründet wurde, sondern von oben durch fünf FPÖ-Abgeordnete. Diese fünf – Heide Schmidt, Thomas Barmüller, Friedhelm Frischenschlager, Hans Helmut Moser und Klara Motter – spalteten sich im Februar 1993 ab, wodurch das LIF von Anfang an Klubstatus im Parlament genoss, was die weitere Entwicklung der Partei enorm erleichterte, bot ihr der Nationalrat doch eine medial wirksame Bühne und standen ihr deshalb bedeutende Finanzmittel zur Verfügung. In Wien konnten sich die GründerInnen des großen Ansturms von Freiwilligen gar nicht erwehren, wobei viele von diesen weniger am Liberalismus als an einer möglichen eigenen politischen Karriere interessiert schienen. Ungleich mühsamer fiel es dem LIF, für seine Ideen Anklang in ländlich geprägten Regionen zu finden.[19]

Gegründet wurde das LIF nur wenige Tage nach der großen Demonstration von bis zu 300.000 Menschen am Wiener Heldenplatz gegen das von Haider initiierte Volksbegehren „Österreich zuerst", das von vielen VertreterInnen der Zivilgesellschaft als ausländerfeindlich kritisiert wurde. Dieses Lichtermeer bestätigte anschaulich, dass es eine Nachfrage nach einer liberalen oder zumindest an liberalen Prinzipien orientierten Politik gab, die die bestehenden Parteien nicht erfüllen konnten. Dies auch nicht von den Grünen, die bis heute einen Bürgerrechtsliberalismus vertreten, wobei diese liberale Traditionslinien eben genauso wie bei den anderen Parteien nur einen kleinen Teil der Gesamtprogrammatik ausmacht.

Die Gründung des LIF erfolgte als Reaktion auf die Radikalisierung der FPÖ, deren Abkehr von liberalen Anliegen, insbesondere die Ablehnung eines Beitritts zur Europäischen Wirtschaftsgemeinschaft (EWG) und die scharfe Kritik an der LI. Ohne Heide Schmidt, die als liberales Feigenblatt der FPÖ eine große Bekanntheit und hohes Ansehen über alle Lager hinweg genossen hatte, wäre eine erfolgversprechende liberale Parteigründung nicht möglich gewesen. Sie personifizierte das LIF. Die Konzentration der Partei auf ihre Person erschwerte es jedoch, die Partei personell breiter aufzustellen. Zudem war Schmidt eine starke Führungspersönlichkeit, die – in den Worten eines ehemaligen Präsidiumsmitglieds gegenüber dem Autor – zwar internen Widerspruch und Kritik an ihrem Kurs akzeptierte; allerdings nur von Personen, die sie als gleichrangig betrachtete, und dies waren wenige.

Ganz bewusst vollzogen die LIF-GründerInnen einen ideologischen Milieubruch, indem sie stets Distanz zum dritten Lager wahrten. Frischenschlager sah das LIF „in der guten Tradition des österreichischen Liberalismus" stehen, wobei er sich auf die

---

19 Der Gründungsprozess des LIF, inklusive der möglichen Mitwirkung des damaligen Nationalratspräsidenten Heinz Fischer von der SPÖ, ist detailliert nachgezeichnet in Alfred *Gerstl*, Die Entstehung und Entwicklung des Liberalen Forums (LiF) 1993/94 (Dissertation, Universität Wien 1998), hier 125–129.

Periode der 1848er Revolution bis zur Bundesverfassung 1920 bezog.[20] Das mit 106 Seiten ungewöhnlich lange Parteiprogramm aus dem Jahr 1993 betont zwar ausführlich die individuelle Freiheit, jedoch handelt es sich dabei um keine uneingeschränkte, da es auch eine soziale Verantwortung wahrzunehmen gelte: „Freiheit bedeutet für uns Liberale nicht schrankenlose Selbstentfaltung auf Kosten anderer und auf Kosten ökologischer Ressourcen, sondern demokratisch gestaltete politische Willensbildung, die dem Einzelnen so viel Freiheit wie möglich einräumt und nur so viel Beschränkungen seiner Freiheit wie notwendig auferlegt." Ähnlich differenziert ist auch der Leistungsbegriff, der stark auf „sinnvolles" Tätigsein abstellt.[21] Das Programm spricht sich für einen ganzheitlichen oder integrativen Liberalismus aus, der gleichermaßen auf einem modernen Sozialliberalismus wie auf einem starken marktwirtschaftlichen Fundament ruht. Allerdings glückte dem LIF der Spagat zwischen Wirtschafts- und Sozialliberalismus nur programmatisch, nicht in der Praxis: Realpolitisch war es stärker sozialliberal ausgerichtet.

Das Liberale Forum scheiterte gleichermaßen an externen Ursachen wie an internen Problemen und Versäumnissen. Zu nennen sind einerseits die geringe Liberalismus-Tradition in Österreich; die verkürzt geführte Neoliberalismus-Debatte, die zwar eine Art Hassliebe der anderen Parteien zum Liberalismus offenbarte, aber auch zu einer ideologischen Polarisierung führte; das Ausschlachten von liberalen Reizthemen (Grundsicherung, Homosexuellen-Ehe oder Kruzifix-Debatte) durch die politische Konkurrenz und die Boulevardpresse; dazu die Gegnerschaft der „Kronen-Zeitung"; sowie die Angst vieler WählerInnen vor einem Verlust der Stimme angesichts der niedrigen LIF-Umfragewerte. Andererseits war das Ausscheiden aus dem Nationalrat 1999 auch in hohem Ausmaß selbstverschuldet: Angesichts der spontanen Parteigründung von oben dauerte es zu lange, tragfähige Strukturen mit einer aktiven Mitgliederbasis zu errichten. Noch dazu handelt es sich um eine technokratische Organisationsstruktur, die der innerparteilichen Demokratie wenig förderlich war. Bereits erwähnt wurden die mangelnde Verankerung in den ländlichen Gebieten, die innerparteilichen Kämpfe zwischen dem gesellschafts- und wirtschaftsliberalen Flügel und der Umstand, dass das LIF einem Heide-Schmidt-Wahlverein glich. Im Wahlkampf für die Nationalratswahl 1999 war zudem die Themensetzung unglücklich, fokussierte die Partei doch stark auf Minderheitenpositionen, was den Eindruck der Abgehobenheit noch verstärkte. Von der parteipolitischen Konkurrenz und einigen Medien heftig kritisiert, rückten die Liberalen intern stärker zusammen. Spätestens im Jahr 1999 erinnerte das LIF zum Teil an eine Sekte, die sich um eine starke Führungspersönlichkeit und Reizthemen scharrte. Das Ausscheiden aus dem Nationalrat 1999 war die logische Folge.

---

20 Zit. nach. Heiner *Boberski*, „Alles vermeiden, was wie Kulturkampf aussieht." Furche-Gespräch mit Friedhelm Frischenschlager. In: Die Furche, Jg. 48, Nr. 44 (4.11.1993) 4.
21 *Liberales Forum*, Die Freiheit des Menschen und seine Verantwortung für die Gesellschaft (Wien 1993) hier Kap. 1.

So wie jede außerparteiliche Kraft stand das LIF nach 1999 vor der Schwierigkeit, sich politisches und mediales Gehör zu verschaffen. Bei der vorgezogenen Nationalratswahl 2002 erzielte die Liberalen lediglich 0,98 Prozent. 2006 trat die Partei nicht an, doch zog der damalige Parteichef Alexander Zach auf einem Mandat der SPÖ in den Nationalrat ein, das er 2008 nach Vorwürfen betreffend seine Lobbying-Aktivitäten für den Eurofighter-Hersteller EADS abgab. Bei der Nationalratswahl 2008 kandidierte das LIF erneut, scheiterte mit 2,1 Prozent aber deutlich. Erst seit der Wahl von 2013 sind Liberale wieder im österreichischen Parlament vertreten: Mit knapp 5 Prozent schafften die NEOS – Das Neue Österreich und Liberales Forum den Einzug in den Nationalrat.

Anders als beim LIF handelt es sich bei den NEOS um eine Parteigründung von unten, und zwar vorrangig orchestriert vom Organisationsberater und ehemaligen ÖVP-Funktionär Matthias Strolz. Die neue Partei lernte aus den Fehlern des LIF. So stellte sie von Anfang an konkrete liberale Forderungen, ohne dabei auf einen komplizierten ideologischen oder programmatischen Überbau zu setzen. Dadurch konnte sie es auch vermeiden, in die Neoliberalismus-Falle zu tappen. Die NEOS positionieren sich als moderate und sehr wirtschaftsfreundliche Gruppierung, besonders auffallend sind die starke Betonung von Bildung und des Europa-Gedankens.[22] Anders als dem LIF gelang es den NEOS, einen reibungslosen Führungswechsel zu vollziehen: 2018 übernahm Beate Meinl-Reisinger das Ruder.

Allerdings sehen sich auch die „neuen" Liberalen denselben strukturellen Herausforderungen gegenüber wie vormals das LIF. Liberalismus ist nach wie vor kein massentaugliches Phänomen, zudem ist die liberale Wählerschaft immer noch stärker in urbanen als ländlichen Gebieten vertreten. Die breite Basis fehlt also auch den NEOS. In den letzten Jahren, und besonders seit der COVID-19-Pandemie, verschärften sich zudem die gesellschaftlichen Spaltungslinien und Konfliktpotenziale.

Die zunehmende Polarisierung – sie ist ein globales Phänomen – ist dem auf Mäßigung, dem Austausch von Argumenten und das Schließen von Kompromissen abstellenden liberalen Politikstil abträglich. Vielmehr ist dieses Klima dem Erstarken von links- wie rechtspopulistischen Gruppierungen zuträglich, die mutmaßlich auch den NEOS Wählerstimmen kosten werden. Der politische und gesellschaftliche Gestaltungsspielraum für die Liberalen wird in den kommenden Jahren mithin schrumpfen. Um diesen so weit als möglich auszureizen, ist eine Regierungsbeteiligung unerlässlich. Doch gerade eine solche verlangt von einer Kleinpartei schmerzhafte Zugeständnisse. Das Beispiel der Koalition mit der SPÖ in Wien, wo die 7,5-Prozent-Partei NEOS mit Christoph Wiederkehr den Vize-Bürgermeister stellen, veranschaulicht die Schwierigkeit, sich gegen einen deutlich stärkeren und noch dazu in der Verwaltung der Macht höchst geübten Regierungspartner durchzusetzen.

---

22 Laurenz *Ennser-Jedenastik* and Anita *Bodlos*, Liberal Parties in Austria. In: Emilie *van Haute* and Caroline *Close* (eds.), Liberal Parties in Europe (Routledge, London 2019) 129–145 hier 138.

Schlussbetrachtung

Der mangelnden liberalen Tradition zum Trotz bemühten sich nach 1945 verschiedene Parteien um das liberale Erbe und die – zahlenmäßig überschaubare – liberal gesinnte Wählerschaft. Diese musste bei Wahlen jahrzehntelang Kompromisse eingehen, denn die Parteien vertraten einen Auswahl-Liberalismus, der nur in Teilbereichen liberale Ideen und Prinzipien abdeckte. Vereinfacht gesagt, fand und findet sich bei der ÖVP der Wirtschaftsliberalismus, bei der SPÖ der Sozial- und Kulturliberalismus und bei den Grünen der Rechtsstaats- und Bürgerrechtsliberalismus. Das Ausmaß des „Liberalismus-Gehaltes" dieser Parteien schwankte jedoch im Laufe der letzten Jahrzehnte. Dies gilt insbesondere für die FPÖ. Diese beschritt in den 1980er Jahren unter Norbert Steger den Weg zu einer konziseren liberalen Programmatik, doch der innerparteiliche Widerstand gegen diesen Kurs erwies sich als zu stark. Unter Jörg Haider hatte die politische Praxis der FPÖ mit einem liberalen Politikverständnis nichts mehr gemein, erst recht der Fall ist dies heute unter Parteiobmann Herbert Kickl.

Der Liberalismus mag in Österreich auch heute noch nicht wirklich geliebt werden, doch ist er seit 1993 (Liberales Forum) und erneut seit 2013 (NEOS) zumindest politisch nicht mehr heimatlos. Auch wenn die NEOS nur eine geringe Größe und damit einen limitierten Einfluss haben, so ist die Existenz einer eigenständigen liberalen Partei doch einem Zustand vorzuziehen, in dem sich liberales Denken in Ermangelung einer solchen Kraft lediglich auf die verschiedenen Parteien aufsplittert und daher nur halbherzig mitvertreten wird. Denn in Österreich herrscht nach wie vor – oder gerade jetzt – großer Bedarf an einer gestaltenden politischen und gesellschaftlichen liberalen Bewegung. Der aktiv-gestaltende Beitrag einer liberalen Partei, wie auch von liberalen Intellektuellen, wird jedoch primär auf die Rolle eines Ideengebers und Korrektivs beschränkt bleiben. Doch selbst damit leistet eine liberale Partei, deren Wählerpotenzial in Österreich in absehbarer Zeit 10 Prozent wohl nicht übersteigen wird, einen essenziellen Beitrag zum politischen Diskurs und zur politischen Kultur Österreichs.

Bibliografie

Christian G. *Allesch*, Der Stellenwert des Liberalismus in der österreichischen Politik. In: Andreas Khol (Hg.), Österreichisches Jahrbuch für Politik (ÖJP) 1988 (Wien 1989) 391–407.

Klaus *Berchtold* (Hg.), Österreichische Parteiprogramme: 1868–1966 (Verlag für Geschichte und Politik, Wien 1967).

Heiner *Boberski*, „Alles vermeiden, was wie Kulturkampf aussieht." Furche-Gespräch mit Friedhelm Frischenschlager. In: Die Furche, Jg. 48, Nr. 44 (4.11.1993) 4.

Erhard *Busek*, Zu klein für eine Partei. Zum heutigen Zustand der Liberalen im Land. In: Die Furche, Jg. 44, Nr. 12 (24.3.1989) 4.

Laurenz *Ennser-Jedenastik* and Anita *Bodlos*, Liberal Parties in Austria. In: Emilie *van Haute* and Caroline *Close* (eds.), Liberal Parties in Europe (Routledge, London 2019) 129–145.

Die Furche, Grundsatzdiskussion wird weitergeführt. Furche-Gespräch mit Alois Mock. Jg. 34, Nr. 26 (26./27.6.1979) 4.

Freiheitliches Bildungswerk. Programm der Freiheitlichen Partei Österreichs (Beschlossen am Parteitag am 1.–2. Juni 1985 in Salzburg, Wien 1985). Abrufbar unter: https://www.fbi-politikschule.at/fileadmin/user_upload/www.fpoe-bildungsinstitut.at/dokumente/Programm_der_FPOE_1985.pdf.

Alfred *Gerstl*, Der verspätete Liberalismus in Österreich nach 1945. Politische, gesellschaftliche und liberale Ursachen. In: Erich *Reiter*, Sozialwissenschaftliche Schriftenreihe des Internationalen Institutes für Liberale Politik Wien (Heft 17, Wien 2006) 23–37.

Alfred *Gerstl*, Die Entstehung und Entwicklung des Liberalen Forums (LiF) 1993/94 (Dissertation, Universität Wien 1998).

Robert *Kriechbaumer*, Die Ära Kreisky: Österreich 1970–1983 in der historischen Analyse, im Urteil der politischen Kontrahenten und in Karikaturen von Ironimus (Böhlau Verlag, Wien 2004).

Liberales Forum, Die Freiheit des Menschen und seine Verantwortung für die Gesellschaft (Wien 1993).

Kurt Richard *Luther*, Die Freiheitliche Partei Österreichs (FPÖ) und das Bündnis Zukunft Österreich (BZÖ). In: Herbert *Dachs* (Hg.), Politik in Österreich: Das Handbuch (Manz Verlag, Wien 2006) 364–388.

Christoph *Regger*, Liberaler Nationalismus? Die FPÖ zwischen Liberalismus und Nationalismus 1949–1986 (Diplomarbeit, Karl-Franzens-Universität Graz 2021).

Hans *Ramming*, Klare Fronten in Österreich. In: Neue Zürcher Zeitung Jg. 207, Nr. 215 (17.9.1986) 3.

Wolfgang *Mantl*, Liberalismus und Antiliberalismus in Österreich. Eine Spurensuche in: Emil *Brix*, Wolfgang *Mantl* (Hg.), Liberalismus – Interpretationen und Perspektiven (Böhlau Verlag, Wien 1996) 15–48.

Joachim *Neurieser*, Zwischen Liberalismus und Nationalismus. Programmatische Transformationsprozesse in der Geschichte des dritten Lagers in Österreich nach 1945 (Diplomarbeit, Universität Wien 2008).

Österreichische Volkspartei, Salzburger Programm (Wien 1972). Abrufbar unter: https://austria-forum.org/af/AEIOU/Österreichische_Volkspartei%2C_ÖVP/Salzburger_Programm.

Österreichische Volkspartei, Die programmatischen Leitsätze der ÖVP 1945 (Wien 1945). Abrufbar unter: https://austria-forum.org/af/AEIOU/Österreichische_Volkspartei%2C_ÖVP/Programmatische_Leitsätze_1945.

Anton *Pelinka*, Die Kleine Koalition 1983–1986 (Böhlau Verlag, Wien/Köln/Graz 1993).

Christoph *Regger*, Liberaler Nationalismus? Die FPÖ. Zwischen Liberalismus und Nationalismus 1949–1986 (Diplomarbeit, Karl-Franzens-Universität Graz 2021).

Adam *Wandruszka*, Österreichs politische Struktur. Die Entwicklung der Parteien und politischen Bewegungen. In: Heinrich *Benedikt*, Walter *Goldinger* (Hg.), Geschichte der Republik Österreich (Verlag für Geschichte und Politik, Wien 1954) 289–485.

II. Einblicke

Manfried Welan

175 Jahre Wiener Revolution: Plädoyer für Freiheitsforschung

Im Jahr 2023 wurde unsere große Revolution von 1848 175 Jahre alt. Zündende Funken waren Nachrichten, zunächst von der Februar-Revolution in Paris und dann von der Rede die Ludwig Kossuth am 3. März 1848 in Preßburg gehalten hatte. Das Zauberwort war „Konstitution". Es ging im Volk um. Am 12. März beschlossen Studenten in der Aula der Universität eine Petition an Kaiser Ferdinand mit Forderungen politischer Freiheiten im Sinne der Verfassung. Am 13. März demonstrierten sie vor dem niederösterreichischen Landhaus. Der Arzt Dr. Adolf Fischhof wiederholte die konstitutionellen Forderungen gegenüber den Ständen. Menschen aus allen Schichten liefen zusammen, auf die in der Herrengasse angestaute Menge wurde gefeuert. Die ersten Toten waren zu beklagen. In den Vorstädten wurde auf protestierende Proletarier geschossen. Am Abend trat Metternich zurück und floh nach England. Am 14. März fanden schon große Leichenfeiern für die Toten statt, als eine der ersten Reformen werden Ministerien errichtet. Eine vom Kaiser versprochene Verfassung wird vom Innenminister Pillersdorf verkündet. Sie wird aber wegen des undemokratischen Wahlrechts abgelehnt. Am 15. Mai kam es zur „Sturmpetition". Die Revolution brach gewissermaßen zum zweiten Male aus. Die Regierung stimmte den Forderungen zu, das Wahlrecht wurde allgemein und gleich, nach ihm wird ein Reichstag gewählt.

Wie reagierte die Krone auf die Revolution in ihren verschiedenen Erscheinungen? Sie war grundsätzlich gegen die politische Freiheit, aber sie reagierte je nach Situation elastisch und flexibel, von Zeit zu Zeit mit wohlwollender Maske und einem scheinbaren Nachgeben, aber mit unverhältnismäßiger Strenge und Brutalität im Ergebnis.

„Kein anderes Reich brachte es fertig, in Jahresfrist seine Haupt- und Residenzstadt wie alle wichtigen Landeshauptstädte – Krakau, Prag, Mailand, Ofen-Pest, Lemberg, Venedig – in Barrikaden und durch Artilleriebeschuss zu bezwingen…" „Die Planung der Ringstraße war von diesem Leitgedanken der Niederhaltung der revolutionsdrohenden Vorstädte beherrscht…" so der beste Kenner der österreichischen Revolution, Wolfgang Häusler.

Die autoritären und militaristischen Strukturen blieben Jahrzehnte lang. Fortschritte zum Rechtsstaat und zur Demokratie waren nur möglich, wenn außenpolitische und militärische Niederlagen die Staatsführung zum Nachgeben zwangen. Unser Weg zum Rechtsstaat und schließlich zur demokratischen Republik war mit immer größer werdenden Niederlagen gepflastert, schließlich mit dem Untergang der Monarchie.

Immerhin am 10. Juli 1848 konstituierte sich das erste freigewählte österreichische Parlament. Am 26. Juli stellte der Abgeordnete Hans Kudlich den Antrag: „Von nun an ist das Untertänigkeitsverhältnis samt allen daraus entspringenden Rechten und Pflichten aufgehoben…" Zum ersten Mal fielen in einem öffentlichen Raume wie der Winterreitschule der Hofburg die Worte „Freiheit, Gleichheit, Brüderlichkeit und Volkssouveränität". Kudlich schloss mit den Sätzen „Was sie heute aussprechen sollen, ist kein Paragraf der Geschäftsordnung, das ist die Thronrede des österreichischen Volkes. Heute soll der Geist laut werden, der in dieser Versammlung wohnt, damit die Völker wissen, worauf sie bauen können." Der Antrag wurde angenommen, am 7. September wurde das Grundentlastungsgesetz von Kaiser Ferdinand sanktioniert. Am 24. September gab es einen großen Fackelzug für Hans Kudlich. Aber der Regierung gelang es, die Gegensätze der bestimmenden Nationalitäten und der verschiedenen Klassen und Volksschichten durch eine Politik des „teile und herrsche" mit Hilfe des Militärs niederzuschlagen.

Am 6. Oktober wollten kaiserliche Truppen von Wien aus gegen die aufständischen Ungarn ziehen. Wiener Aufständische versuchten das zu verhindern. Es kam zu Straßenschlachten. Kriegsminister Latour wurde von der Volksmenge „laternisiert". Der Kaiser floh nach Olmütz und General Windisch-Graetz schickte Truppen nach Wien. Er folgte und siegte schließlich und am 31. Oktober war Wien unter seiner Kontrolle. Der Oberkommandant der revoltierenden Nationalgarde, Wenzel-Messenhauser, und viele andere wurden hingerichtet, mehr als 2.000 Menschen waren gefallen.

Am 5. November erfolgte die Verlegung des Reichstages von Wien nach Kremsier. Am 2. Dezember verzichtete Kaiser Ferdinand auf den Thron und der 18-jährige Franz Joseph wurde zum Kaiser von Österreich proklamiert. Ungarn wurde mit Hilfe russischen Militärs unterworfen und verlor seine Freiheit.

Der Reichstag in Kremsier entwickelte ein originelles Verfassungswerk. Liberales, demokratisches und föderalistisches Gedankengut kamen darin zum Ausdruck. Das Volk wurde die Quelle der Staatsgewalten. Entsprechend der Theorie der Volkssouveränität hieß es im Katalog der Grundrechte des österreichischen Volkes in Paragraf 1: „Alle Staatsgewalten gehen von Volke aus und werden auf die in der Konstitution festgesetzten Weise ausgeübt." Der Kaiser wurde Organ der vom Volk beschlossenen Verfassung. Dagegen verkündete schon das Thronbesteigungspatent vom 2. Dezember die monarchische Souveränität. Der blutjunge Kaiser verwirklichte die Vergangenheit, 10 Jahre Neoabsolutismus folgten. Weder die Kremsierer Verfassung noch die oktroyierte Märzverfassung 1849 wurden Wirklichkeit.

Der Historiker Robert Endres formulierte deutlich: „Mit einer sinnlosen Schießerei des Militärs auf harmlose Demonstranten hat die Revolution ihren Anfang genommen, mit Massenmord an Wehrlosen und Unschuldigen hat sie geendet." Aber die Erinnerung an die Ereignisse von 1848 ist heute nur in einem kleinen Kreis wach. Vielleicht kann der 175. Jahrestag unserer Revolution mehr motivieren und den Satz des Revolutionärs Hermann Jellinek „Ideen können nicht erschossen werden" in Erinnerung rufen. Unsere rechtsstaatliche Demokratie kommt von der Revolution 1848 her.

Plädoyer für Freiheitsforschung

Die Wiener Revolution 1848 war eine große Revolution. Sie war eine Revolution des Volkes. Aber das Volk zerfiel: einerseits in Nationen, andererseits in Klassen. Die Revolution umfasste außerdem mehrere Phasen. Es gelang der Krone nach dem Prinzip des divide et impera vorzugehen und gegen die Nationen Feldherren zu schicken, in Ungarn mit Hilfe des Zaren, die Niederschlagung durchzuführen. Auf die Niederschlagung der Revolution folgte ein 10-jähriger kaiserlicher Absolutismus. Es entstand keine Revolutionstradition und auch kein Revolutionspatriotismus. Nach meiner Auffassung haben wir deshalb auch heute keinen Verfassungspatriotismus. Von Anfängen und Ansätzen abgesehen, haben auch die traditionellen Parteien Österreichs keine solchen Traditionen. Es ist, als würden sie an der Revolution eine Kindesweglegung vollziehen. Daher sollte in der politischen Bildung vor allem das Bewusstsein der Revolution 1848 wiederbelebt werden. Vergessen wir nicht, das Rechtsprinzip, dem im erstgewählten Parlament 1848 alle ihr Beisammensein verdankten: das Prinzip der Menschenrechte. Menschenrechte und Menschenwürde wurden zum ersten Mal ausgesprochen und das seit uralten Zeiten bestehende Untertänigkeitsverhältnis samt allen daraus entsprungenen Rechten und Pflichten aufgehoben. Hans Kudlich brachte als jüngster Abgeordneter den Antrag auf Aufhebung des bäuerlichen Untertänigkeitsverhältnis in den Reichstag ein, der nach langen Beratungen am 7. Dezember 1848 zum Gesetz erhoben wurde. Kudlich nannte diesen Beschluss „Die Thronrede des österreichischen Volkes". So wurde er der österreichische Bauernbefreier und leitete die größte Eigentumsverschiebung in der Geschichte Österreichs ein. Er wurde verfolgt und zum Tode verurteilt, nachdem er bereits in Hoboken bei New York als Arzt tätig war. Nach Amnestie unternahm er mehrfach Reisen in seine alte Heimat, erhielt zahlreiche Ehrungen, so die Ehrenbürgerschaft der Stadt Wien, die jedoch auf kaiserliche Anordnung zurückgenommen werden musst. Enttäuscht kehrte er nach Amerika zurück, wo er bis zu seinem Tod 1917 lebte. Eine Gedenktafel mit Portraitrelief im ehemaligen niederösterreichischen Landhaus, Herrengasse 13, erinnert an ihn. Bereits 1872 wurde in Favoriten die Kudlich-Gasse nach ihm benannt. Zur Erinnerung wird auch der Kudlich-Preis jährlich verliehen. Aber er und alle anderen berühmten revolutionären Persönlichkeiten sind weitgehend vergessen.

Einige Feststellungen zum alten Österreich

Das alte Österreich war kein Staat im modernen Sinn. Es gab auch kein Volk im modernen Sinn. Vaterland war die einzelne Provinz. Es gab Provinzialpatriotismus und immer mehr Nationalgefühl bei fehlendem Reichsgefühl. Österreichisches Staatsgefühl gab es zum Teil bei den leitenden Staatsmännern, in der Verwaltung, in der Armee, bei Teilen der Gebildeten, in der großen Masse des Volkes herrschte Provinzialbindung.

Die Vielzahl der Völker bildete sich unter der Wirkung des Nationalprinzips zu ebenso vielen politischen Nationen um. Die Bildung eines Staatsvolkes der österreichischen Nation, des österreichischen Staates wurde dadurch unmöglich. Durch die Gegnerschaft zu Metternich und zum Polizeistaat fanden in Wien die einzelnen Gruppen zueinander und es gab so etwas wie ein österreichisches Volk im März 1848. Dabei setzten die Verfassungsbewegungen nicht aufgrund innenpolitischer Mächte ein, sondern sie setzten erst ein, wenn ein Anstoß von außen erfolgte. So gab die Pariser Feber-Revolution den Anstoß zum Verfassungswerk von 1848, das über die Pillersdorfsche Verfassung, die oktroyierte Märzverfassung 1849 bis zum absolutistischen Silvesterpatent von 1851 führte. Durch außenpolitische und militärische Niederlagen, insbesondere durch den italienischen Krieg von 1859, kam es zu einer Verfassungsreihe, die mit dem Patent vom 5. März 1860 über die Verstärkung des Reichsrates begann, über das Oktoberdiplom von 1860 und das Februarpatent von 1861 geht, und mit der Sistierung der Verfassung im Jahre 1865 endet. Dieser Kampf ist nicht ausgelebt. Er wird verschärft durch die Niederlage von 1866 bei Königgrätz und führt schließlich zur Dezemberverfassung 1867. Damit erfolgte eine formelle Schließung des Staates gegenüber dem komplizierten Machtgeflecht des mittelalterlichen Reiches. Dabei muss klar sein, nicht der Begriff der Einheit des Staates hat die Monarchie, sondern der Begriff der Monarchie hat die Einheit in Österreich gerettet. Die Funktion des Monarchen als mittelalterlicher Dynast und Vielvölkerherrscher wird durch das Nationalprinzip verschärft. Das politische Gesamtgebilde ist in einem eigentlichen, eigentümlichen Schwebezustand zwischen einem Reich (der Herrscher und die Völker) und einem „Staat" (der Monarch und das politische Volk). Typisch für die Verfassungsgebung war der Charakter des Provisoriums und der Entwurf. Der Entwurf des Kremsierer Reichstages trat nicht in Kraft. Der österreichische Grundrechtskatalog wurde nicht lebendig. Von der oktroyierten Verfassung 1849 trat nur der Reichsrat ins Leben, das Patent 1860 war ein Provisorium, das Oktoberdiplom von 1860 trat nicht in Kraft, das Februarpatent 1861 enthielt Landesordnungen, aber der weitere Reichsrat, das Zentralorgan, trat nie zusammen. Die Verfassung 1867 musste auf ihre bundesstaatliche Lösung verzichten und durch die Reform 1873 wurde der Einheitsstaat für die österreichische Reichshälfte wieder eingeführt.

Immerhin etwas Definitives blieb durch alle Verfassungen: Die Aufhebung des Untertänigkeitsverhältnisses und allen daraus entsprungenen Rechten und Pflichten. Der Grundrechtskatalog des Reichtages 1848 war einmalig ausgearbeitet und er enthielt neben Leben, Freiheit, Eigentum, Gleichheit aller vor dem Gesetz und Gleichberechtigung der Nationen, moderne Grundsätze über die Gerichtsbarkeit. Paragraph 1 lautete: „Alle Staatsgewalten gehen vom Volke aus." Aber dieser Satz wurde letztlich fallengelassen, weil der Reichstag dadurch seiner Auflösung zu entgehen hoffte. Er wurde trotzdem aufgelöst und dies war das Ende des Versuches eines Grundrechtskataloges. Der blutjunge Kaiser, der nach einem Jahr alles an Revolution niedergeschlagen hatte, war einige Zeit unbeliebt, ja verhasst, aber das Bild des Kaisers blieb dann Jahrzehnte lang in allen Amts- und Schulstuben und darüber hinaus aufgehängt, prägte das Image der Monarchie und wirkt bis heute nach. So ist das Prestige auch der Sissi-Filme zu erklären.

Liberalismus und Volkspartei

Der Ausbruch aus der Untertanenmentalität war ein Motto der politischen Akademie der Volkspartei Mitte der 80er-Jahre. Sie entwickelte ein großes Freiheitsprojekt, das auch für die praktische Politik von einiger Bedeutung gewesen ist. Grundrechtsbeschwerde, Reform der Untersuchungshaft und das Grundrecht der persönlichen Freiheit sind Früchte aus dieser Zeit. Ein Plädoyer für Freiheitsforschung ist im österreichischen Jahrbuch für Politik 89, Seite 427 erschienen und sagt im Vorwort: „Eine komplexe Welt, voll komplizierter Ungewissheit und Unsicherheit verlangt eine neue Ordnungspolitik der Freiheit. Es geht global und regional um viele Wege und Systeme der Selbstregulierung und -koordination. Freiheitsforschung kann zur Suche beitragen." Daher soll hier darauf verwiesen werden und auch der pathetische Anfangssatz zitiert werden: „Wenn die Freiheit über unterdrückten Gesellschaften aufgeht, und wie die Sonne Licht und lebendig macht, dann will man dabei sein und ist von dem ‚Vermögen von selbst anzufangen" wie „Freiheit" von Kant definiert wird, begeistert, denn nichts ist fruchtbarer an Wundern als die Kunst frei zu sein; aber nichts ist schwieriger als die Lehrzeit der Freiheit ... Die Freiheit wird gewöhnlich inmitten von Stürmen geboren, sie setzt sich mühsam inmitten des Bürgeradels fest und ihre Wohltaten erfahren wir erst, wenn sie schon alt ist." (Alexis de Tocqueville)

Freiheit hat/ist eine unendliche Geschichte, „aber sobald ihre Vorteile erkannt wurden, begannen die Menschen das Reich der Freiheit zu vervollkommnen und auszudehnen und zu dem Zwecke zu untersuchen, wie eine freie Gesellschaft funktioniert."[1]

Anfang der 80er-Jahre wurde im Rahmen der politischen Akademie der Volkspartei zur Diskussion gestellt, sich einem Projekt „Freiheitsforschung" zu widmen. Die damalige Situation: Das jährliche Budgetdefizit betrug seit 10 Jahren 5 % des Bruttoinlandsprodukts. Aber seit 1973 verschlechterten sich die Zahlen zu Lasten des Budgets. Die Staatsausgaben waren in den letzten 10 Jahren doppelt so stark gestiegen wie die Einnahmen, die Steuerbelastungsquote war schon auf über 40 % des Bruttoinlandsprodukts gestiegen. Die Durchrechtlichung und Durchstaatlichung der Gesellschaft wurde zur Last und Behinderung. Die Grenzen der Finanzierbarkeit und Organisierbarkeit waren in vielen Bereichen überschritten. Die Krise der verstaatlichten Wirtschaft symbolisierte für viele eine von Politik und Staat blockierte Gesellschaft.

---

[1] Friedrich August von *Hayek*, Die Verfassung der Freiheit (Tübingen 1971) 65.

Die ÖVP war in der Rolle einer strukturellen Opposition. Sie nutze aber den Zeitgeist durch Forderungen wie „Mehr privat, weniger Staat", „Weniger Steuern" (im doppelten Sinn des Wortes), „Neue Freiheit". Im Zusammenhang mit dem Projekt stehen Gründungen des Menschenrechtsinstituts und des Institutes für Rechtspolitik in Salzburg sowie die Vorbereitung des Programmes zur ökosozialen Marktwirtschaft. Dabei stellte sich die alte Erfahrung heraus, dass Intellektuelle der Marktwirtschaft nicht jene Sympathien entgegenbringen, die sie sich aufgrund weltweiter alter und jüngster Erfahrungen verdient. Die Ethik der Freiheit, wonach jeder Mensch so weit als möglich von Beschränkungen seiner Ansichten und Handlungen anderer Menschen befreit sein soll, wird eher für den intellektuellen und kulturellen Bereich postuliert als für den wirtschaftlichen. Auch unter Funktionären und Mandataren ist nicht selten eine Auffassung vorzufinden, die man umschreiben könnte mit „Ökosozial ist gut, aber sagen Sie bitte was ist Marktwirtschaft?" Marktwirtschaft wird allzu oft für die Tätigkeit der anderen gefordert, für die eigene aber Intervention und Subvention. Aufgrund vieler Erfahrungen habe ich damals den Satz Arthur Schnitzler variierend formuliert: „Wir alle sind Sozialisten. Wer es weiß, ist klug." Damit wollte ich sagen, dass es Sozialisten in allen Lagern gibt und dass aus diesem Wissen Manche besonderen Nutzen ziehen.

Hier konnte die Lage der Umwelt weltweit zu Interventionismus, Dirigismus und zu Sozialismen jeder Art verführen. Die Suche nach einer Ordnungspolitik für die Freiheit der Natur und der Menschen ist eine schwierige, aber wahrscheinlich die einzige Alternative. Der österreichische Konstruktivismus in Form von Besserwisserei der Funktionäre und Mandarine der Bürokratie, der Massenmedien, der Parteien und Verbände mag einmal zum Grundkonsens und zur politischen Harmoniekultur gehört haben, heute ist jeder der weiß, „wo es langgeht", wieder ein Führer auf dem Weg zur Knechtschaft.

Da sich aber die Anmaßung von Wissen und der gesellschaftliche Konstruktivismus als fataler intellektueller Hochmut und als der größte Machtmissbrauch aller Zeiten erwiesen haben, ist Bescheidenheit am Platz und damit die Chance zur liberalen Renaissance gerade auch in Österreich gegeben. Der neue Grundkonsens könnte lauten: „Wir alle sind Liberale, und jeder von uns weiß, was ihn frommt. Jeder Mensch ist zur Selbstbestimmung fähig und trägt die Verantwortung für die eigene Lebensführung." Der liberale Nachlass Altösterreichs sollte endlich in unserer Republik zum liberalen Erbe werden, das im Grundkonsens vermehrt und verbessert wird. Vielleicht gelingt es sogar, von den politischen Akademien aller Parteien Freiheitsforschung zu fordern und zu fördern.

In der politischen Akademie wurde damals viel über Thatcher und den Thatcherismus diskutiert. Alois Mock sagte dazu mehrmals: „Das wollen die Leute bei uns nicht!" und er hatte wohl recht.

Immerhin machte Nobelpreisträger Hayek manche in der ÖVP hellhörig. Man interessierte sich für ihn, ich schrieb ein Paper über ihn mit Heinz-Georg Heinrich, das auch im Rahmen unseres Instituts an der BOKU veröffentlicht wurde. Für Liberale in der FPÖ schrieb ich „Liberales im Verfassungsrecht des Bundes". Und das Plädoyer für Freiheitsforschung kam da und dort in der ÖVP gut an.

Es ist eine traurige Wahrheit und eine Schande, im wahrsten Sinn des Wortes, dass die Revolution 1848 bei keinem der politischen Lager und Parteien eine große und lebendige Tradition hat, wie das in Frankreich üblich ist. Franz Joseph überstrahlt durch seine lange Herrschaft und Unterdrückung vieles. Einiges ist vorhanden, so bei den Sozialisten, auch bei den Freiheitlichen und auch bei der ÖVP. Die hat ihren Hans Kudlich und den dafür vorgesehen Preis – immerhin etwas für diesen Mann, der als Erster in einem österreichischen Parlament die Worte Menschenwürde und Menschrechte gebraucht hat.

Für Erziehung, Unterricht und Schulung bastelte ich an einem Paper: „Liberal auf einer Seite": Die wunderbaren Ideale des Liberalismus sind Menschenwürde und Freiheit. Dies ist durch die Herrschaft des Rechts zu sichern. Denn nicht auf die Tugend und Weisheit der Herrscher kommt es an, sondern auf die Herrschaft des Rechts und der Menschenrechte und der dementsprechenden Kontrolle. Freiheit bedeutet ja nicht, zu tun, was man will, sondern innerhalb der Grenzen der Gesetze. Und das sind nicht nur die staatlichen Gesetze, sondern auch Regeln der allgemeinen Menschlichkeit.

Gesetze einzuhalten ist zu wenig, es bedarf sittlich-moralischer Voraussetzungen. Die Erfahrung zeigt uns, auch die Freiheit bedarf der Tugenden. Wenn diese verloren gehen, herrschen Beliebigkeit und Willkür, Laune und Dummheit. Liberale sind nicht allzu sehr überzeugt, immer und überall Recht zu haben. Sie sind aufgeschlossen für das Neue. Das Leben geht weiter und sie sind dafür offen. Wir sind zwar informationsarm, besonders in Bezug auf die Zukunft, aber wir sind mit Vernunft und Gewissen begabt, daher können wir Probleme lösen und immer lernen, vor allem aus unseren Enttäuschungen.

Markt und Wettbewerb bringen Entdeckungen und fördern Zufälle. Man weiß nicht, was alles herauskommt, aber es soll Vieles probiert werden. Besitz und Bildung sind Wege zur Freiheit, Leistungsfreiheit ist Lebensfreude. „Habe Mut dich deines Verstandes zu bedienen!" ruft uns Kant zu. Selbsterkenntnis und Selbstappell charakterisieren Liberale, sie warten nicht auf Rat und Hilfe oder gar auf den Staat. Ich glaube nicht an die Machbarkeit der Gesellschaft durch den Staat. Dabei nehmen Liberale Anteil an anderen. Nichts Menschliches ist ihnen fremd. Sie bemühen sich, alles zu verstehen, aber sie verzeihen nicht alles. Liberale sind mehr der Meinung als der Überzeugung. Wir sind fehlbare Wesen und irren ist menschlich. Das „Ich weiß, dass ich nichts weiß" des Sokrates wurde einer ihrer Grundsätze. Deshalb müssen sie in Auseinandersetzungen nicht immer Recht behalten. Daher kann man mit ihnen gut diskutieren und gute Gespräche führen, die nie enden. Ich bin gegen das „Entweder-Oder" und ziehe das „Einerseits-Andererseits", das „Mehr-oder-weniger" und das „Sowohl-als-auch" vor. Die Hochschätzung des Einzelnen macht Liberale zu konsequenten Anwälten der Menschenrechte. Leben, Freiheit, Eigentum sind Höchstwerte. Der Rechtsstaat ist für die Gesellschaft so wichtig, wie gute Luft und reines Wasser.

Friedhelm Frischenschlager

Politischer Liberalismus in der Zweiten Republik

Der politische Liberalismus ist seit 1848 ein mitbestimmender Faktor des politischen Systems Österreichs. Eine politische Wirkung wird dem Liberalismus für das 19. Jahrhundert mit „1848" und einer „liberalen Epoche" um 1860–1880 zugebilligt, sowie einer eher kulturellen und gesellschaftlichen Blüte, die vor allem vom jüdischen Bürgertum getragen wurde und vom Nationalsozialismus vernichtet wurde. In den Parteien des Dritten Lagers der späten Monarchie und der Ersten Republik kam er in Ansätzen vor, allerdings überwuchert von radikalem Nationalismus und Antisemitismus.

Die Zweite Republik wirft bis heute andere Probleme hinsichtlich ihrer Einschätzung als liberale Entität auf. Wohl bildete die liberale „Kelsen"-Verfassung ihre Grundlage, doch konnte durch die Nachkriegs- und Besatzungssituation weder das Wirtschafts- noch das politische Leben mit dem de facto Zweiparteien-Machtsystem als besonders demokratisch oder gar „liberal" bezeichnet werden. Versuche der Parteien des Dritten Lagers an einer liberalen Tradition anzuknüpfen, mussten an der NS-Hypothek scheitern, schienen ab 1970 bis 1986 hoffnungsvoll, um mit J. Haider wieder zu enden. Dem anfänglich erfolgreichen Liberalen Forum blieb ein längerer Bestand verwehrt. Die Gründung von NEOS lässt eine nachhaltige Etablierung im österreichischen Parteiensystem erwarten. Damit stellt sich die Frage, inwieweit von einer liberalen Traditionslinie in der österreichischen Parteiengeschichte gesprochen werden kann, die über „1848", die Zeit der Monarchie, sowie die Erste und Zweite Republik in die Gegenwart reicht.

Heute jedenfalls steht der politische Liberalismus vor hochaktuellen Herausforderungen: Mit Ende des Kalten Krieges 1989 die liberale Demokratie ihren Durchbruch zur weltweit geradezu alternativlosen Zukunftsperspektive erreicht zu haben. Jetzt erleben wir im Kontrast dazu wie sie global, in Europa, auf staatlicher Ebene in die Defensive geraten ist: Die internationale Rechtsordnung, der Freihandel, die Menschenrechte erodieren. Selbst in der EU gerät die liberale Demokratie unter den Druck autoritärer Kräfte. In Österreich – und nicht nur dort – werden rechtsradikal-nationalistische Parteien zu mächtigen politischen Faktoren. Das Blatt hat sich gewendet.

Heute steht der politische Liberalismus vor der Notwendigkeit, den Sinn, den Bedarf, seine Grundsätze neu und viel grundsätzlicher argumentieren zu müssen. Die Frage lautet daher, ob der politische Liberalismus bei der Lösung der politischen Probleme auf allen politischen Ebenen einen Beitrag leisten kann, oder ob er gar eine ihrer *Ursachen* ist – siehe „Neoliberalismus"-Debatte. Hat eine liberale politische Kultur heute noch eine Chance gegenüber autokratischen Systemen aller Art? Und worin besteht heute die Kernsubstanz des politischen Liberalismus?

Darauf muss der moderne politische Liberalismus Antworten geben. Global, in Europa, in Österreich. Diesen Fragen soll hier, ausgehend von einer Reflexion seiner Entwicklung in Österreich, über seinen Auftrag und seine Zukunft, nachgegangen werden.[1]

Die Messlatte: Was macht den politischen Liberalismus heute aus?

Es bedarf zunächst einer Klärung, was unter „liberal" zu verstehen ist, um Parteien, die sich auf den Liberalismus berufen oder diesem inhaltlich zuordnen zu können, etwa in Österreichs Parteiengeschichte bis zur Gegenwart.

Einen Ausgangspunkt für eine solche Analyse bildet die politische Ideengeschichte, die Gedankenwelt der Aufklärung mit ihrem Einfluss bis heute in gesellschaftlichen, kulturellen, wirtschaftlichen, politischen „liberalen" Strukturen, dem „liberale Bürgertum", Interessens- Organisationen, Vereinswesen und Parteien. Bei Letzteren kann ein zweiter, empirischer Ansatz dienen, der die sich liberal bezeichnenden Parteien heranzieht, die in der Liberalen Internationale (LI) oder in der Allianz der Demokratischen und Liberalen Parteien in Europa (ALDE) zusammengefasst sind und aus ihrer Programmatik und Praxis eine Substanz des politischen Liberalismus herausdestilliert.

Der politische Liberalismus ist weder beliebig noch politisch erfüllt, wie es gelegentlich heißt. Im Gegenteil: Er bietet einen von mehreren Zugängen zur Lösung der Probleme auf allen politischen Ebenen. Nicht als Dogmengebäude, sondern als Ideenschatz mit vielen Differenzierungen, Interpretationsspielräumen und im demokratischen Wettbewerb mit anderen Denkrichtungen.[2]

---

1 Das erfolgt aus der persönlichen Sicht eines „Zeitzeugen", der seit 1960 das politische Leben der Zweiten Republik zunächst als begeisterter Zugehöriger des „Dritten Lagers", dann als Mitbegründer des Liberalen Forums (LIF) und heute in den Reihen der NEOS miterleben und mitgestalten konnte.

2 Eine kleine persönliche Literaturauswahl zum politischen Liberalismus:
    Von Rolf *Steltemeier* gibt es den exzellenten jüngeren Versuch, beide Ansätze in einem umfassenden Werk festzumachen: Liberalismus – Ideengeschichtliches Erbe und politische Realität einer Denkrichtung, Nomos 2015, 702 S; Krzysztof Glass/Barbara Serloth, Das Selbstverständnis des öst. Liberalismus, 1997, 266 S; v. a. „Das lib. Lager nach 1945", S 207–241, beschreibt die Parteien mit Liberalismus-Ansprüchen bis zum Liberalen Forum.
    Einen kurzen historischen Bogen bis 2006 bieten Erich Reiter, Lothar Höbelt, in „Liberale Politik in Österreich" – Ein „Nachheft zur Ausstellung des Internationalen Instituts für Liberale Politik vom 19.–29.Sept. 2006" (Mit köstlichen historischen Karikaturen).
    Emil Brix, Wolfgang Mantl, Liberalismus – Interpretationen und Perspektiven, 1996, 379 S, mit einigen besonders hervorzuhebenden Beiträgen: Zu den philosophischen Grundlagen und ihren pol. Auswirkungen: Kurt Salumun, „Grundkomponenten liberalen Denkens", S. 81–86; W. Mantl, das Einleitungskapitel „Liberalismus u. Anti-Liberalismus in Österreich", 15–49; Die mE noch immer prägnanteste Zusammenfassung bieten die Einleitungskapitel in Die „Freiburger Thesen der Liberalen" von Walter Scheel, Hermann Flach, Werner Maihofer, „Liberale Gesellschaftspolitik", rororo 1972.

Die Wertebasis liberaler Politik – Versuch einer Zusammenfassung[3]

Den Ausgangspunkt bildet das individuelle Menschenbild der Aufklärung, d. h. die Begabung des Menschen zu Freiheit und Vernunft, mit der Konsequenz der Mündigkeit. Niemand kann ihm seine Lebensziele vorschreiben. Seine Eigenverantwortung, Würde verbietet, dass er zum fremdbestimmten Mittel anderer Mächte und Zwecke, Ideologien, Religionen, der Nation missbraucht wird. Darauf fußt das liberale Gesellschaftsbild.

Aus den zentralen Werten von individueller Freiheit und Würde des Menschen ergibt sich die Forderung nach Schutz vor Fremdbestimmung durch staatlichen, gesellschaftlichen und ideologischen Machtmissbrauch und zugleich die Aufgabe des Staates, die Entfaltung dieser Freiheit zu ermöglichen. Darin liegt die Wurzel der Grund- und Freiheitsrechte, die Forderung nach politischen, gesellschaftlichen Rahmenbedingungen, damit der Freiraum für die individuellen und gesellschaftlichen Lebenschancen offenbleibt. Aber nicht nur vom Staat, auch seitens der Gesellschaft kann die Selbstbestimmung bedroht sein, etwa durch Konformitätsdruck.

Weder ein Einzelner noch gesellschaftliche Strukturen sollen sich auf Kosten anderer missbräuchlich durchsetzen können, im Alltagsleben, beim Arbeiten und Wirtschaften, in der geistigen, kulturellen, politischen Auseinandersetzung. Eine freie Gesellschaft ist aber nicht nur die Voraussetzung für die Lebenschancen des Einzelnen, sondern auch für Fortschritt und Entwicklungsfähigkeit der Gesamtgesellschaft. Ihre Durchlässigkeit, Wettbewerbs- und Diskursfähigkeit ergibt die optimale Basis für die Weiterentwicklung der materiellen wie immateriellen Ziele einer Gesellschaft wie z. B. die Demokratie. Aus dieser *gesellschaftlichen* Bedeutung von Freiheit leitet sich der Optimismus und die Fortschrittsentschiedenheit des Liberalismus ab, wie er sich oft historisch in Parteiennamen wie „fortschrittlich" und „freisinnig" manifestiert.

Meinungs-, Minderheits- Wissenschaftsfreiheit, der freie demokratische Wettbewerb, Partizipation, Pluralität und Konkurrenz finden so im Sinn einer gesellschaftlichen Dynamik ihre Begründung; und die Intoleranz gegenüber Entwürfen, die aufgrund ideologischer oder religiöser Dogmatik politische Macht zum Vorschreiben der individuellen Lebensführung, des gesellschaftlichen Zusammenlebens durchsetzen wollen und so auch die Quellen der gesellschaftlichen Weiterentwicklung versiegen lassen.

In diesen grundsätzlichen Denkweisen finden sich die Begründungen für eine offene, pluralistische Gesellschaft, die Demokratische Willensbildung, des Verfassungs- und

---

Ralf Dahrendorf, Lebenschancen, insbes. das Kapitel „Liberalismus". Heide Schmidt, Ich sehe das so.; Brandstätter, Wien 2020; Frischenschlager/E. Reiter, Liberalismus in Europa, 1984, eine empirische Beschreibung der liberale Parteien in Europa zu diesem Zeitpunkt. Zur inhaltlichen Frage das Einleitungskapitel S. 9–17;. Ch. Allesch, Der Atterseekreis, 1987; Alfred. Gerstl, Entstehung und Entwicklung des Liberale Forums 1993/94, Diss. 1998 Uni Wien; Auf internationaler Ebene die LI-Manifeste 1946, 1981, 2018, ALDE – EP-Wahlprogramme.

3 In eigenen Worten, mit besonderem Bezug auf W. *Maihofer*, Liberale Gesellschaftspolitik (1972).

Rechtsstaats, der freien Marktwirtschaft mit ihren sozialen und ökologischen staatlichen Einschränkungen. Und für das transnationale, globale Zusammenleben, basierend auf Kooperation, Solidarität, einer Internationalen Rechtsordnung, wie sie idealiter im UN-Rahmen vorliegt.

Für all diese Grundannahmen und Werte kann der politische Liberalismus weder Anspruch auf Alleinvertretung erheben, noch ist er einziger Garant ihrer Einhaltung in der politischen Praxis. Auch Liberale können sich illiberal verhalten. In der demokratischen Parteienwelt finden sich viele Parteien, die aus ihrer Geschichte und in ihrer Programmatik diese liberalen Grundelemente in unterschiedlicher Intensität ebenfalls realisieren, *neben* ihrer vorherrschenden konservativen, sozialistischen, ökologisch-fundamentalen Grundlagen. Entscheidend für sich als liberal bezeichnende Parteien ist, dass bei ihnen diese liberalen Kerndenkweisen programmatisch im Zentrum stehen und ihre politische Praxis bestimmen.

Politischer Liberalismus in Österreich von 1848 bis 1918 und in der Ersten Republik

Neben der Philosophie der Aufklärung gelten die Ereignisse der Jahre 1848/49 als die Geburtsstunde des Liberalismus in Österreich. Zunächst niedergeschlagen, aber mit ersten Durchbrüchen bei Grundrechten, dem beginnenden Parlamentarismus, bei Föderalismus, Rechtstaatlichkeit, ethnische Gleichstellung, religiöse Toleranz. Die Jahre 1860-1880 gelten als die „Liberale Epoche" der Monarchie, wurden aber bald durch „liberale" Wirtschafts- und Finanzkrisen (Börsenkrach des Jahres 1873) beschädigt und durch den sich radikalisierenden Ethno-Nationalismus und Antisemitismus in den Hintergrund gedrängt, während kulturell- gesellschaftlich das liberale, vor allem jüdische Bürgertum einen Höhepunkt erlebte. Das „Linzer Programm 1882", verfasst von Victor Adler, Engelbert Pernerstorfer und Georg Schönerer symbolisiert eine gemeinsame Wurzel der drei sich herausbildenden, später einander bekämpfenden politischen „Lager".[4]

Unverdient wenig Beachtung finden im historischen Rückblick sozial-liberale Bestrebungen um die Jahrhundertwende von einer aus wissenschaftlichen Vereinen hervorgehenden „Soziallpolitischen Partei", eine typische „Honoratiorenpartei", die sich ab den 1890er Jahren bis zu den Reichsratswahlen 1907 erfolgreich an den Wahlen beteiligte. Vor allem sticht sie programmatisch mit sozial- und wahlrechtspolitischen Positionen hervor und erlag nicht den radikal-deutschnationalen und antisemitischen Tendenzen der Zeit.[5] In diesem Zusammenhang ist auch auf die „Bürgerlich-Demokratische Partei" zu verweisen, die zwischen 1918 und 1923 bestand. Sie war ebenfalls ein Versuch am

---
4 Siehe die allgemeine öst. Geschichtsliteratur und den Betrag von Pieter Judson in diesem Band.
5 Siehe die Dissertation von Eva *Holleis*, Verlag für Geschichte und Politik, Wien 1978.

Beginn der Ersten Republik, einen politischen Liberalismus jenseits von Antisemitismus und völkischem Nationalismus zu etablieren. Sie war in der Konstituierenden Nationalversammlung und im ersten Nationalrat mit einem Abgeordneten vertreten.

Die Erste Republik

Während mit Ende des Ersten Weltkriegs und dem dominierenden Ethno-Nationalismus das Liberal-Übernationale der Monarchie sein Ende fand, erlebte liberales Verfassungsdenken am Beginn der Ersten Republik einen Höhepunkt, getragen von allen drei politischen Lagern, mit Allgemeinen Wahlrecht, Verhältniswahl, Mehrparteiensystem, Föderalismus, ausgeprägten Parlamentarismus. Bei den Grundrechten musste auf die Staatsgrundgesetze der Monarchie zurückgegriffen werden, übrigens weitgehend bis heute. Dem ethno-nationalen Denken und der Nationalstaatsideologie dieser Zeit, den Nachkriegsumständen und den Wilson'schen 14 Punkten entsprechend, beherrschte alle drei politischen Lager der Gedanke einer Vereinigung mit der Weimarer Republik. Aber dieses staatrechtlich, verfassungsmäßig anvisierte Ziel unter-schied sich als demokratisch-liberales Programm von der unüberbietbar „anti-liberalen" Umsetzung des „Anschlusses" unter dem NS-Regime, wie es im knappen, aber inhaltsreichen Artikel 1 der provisorischen Verfassung zum Ausdruck kam: „Deutschösterreich *ist* Teil der Deutschen *Republik"* – also kein „*Anschluss*" an das „Reich", sondern eine Selbstermächtigung, eigenständige Erklärung zum Bestandteil einer föderal gedachten im Entstehen begriffenen („Weimarer") „*Republik*", einem liberal-demokratischen Verfassungsstaat.

Wie tief dieser *demokratische*, nationalstaatlich gedachte Vereinigungswunsch verankert war, belegen Dokumente aus der Feder von Hans Kelsen, auf welchen gemeinsam mit Karl Renner die Formulierung des eigentlich fälschlicherweise „Anschluss-Paragraf" genannten Artikel 1 der provisorischen Verfassung zurückging. Noch 1926, als die Erste Republik eine gewisse Stabilität erlangt hatte, schrieb Kelsen, warum die Vereinigung mit der Weimarer Republik aus *demokratischen* Gründen unverzichtbar sei.[6] Es gab also ursprünglich auch eine liberal-demokratische „Anschluss"-Linie, die durch den gewaltsamen, nationalsozialistischen Anschluss 1938 heute weitgehend vergessen ist.

Der Beginn der Republik als neuer Staat, der sich ausdrücklich nicht als Nachfolger der Habsburger Monarchie verstand, startete mit einem großen Sprung in Richtung radikaler, betont parlamentarischer Demokratie. Sowohl die provisorische Verfassung als auch das Bundesverfassungsgesetz 1920 können als Weiterentwicklung der Ideen der

---

6 H. Kelsen, Zur Anschluss-Frage, in: Republikanische Hochschulzeitung, 11. Jg., München 1926.

„1848er" und den liberalen Ansätzen der konstitutionellen Monarchie gesehen werden, mit starken sozialdemokratischen Einflüssen.

Die politische Realität der Ersten Republik war dann jedoch ein „Staat wider Willen" und eine „Demokratie ohne Demokraten", wie es im historischen Rückblick oft heißt, und damit alles andere als „liberal". Es dominierte das Lager-Denken mit einer gegenseitig feindseligen Grundhaltung, mit Parteien-Armeen, unter Missachtung des staatlichen Gewaltmonopols. Der Machtwechsel durch demokratische Wahlen funktionierte zunächst, wenn auch ohne innere Akzeptanz. Auch der „austromarxistische" Flügel der Sozialdemokratie, vor allem aber das christlich-soziale/„ständestaatlich"-konservative und das im Nationalsozialismus aufgehende Dritte Lager der Zwischenkriegszeit trugen zum antiliberalen Grundbefund dieser Epoche bei.

Mit der Parlamentsauflösung 1933 im Zuge einer Geschäftsordnungskrise des Nationalrat und der Verhinderung des Wiederzusammentritts durch das Dollfuss-System, dem Bürgerkrieg im Februar 1934 und dem Übergang zur ständestaatlichen Autokratie wurde schließlich dem liberal-demokratischen politischen System, wie es in der Bundesverfassung kodifiziert war, der Garaus gemacht, worauf hier nicht eingegangen wird. Hier ist von Interesse, ob und inwieweit dem Dritten Lager bzw. seinen Parteien in der Ersten Republik, der GDVP und Landbund, ein Bezug zum politischen Liberalismus zugesprochen werden kann.

Großdeutsche Volkspartei (GdVP) und Landbund

Nominell kam der Begriff „liberal" weder im Parteinamen noch in ihren Programmen vor, war zu dieser Zeit auch geradezu verpönt, belastet durch die Zusammenbrüche des Bank- und Finanzsystems 1873, galt als „jüdisch" und war durch den grassierenden Antisemitismus damit diskreditiert. Lediglich im kulturell-literarischen und gesellschaftlichen Bereich lebte der Begriff des Liberalen fort.

Politisch kann am ehesten im Bereich der parlamentarisch-demokratischen Verfassungspolitik vom Fortleben liberaler Traditionen aus dem 19. Jahrhundert gesprochen werden. An dieser wirkten die Repräsentanten des Dritten Lagers, die GdVP und der Landbund mit, waren am Aufbau der verfassungsgemäßen Institutionen und der Rechtstaatlichkeit beteiligt. Franz Dinghofer[7] gilt als einer der Mitbegründer der Ersten Republik. Trotz des betonten Deutschnationalismus – den sie damals allerdings mit den anderen Parteien teilten – verhielten sie sich als Beteiligte an den meisten Regierungen

---

7 Franz Dinghofer, 1873–1956 war Richter und deutschnationaler Politiker zur Zeit des Ersten Weltkriegs und in der Zwischenkriegszeit. Er war Dritter Nationalratspräsident und Vizekanzler. Nach seinem Rückzug aus der Politik war er von 1928 bis 1938 Präsident des Obersten Gerichtshofes. Er war ab Juli 1940 NSDAP-Parteimitglied.

mit den Christlichsozialen durchaus verantwortungsvoll.⁸ Eine zentrale Persönlichkeit dieser Epoche war der mehrmalige Bundeskanzler und Innenminister Johannes Schober, der das Republikinteresse bei der Umsetzung der „Genfer Protokolle" mit harten Verwaltungsreform-Auflagen über die Interessen der Wählerklientel der GdVP, die Beamten, stellte. Immerhin war es ein GdVP-Abgeordneter, Sepp Straffner, der im März 1933 nach der Nationalratsauflösung vergeblich versuchte, das Parlament wieder in Gang zu setzen.

GdVP und Landbund beanspruchten vor allem mit Verweis auf „1848", die liberale Epoche zwischen 1860 und 1880 und die historische Begriffsbildung „national-liberales Lager" eine liberale Tradition. Aber die Entwicklung dieser Parteien, ihr radikaler Deutschnationalismus und Antisemitismus, das fast vollständige Aufgehen zuerst ihrer Wähler, dann der Funktionäre in der NSDAP, das Bejubeln des „Anschlusses" 1938 nicht *trotz*, sondern *wegen* der NS-Ideologie stellt einen unüberbrückbaren Bruch für eine Liberalismus-Kontinuität dar und macht eine Inanspruchnahme des liberalen Erbes aus dem 19. Jahrhundert seitens GdVP und Landbund unmöglich.

Die Zweite Republik

Die Gründung der Zweiten Republik erfolgte größtenteils durch Verfolgte des NS-Regimes, die gleichzeitig auch Gründer bzw. „Re-Aktivierer" von ÖVP, SPÖ und KPÖ waren. Einen eigenständigen „liberalen" Widerstand aus den Reihen des Dritten Lagers konnte es aufgrund seines weitgehenden Aufgehens in der NSDAP – anders als in Deutschland – nicht geben. Dort konnte aus Resten der liberalen Parteien der Weimarer Republik, v. a. der Deutschen Demokratischen Partei (DDP), die FDP entstehen. Die zweite tragende Gruppe, das liberale jüdische Bürgertum, war im Dritten Reich ermordet oder vertrieben worden. Kurzfristigen Überlegungen der Besatzungsmächte, nichtbelasteten Landbund-Resten eine Partei-Lizenz zu erteilen, kam die ÖVP zuvor, indem sie solche Exponenten in den Bauernbund integrierte.⁹

Der Verband der Unabhängigen (VdU)

Die Zweite Republik sah sich mit der Existenz, eines beträchtlichen Bevölkerungsanteils aus 500.000–700.000 ehemaligen Mitgliedern von NS-Organisationen, Anhängern, Kriegsheimkehrern, und Resten des Dritten Lagers konfrontiert –, welche nicht von den zugelassenen Parteien abgeworben worden waren oder aus anderen Gründen

---

8 Siehe Glass/Serloth; sie sprechen auch durchgehend vom national-„liberalen" Lager.
9 V. Schumy, Winkler, Landbund.

weder im katholisch-konservativen noch sozialdemokratischen Lager ihre politische Heimat sahen. Deren Integration in die demokratische Zweite Republik stellte ein unaufschiebbares Problem dar. Die Konsequenz war die Zulassung des VdU vor der zweiten Nationalratswahl im Herbst 1949. Von den Gründern als völlig neue Gruppierung, als liberale Reform- und Protestpartei gedacht, die eigentlich keine Partei sein wollte, sondern eben ein „Verband", entwickelte sie sich jedoch rasch zur Neusammlung des Dritten Lagers. Daraus leitete sich auch der politisch-programmatische Inhalt des VdU ab, niedergelegt in einem sehr knappen Parteiprogramm.

Das Wort „liberal" wurde sowohl im Programm als auch im Parteinamen vermieden. Allerdings war ein Bekenntnis zu einer liberalen Wirtschaftspolitik als Kontrast zur nachkriegsbedingt stark staatlich geprägten Wirtschafsrealität eines der beiden Hauptanliegen. Das zweite, das zum politischen Erfolg des VdU wesentlich stärker beitrug, bestand in der Forderung nach Wiederherstellung der staatsbürgerlichen Gleichstellung der „Minderbelasteten" in politischer, wirtschaftlicher und beruflicher Hinsicht, was unter den besonderen Zeitumständen bürgerrechtlich-demokratisch und insofern „liberal" argumentierbar war.

Dieses Anliegen ließ in der Folge die davon Betroffenen sehr bald zum dominierenden Faktor im VdU werden und die „liberalen" Vorstellungen der Gründer rasch in den Hintergrund treten. Einer „liberalen" Gründung aus dem Bereich des Dritten Lagers fehlte die gesellschaftliche Basis. Funktionäre und Wähler des VdU rekrutierten sich über kurz oder lang primär aus den „Übriggebliebenen", deren Interessen und Geisteshaltung nicht von heute auf morgen in eine liberal-demokratische Grundeinstellung verwandelt werden konnte. Hinzu kam das „Bekenntnis zur deutschen Volks- und Kulturgemeinschaft", was zur Grundidee der wiedererrichten Republik im Widerspruch stand und lange Zeit in Kombination mit der NS-Hypothek des Dritten Lagers zu starken emotionalen und politischen Vorbehalten der anderen Parteien und in der Bevölkerung führte.

Zugleich waren Bemühungen zur Aufnahme NS-(Minder)-Belasteter in allen Parteien eine politische Realität – in der ÖVP, der SPÖ und sogar KPÖ – ebenso die Rücksichtnahmen auf die Kriegsgeneration. Wenn sie in diesen aufgingen, schienen sie gleichsam „rehabilitiert" und ihre NS-Vergangenheit belanglos. Anders in den Parteien des Dritten Lagers, da erregte eine solche ernste Bedenken. Auch, weil sie dort lange das personell bestimmende Element bildeten.

Die erste VdU-Fraktion im Nationalrat nach den Wahlen des Jahres 1949 spiegelte genau diese Situation wider und machte den VdU zur ausgegrenzten Randerscheinung. Seine an sich brisanten, den Zuständen der Zeit entsprechenden politischen Anliegen, darunter die Kritik am Demokratiedefizit, der Zweiparteien-Machtaufteilung der Großen Koalition sowie am extremen Parteien- und Kammerstaat, sowie am hohen Anteil an verstaatlichter bzw. staatsnaher Wirtschaft, gingen neben dem Eintreten für die NS-Minderbelasteten weitgehend unter.

Die sich als staatstragend verstehenden Großparteien verorteten die Parteien des Dritten Lagers daher noch jahrelang außerhalb des demokratischen Spektrums. Ähnlich erging es der KPÖ auf der anderen Seite. Der Versuch von Julius Raab nach den Nationalratswahlen 1953, den VdU in die Bundesregierung aufzunehmen, scheiterte am Widerstand des Bundespräsidenten Theodor Körner (SPÖ).

In der Periode 1953–55 kam es zu einer weiteren ideologischen Radikalisierung und ließ damit schließlich die gemäßigten, „liberalen" Gründer des VdU, was zum Ende des VdU scheitern und zur Gründung der FPÖ führte.

Die FPÖ

Was vom VdU 1955 blieb war der schrumpfende Rest einer Lagerpartei, mit den „Ehemaligen" und Teilen der Kriegsgeneration als Wähler- und Funktionärsreservoir, was auch durch die neue Parteiführung, bestehend aus dem ehemaligen NS-Unterstaatssekretär Anton Reinthaller und später dem ehemaligen SS-Offizier Friedrich Peter, symbolisiert wurde.

Mit dem Staatsvertrag 1955 folgte nach der Gründung der Zweiten Republik die zweite entscheidende politische Wende. Österreich verlor den Rest an Provisorischem. Österreich trat endgültig souverän und neutral in den Kreis der internationalen Staatengemeinschaft und musste sich schon 1956 während des Ungarnaufstandes außen-, innen- und sicherheitspolitisch bewähren.

Die Nachkriegsthemen und die Kriegsgeneration verloren an Relevanz. Inhaltlich setzte die FPÖ nach den desaströsen Wahlen 1956 fort, wo der VdU aufgehört hatte. Als Opposition gegen die Fortsetzung der ursprünglich als „Krisenregierung" gegenüber den Besatzungsmächten begründeten Großen Koalition, deren Zweiparteien-Machtteilungspraxis (den so genannten „Reichshälften"), und wirtschaftsliberaler Kritik an der „Verstaatlichten"-Realität. Im Vordergrund stand aber zunächst das Überleben als „Lagerpartei". Nach der Konsolidierung durch die erfolgreiche Nationalratswahl 1959 rückte wieder die Frage ihrer Rolle im „Zweieinhalb-Parteiensystem" in den Mittelpunkt.

Hauptziel der FPÖ wurde nunmehr die Etablierung der Partei *innerhalb* des politischen Systems, auf der Grundlage der Bundesverfassung mit Verhältniswahl, Mehrparteiensystem und Koalitionsregierungen. Nicht eine Kritik *am* politischen System, sondern seine Missachtung durch ÖVP/SPÖ-Machtteilungspraxis, bildete nun das zentrale politische Anliegen. Ziel war die Anerkennung der FPÖ als „Dritte Kraft" nach dem Vorbild der deutschen FDP, eine Richtungsentscheidung, historisch verbunden mit dem Namen Friedrich Peter.

Eine Voraussetzung dafür war eine programmatische Neuprofilierung, und die Akzeptanz als politischer Partner seitens zumindest einer der beiden Großparteien. Dies versuchte schon der VdU bzw. die frühe FPÖ zunächst über die ÖVP, was jedoch scheiterte. Der gemeinsame Kandidat für die Bundespräsidentenwahl 1957 – Wolfgang Denk – unterlag Adolf Schärf. Die zwischen Gorbach und Peter verhandelte ÖVP-FPÖ-Koalition nach der Nationalratswahl 1962 scheiterte am Widerstand innerhalb der ÖVP.

Die zunehmende Zerrüttung der Großen Koalition führten zu Überlegungen innerhalb der SPÖ, vor allem seitens des ÖGB-Präsidenten und späteren Innenministers Franz Ohla, eine Kooperation mit der FPÖ anzustreben, was er mit finanzieller Hilfe für die FPÖ aus ÖGB-Rücklagen voranzutreiben versuchte. Dies wurde nach Bekanntwerden zu einem innenpolitischen Skandal, löste schwere Erschütterungen in der SPÖ und FPÖ aus und führte bei der Nationalratswahl 1966 zu einer absoluten Mehrheit und Alleinregierung der ÖVP. Die gemeinsamen Oppositionsjahre 1966–70 ließen SPÖ und FPÖ zusammenrücken, verstärkt ab 1970 und gipfelten in der Kleinen Koalition 1983–87.

Die inhaltliche Entwicklung der FPÖ 1956–1970[10]

Die Programme der FPÖ zur Gründung einschließlich des 1968 beschlossenen „Ischler Programms" blieben äußerst knapp. Einen entscheidenden Schritt zur Neuorientierung setzte F. Peter auf dem Bundesparteitag 1964 mit der „Salzburger Erklärung". Erstmals wurde die FPÖ als politische Heimat „für Nationale *und* Liberale" bezeichnet. Das Vorbild FDP als liberale Partei und ihre Position im Parteien- und Regierungssystem in der BRD, war auf diesem Parteitag durch prominente Sprecher vertreten. Jedenfalls machte die FPÖ die Tür zur zumindest „auch" liberalen Partei auf, was aber die aktuelle Programmlage nicht abbildete.

Die FPÖ 1970–86: Ausbruch aus der politischen Isolation und der liberale Profilierungsversuch

Der unerwartete Erfolg Bruno Kreiskys, der bei der Nationalratswahl 1970 die relative Mehrheit gewann, stellte das Regierungs- und Parteiensystem auf den Kopf. Die SPÖ bildete eine Minderheitsregierung, gestützt auf die FPÖ. Eine zwischen SPÖ und FPÖ vereinbarte Wahlrechtsreform entledigte die FPÖ ihrer Existenzängste. Sie wurde regierungsrelevant und eine „normale" Funktionalität als 3. Partei neben SPÖ und ÖVP zeichnete sich ab. Damit wurde aber eine inhaltliche und „ideologischen" Neuprofilierung überfällig. Die bisherigen, kurzen Parteiprogramme reichten für eine mögliche

---

10 Siehe Friedhelm Frischenschlager, in: ÖZPW; Niederwieser etc.

Regierungsbeteiligung bei weitem nicht aus. Ab 1970 beschritt die FPÖ daher den Weg der Profilierung als liberale Partei.[11]

Die „Ära Kreisky" löste zugleich ein bis dahin unbekanntes Reformklima aus, das durch die in der BRD 1969 an die Macht gelangte „sozial-liberale" Regierung aus SPD und FDP unter Willy Brandt und Walter Scheel beflügelt wurde und auch Teilen der FPÖ als mögliches Zukunftsmodell vor Augen stand. Die Führung, aber auch Teile der Parteijugend und jüngere Akademiker, die sich gerade im „Attersee-Kreis" neu formierten und auf eine liberalere FPÖ drängten, griffen diese Entwicklung auf. Gleichzeitig fand eine Generationsablöse von der Kriegsgeneration auf jüngere Abgeordnete statt (Gerulf Stix, Georg Hahnreich, Waldemar Steiner, Horst Schender, Erwin Hirnschall).

Die Chance zur liberalen Profilierung: Das Gesellschaftspolitische Manifest

Unmittelbar nach den Nationalratswahlen 1970, die keinen Wahlerfolg, aber der FPÖ den politischen Durchbruch brachten, trat Gerulf Stix in einer Gedenkschrift mit der Forderung nach einem inhaltlichen Neustart der FPÖ hervor. Dieses Ansinnen stand in einer Reihe von Erneuerungsanstößen: Friedrich Peter 1964 und die „Formel 70" von Alexander Götz anlässlich der NRW 1970 und die Initiative von Stix im selben Jahr. All diese Erneuerungsbekenntnisse führten schließlich nach der Nationalratswahl zum Beschluss eine „Gesellschaftspolitischen Manifest" in Anlehnung an die „Freiburger Thesen zur Gesellschaftspolitik 1971" der FDP zu erarbeiten, um vor allem die Wirtschafts- und Sozialpolitik auf eine liberale Basis zu stellen. Es sollte ursprünglich lediglich als Ergänzung des Parteiprogramms dienen, wurde nach Vorbereitung in Arbeitskreisen und breiter Diskussion in der Partei im Frühjahr 1973 verabschiedet, galt aber bald als das „eigentliche" Parteiprogramm. Bis zu einem neuen Gesamtprogramm sollte es bis 1985 dauern.

Später, Anfang der 80er Jahre startete eine zusätzliche Initiative, die „Liberale Marktwirtschafts-konferenz", die ebenfalls in Arbeitsgruppen aus v. a. den Freiheitlichen nahestehenden Industriellen und Wirtschaftstreibenden liberale wirtschaftspolitische Vorschläge erarbeitete, die ebenfalls großen Einfluss auf die FP-Programmatik und auch auf die FP-Politik während der Kleinen Koalition 1983–87 nahm. Mit dem Gesellschaftspolitischen Manifest eng verknüpft ist eine Ende 1970 entstandene, programmatisch-liberale Gruppierung, der sogenannte „Attersee-Kreis", der von Friedrich Peter gefördert wurde, für die programmatische Entwicklung der FPÖ bis 1986 größere Bedeutung erlangte und personell auch noch bei der Gründung des Liberalen Forums eine wesentliche Rolle spielte.

---

11 Umfangreiche Beschreibung der Programm-Entwicklung der FPÖ siehe E. Reiter, Pgm u. Pgm-Entwicklung der FPÖ, 1982.

Der Attersee-Kreis – ein Exkurs[12]

Den Ausgangspunkt bildeten Mandatare der Österreichischen Hochschülerschaft (ÖH) aus den Reihen des Rings Freiheitlicher Studenten (RFS) der späten 60er-Jahre, die von der hochschulpolitisch bewegten „1968er"-Reformdebatten geprägt wurden und an ihnen regen Anteil hatten. Sie verpassten dem damaligen RFS ein reformerisches Image, was sich auch in guten ÖH-Wahlergebnissen niederschlug. Zu ihnen zählten – um jene zu nennen, die später auch in der FPÖ eine Rolle spielen sollten – Helmut Krünes, Norbert Steger, Rainer Pawkowicz, Hilmar Kabas, Jörg Schmiedbauer, Holger Bauer, Volker Kier, Christian Allesch, Erich Reiter, Heide Schmidt, Hansjörg Tengg und Friedhelm Frischenschlager als Initiator. Die Idee war, den hochschulpolitischen Reformgeist in die Politik einzubringen.

Als Modell spielte die von Bundeskanzler Josef Klaus zur Zeit der ÖVP-Alleinregierung forcierte Berater-Formation „Aktion 20" sowie die „1400 Experten" der Kreisky-Anfangsjahre spielten als Modell eine Rolle. Die politischen Intentionen gibt das von Frischenschlager im Herbst 1970 verfasste Gründungsdokument wieder, das in kleinem Kreis mit Friedrich Peter besprochen und von diesem positiv aufgenommen wurde.

Ab Jänner 1971 traf sich der Atterseekreis vier- bis fünfmal im Jahr zu Wochenend-Plenartagungen am Attersee, später auch im FPÖ-Bildungshaus in Baden, zwischendurch auch zu Fachtagungen, finanziell und organisatorisch getragen von der politischen Akademie der FPÖ. Der Atterseekreis hatte nie eine feste organisatorische oder vereinsrechtliche Form angenommen. Dies erfolgte erst nach 1986, als er auf Distanz zur Haider-FPÖ ging, setzte bis 1988 Aktivitäten und löste sich 2010 als Verein auf.[13]

Der Atterseekreis war ein personell offener Diskussionskreis vor allem jüngerer Hochschulabsolventen, an dem zu den besten Zeiten bis zu 250 Personen mitwirkten, geleitet von einer kleinen Leitungsgruppe, die die Tagungen und Themen vorbereitete, die Verbindung zur FPÖ unterhielt, die jedoch in dessen Arbeit so gut wie nicht eingriff. Im Mittelpunkt der Arbeit stand die inhaltlich-programmatische Weiterentwicklung der FPÖ. Darin lag auch das Interesse der Parteiführung, vor allem von Friedrich Peter und der jüngeren Politikergeneration. Das Gesellschaftspolitische Manifest wurde zur großen Chance für den Atterseekreis, der in diese Diskussion enthusiastisch einstieg und sie auch stark beeinflussen konnte.

---

12 Siehe E. Reiter, Der Atterseekreis innerhalb der FPÖ, in Öst. Jahrbuch für Politik, 1982.
13 2012 erfolgte unter der Ägide der FPÖ Oberösterreich eine Neugründung unter dem Namen „Atterseekreis", welcher erhebliche Zuwendungen aus Landesmitteln erhält, aber mit dem ursprünglichen Atterseekreis in keinerlei Verbindung steht.

Das „Gesellschaftspolitische Manifest" – Das erste liberale FPÖ-Programm?[14]

Die FPÖ hatte sich seit 1964 um ein *auch* liberales Image bemüht, vermied aber lange eine dezidierte Bezeichnung als „liberal". Mit dem Atterseekreis gab es nun eine Struktur, die dieses Thema offensiv anging. In Diskussionen, aber auch vor allem in Beiträgen in den „Freien Argumenten", einer Schriftenreihe der FPÖ, die nach der Errichtung der Parteiakademien möglich wurde, begann nun eine lebhafte Liberalismus-Debatte, die vor allem von Personen aus den Reihen der „Atterseer" geführt wurde. Zusammen mit dem „Gesellschaftspolitischen Manifest" und mit Unterstützung von FDP und ihrer Friedrich Naumann Stiftung gelang eine liberale Profilierung. Nach der Ablöse Friedrich Peters an der Parteispitze durch Alexander Götz 1978 erleichterten diese Vorarbeiten die Aufnahme der FPÖ in die „Liberale Internationale" 1979.

Inzwischen waren „Atterseer" in Parteifunktionen gelangt, sowie zu Mandataren im Nationalrat und den Landtagen geworden, und hatten dadurch an Einfluss gewonnen. Zugleich dürften die Aktivitäten des Atterseekreises in den Kreisky-Jahren vor allem in der SPÖ, aber auch der ÖVP-Bemühungen um eine liberale Profilierung ausgelöst haben, siehe die Einladung an „Liberale", mit ihnen, also SP und VP, „ein Stück des Weges gemeinsam zu gehen".[15]

Inhaltlich lässt sich das „Gesellschaftspolitische Manifest" folgendermaßen charakterisieren:

Im Vergleich zur vorangegangenen FP-Programmatik schuf es erstmals einen ausführlichen Maßstab für den politischen Wettbewerb und zur Einordnung der Ziele der FPÖ vor rund 50 Jahren. Beim Menschen- und Gesellschaftsbild folgt es liberalen Ansätzen, abgeschwächt durch einen starken Bezug zur „Gemeinschaft", Leistungsgesellschaft und Elitenbildung. Für liberale Begriffe kommt dem Staat gegenüber der grundsätzlich liberal gedachten Wirtschaft eine starke Stellung zu, steht also in deutlicher Distanz zu so genannten „neo-liberalen" Denkweisen.

Das unvermeidliche nationale Bekenntnis wurde kompromissbedingt berücksichtigt, daraus aber so gut wie keine traditionellen „nationalen" politischen Folgerungen abgeleitet. Es wurde vielmehr in einen grundrechtlichen Rahmen gestellt, als identitätsstiftendes, allgemeines Prinzip interpretiert, nach dem jedoch alle Ethnien gleichberechtigt sind, was völker- und grundrechtlich liberalen Positionen entspricht.

Gegenüber dem traditionellem liberalen Verständnis der vornehmlichen Bewahrung der individuellen, gesellschaftlichen Freiheit gegenüber staatlicher Macht brachte das GPM mit der Ausdehnung auf gesellschaftliche Machtgefährdungen einen in Österreich durch die Auswüchse des Parteien- und Kammerstaats, der parteipolitischen

---

14 E.Reiter, FPÖ Programme; F. Frischenschlager, FP-Programme, ÖZPW 2/78.
15 Frischenschlager In: ÖZPW 2/1978; Programm-Entwicklung der FPÖ-aber wie? In Freie Argumente 1/1981.

Durchdringung der Gesellschaft über Vorfeldorganisationen etc. besonders aktuellen Schwerpunkt ein. Dieser sollte neben Verfassungs- und demokratiepolitischen Reformen in einem weiteren „Staatspolitischen Manifest" ausgeführt werden, zu dem es nicht kam und weswegen das GPM kritisiert wurde, weil es diese Themen nur streifte.

Der Atterseekreis setzte allerdings seine Arbeit in einer Fülle von Einzelthemen fort und legte etliche Reformvorschläge zur Verfassungs-, Demokratiepolitik, zum Parlamentarismus, den Grundrechten, zur Föderalismus- Verwaltungsreform vor, die dann zum Teil in Wahlprogrammen und dem Parteiprogramm 1985 ihren Niederschlag fanden. Dazu zählen auch die „Grünen Thesen".[16]

Schon im Gesellschaftspolitischen Manifest war ein ausführliches ökologisches Kapitel enthalten, dessen Inhalt vom „Club of Rome" Anfang der 70er Jahre beeinflusst war, mit dem sich der Atterseekreis intensiv befasste. Noch vor der Energiekrise infolge des Yom Kippur-Krieges 1973 setzte sich der Atterseekreis daher mit der Energiepolitik, innerhalb dessen insbesondere mit der Atomenergie auseinander. Unter Anleitung von Elmar Walter, einem führenden Mitglied des Atterseekreises mit Nahost- und Atomenergie-Expertise, und Gerulf Stix kam der Atterseekreis wegen der ökologischen Gefährlichkeit und Unwirtschaftlichkeit zu einem AKW-ablehnenden Standpunkt. Mitglieder des Kreises erreichten noch vor der Energiekrise 1973 in der dafür zuständigen Bundesparteileitung einen bindenden Beschluss zur Ablehnung der Atomenergie, konnten diesen trotz innerparteilicher Widerstände halten und traten mit dieser Position in die Zwentendorf-Debatte und die folgende Volksbefragung ein. Diese Ablehnung wurde – trotz Aufweichungsversuchen der SPÖ – auch während der kleinen Koalition 83–87 durchgehalten.

Mit den „Grünen Thesen" 1982 konnte der Atterseekreis somit noch vor der Gründung der „Grünen" als Partei (1983) ein umfassendes ökologisches Programm vorlegen. Gedacht als ein das Gesellschaftspolitische Manifest vertiefendes Dokument verfolgte es das Ziel, die ökologische Problematik in einen ausdrücklich liberalen und gesamtpolitischen Rahmen zu setzen. Es wurde kein parteioffizielles Dokument, fand teilweise im Regierungsprogramm der rot-blauen Koalition und im FP-Parteiprogramm von 1985 seinen Niederschlag.

Die Leistung der Grünen Thesen besteht darin, zu diesem frühen Zeitpunkt – Anfang der 80er Jahre – ein gesamtgesellschaftliches, konsequent liberalen Grundpositionen entsprechendes Umweltkonzept zu erstellen, das geradezu als Gegenposition zum sog. „Neoliberalismus" bezeichnet werden kann.

---

16 Siehe Atterseekreis, Themen-Übersicht in E. Reiter, FP-Programme kund in Atterseekreis, ÖJfP 1982.

Die Kleine Koalition von SPÖ und FPÖ

Mit der liberalen Profilierung durch das Gesellschaftspolitische Manifest, dem Beitritt zur Liberalen Internationalen, der Anerkennung als Regierungsfaktor und der personellen Verjüngung schien der Weg der FPÖ zur Rolle einer „normalen" liberalen Partei in einem „hinkenden Dreiparteiensystem" geebnet. Einen herben Rückschlag erfuhr diese Entwicklung durch die unmittelbar nach der Nationalratswahl 1975 ausgebrochene Affäre Peter-Wiesenthal-Kreisky, als die bis dahin unbekannte Zugehörigkeit Friedrich Peters in einer durch schwerste Kriegsverbrechen belasteten „SS-Infanterie-Brigade" von Simon Wiesenthal aufgedeckt wurde.

Damit wurde die FPÖ wieder mit der alten Hypothek konfrontiert, was 1978 zur Ablöse Peters an der Spitze der FPÖ durch Alexander Götz führte. Götz wurde durch spektakuläre Wahlerfolge und die Übernahme der Bürgermeister-Position in Graz mit Hilfe der ÖVP sowie sein um die NRW 1970 gewonnenes Reformer-Profil als liberaler Hoffnungsträger gesehen. Sein scharfer Oppositionskurs gegenüber der „Kreisky"-Regierung – die Parole lautete „Attackieren statt Arrangieren" – seine Präferenz für eine Koalition mit der ÖVP anstelle der bisherigen Linie der Anlehnung an die Kreisky-SPÖ, wurde als Rechtsruck der FPÖ gedeutet. Das für ihn enttäuschende Nationalratswahlergebnis und der Ausbau der absoluten Mehrheit der SPÖ führte schon 1980 zu seiner Ablöse durch Norbert Steger als Parteiobmann, damit war die ÖVP-Neigung wieder „korrigiert" und das Vertrauensverhältnis zur Kreisky-SPÖ wieder hergestellt.

Die Verjüngung der Nationalratsfraktion seit der Nationalratswahl 1979 verstärkte die liberale Positionierung der FPÖ und innerparteilich ging die Liberalismus-Diskussion in vertiefter Form weiter. Der Weg zur liberalen Partei nach dem Muster der FDP rückte in greifbare Nähe und wurde mit der Kleinen Koalition 1983-87 auch vorübergehend erreicht.

Die Nationalratswahl 1983 und Einstieg in die sozial-liberale Koalition

Während die FPÖ trotz leichter Stimmenverluste ihre Mandatszahl von 11 auf 12 erhöhen konnte, verlor die SPÖ die seit 1971 gehaltene absolute Mehrheit, blieb aber stärkste Partei. Ihre Stimmung war insgesamt getrübt, durch den Verlust der Alleinregierung, den Abgang des charismatischen Bruno Kreisky und den Zwang zu einer Koalition. Eine Rückkehr zur Großen Koalition kam für sie nicht in Frage und eine SPÖ-FPÖ-Koalition wurde daher unvermeidlich. Die SPÖ war am maximalen Erhalt der gewohnten Dominanz mit Hilfe der FPÖ interessiert, quasi als „Überbrückung" (A. Pelinka) bis zur Rückgewinnung der absoluten Mehrheit, um die Rückkehr einer ÖVP-dominierten Großen Koalition zu verhindern. Die FPÖ sah erstmals eine reale Chance endlich in Regierungsfunktion zu kommen.

Ideologische Vorbehalte gegenüber der FPÖ gab es in der SP wenige. Auf einem SPÖ Parteitag wurde die Entscheidung pro „kleine Koalition" unterstützt und die Entwicklung der FPÖ zur liberalen Partei großteils anerkannt. Steger hatte schon vor der Nationalratswahl 1983 für den Fall eines Regierungseinstiegs die FPÖ-Präferenz für die SPÖ offen ausgesprochen. Die ÖVP-Variante war mit dem Scheitern von Götz und dem Sieg von Steger 1980 vom Tisch. Auf der alten Achse Kreisky-Peter aufbauend, konnte Nobert Steger die rot-blaue Koalition ausverhandeln.[17]

Die FPÖ hatte in dieser Koalition jedoch zwei Probleme:
1. Übernahm sie ohne Regierungserfahrung, mit einem jungen Team, ohne personellen Rückhalt in den Ministerien Regierungsverantwortung.
2. Musste sie beweisen, dass sie „koalitionsfähig", ein verlässlicher Regierungspartner sein konnte.

Das führte lange zu einer sehr nachgiebigen Grundhaltung gegenüber dem Regierungspartner, der seinerseits, von den Kreisky-Alleinregierungen verwöhnt, teilweise wenig Verständnis für den Profilierungsbedarf des kleinen Koalitionspartners aufbrachte. Während Medien und ÖVP-Opposition das Bild des gewichtslosen Koalitionsanhängsels zeichneten, befeuerte die eigene oppositionsgewohnte Anhängerschaft die Erwartung, die kleine 5 %-FPÖ könne der SPÖ vorgeben, wo es politisch langgeht. Verschärft wurde dies durch das offen oppositionelle Verhalten des Kärntner FPÖ-Obmanns, weidlich ausgenützt von den Medien, die sich generell gegenüber der kleinen Koalition kritisch bis feindselig verhielten.

Die VP setzte auf Totalopposition, weniger aus ideologischen Gründen, obwohl sie auch Stimmung gegen die FPÖ mit dem Verweis auf ihre „Vergangenheit" machte.[18] Ihr Hauptmotiv war die Gefahr, eine auf Dauer erfolgreiche SPÖ-FPÖ-Koalition würde das traditionelle SPÖ/ÖVP-Machtduopol gefährden, das selbst während der SPÖ-Alleinregierungen über Sozialpartnerschaft, Kammerstaat und Föderalismus mit den LH-„Landesfürsten" weiterhin höchst wirksam war. Auch während der kleinen Koalition.

Dies ermöglichte der ÖVP die Doppelrolle der Totalopposition und ein „Mitregieren" v. a. im Wirtschaftsbereich. Das ließ der FPÖ, die vor allem auf Profilierung als liberale Wirtschaftspartei setzte wenig Spielraum.

Das Machtgefälle aufgrund der Differenz der Wählerbasis im Verhältnis von fast 10:1 begrenzte natürlich den FPÖ-Einfluss in der Koalition und erleichterte der ÖVP die

---

17 Über Vorgeschichte, Motivation, Entstehung, Verlauf s. im Detail A. Pelinka, Die Kleine Koalition, Böhlau 1993; Robert Kriechbaumer, Zeitenwende, Böhlau 2008; Lino Heiduck, Politik der Widersprüche, Diplomarbeit Uni Wien, 2017; Joachim Neurieser, Zwischen Liberalismus und Nationalismus, Diplomarbeit Uni Wien 2008.
18 Siehe die NR-Debatte zur Regierungserklärung 1983.

Diffamierung der sozial-liberalen Regierung als „Sozialistische Koalition", gemeinsam mit der alten Formel der FPÖ als „SPÖ-Steigbügelhalter".

Die Kleine Koalition – ein liberaler Erfolg?

Generell kann der Kleinen Koalition nach anfänglichen Schwierigkeiten ein routinierter Ablauf zuerkannt werden, sie „funktionierte" (A. Pelinka). Das bundesverfassungemäße politische System stand durch die neue Regierungskonstellation zu keiner Zeit in Frage, ganz im Sinne der jahrzehntelangen Strategie der FPÖ, *in* das System Eingang zu finden. Das Zweiparteien- Proporzsystem begann zu erodieren, der Sozialpartner-/Kammerstaat wurde zumindest herausgefordert, die lange Dominanz einer der Großparteien wurde auf Bundesebene gestoppt.

Die rot-blaue Koalition baute hierbei auf den Demokratiereformen der Kreisky-Zeit auf: Die Wahlrechtsreform 1971[19], die verbesserte Ausstattung der Parlamentsfraktionen, die politische Bildung durch ein neues Institut in Mattersburg, und vor allem durch die neuen politischen Akademien, sowie die verbesserte Parteienfinanzierung. All das diente der Demokratisierung und Parlamentarisierung der Liberalen Demokratie im Sinne des B-VG. Ein Fortschritt, der das politische System gegenüber der jahrzehntelangen „Real"-Verfassung voranbrachte und eine Grundlage der sozial-liberalen Koalition bildete.

Zur inhaltlichen Verortung: Schon in seiner Parteitagsrede 1980 gab Norbert Steger die generelle Linie der FPÖ in Richtung „sozialliberal-ökologisch" in Anlehnung an das Gesellschaftspolitische Manifest und die Grünen Thesen vor, neben den traditionellen FPÖ-Forderungen nach Demokratiereformen zur Überwindung der „Realverfassung" etc. Im Wahlprogramm für die Nationalratswahlen 1983 setzte sich dies fort. Das Regierungsprogramm erforderte keine langwierigen Verhandlungen. Die SPÖ konnte die Linie der Kreisky-Regierungen im Wesentlichen einfach fortsetzen. Die FPÖ musste ihrerseits versuchen, möglichst viel der in der programmatischen Arbeit der vorangegangenen Jahre entwickelten Ideen im Regierungsprogramm unterzubringen und dann politisch durchzusetzen. Das gelang in einer Reihe von Punkten.

Als spezielle Erfolgsbeispiele können die Abwehr der Zwentendorf-Reaktivierung und ein erstmaliger Energiegesamtplan angeführt werden. Das demokratiepolitisch

---

19 Oft als Preis für die Zustimmung zur SPÖ-Minderheitsregierung 1970 dargestellt. Haupt-Nutznießer war zwar die FPÖ, weil sie nun nicht die rund doppelte Stimmenzahl für ein Mandat aufbringen musste, es war aber auch seit 1953 eine SP-Forderung. Vergessen werden sollte auch nicht die Mehrheitswahlrechts-Offensive der ÖVP 1969/70, die die Wiedererlangung einer absoluten VP-Mehrheit erleichtern sollte, was damals wohl das Ende der FPÖ zur Folge gehabt hätte. Die Mehrheitswahlrechtsidee erfuhr unter Sebastian Kurz eine Neuauflage.

wichtige Ziel der Änderung an der „Real"-Verfassung gelang in kleinen Schritten, z. B. beim Abbau von Politiker-Privilegien.

Im Wirtschafts- und Handelsressort waren neben der Energiepolitik liberale Akzente im Gewerbereich, Außenhandel und bei der allgemeinen Krisenbewältigung zu verzeichnen. Justizminister Harald Ofner setzte die reformatorische Justizpolitik im liberalen Sinn fort. Im Verteidigungsressort wurde die Budgetsituation wesentlich verbessert, der Landesverteidigungsplan weiterentwickelt und zum Regierungsbeschluss angehoben, veröffentlicht und so der Allgemeinheit zugänglich gemacht. Die Sicherheitspolitik, die geistige Landesverteidigung konnte durch symbolisch wichtige Angelobungen in der Gedenkstätte Mauthausen, sowie im Karl-Marx-Hof akzentuiert werden. Diese proaktive Auseinandersetzung mit der österreichischen Geschichte wurde jedoch von der Involvierung des Ministers bei der Rückkehr des Kriegsverbrechers Walter Reder weitgehend überschattet.

Mit der „sozial-liberalen" Koalition ähnlich der SPD-FDP-Regierung in der BRD erreichte die Integration des Dritten Lagers in das politische System der Zweiten Republik ihren vorübergehenden Höhepunkt. Die Regierungspolitik im engeren Sinn war dabei nicht das Problem. Sie brachte keine sensationellen Erfolge, aber wurde den gestellten Anforderungen durchaus gerecht. Sie scheiterte vielmehr an außerordentlichen Einzelereignissen, die primär aus früheren Perioden negativ wirkten und – mit Ausnahme der „Affäre-Frischenschlager-Reder" – auf SPÖ-ÖVP-„Erbschaften" zurückgingen, darunter hoch emotionale Auseinandersetzungen wie der Streit um das Offenhalten der Geschäfte am 8. Dezember 1984 in Salzburg, die Ereignisse in der Hainburger Au 1984/85, das im Frühjahr 1985 aufbrechende Finanzdesaster der „Verstaatlichten" und schließlich der Weinskandal im Sommer 1985.

Exkurs: Der Fall Reder-Frischenschlager[20]

Was war geschehen? Walter Reder, Kommandant eines SS-Bataillons, war wegen Kriegsverbrechen im Zuge des Partisanenkriegs in Italien verurteilt worden und ca. 40 Jahre in Haft. Für seine Freilassung setzten sich in Österreich alle Spitzen der Republik, Kirchen etc. durch Jahrzehnte ein. Im Jänner 1985 sollte über Vereinbarung zwischen den Außenministerien in Rom und Wien er nach Österreich überstellt werden, wobei, um heftige politische Reaktionen in Italien und Österreich zu vermeiden, eine

---

20 Wegen der persönlichen Involvierung des Autors, der über die kleine Koalition hinausgehenden, geschichtspolitischen Bedeutung, die damit zusammenhängenden FP-internen traditionellen Spannungen wird hier auf das Thema näher eingegangen, aufgearbeitet in der Dissertation von B. Toth 2017 mit einem Nachwort des Autors, das seine Jahrzehnte später zusammenfassende Sicht wiedergibt. B. Toth, Der Handschlag – Die Affäre Frischenschlager-Reder, StudienVerlag Wien, 2017, mit einem Nachwort von Frischenschlager, S. 151–159.

10-tägige Geheimhaltung und Konfinierung W. Reders beschlossen wurde. Außenminister Leopold Gratz (SPÖ) rief mich an, die Geheimhaltung erfordere den Einsatz des Verteidigungsministeriums, wodurch ich von einer Entscheidung der Regierungsspitze ausging. Das veranlasste mich aus praktischen Gründen (ein „Ministerflug" erforderte keine Namensbekanntgabe der sonstigen Insassen) zum ganzen Ablauf bis hin zu meiner persönlichen Involvierung. Allerdings machte eine italienische Medienagentur die Rückstellung Reders im Augenblick des Einfluges der italienischen Maschine öffentlich und machte damit das ganze Geheimhaltungsprozedere zur Farce. Aber das bot der ÖVP die Gelegenheit, mir den „Staatsempfang" für einen verurteilten Kriegsverbrecher vorzuwerfen, damit die historische Hypothek der FPÖ wieder voll aufleben zu lassen und damit die Koalition zu sprengen. Den Mangel an Sensibilität, diese Interpretation zu ermöglichen habe ich damals als schweren politischen Fehler bekannt und er belastet mich bis heute. Er erschütterte die Koalition und führte sowohl in der SPÖ zu Auseinandersetzungen als auch innerhalb der FPÖ. Die konkreten Vorgänge rechtfertigten die pauschale Wiederverortung der FPÖ als rechtsradikal oder NS-nostalgisch jedoch nicht, weil es alles andere als der von der ÖVP behauptete „Staatsempfang" war. Im Gegenteil. Die Vorgehensweise wurde gewählt, um eben keinen Applaus von falscher, „rechter" Seite zu provozieren.

Aber völlig zu Recht meint Anton Pelinka, dass dadurch das Ziel, die kleine Koalition als sozial-liberale Regierung zu verankern, schwer beschädigt wurde, was ich auch so sehe und bedauere.

Der Kampagne der ÖVP, mit der sie die damals abklingende Vergangenheitshypothek reaktivierte, geschah in der Absicht, die Kleine Koalition zu sprengen, was misslang und nicht zuletzt in Hinblick auf den jahrzehntelangen Einsatz der ÖVP für den so genannten „letzten Kriegsgefangenen" unglaubwürdig war. Die über den Anlassfall hinausgehende Problematik betreffend den Anteil, den Österreicher an den Verbrechen des „Dritten Reichs" hatten, sollte dann bei der durch die Affäre Reder-Frischenschlager mitausgelösten Krise um Kurt Waldheim voll ausbrechen. Positiv an diesen Affären ist letztlich, dass damit erstmals eine öffentlichkeitswirksame Aufarbeitung der Mitschuld Österreichs am NS-Geschehen einsetzte.

Die durch die Affäre verursachte Krise der kleinen Koalition wurde mit dem Scheitern des Misstrauensantrags der ÖVP gegen den Verteidigungsminister überwunden. Die FPÖ blieb ihrem liberalen Kurs vorläufig treu, die 1982 begonnene, von Gerulf Stix und mir geleitete Programmerarbeitung ging weiter und wurde im Sommer 1985 abgeschlossen. Die Normalisierung des Mehrparteiensystems mit wechselnden Koalitionen, die endgültige Integration des Dritten Lagers „neu" als sich liberal verstehende Partei konnte mit dem Eintritt in die kleine Koalition erstmals erreicht werden, fand jedoch mit der Übernahme der FPÖ durch Jörg Haider am Parteitag 1986 wieder ihr Ende.

Die Konsequenzen aus dem Scheitern der kleinen Koalition

Das Ende der kleinen Koalition löste eine Reihe von Umbrüchen im politischen System der Zweiten Republik aus. Zunächst wurde mangels Alternative wieder eine Große Koalition unvermeidlich, was zu einer scharfen Oppositionspolitik der Haider-FPÖ führte. Es kam zu einem völlig geänderten Wählerverhalten, dem Ende des gewohnten Parteiensystems und einem bis heute andauernden Übergang zu einem ausgeprägten Mehrparteiensystem. Bei den Nationalratswahlen 1986 konnte die FPÖ unter Haider ihren Stimmanteilteil von jahrzehntelangen 5–6 % auf 9,73 % fast verdoppeln. Und mit den Grünen zog erstmals seit dem Abgang der KPÖ 1956 wieder eine vierte Fraktion in den NR ein, die zudem außerhalb des traditionellen Lager-Denkens stand.

Anfangs hatte die FPÖ unter Haider noch Interesse an einen liberalen Flügel und deren Positionen, nahm jedoch nach und nach von jedem liberalen Anspruch Abschied. Sie änderte durch massive Einbrüche in traditionelle ÖVP- und SPÖ-Wählerschichten den Charakter der Partei des historischen bürgerlich-„national-liberalen Lagers". Mit Haider profiliert sie sich einerseits, ab Anfang der 90er Jahre immer stärker als „Arbeiter"-Partei, andererseits aber auch als populistische „austro"-nationalistische, fremdenfeindliche, antieuropäische Protestpartei, und trat rechtslastigen, antiliberalen Partei-bündnissen bei. Bis Haider war Ziel der FPÖ die Integration *in* das durch die Bundesverfassung geschaffene politische System und arbeitete in den Institutionen der Republik durch Jahrzehnte auf allen politischen Ebenen als verfassungsloyale Opposition mit. Ab Haider begann neben der rechtspopulistischen Line besonders ab Mitte der 90er eine autokratische Entwicklung, Schlagwort „3. Republik"[21] ein, und heute tritt der FP-Parteichef Kickl für ein System nach dem Orban'schen Muster der „Illiberalen Demokratie" ein.

Das Liberale Forum[22]

Der Abschied der FPÖ von einer zumindest „auch" liberalen Partei vollzog sich schrittweise:

Der Schwenk von einer ursprünglich profiliert pro-europäischen zur Anti-EU-Partei in Österreich, das demokratiebelastende Oppositionsverhalten mit ausgeprägtem Freund-Feind-Zugang und eine zunehmend radikale Xenophobie. Letzteres gipfelte

---

21 Dazu F. Frischenschlager, Parteiendemokratie u. Parlamentarisches Regierungssystem – was sonst? Liberales Bildungsforum 1996.
22 Über Entstehung und Verlauf des Liberalen Forums siehe ausführlich Gerhard Kratky, Das Experiment einer Parteigründung, StudienVerlag 2009; Alfred Gerstl, Die Entstehung und Entwicklung des LIF 1993/94, Diss Uni Wien 1998; F. Frischenschlager, Beiträge im JBfP 1993, 1995, 1999. Peter Pelinka: Heide Schmidt-Eine Provokation; Uebereuter 1993; Oliver Lehmann, Die letzte Chance – H. Schmidt u. der Liberalismus in Österreich. Czernin Verlag 1999.

im sogenannten „Anti-Ausländer-Volksbegehren" und dem breiten Protest dagegen – Stichwort „Lichtermeer" – und wurde zum letzten Anstoß für die Gründung des Liberalen Forums.

Haider, als er noch an liberalen Signalen und Frauenrepräsentanz interessiert war, gewann 1987 Dr. Heide Schmidt als Generalsekretärin, obwohl sie sich eindeutig zum politischen Liberalismus bekannte und ließ ihr zunächst auch politisch-inhaltlichen Spielraum.[23]

1987 zog sie als erste FP-Abgeordnete in den Bundesrat ein, bildete zusammen mit Haider, Norbert Gugerbauer das Spitzentrio in der erfolgreichen Nationalratswahl 1990 und wurde Dritte Nationalratspräsidentin. Haider hatte vorher den Sprung zum Kärntner Landeshauptmann geschafft. Ab diesem Zeitpunkt war Gugerbauer Klubobmann. Haider blieb weiter die dominierende Persönlichkeit der FPÖ und steuerte sie immer weiter auf den populistischen, radikaloppositionellen, antieuropäischen und ausländerfeindlichen Kurs.

Wegen provokanter NS-nostalgischer „Sager" verlor er 1991 zunächst wieder die LH-Position. Der Rechtskurs der FPÖ erreichte 1992 mit der Ernennung des betont nationalen Ideologen und Intimus von Haider, Andreas Mölzer, zum Chef der Parteiakademie einen Höhepunkt und führte zu einem offenen Konflikt zwischen Haider und Heide Schmidt, sowie fast zu ihrer Ablöse als Kandidatin mitten im laufenden Bundespräsidentschaftswahlkampf und löste wohl letztlich den Bruch mit Haider aus. Neben anderen inhaltlichen Kontroversen machte dann die FP-Kampagne im Herbst 1992 zum sogenannten „Ausländervolksbegehren" mit punktuell rassistischen Ansätzen – darunter die Trennung in der Schule nach *Herkunft*, unabhängig von *Sprachkenntnissen* – für Heide Schmidt den Verbleib in der FPÖ endgültig unmöglich.

Die Schritte zur Gründung des Liberalen Forums

Nach ersten Gesprächen im kleinsten Kreis – darunter Karl Sevelda und Gerhard Kratky – um die Jahreswende 1992/93 fasste Heide Schmidt den Beschluss zur Gründung einer liberalen Partei und suchte unter den FPÖ-Abgeordneten Mitstreiter, um zunächst die zur politischen Wirksamkeit und für ein Mindestmaß an öffentlichen Mitteln unerlässliche Bildung einer eigenen Fraktion im Nationalrat zu erreichen, wozu fünf Abgeordnete notwendig waren. Sie fand diese in Klara Motter, Thomas Barmüller, Helmut Moser

---

23 Schmidt war in der damaligen FP und später für das Liberale Forum eine politische Sondererscheinung. Die Juristin war Legistin im Unterrichtsministerium, hatte erste Kontakte zum 3. Lager in Studentenzeiten und im Atterseekreis. Ihre Politisierung erfuhr als Mitarbeiterin des legendären Volksanwaltes Gustav Zeillinger, vorher jahrzehntelang schon im VdU und dann (liberaler) FP-Abgeordnete, brillanter Redner und Justizsprecher. Sie wurde dadurch nicht nur mit der rechtlichen nd gesellschaftlichen Realität konfrontiert, sondern durch die regelmäßigen TV-Sendungen der Volksanwaltschaft auch sehr bekannt.

und Friedhelm Frischenschlager und konnte so mit ihnen völlig überraschend am 4.2.1993 in Wiener Presseclub Concordia die neue liberale Fraktion der Öffentlichkeit vorstellen, die Gründung des Liberalen Forums ankündigen und löste damit ein ungeheures Medienecho im In- und Ausland aus. In den ersten Tagen begrüßten alle anderen Parteien den Schritt, naturgemäß mit Ausnahme der FPÖ. ÖVP und Grüne erkannten aber bald die Attraktivität des neuen Konkurrenten. Vor allem die ÖVP startete umgehend mit teils verleumderischen Angriffen, um das Liberale Forum in ein „linkes", antibürgerliches, antichristliches hedonistisches, homosexuelles Eck zu rücken.[24] Anfang März 1993 gab es damit erstmals eine ausdrücklich liberale Fraktion im österreichischen Nationalrat.[25]

Die fünf dem Parlamentarismus besonders verbundenen Mandatare des Liberalen Forums hatten sofort die volle Funktion einer NR-Fraktion auszufüllen, eine extreme Belastung neben Parteiaufbau und Programmarbeit. Mit 5 Abgeordneten mussten sie fast alle Ausschüsse abdecken, jeder/jede hatte mehrere Sprecher-Funktionen und an Plenartagen zahllose Redebeiträge zu leisten. Schmidt war überdies weiterhin mit den Aufgaben als Dritter Nationalratspräsidentin belastet. Mit einer Handvoll Mitarbeitern zusammengepfercht in einem kleinen Sitzungssaal. Es galt, den hohen Erwartungen hinsichtlich des Inhalts, des politischen Stils und der betonten Bedeutung des Parlamentarismus gerecht zu werden. Nach allgemeinem Urteil gelang dies überraschend gut. Auch die anderen Fraktionen stellten sich schnell auf die neue Fraktion ein.

Parallel begann der Aufbau einer Parteiorganisation. In allen Bundesländern meldeten sich viele Interessenten, vor allem in Wien, aber es fehlten organisatorische „Anlaufpunkte" über die fünf Abgeordneten hinaus.

Zudem stand sofort eine politisch und organisatorisch schwierige Entscheidung an: Bei der Niederösterreichischen Landtagswahl im Mai 1993 antreten oder nicht? In einem Bundesland mit wenig „liberalen" Voraussetzungen und einer drückenden ÖVP-Herrschaft? In jedem Bezirk mussten 50 WählerInnen persönlich zur Abgabe der Unterstützungserklärung ins Gemeindeamt bewegt werden. Der Einzug gelang zur allgemeinen, aber auch eigenen Überraschung mit fast 6 % und drei Landtagsabgeordneten. Ein Beleg für das Bedürfnis nach einer neuen, sich zum Liberalismus bekennenden Partei. Es zeigte auch, wie schwierig dann die Erfüllung dieser Erwartungen wurde. Viele divergierende Vorstellungen wurden in die Partei hineinprojiziert. Die notgedrungen überhastete Kandidatenauswahl und ihre Unerfahrenheit wirkte sich in der Landtagsarbeit negativ aus und führte zum Wiederausscheiden bei den folgenden Landtagswahlen im Jahr 1998. Aber mit diesem Erfolg war die „verlorene Stimme" kein Thema mehr, die organisatorische Aufbauarbeit und Vorbereitungen für

---

24 Besonders Andreas Khol und Bischof Kurt Krenn taten sich dabei hervor.
25 Die Rechtmäßigkeit der Fraktionsbildung wurde von FPÖ und ÖVP angefochten, durch den VfGh jedoch als völlig rechtskonform bestätigt.

die bevorstehende, alles entscheidende Nationalratswahl 1994 kamen in ruhigere Gewässer. Kandidatenauswahl, Finanzierung und organisatorische Erfordernisse konnten erstaunlich problemlos bewältigt werden. Im Herbst 1994 zog das Liberale Forum – vom Wähler bestätigt – mit elf Mandaten in den Nationalrat ein.

Die programmatisch-inhaltliche Positionierung und Entwicklung des Liberalen Forums

Mit dem Liberalen Forum betrat 1993 erstmals eine Partei die politische Bühne, die „liberal" in ihrem Namen führte und sich vom „Lagerdenken" völlig löste. Das Liberale Forum fasste sich als neue, dezidiert liberale Partei auf und stand vor der Herausforderung, bei den Wahlen 1994 trotz der Absplitterung der Gründer mit diesem liberalen Selbstverständnis durchzudringen und sich von der FPÖ zu unterscheiden. Der Verdacht, beim Liberale Forum handle es sich um eine FPÖ „Light" durfte nicht aufkommen. Entscheidend dafür war eine unmissverständliche Distanzierung als eine Partei des Dritten Lagers.[26] Wohl deshalb schlossen sich auch von der damaligen FPÖ über die 5 Abgeordneten und einem Mitglied des Bundesrats hinaus nur wenige FPÖ-Funktionäre dem Liberalen Forum an.

Viele Liberale, die die FPÖ schon ab 1986 verlassen hatten, kamen nun zum Liberalen Forum, darunter viele ehemalige „Atterseer", sowie die aus vorangegangenen liberalen Parteigründungs-versuchen[27] oder aus liberalen Klubs, nur wenige aus anderen Parteien. Das Gros stellten ungebundene, sich als liberal verstehende Einzelpersonen. Das Liberale Forum war also über den Abgeordneten-Gründerkreis hinaus keine FPÖ-Abspaltung. Damit verlor das Liberale Forum aber rasch die „Nützlichkeit" für die andere Parteien als FPÖ-Schwächung. Im Gegenteil, für ÖVP, SPÖ und Grüne entstand die Gefahr des Abgangs liberal Denkender zum Liberalen Forum und dementsprechend setzte sehr bald im Wahlkampf 1994 ein heftiger Wettbewerb um diese Wähler ein. Die FPÖ nahm bei der Nationalratswahl 1994 weiter zu.

Das Selbstverständnis des Liberalen Forums als Programmpartei

Die Programmerstellung stand neben allen anderen Belastungen ganz oben auf der Prioritätenliste des Liberalen Forums. Das politische Handeln sollte von Anfang an aus einem Grundsatzprogramm ableitbar sein. Schon der Beitritt zum Liberalen Forum setzte noch vor der Erstellung des Parteiprogramms die persönliche Unterzeichnung

---

26 Frischenschlager, „Ausbruch aus dem Lagerdenken", Die Furche 25.2.1993.
27 Etwa die „FDP Österreich" um den ehemaligen FP-Staatssekretär Ferrari-Brunnenfeld.

der „Charta" voraus, einem einseitigen Dokument mit den Eckpfeilern der Anliegen des Liberalen Forums, die später im Parteiprogramm näher ausgeführt wurden.[28]

Im Wesentlichen entstand das Programm während der Parlamentsferien im Sommer und Herbst 1993. Eine kleine Gruppe aus dem Kreis der Gründer und weiterer Aktiven erarbeitete es in fast täglichen Sitzungen. Dieses wurde dann in den Bundesländern diskutiert und auf dem ersten Bundesforum – so die Bezeichnung des Bundesparteitages – im November 1993 beschlossen. Dabei ging es zuallererst um die Untermauerung der Glaubwürdigkeit als völlig neue Partei mit unzweifelhaft liberalem Anspruch. Das konnte nur mit einem in die Tiefe gehenden Grundsatzprogramm, basierend auf eindeutigen liberalen Werthaltungen erreicht werden, auch, um die inhaltliche Distanz zur FPÖ trotz des Herkommens der Gründer aus der FPÖ unmissverständlich klarzustellen. Darauf ist die manchmal als überspitzt empfundene, oft kritisierte liberale Grundsätzlichkeit bei den sogenannten „Randthemen" zurückzuführen. Die anfängliche Skepsis wegen der FP-Herkunft geriet auch rasch in Vergessenheit. Auch die Aufnahme des Liberalen Forums in die Liberale Internationale und in die ELDR konnte auf Basis des Programms sehr rasch und problemlos erfolgen.

Das Liberale Forum verschrieb sich einem „Gesamthaften Liberalismus", legte den Fokus nicht einseitig auf den Wirtschaftsliberalismus, sondern verband diesen mit sozialen und ökologischen Anliegen und stellte ein Gleichgewicht mit der menschenrechtlichen, gesellschaftspolitischen Seite des Liberalismus her.

Damit nahm das Liberale Forum geradezu eine Gegenposition ein zu allem, was heute mit dem Begriff „Neoliberalismus" im Umlauf ist und wurde daher oft als „links- oder sozialliberal" eingestuft, was auch in der bewusst gesuchten Nähe zu ähnlich orientierten Parteien wie den niederländischen D66, der dänischen Radikale Venstre und den schwedischen Liberalen zum Ausdruck kam. Die enge Kooperation mit der deutschen FDP hatte vor allem praktische Gründe. Dieser umfassende Liberalismus machte die besondere Position des Liberalen Forums in Österreich deutlich: Wirtschaftsliberalismus wird auch von der konservativen ÖVP beansprucht, wenn auch die politische Praxis oft davon abweicht. Gesellschaftlicher Liberalismus findet auch in der Sozialdemokratie statt, welche wirtschaftspolitisch woanders steht. Mit den Grünen konkurrierte das Liberale Forum bei den gesellschafspolitischen Themen und aufgrund der starken ökologischen Ausrichtung des Liberalen Forums. Der Gesamthafte – wirtschaftliche *und* gesellschaftliche – Liberalismus verschaffte dem Liberalen Forum auf der einen Seite eine Alleinstellungposition und daher die Rechtfertigung einer eigenen Partei. Auf der anderen Seite sorgte dies permanent für innerparteiliche Spannungen,

---

28 Der Inhalt: Der Mensch – Gestalter seiner Lebensverhältnisse, verbunden mit gesellschaftlichen Verantwortungsbewusstsein; gegen autoritäre Wahrheitsansprüche, Diskriminierung aus weltanschaulichen, politischen, ethnischen, geschlechtlichen Gründen; Demokratischer Verfassungs- und Rechtsstaat; Marktwirtschaft und Wettbewerb mit Einschränkungen, ökologische Verantwortung; Soziale Dimension: „Niemand soll der Eigenverantwortung enthoben, niemand der Hilflosigkeit preisgegeben werden".

je nachdem, ob man die wirtschafs- oder gesellschaftspolitische Position für relevanter betrachtete. Andererseits verengte sich dadurch aber auch das Wählerspektrum, weil bei vielen das Wirtschaftspolitische gut ankam, die die gesellschaftspolitischen Anliegen verschreckten und umgekehrt.

Bei der Europa-Politik mit dem Binnenmarkt, seiner wirtschaftlichen Notwendigkeit und mit der Perspektive einer demokratischen, grundrechtlichen, föderalen EU konnte sich das Liberale Forum mit seinem gesamthaften Liberalismus gut einbinden. Das Programm entstand ja kurz nach dem Entstehen der politischen Union auf Basis des Vertrags von Maastricht 1992 und setzte sich beim Referendum zu Österreichs EU-Beitritt aus voller Überzeugung dafür ein, während die anderen Oppositionsparteien – Grüne und FPÖ – dagegen stimmten.

Zur Verbesserung der politischen Kultur und des Parlamentarismus trug das Liberale Forum wesentlich bei. Das Fehlen der Zweidrittelmehrheit der Großen Koalition ermöglichte im Zuge des EU-Beitritts mit den Grünen das „dänische Modell" durchzusetzen, nach dem der Nationalrat den Ministern für das Verhalten im Rat der Europäischen Union bindende Aufträge erteilen kann, eine leider wenig genutzte Parlamentarisierung der österreichischen EU-Politik. Unbestritten bleibt der Beitrag des Liberalen Forums zur Verbesserung der politischen Kultur und des Parlamentarismus. Anerkannt wurde auch seine Sachlichkeit, sein Inhaltsreichtum, sowie der aggressionsfreie und differenzierte Oppositionsstil. Weitere Bereiche, bei denen das Liberale Forum starke Diskussionen auslöste und Einfluss gewinnen konnte: Die Neuregelung der Werkverträge, die 0,5 %-Alkoholgrenze, Abbau finanzieller Politiker-Privilegien, Besserstellung der Rechte Homosexueller, Vereinheitlichung der Sozialhilfe, bei der Grund/Menschenrechtsdebatte.[29] Nicht durchsetzen konnte sich das Liberale Forum mit seinem ausgefeiltem Reformvorschlag zur Liberalisierung der Gewerbeordnung, den Vorstößen zur Grundsicherung, der Schulautonomie und dem Ethikunterricht.

Die Gründe für das Scheitern des Liberalen Forums

Das Parteiengesetz verlangt für die Gründung einer Partei wenig, zum Unterschied z. B. von Deutschland. Auch das strikte Verhältniswahlrecht, sowie die niedrige 4%-Klausel, stellen strenggenommen eine niedrige Hürde für den Wahlantritt dar. Das Sammeln von Unterstützungserklärungen in allen politischen Bezirken stellt jedoch bis heute eine beachtliche Schwierigkeit dar, vor allem in ländlichen Regionen. Diese Herausforderung wird durch den in Österreich ausgeprägten Parteien- und Kammerstaat, das nach 1945 lange gewachsene Machtduopol mit der parteipolitischen Erfassung der Menschen, der damit im internationalen Vergleich hohen Parteimitgliedszahlen, der parteipolitischen

---

29 Näheres s. Kratky, S. 91.

Durchdringung aller gesellschaftlichen Bereiche über Vorfeldorganisationen bis hin zu Sport- und Freizeitorganisationen und Autofahrerklubs erhöht. Österreichs politische Gesellschaft war und ist bis heute keine „offene" politische Gesellschaft. Politisches Engagement bei neuen Parteien außerhalb der Großparteien kann zu beruflichen, wirtschaftlichen Nachteilen führen, selbst im freiberuflichen Bereich. Das erklärt, warum sich der Zustrom an Mitgliedern bei neuen Parteien und Kandidaten auf Landes- und Gemeindeebene in Grenzen hält, bis heute, vor allem „am Land", wo der politisch-gesellschaftliche Druck auf potenzielle Mitarbeiter sehr unangenehm werden kann. Die an sich schon schmale Basis für Liberalismus wird dadurch noch stärker eingeschränkt.

Eine zweite Problematik sind die in Österreich finanziell hypertrophen Wahlkämpfe. Das Liberale Forum hatte In den fast 7 Jahren zwischen Feber 1993 und Oktober 1999 sechs bundesweite Wahlen (3 Nationalratswahlen, zwei EU-Wahlen, 1 Bundespräsidentenwahl) und 16 Landtagswahlen zu schlagen, die noch dazu weitgehend mit Bundesmitteln finanziert werden mussten. Vor allem die von der ÖVP nach nur gut einem Jahr nach der Nationalratswahl 1994 vom Zaun gebrochene Neuwahl bedeutete für das Liberale Forum eine finanzielle Katastrophe, unterbrach die Parteiaufbauarbeit in den Ländern, führte danach mit Ausnahme von Wien, Niederösterreich und der Steiermark zu einer Misserfolgswelle bei den Landtagswahlen und verschaffte dem Liberalen Forum ein Verlierer-Image, das für die Nationalratswahlen 1999 das Argument der „Verlorenen Stimme" aufkommen ließ.[30]

Neben diesen objektiven Schwierigkeiten für neue Parteien – auch die Grünen hatten lange damit zu kämpfen – gab es eine Reihe weiterer, selbst verursachter Schwächen, die in summa 1999 zum Verlust der Nationalratsposition führte:

Das Liberale Forum war situationsbedingt eine Gründung „von oben", es gab eine hoch gebildet, aber schmale gesellschaftliche Basis, und die war auf Wien konzentriert. Die Programm- und Parlamentsarbeit ließ für die Aufbauarbeit in den Ländern, wo die Voraussetzungen von Haus aus schwieriger waren, wenig Energie über, was sich in den Landtagswahlen bitter rächte. Der wichtige, aber anspruchsvolle ungeteilte Liberalismus ermöglichte vor allem der ÖVP, „wirtschaftsliberale" Wähler mit dem Verweis auf die gesellschaftsliberalen Anliegen zu verschrecken und die „Gesellschaftsliberalen" mit dem „Neoliberalismus"-Vorwurf. Die Folge war eine sehr niedrige Behalte-Quote des Liberalen Forum.

Die Probleme spitzten sich im Anflug auf die NRW 1999 zu: Die Niederlagen bei den LTW 1999 und Skandale in der EU-Kommission führten bei den Wahlen zum Europäischen Parlament im Frühjahr 1999 dazu, dass das Liberale Forum seinen Wahlkampf-Stil auf aggressiv gestaltete und damit gerade die Wählerschicht, die das Liberale Forum wegen seiner sachlich-nichtpopulistischen Politik schätzte, enttäuschte. Eine Ursache

---

30 Siehe die Aussage vom damaligen Grünen Obmann Alexander Van der Bellen in der ORF-Abschlussdiskussion mit Heide Schmidt.

für den Verlust des EP-Mandats. In Reaktion darauf und in der inzwischen großen internen Verunsicherung kehrte das Liberale Forum in der NRW wieder zu einem höchst anspruchsvollen, noch dazu mit schwer verständlichen Werbemitteln geführten „Haltungs"-Wahlkampf zurück. Mit dem bürgerlichen Van der Bellen stand ihm jedoch ein für liberale Wähler attraktiver grüner Spitzenkandidat gegenüber. Mit 3,7% wurde der Einzug relativ knapp verfehlt.

Ohne den Status einer Parlamentspartei geriet das Liberale Forum in eine fast aussichtslose Situation. Schmidt legte den Vorsitz zurück. Die verbliebene Hoffnung, über die Wiener Landtagswahl 2000 einen Neubeginn anzugehen, wurde durch einen öffentlich ausgetragenen, internen Streit vor allem wegen Finanzfragen vertan. Auch alle weiteren Neustartversuche unter den Schmidt-Nachfolgern Alexander Zach und Angelika Mlinar blieben bei Wahlen erfolglos, sorgten aber für Präsenz in der Öffentlichkeit. Vor allem die hoffnungsvolle NRW 2008 mit dem Wiederantritt von Heide Schmidt als Spitzenkandidatin hatte trotz des Scheiterns an der 4%-Hürde eine wichtige Folge: Unter Angelika Mlinar blieb ein Kern an Anhängern mit Wahlkampferfahrung erhalten, der sich beim Zusammenschluss mit Neos als wichtig herausstellen sollte.

Die Gründung und Anfänge von NEOS[31]

Das politische Umfeld: Die pol. Entwicklung in Österreich von 1987 bis 2013

Nach Ende der SPÖ-FPÖ-Koalition 1987 kehrte Österreich bis 1999 zur großen Koalition unter Franz Vranitzky, später Viktor Klima zurück. Die Haider-FPÖ wuchs von Wahl zu Wahl bis zum Höhepunkt 1999 als sie mit 27 %, zweitstärkste Partei wurde und eine Koalition mit der ÖVP unter Schüssel-Riess-Passer Koalition bilden konnte, begleitet von einer dramatischen europäischen Protestwelle – Stichwort: „EU-Sanktionen" – mit äußert negativen Folgen auf die Einstellung der Österreicher zur EU und starkem Widerstand auf der Straße („Donnerstags-Demos"). Die dadurch unvermeidliche „Umkehr" der FPÖ zu einem regierungskompatiblen politischen Verhalten führte zwangsläufig zum Aufbrechen des alten FP-Konflikts zwischen Befürwortern des radikal/populistischen Oppositions- und denen eines pragmatischen Regierungskurses. Der Enttäuschung der oppositionsgewohnten Wählerschaft und dem Absturz in den Umfragen folgte der FP-interne, von Jörg Haider ausgelöste Aufstand gegen den Regierungskurs („Knittelfeld" 2002), gefolgt vom Rücktritt der FP-Regierungsriege, der Aufkündigung der Koalition seitens der ÖVP, Neuwahlen 2002 und dem FP-Absturz auf

---

31 Eine ausführliche Geschichte über Entstehung und Entwicklung von Neos fehlt bisher. Als Quellen dienen hier Strolz-Schriften, das Buch von Michael Bernhard/Angelika Mlinar/Mic Schiebel sowie jenes von Josef Lentsch und Beate Meinl-Reisinger (2024).

10 %. In der trotzdem fortgesetzten VP-FP-Koalition ging neben personellen Turbulenzen im FP-Regierungsteil die FP-interne Regierungs-Oppositionsspannung natürlich weiter. H.C. Strache trat seinen Aufstieg in der FPÖ gegenüber Haider an. Schließlich kam es 2006 zur Abspaltung fast des gesamten FPÖ- Regierungsteams und eines großen Teils der Nationalratsfraktion, zur Gründung des „Bündnis Zukunft Österreich" (BZÖ), ausgerechnet unter Haider, das nach dessen Tod 2008 verschwand, während sich die Strache-FPÖ in den Wahlen wieder rasch erholte.[32]

Mit Ende der VP/FP-Regierung kehrte 2006 bis 2017 die SP/VP Koalition unter dem Bundeskanzler Alfred Gusenbauer (SPÖ), ab 2008 Werner Faymann, am Schluss noch Christian Kern und fünf wechselnden VP-Vizekanzlern (Molterer, Spindelegger, Pröll, Mitterlehner, Brandstetter) zurück. Ihre Schwächen traten immer deutlicher hervor, zuletzt geschürt vom Außenminister Sebastian Kurz. Die Strache-FPÖ konnte mit rabiatem Oppositionskurs ihren Aufstieg fortsetzen, mit dem Höhepunkt der Nationalratswahl 2017 und der türkis-blauen Kurz-Strache-Koalition, bis „Ibiza" 2019 zu Neuwahlen führte und die Koalition ÖVP/Grüne begann.

Insgesamt ist diese Periode durch globale, europäische und auch in Österreich bis dahin im Umfang unbekannte pol. Erschütterungen beherrscht: Wirtschafts- und Finanzkrise ab 2007, Beginn der militärisch- aggressiven Politik der RF mit Georgien 2008, 2014 Krim-Okkupation, Ostukraine, Syrienkrieg ab 2011. Die EU schlitterte durch die beginnende Brexit-Debatte und den Aufstieg der nationalistisch-populistischen Parteien in eine bis heute andauernde Krise. Dieses Umfeld bereitete das politische Klima auf, in dem sich NEOS gründete und entwickelte.[33]

Die Gründung von „NEOS – Das Neue Österreich und liberales Forum"[34]

Mit Neos entstand wieder eine vom Lager-Denken völlig losgelöste Partei, die sich in ihrem langen offiziellen Namen ausdrücklich als „liberal" bezeichnet. Ähnlich wie beim Liberalen Forum mit Heide Schmidt spielte beim Entstehen von NEOS eine Persönlichkeit die zentrale Rolle: Matthias Strolz[35], der mit Veit Dengler[36] die Neos-Keimzelle bildete.

Strolz – von Mittelschulzeiten an ein homo politicus – brachte noch vor und ohne Absicht einer Parteigründung in einem Buch, herausgekommen 2011, sein brennendes

---

32 Im Unterschied zum Liberalen Forum blieb das BZÖ eine Lagerpartei und wollte die „echte FPÖ" sein.
33 Siehe S. Kritzinger, W. C. Müller, K. Schönbach (H): Die Nationalratswahl 2013, Böhlau 2014; RW 2013, Die Ausgangslage S. 9 ff.
34 So bis heute der offizielle Name.
35 Ein Unternehmensberater und promovierter Organisationsentwickler, der ursprünglich im ÖVP-Umfeld politisch aktiv war, so als ÖH-Vorsitzender der Uni Innsbruck (für die Aktionsgemeinschaft).
36 Ein österreichischer Medienmanager, mit akademischen Abschlüssen an der WU Wien und der Universität Harvard, sowie ehemaliger CEO der NZZ-Mediengruppe.

„Anliegen" zu Papier.[37] Schon der volle Titel ist bezeichnend: „Warum wir Politikern nicht trauen ... und was sie (sic!) tun müss(t)en (sic), damit sich was ändert". Darin analysiert er zunächst die Rolle des Politikers und den Zustand der Politik in Österreich, wobei deren Glaubwürdigkeitsverlust im Mittelpunkt und Wege aus der politischen „Sackgasse" stehen. Im abschließenden Kapitel Titel „Die Zeit ist reif für politische Entrepreneure" findet sich schon alles, was ihn wenig später zur Gründung von NEOS motivierte und aus dem sich die ersten Schritte von NEOS ableiten lassen.

Das Buch löste Diskussionen aus, darunter eine Auseinandersetzung im online-Standard vom 10.10.2011 zwischen Strolz und dem damaligen SPÖ-Kanzleramts- und Kulturminister Josef Ostermayer. Gefragt, ob er nicht in die Politik gehen wolle, lehnte Strolz nicht grundsätzlich ab, aber die Zeit wäre nicht reif. Tags darauf rief Dengler Strolz an und meinte, „die Zeit zum Handeln" sei jetzt gekommen. Und Strolz stimmte zu. Das war die Entscheidung zur Gründung von Neos. Zu den beiden stießen dann Feri Thierry und Josef Lentsch und bildeten eine Art Gründungsvorstand. Eine glückliche Fügung bestand im beruflichen Hintergrund dieser Runde: ein Politikberater, ein Wirtschafsmanager, ein PR-Experte, ein theoriebegabter Organisationsmanager. Sie brachten alles mit, um höchst professionell an den Aufbau von NEOS heranzugehen. Alle hatten eine enttäuschten ÖVP-Hintergrund. Sie gründeten, um zu frühe Aufmerksamkeit zu vermeiden, einen „Vorbereitungsverein" über in der Öffentlichkeit unbekannte Personen und mit unspektakulärem Namen. Der eigentliche Start erfolgte mit einem Zusammenkommen am 12. Feber 2012 im Hotel „Krainer-Hütte" bei Baden.

Ungefähr 40 Interessierte fanden sich ein und debattierten ein Wochenende lang, bildeten eine zum Handeln entschlossene Gruppe, die enthusiastisch zum Sprung in die politische Arena ansetzte. Ein völlig anderer Einstieg als die Gründer des Liberalen Forums, die aus persönlicher Betroffenheit, unter inhaltlichem Leidensdruck „nicht anders konnten", streng vertraulich sich in kleinstem Kreis zu einem politisch-rationalen Schritt durchrangen, im Wissen um die begrenzten Erfolgsaussichten. Damit bestand ein kleiner, rasch wachsender Kern aus den Freundeskreisen um Strolz, Dengler, Beate Meinl-Reisinger, früheren Aktivisten des Liberalen Forums wie Mic Schiebel, Stefan Egger, Stefan Gara und weiteren. Die Julis, die frühere Jugendorganisation des Liberalen Forums, war von Anfang an als Organisation dabei. Von da ging der organisatorische und inhaltliche Aufbau weiter und fand seinen Abschluss bei der Gründungsversammlung am 27.10.2012 in der Wiener Urania, noch mit dem Namen „NEOS – Neues Österreich".

---

37 M. Strolz, Warum wir Politikern nicht trauen. K&S, 2011.

Der Fusionsprozess von Liberalem Forum und Neos[38]

Das Liberale Forum trat unter Alexander Zach, seit 2001 dessen Vorsitzender, der bei der NRW 2006 als Unabhängiger auf der SP-Liste angetreten war und 2006–2008 ein NR-Mandat innehatte, 2008 wieder mit Heide Schmidt als Spitzenkandidatin an, scheiterte jedoch an der 4 %-Hürde. Als Vorsitzende folge Angelika Mlinar, die in selbstloser Weise das Überleben des Liberalen Forums ermöglichte und beharrlich mit Michael Pock (seit 2016 Michael Bernhard) an einem Wiederaufbau arbeitete. Aus den Wahlkämpfen zur NRW 2008 und zur Wiener GRW 2010 erhielt sich so ein kleines, aber österreichweites organisatorisches Netzwerk, entschlossen, bei der NRW 2013 anzutreten. Damit drohte ein paralleles Antreten von NEOS und Liberalem Forum.

Strolz zog aus den Erfahrungen der Grünen, die 1983 mit zwei Listen antraten und scheiterten, aber 1986 geeint in den NR einzogen, die Konsequenz, dass alle „Kräfte guten Willens" – NEOS, Liberales Forum, Julis – unbedingt gemeinsam antreten müssen. In nicht einfachen Verhandlungen einigten sich die Beteiligten im Jänner 2013 auf ein Wahlbündnis und eine gemeinsame Liste unter dem späteren Parteinamen „NEOS – Das Neue Österreich und Liberales Forum". Aus dem NEOS-Programm, beschlossen im Juli 2013 und schon unter Beteiligung von Aktivisten des Liberalen Forums erarbeitet, wurde das Wahlprogramm für die NRW im September 2013.

Das Ergebnis von 5 % ergab 9 Mandate, von denen grob fünf dem NEOS- und 4 eher dem Bereich des Liberalen Forums zugeordnet werden können, und aus denen eine gemeinsame Fraktion gebildet wurde. Daraus folgte, dass es auch an der Zeit war die Parteien zu verschmelzen. was v. a. den Vertretern des Liberalen Forums nicht von vornherein leicht fiel, da es auf das Aufgehen des Liberalen Forums in NEOS hinauslief. Programmatisch gab es keine Schwierigkeiten, aber gegenüber dem Begriff „liberal" gab es unter NEOS-Aktiven auch Vorbehalte. Schließlich beschlossen zunächst getrennte Mitgliederversammlungen das Zusammengehen, formal traten die Mitglieder des Liberalen Forums NEOS bei und auf einem „Fusionskonvent" am 25. Jänner 2014, der die entsprechenden personellen und statutarischen Beschlüsse fasste, wurde die Verschmelzung abgeschlossen.

Die unterschiedlichen Hintergründe der beiden Parteien, bei Neos vielfach die ÖVP, die das Liberale Forum oft „linksliberal" verorteten, musste wechselseitig inhaltliche und naturgemäß personelle Spannungen hervorrufen.

Dass NEOS, was anfänglich nicht so selbstverständlich war, zur Partei des politischen Liberalismus in Österreich wurde, gilt heute intern wie extern als weitgehend unbestritten und ist wohl auf das Liberale Forum zurückzuführen. Damit wurde verhindert, dass

---

38 Zur LIF-Neos-Verschmelzung und Neos-Gründung insgesamt s. A. Mlinar/M. Bernhard, M. Schiebel, Im Auftrag der Freiheit – Ein Comeback des Liberalismus, Omnino Verlag 2023.

NEOS als eine VP „light" missverstanden werden konnte.[39] Darüber hinaus brachte das Liberale Forum ein dünnes, österreichweites wahlkampferfahrenes Netzwerk ein, sowie eine Reihe politisch erfahrener Personen. Hans-Peter Haselsteiner spielte über seine wirtschaftspolitische Kapazität hinaus durch seine politische und finanzielle Unterstützung bei der ersten NRW 2013 eine wichtige Rolle. Über das Liberale Forum hatte NEOS von Anfang an auch eine direkte internationale Vernetzung zur ALDE und liberalen Fraktionen im Europäischen Parlament.

Der Neos-Parteiaufbau

Die NEOS-Gründung war auch deswegen erfolgreich, weil mit ihr ein neuer Parteitypus die politische Bühne betrat, dessen Aufbau untrennbar mit den gründenden Personen zusammenhängt. Matthias Strolz hatte sich seit seinem Studium mit dem Thema Organisationsentwicklung, speziell im politischen Kontext, befasst.[40] Drei Wochen nach der NRW 2013 beschreibt Strolz, wie mit diesem Ansatz die NEOS-Gründung und der Weg in den Nationalrat in der Praxis umgesetzt wurde.[41]

NEOS fasst sich als Kristallisationspunkt von Menschen mit „echten (politischen) Anliegen" auf, als „Bewegung", die eine andere politische Kultur vorleben will und auf größtmögliche Partizipation und Transparenz Wert legt. Dementsprechend prägen von Anfang an ihre „Open Space"-Veranstaltungen, offene Programmkonvente, Online-Konsultationen etc. ihre Aktivitäten, insbesondere, wenn es um die Inhalte geht. Die innerparteilichen Strukturen zeigen mit der starken Position der Mitgliederversammlung einen ausgeprägt partizipatorischen Charakter, unterstrichen durch die Kandidaten-Findung über ein breit aufgestelltes Vorwahl-System. Die Entscheidungsstrukturen sind ausgehend von der Mitgliederversammlung mit Erweitertem und Engeren Vorstand sehr flach gehalten. Die Transparenz spielt mit der Offenlegung sämtlicher Ein- und Ausgaben der Partei inklusive der Wahlkampfkosten, via Internet öffentlich einsehbar, für österreichische Verhältnisse sensationelle Rolle. Die Partei ist – um die finanzielle Verantwortlichkeit zu bündeln – eine einheitliche Rechtsperson; politisch führen die Länder ein Eigenleben und sind analog der Gesamtpartei organisiert. Für die Auslandsösterreicher gibt eine eigene Struktur, genannt das „X. Bundesland".

---

39 Mlinar 96, 104, 106.
40 Matthias *Strolz*, Das Veränderungskonzept der Organisationsentwicklung in politischen Institutionen. Ein Strategieprojekt der Bundesleitung des Österreichischen Wirtschaftsbundes (ungedr. Diss. Uni Klagenfurt 2003).; Veit *Dengler* schrieb seine Masterarbeit über die Abspaltung der Social Democrats von Labour, siehe Veit Dengler, The economic policy of the British Social Democratic Party in the 1980s (ungedr. Dipl. Arb. WU Wien 1993).
41 M. *Strolz*, „Eine pralle Mischung aus Idealismus und Professionalität", in: Thomas HOFER, Barbara TOTH, Die Wahl 2013 (H) Wien 2013) J. Lentsch verfasste 2017 einen internationalen Vergleich über ähnlich erfolgreiche Parteigründungen, siehe Josef *Lentsch*, Political Entrepreneurship, How to build successful Centrist political Start-ups. Springer, 2019.

Mit diesen organisatorischen Strukturen, auf Grundlage des Wahlbündnisses NEOS mit dem Liberalen Forum und der gemeinsamen Kandidatenliste, stürzte sich NEOS in den NR-Wahlkampf 2013. Das Wahlprogramm „Pläne für ein neues Österreich" spitzte die Inhalte aus dem Parteiprogramm auf Bildung, enkelfitte Pensionen, Schulden-Bekämpfung und Kürzung der Parteienfinanzierung zu, gegliedert in 9 ½ Punkte. Als spezielle Zielgruppe wurde die junge Generation angesprochen und Junos – die Jugendorganisation der NEOS – sorgte im Wahlkampf für eine aktionistische Note. Anfänglich als wenig chancenreich eingestuft, verblasste das Argument „Verlorene Stimme" gegen Ende des Wahlkampfes immer mehr und schließlich schaffte NEOS den Einzug ins Parlament mit knapp 5 Prozent.

Die politischen Rahmenbedingungen und die NEOS-Entwicklung nach dem NR-Einzug 2013

Die NRW 2013 spielte sich in einer zunehmenden Krisensituation ab, die sich nach der Wahl mit dem Beginn des Krieges der Russischen Föderation 2014 gegen die Ukraine (Krim, Donbass), v. a. aber durch das dramatische Anwachsen der Flüchtlingswelle 2015 infolge des Syrien-Krieges und den Auswirkungen auf die europäische österreichische Innen- und Parteipolitik enorm steigerte: Während Bundeskanzler Werner Faymann (SPÖ) im Einvernehmen mit der deutschen Bundeskanzlerin Angela Merkel die Grenzen offen hielt – „Wir schaffen das" – und somit ein Durchwinken der Flüchtlinge erreichte, und dank starker zivilgesellschaftlicher Hilfsbereitschaft die Situation einigermaßen unter Kontrolle blieb, begann Außenminister Sebastian Kurz im Kontrast dazu eine populistisch motivierte restriktive Linie – Stichwort „Schließung der Balkan-Route". Damit begann eine Zeit massiver Koalitions- und parteieninterner Turbulenzen, die schließlich zum Rücktritt des Vizekanzlers Mitterlehner (ÖVP) und die Übernahme der VP durch Kurz zur Folge hatte, aber auch Faymann 2016 nach SP-internen Unruhen zum Ausscheiden aus der Politik zwang. Wie stark die Parteienlandschaft ins Wanken geriet belegten dann die Bundespräsidentenwahlen 2016, als die Kandidaten der Regierungsparteien Andreas Khol (ÖVP) und Rudolf Hundstorfer (SPÖ) nur etwa 10 % erzielten, die mit Unterstützung der NEOS als Unabhängige antretende Irmgard Griss mit 18 % nur knapp die Stichwahl verfehlte, und der Grüne Van der Bellen – nach Wiederholung wegen grotesker Verfahrensmängel – gegen den FPÖ-Kandidaten Norbert Hofer relativ knapp gewann.

Inzwischen ersetzte Christian Kern Faymann als Bundeskanzler und SP-Obmann, Kurz begann seinen „Plan Ballhausplatz" umzusetzen, verdrängte Mitterlehner als VP-Obmann, blieb aber Außenminister, schickte den Justizminister Wolfgang Brandstetter als Vizekanzler vor und benutzte die Zeit, um einen oppositionellen Wahlkampf quer durch Österreich zu führen.

Die NRW 2017 brachte schwerwiegende Umwälzungen für Österreichs Politik und Parteiensystem: Fünf Parteien schafften den Einzug in den Nationalrat, die Kurz-ÖVP feierte einen Triumph, die SPÖ stagnierte, die Strache-FPÖ stieg weiter auf, die Grünen scheiterten an der 4 %-Hürde, während die Liste Pilz – um den früheren grünen Abgeordneten Peter Pilz – einzog. NEOS gewann dazu, machte jedoch einen für manche enttäuschend geringen Fortschritt, bestätigte damit aber seine Existenz und konnte sich so konsolidieren.

Das Ergebnis ermöglichte eine VP-FP-Koalition, bis ihr „Ibiza" 2019 ein Ende bereitete. Das besondere dieser Regierungskonstellation bestand in ihren inhaltlichen Konsequenzen: Schon die Wende zur „türkisen" ÖVP aufgrund einer von VP-Führungsorganen offiziell beschlossenen Ermächtigung zur Kurz-Alleinherrschaft schien symbolhaft ein Zeichen für den Beginn des Abgleitens Österreichs in eine „Illiberale" Demokratie nach dem Muster „Orbans" zu setzen. Jetzt teilten sich zwei Parteien die Regierungsmacht, deren Chefs 2017 im Wahlkampf offen stritten, wer von ihnen der engere Freund von Viktor Orban sei.

Das glücklicherweise gescheiterte System Kurz war auf Methoden aufgebaut, die die Voraussetzungen des demokratischen Machtwechsels schwächen sollten, v. a. über Beherrschung der Medien, des öffentlichen Rundfunks, Einschüchterung der Justiz, Lenkung der Verwaltungsspitzen über einen persönlich engen, Klan-artigen Personenkreis (die „Familie"). Methoden, wie sie den Aufstieg Viktor Orbans in Ungarn begleiteten, dem Erfinder der „Illiberalen Demokratie", den die FPÖ-Spitzen bis heute als Vorbild anpreisen und für den Sebastian Kurz offen seine Sympathie bekundete. Diese Gefahr einer „Illiberalen" Demokratie hat sich seither, nach der NRW 2019, auf neue Weise verdeutlicht: Mit einem drohenden Aufstieg der FPÖ zur stärksten Partei und einer kleineren ÖVP als Koalitionspartner sind autokratische Entwicklungen in Österreich vorstellbar geworden.

NEOS und seine Entwicklung nach den NR-Wahlen 2017 und 2019

Trotz schwieriger Voraussetzungen gelang Neos der Einzug in alle Landtage ausgenommen in Kärnten und im Burgenland, sowie der Einzug in das Europäische Parlament 2014 und 2019. Die Gewinnung der bei der Präsidentschaftswahl so erfolgreichen Irmgard Griss als unabhängige NR-Kandidatin erwies sich als Volltreffer. Im Juni 2018 traf die junge Partei der Rücktritt ihres Gründers Matthias Strolz. Er begründete diesen höchstpersönlichen Schritt mit der erfolgreichen Landtagswahl in Salzburg hätte NEOS – nach der ersten Runde von Landtagswahlen in allen Bundesländern, zwei Nationalratswahlen und der EP-Wahl 2014 – ihre Gründungsphase erfolgreich abgeschlossen und sollte unter anderer Führung einen neuen Abschnitt beginnen. Die Ablöse durch Beate Meinl-Reisinger gelang zur innerparteilichen und allgemeinen Überraschung schnell und sehr gut.

Nach dem Platzen der Kurz-Strache-Koalition als Folge des „Ibiza-Skandals" versuchte Kurz zunächst seine Regierung durch Ersetzen der zurückgetretenen FP-Regierungsmitglieder mit eigenen Leuten über die Runden zu bringen, scheiterte damit jedoch, was erstmals in der Zweiten Republik zum Sturz eines Bundeskanzlers über einen Misstrauensantrag führte. Die Zwischenphase der Experten- Regierung bis zur Neuwahl 2019 unter der ersten Bundeskanzlerin Brigitte Bierlein wurde allgemein als sehr wohltuend empfunden. Bei den Nationalratswahlen 2019 blieb Kurz erfolgreich, die SPÖ unter Kern stagnierte und er selbst trat wenig später zurück, die Grünen kehrten triumphal in den Nationalrat zurück, die Liste Pilz verschwand. NEOS konnte sich von 5,3 % auf 8,1 % steigern und die Nationalratsfraktion somit von 9 auf 15 Mandate vergrößern. Es folgte eine Koalition aus ÖVP und Grünen mit Bundeskanzler Kurz und Vizekanzler Werner Kogler. Kurz musste schon bald darauf wegen Korruptionsvorwürfen zurücktreten, nach einem kurzen Übergangskanzler Alexander Schallenberg folgte ihm Karl Nehammer als ÖVP-Obmann und Bundeskanzler nach.

Damit waren personelle Änderungen in den Parteien verbunden. Die Nach-Kurz-ÖVP kehrt zurück zu einer traditionell-konservativen Linie, zunehmend nach rechts tendierend; in der SPÖ erfolgte mit dem Rücktritt von Kern die Ablöse durch Pamela Rendi-Wagner, die aber aus internen Turbulenzen nicht herauskam und schließlich von Andreas Babler abgelöst wurde, was einen deutlichen Linkskurs mit sich brachte. Die FPÖ unter dem neuen Obmann Herbert Kickl konnte sich trotz „Ibiza" gut erholen und radikalisierte sich – vor allem während und nach der Corona-Krise – weiter nach rechts und lag laut Umfragen im Frühjahr 204 auf Platz 1. Darüber hinaus wurde erstmals seit 1959 ein Wiederauferstehen der KPÖ nach aufsehenerregenden Erfolgen in der Steiermark und in Salzburg denkbar, während VP und SP deutlich zurückfielen. Aber Österreich ist mit dem Anschwellen nationalpopulistischer Parteien kein Sonderfall, wie ein Blick in die europäische Parteienlandschaft zeigt.

Als Ursache spielen die Krisen infolge der Pandemie, der Wirtschafts-, Finanz – und Sozialpolitik, der Krieg zwischen der Russischen Föderation und der Ukraine eine Rolle. Wenn sich die Umfrage-Ergebnisse der FPÖ – in Richtung 30 % oder mehr – bewahrheiten sollten, läge erstmals eine Partei an der Spitze, die die liberale Demokratie offen in Frage stellt.

NEOS war nach der erfolgreichen Wiener Gemeinderatswahl 2020 erstmals auch im Bundesrat mit einem Repräsentanten vertreten. Die „Wild-Card" zog 2019 der ehemalige Kurierchefredakteur Helmut Brandstätter, der NEOS zu einem starken außenpolitischen Profil verhilft. Auch die Wahlen zum Europäischen Parlament 2019 konnte wieder erfolgreich geschlagen werden, ebenso die Landtagswahlen, v. a. durch den Einzug in den oberösterreichischen Landtag und in der Steiermark, mit dem schmerzlichen Rückschlag in Salzburg und dem weiteren Scheitern in Kärnten und dem Burgenland. Eine politische Sensation brachte die Bildung der sozial-liberalen Koalition in Wien mit der Erringung der Vizebürgermeister-Position durch Christoph Wiederkehr. Insgesamt bleibt aber das für neue Parteien charakteristische Problem der Verankerung der Partei auf Landes- und vor allem kommunaler Ebene.

Die inhaltlich-programmatische Entwicklung von NEOS 2013–2023[42]

Die NEOS-Parteigründer gingen beim „Wozu" und „Wohin" der Partei nicht von umfangreichen „ideologisch dogmatischen" Positionierungen, sondern von sehr knapp gefassten „Wertefundamenten" aus: Strolz nannte drei „inhaltliche" – Eigenverantwortung, Freiheitsliebe, Nachhaltigkeit – und zwei „stilistische", politisch-kulturelle: Authentizität („echte Anliegen vertreten"), und Wertschätzung (wie Umgehen miteinander). Es ging um die „Mission" zur „Erneuerung Österreichs" durch eine „Bürgerbewegung". Am Gründungsparteitag am 27.10.12 beschloss NEOS sein erstes Programm unter dem Titel „Wir erneuern Österreich".

Dem dynamischen NEOS-Grundverständnis entsprechend soll sich das Programm in einem permanenten Prozess über „Leitanträge" nach partizipativen Beratungen in den mehrmals im Jahr tagenden Mitgliederversammlungen weiterentwickeln. So geschah es auch mit dem heute gültigen Parteiprogramm 2019.

Das erste Parteiprogramm 2013 vermittelt einen pragmatisch-reformerischen Eindruck. Ohne allgemeine oder weltanschauliche Erklärungen wird in einleitenden „Grundlagen" die „Vision" von einem „neuen Österreich im Jahr 2018" aufgesetzt, in dem der „Stillstand beendet ist".

Fünf „Kernwerte", vorangestellt in Stichworten, deuten die weltanschauliche Positionierung an: „Freiheitsliebend – Wertschätzend – Eigenverantwortlich – Authentisch – Nachhaltig". Das programmatische Selbstverständnis fasste Strolz an anderer Stelle so zusammen: „Eine moderne Zentrumspartei, eine post-ideologische, undogmatische, wertebasierte Bewegung".[43] Das Programm enthält dann auf 70 Seiten und 11 Abschnitten konkrete Reformvorstellungen zu Demokratie, Bildung, Europa, Wirtschaft, Soziales, Pensionen, Arbeit, Wohnen, Familie, Umwelt, Energie, Integration, Justiz, Parteien-Finanzen.

Im Unterschied zum Liberalen Forum, das ausführlich die liberalen Grundsätze voranstellte und davon deduktiv die konkrete Politik ableitete, bietet sich im Falle Neos der umgekehrte, induktive Weg an: Aus den konkreten Inhalten der Programme die weltanschaulichen Grundlagen Ansätze herauszufiltern. Das kann hier nicht im Detail

---

42 Grundlage dieses Abschnitts bilden die Parteiprogramme der NEOS, darunter: Pläne für ein Neues Österreich (Wien 2016; 2019), sowie die aktuelle Beschlusslage, siehe „Wahlprogramme und Beschlusslage" In: neos.eu, online unter: https://www.neos.eu/programm/wahlprogramme-und-beschluesse (abgerufen am 19.4.2024).

43 Strolz, In: Hofer (Hg.) NRW 2013, S. 103.

abgehandelt werden. Aber einige zentrale Grundpositionen von NEOS im Lichte der oben angeführten „Messlatte" können stichwortartig aufgezeigt werden:

Das Menschen- und Gesellschaftsbild von NEOS

Wie wichtig für Neos das vernunftbegabte, freie Individuum ist, vermittelt der zentrale Stellenwert der Bildung als Voraussetzung für die Chance zur individuellen, frei gewählten Lebensgestaltung, der sich durch das ganze Programm und die politische NEOS-Praxis zieht. Eine Strolz-Formulierung drückt das NEOS-Menschenbild folgendermaßen aus: Der Mensch – nicht Passagier – sondern Pilot des eigenen Lebensweges.

Weiters betont NEOS die individuelle Eigenverantwortung in der Sozialpolitik: Für die persönliche Lebensvorsorge ist zunächst der Einzelne selbst verantwortlich, subsidiär die öffentliche Hand, mit dem Bürgergeld als soziale Grundsicherung; die individuelle Freiheit und damit Selbstverantwortung darf nicht durch übermäßige Steuerbelastung beeinträchtigt werden; Aus der der individuellen Freiheit leitet sich der NEOS-Schwerpunkt der Grund- und Freiheitsrechte und partizipativen Demokratie ab, was innerhalb der NEOS durch die Mitgliederversammlung und das partizipative Vorwahlsystem vorgelebt wird.

Die gesamte NEOS-Programmatik durchziehen drei Schlüsselbegriffe: Offene Gesellschaft, Wettbewerb und Transparenz als Grundelemente für die pluralistische Gestaltung des politischen, gesellschaftlichen und wirtschaftlichen Lebens. Daraus erschließt sich der hohe Stellenwert von politischer Kultur, Verfassung, Rechtsstaatlichkeit. Aber die *geschriebene, formale* Verfassung genügt nicht, es kommt auf die gelebte politische Kultur an, insbesondere ihrem zentralen Punkt: Die *reale* Chance zum politischen Machtwechsel über faire Wahlen.

Eine offene *politische* Gesellschaft – also Meinungs-, Glaubens-, Medien-, und Wissenschaftsfreiheit – bis hin zu *realisierbarer* politischer Pluralität, eine Politische Kultur der Konsens- und Koalitionsbereitschaft, Parlamentarismus, Regierungs- und Oppositionskultur sind die Voraussetzung der „liberalen" Demokratie, und stehen im Gegensatz zu einem Freund-Feind-Politikverständnis und einer autokratisch geformten, nationalistisch präformierten Gesellschaft. Daher die Ablehnung der Vereinnahmung staatlicher Einrichtungen (Verwaltung, Justiz, v. a. des VfGh, des Rechnungshofes etc.) durch die Parteien, deshalb maximale Transparenz bei der öffentlichen Personalpolitik oder beim Vergabewesen. Daraus folgt auch die Kritik an der Durchdringung aller gesellschaftlichen Bereiche (Interessensorganisationen, Freizeitvereine etc.) mit parteipolitischen „Vorfeldorganisationen".

Auf wirtschaftlichem Gebiet bauen NEOS grundsätzlich auf das Funktionieren von Markt, Wettbewerb und ihre rechtsstaatliche Absicherung, sowie staatliche Zurückhaltung bei Wirtschaftseingriffen unter Betonung von ökologischer und sozialer Rahmensetzung. NEOS setzt auf die Verbindung von staatlichen Rahmenbedingungen, gesellschaftlicher und individueller Verantwortung – nach der Formel „mit Steuern steuern". Verhaltensänderungen sollen primär über marktwirtschaftliche Anreize, weniger über Verbote herbeigeführt werden. Für die Eigenverantwortung der Menschen als Konsumenten ist wiederum eine umfassende ökologische und ökonomische Bildung wichtig.

Bei der Alters- und Gesundheitspolitik setzt NEOS auf geteilte staatliche/gesellschaftliche Verantwortung und individuelle Eigenverantwortung, ebenso beim Berufsleben. Aber von zentraler Bedeutung ist Bildung. Auch bei der Integrationsproblematik sieht NEOS vor allem die Bildungspolitik als Lösungsansatz.

Die NEOS-Vision der „Vereinigten Staaten von Europa"

Die Europäische Einigung kann geradezu als liberales Projekt gesehen werden. Ihre Grundwerte, die „Vier Freiheiten", gemeinschaftliche Lösungen von Problemen, die einzelstaatlich nicht mehr lösbar sind, Bündelung von Souveränität zur historisch bahnbrechenden „Supranationalität", eine föderale Solidargemeinschaft über eine demokratisch legitimierte Verfasstheit. Damit entspricht die EU allem, was dem politischen Liberalismus für eine politische Entität vorschwebt. Bemerkenswert: NEOS verwies anlässlich der NRW 2017 darauf, dass diese zugleich eine EU-Wahl sei, weil die Regierungsmitglieder, die Österreich in den EU-Ministerräten vertreten, damit die EU-Politik der Republik entscheiden und legte mit dem „Chancenplan Engagiertes Europa" ein eigenes EU-Programm für diese NRW vor.

NEOS strebt „eine EU der Bürger, nicht nur der Staaten" an, ein EU-„Wir-Gefühl", ein europäisches „Bürgerbewusstsein", das politische Bildung und politische Kommunikation auf nationaler Ebene, sowie als EU-„Bringschuld" erfordert. NEOS hält an der 2008 an Referenden in Frankreich und den Niederlanden zu Fall gebrachten Idee einer föderalen EU-Verfassung fest und betrachtet Europapolitik als „Innenpolitik". Die Eckpunkte:

Die EU-Grundrechte sollen auch vor den Europäischen Gerichtshöfen durchsetzbar sein. EU-Bürger sollen das Wahlrecht bei allen Wahlen im jeweiligen Wohnsitzstaat erhalten.

Der EU-Parlamentarismus wird zu einem Zwei-Kammersystem: Die erste als Vertretung der EU-Bürger, mit einem europaweit einheitlichen Wahlrecht mit transnationalen Listen. Die zweite ersetzt den EU-Rat, besteht aus jeweils gleich vielen Vertretern der Mitgliedsstaaten und wird national gewählt. Entscheidungen erfordern die Mehrheit beider Kammern. Die Kommission wird zu einer „echten Regierung" ausgebaut, mit einem von den EU-Bürgern direkt gewählten Präsidenten, der die höchstens 15 Mitglieder ernennt, die unter den Mitgliedstaaten rotieren und dem EP verantwortlich sind.

Die EU-Außenpolitik spricht mit „einer Stimme" des EU-Außenministers auf Basis der 2016 beschlossenen EU-Global-Strategie. Das Einstimmigkeitsprinzip soll auch bei der gemeinsamen Außen- und Sicherheitspolitik (GASP) fallen. Die gemeinsame Sicherheits- und Verteidigungspolitik (GSVP) wird zur „Verteidigungsfähigen EU" mit der Vision „Europa-Armee" angestrebt, eine schrittweise Integration der 27 nationalen Streitkräfte verwirklicht.

Diese sehr kursorische Analyse der NEOS-Programmatik lässt meines Erachtens zu Recht die Feststellung zu, dass NEOS in Anspruch nehmen kann, in Österreich als die Partei des politischen Liberalismus bezeichnet zu werden.

Das Resümee

Damit zurück zum Ausgangspunkt dieser Arbeit, zur Frage, wie es um die Bedeutung und eine Kontinuität liberalen Denkens und des pol. Liberalismus im Parteiensystem in der Zweiten Republik steht.

Jene Parteien, die sich in der Tradition des „Dritten Lagers" verstanden, also VdU und FPÖ, schon weniger das BZÖ, standen unter der Hypothek des Aufgehens des Dritten Lagers im Nationalsozialismus, was eine liberale Entwicklung erschwerte. Inhaltlich liberale Ansätze finden sich, waren aber nur sehr verhalten und zeitweise ein Anliegen. Der Versuch der FPÖ in den 70er- und 80er Jahren, die Position des politischen Liberalismus in Österreich nach dem Muster FDP einzunehmen scheiterte an den Differenzen zwischen „rechts/konservativ" und „liberal", sowohl in der Partei, noch mehr in der Wählerschaft, trotz programmatischer und politisch-praktischer Bemühungen in dieser Richtung.

Die sich später gründenden Parteien mit liberalem Anspruch, Liberales Forum und NEOS, fassten sich als völlig neue Parteien auf. Insbesondere das Liberale Forum trat betont liberal auf und unterstrich diese Positionierung über seine Programmarbeit, stieß neben parteigemachten politischen Problemen und den für neue Parteien ungünstigen Voraussetzungen in der politischen Kultur Österreichs auf die Schwierigkeit der schmalen gesellschaftlichen Basis für eine noch dazu oft als „linksliberal" aufgefasste Partei und scheiterte daran.

Die Gründer von NEOS lernten aus diesen Erfahrungen. Einerseits stammten sie zum Teil aus der ÖVP, hatten also kein ausdrücklich „liberales", wohl aber starkes reformatorisches Anliegen. Die Überwindung des „politischen Stillstandes", die Betonung des „Neuen" in der politischen Landschaft standen im Mittelpunkt neben den Problemen, mit denen neue politische Bewegungen in Österreich zu kämpfen haben. Doch mit der Vereinigung mit dem Liberalen Forum setzte sich die Positionierung als liberale Partei über die konkreten politischen Inhalte rasch durch und steht heute intern und in der Öffentlichkeit unwidersprochen und erfolgreich fest.

Mit NEOS gibt es daher erstmals und nachhaltig eine Partei des politischen Liberalismus in Österreichs Zweiter Republik, die damit in der trotz aller Einbrüche feststellbaren Entwicklungslinie eines österreichischen Liberalismus seit 1848 steht.

Die Zukunft des politischen Liberalismus – Global, in Europa und in Österreich[44]

Abschließend zur zweiten aufgeworfenen Frage nach der Aktualität, dem Bedarf, der Zukunft des Liberalismus in Österreich, in Europa und darüber hinaus in der globalen Welt.

Es ist noch nicht lange her, da hieß es, der politische Liberalismus sei historisch verdienstvoll, sein Programm aber erfüllt, alle demokratischen „Mitte"-Parteien seien jedenfalls zumindest auch liberal. Insbesondere mit „1989" schien die liberale Gedankenwelt im weitesten Sinn als einzige politische Perspektive übriggeblieben zu sein. Wenn das jemals gestimmt haben sollte, war es jedenfalls ein voreiliger Schluss. Heute sind liberale Werte auf allen politischen Ebenen in der Defensive. *Global* erleben wir gegenwärtig den Kampf der globalen Supermächte zwischen China, der Russischen Föderation, den USA und hinzutretenden Akteuren wie Indien, Brasilien, um die politische Dominanz in der Weltpolitik, bei dem sie nicht nur ihre politisch-wirtschaftlichen Machtpotentiale, sondern zunehmend ihne militärischen Kapazitäten einsetzen und wird zum Großteil und ebenfalls zunehmend von diktatorisch-autokratischen Regimen ausgetragen. Auch die Entwicklung in den USA gibt diesbezüglich zu Sorge Anlass. Dem gegenüber erodieren die internationale Friedens- und Konfliktlösungspolitik, die internationalen Instrumente der rechtlich und menschenrechtlich fundierten Instrumente des friedlichen Zusammenlebens, wie sie nach 1945 geschaffen wurden. Und das vor den gewaltigen Herausforderungen an die Politik im Lichte der Folgen aus der Klimawandels mit all seinen Folgen. In Europa kommt zu diesen globalen Problemen die Rückkehr des konventionellen Krieges hinzu, die Herausforderungen durch zunehmende autokratische, nationalistische Kräfte in den meisten Mitgliedsstaaten sowie den Schwierigkeiten mit den anstehenden EU-Erweiterungen. Und selbst in Österreich ist die Stabilität der liberalen Demokratie nicht mehr selbstverständlich.

All diese Entwicklungen steuern schon kurzfristig auf existentielle Probleme zu und der politische Liberalismus ist auf allen drei Ebenen in der Defensive. Aber genau deswegen ist er als Gegenmodell dazu unverzichtbar.

Die Aufrechterhaltung der internationalen Rechtsordnung, die Ziele der UN, die Wertebasis der Allgemeinen Erklärung der Menschenrechte, die Abrüstung sind un-

---

44 J. Müller, Münkler, Lentsch Einleitung, Steltemeier Schlusskapitel, NRW 2013 S. 240 (…) Fazit. Ff–Dok L., Outlook Zukunft Neos. Strolz 2017 MA? 68.

verzichtbar für die Lösung der globalen sozialen, wirtschaftlichen und ökologischen Lebensfragen. Die Durchsetzbarkeit dieses UN-Systems ist das Problem.

Ziel und Auftrag des politischen Liberalismus kann nur sein, an diesem aus den Erfahrungen des Zweiten Weltkriegs geborenen Instrumentarium festzuhalten und es weiterzuentwickeln. Die Chancen dafür stehen schlecht. Aber ein Resignieren, ein Aufgeben des rechtlichen und politischen Anspruchs darauf dürfen Liberale nicht zulassen, denn als „Alternative" bleibt eine zur militärischen und wirtschaftlichen Brutalität neigende Machtpolitik der Supermächte, der der Rest der Welt ausgeliefert wäre. Auch zwischenstaatlich würde das nationalistische „Mein Vaterland zuerst"-Verhalten samt Einsatz militärischer Mittel noch stärker um sich greifen, wie wir es nicht nur im Falle des russischen Überfalls auf die Ukraine erleben.

Liberale Aufgabe ist daher Reformen voranzutreiben, gegen den Supermächte-Imperialismus, nationalistisch, religiös, ideologisch motivierte, die primitivsten Menschenrechte verachtende Staaten und Kräfte aufzutreten. Nicht zu vergessen die internationale Gerichtsbarkeit, der sich die USA, Russland, China und andere nach wie vor entziehen. In diesem Zusammenhang ist auch an den enormen Fortschritt durch den UN-GV-Beschluss 2005 zur „Responsibility To Protect" (R2P) zu erinnern: auf Beschluss des UNSR ist ein internationales Einschreiten zulässig, wenn eine Regierung schwerste Verbrechen gegen die eigene Bevölkerung begeht oder dies nicht verhindern kann. Ein Instrument, dessen Einsatz z. B. in den Fällen „Jugoslawien" und „Syrien" so wichtig gewesen wäre. Seine Aktivierung ist ein wichtiges, liberales Anliegen.[45]

Die Europäischen Union – dieses entwicklungsbedürftige, alles in allem aber funktionierende Projekt der Europäischen Einigung – steht nun unter Druck der wachsenden Anhängerschaft einer „Illiberalen" Demokratie mit ihren nationalistischen, xenophoben Begleiterscheinungen und dem Versuch, die EU wieder rückabzuwickeln in ein Europa „der Vaterländer" oder dergleichen, was wir hofften hinter uns zu haben. Der Europäische Einigungsprozess basiert auf liberalen Werten: Die Gestaltung eines gemeinsamen Lebensraumes auf transnationaler, demokratischer, grundrechtlicher, rechtsstaatlicher Wertebasis und einem Binnenmarkt mit seinen Vier Freiheiten. Und dieser sollte nach guter, alter liberaler „1848"-Tradition in einer föderalen, Europäischen Verfassung auf eine solide Basis gestellt werden. Und wer, wenn nicht die EU hat die Verpflichtung und Chance, sich für die oben angeführte globale Werte-Ordnung einzusetzen?

---

45 Für die Werte-Debatte ist überdies hier festzuhalten: Es handelt sich nicht um „westliche", sondern global konsentierte Werte, zu denen sich theoretisch alle UN-, OSCE-, Europarat- Staaten zumindest grundsätzlich durch den Beitritt zu diesen Organisationen bekannt haben. Die Bezeichnung als „Westlich" macht sie aber als Kampfbegriff in den Supermächte- und anderen Konflikten verdächtig und drängen ihren globale Geltung in den Hintergrund.

Der Liberalismusbedarf in Österreich[46]

Österreichs Zweite Republik ist einen längeren Weg der Demokratieentwicklung und Liberalisierung gegangen, politisch, wirtschaftlich, gesellschaftlich. Ihre Institutionen funktionieren. Dem Beitritt zur EU mit den vier Freiheiten des Binnenmarktes und der transnationalen Öffnung verdankt Österreich viele Fortschrittsimpulse. Natürlich gibt es Missstände und Reformbedarf. Noch immer besteht eine Spannung zwischen formaler und „realer" Verfassung. Die Erste Republik und die ersten Jahrzehnte der Zweiten dienen als Anschauung, wie trotz einer demokratischen Verfassung aufgrund übermächtiger, verfeindeter Parteien und ihrer Macht-(teilungs)-praktiken ein demokratischer Machtwechsel auch bei formal korrekten Wahlen erst nach und nach Wirklichkeit wurde. Warum? Weil die Voraussetzungen eines offenen politischen Wettbewerbs, die Elemente einer offenen Gesellschaft limitiert waren: Die individuelle politische Freiheit durch Parteipression, z. B. im öffentlichen Dienst, wirtschaftliche, soziale Abhängigkeiten über Vorfeldorganisationen, Förderprivilegien, Auftragsvergaben, Subventionen, Gängelung der Medien, parteipolitische Vereinnahmung des öffentlichen Rundfunks usw.

Aber heute ist in Österreich eine autoritäre, nationalistische, EU-feindliche „Dritte Republik" denkbar geworden, siehe die Anfälligkeit in Richtung „Illiberale" Demokratie seit dem „System Kurz", der VP/FP Koalition und jetzt mit dem denkbaren Anwachsen der Kickl-FPÖ zur stärksten Partei. Die ehemaligen Großparteien ÖVP, SPÖ fallen zusammen unter 50 % und neigen sich überdies nach rechts und links; die FPÖ radikalisiert sich ganz offen nach Rechtsaußen. Sie hat schon in den 90er Jahren mit dem Programm der „Dritten Republik" ein autokratisches System angepeilt und so die Grundlinien der Bundesverfassung überwinden wollen. Wahlen dürfen nicht zu formalen Macht-Bestätigungsritualen verkommen und damit Einparteiendominanzen etablieren. In Ungarn ist es bereits soweit, in Polen gerade noch einmal abgewendet worden. Das ist für Liberale in Europa die große Herausforderung: Es gilt für alle Mitte-Parteien, populistisch-nationalistischen Kräften entgegenzutreten, die sich – oder gar ihre Anführer – mit „dem Volk" gleichsetzen, den demokratischen Wettbewerb in einen Freund-Feind-Kampf umdeuten und autokratische Strukturen etablieren wollen. Parteienpluralismus und Wettbewerb bedeutet Kompromiss, Streitkultur, parlamentarische Kooperations- und Koalitionsbereitschaft mit prinzipiell allen demokratisch legitimierten Parteien, solange sie die Regeln des demokratischen Machtwettbewerbs, den Rechtsstaat voll respektieren und zu inhaltlichem Kompromiss bereit sind. Es gehört auch in Österreich zur beliebten Praxis, „Kompromiss" mit dem Begriff faul,

---

46 Dazu noch immer interessant die die Einleitung zum Programm des Liberalen Forums; M. Strolz, Mein neues Österreich, Wien, Contententkaufmann, 2017; H. Schmidt, Ich sehe das so; F. Frischenschlager, Liberale vs. Illiberale Demokratie – stimmt unser Werte-Kompass noch, in Fazit, 1/2022.

Koalitionen mit „ins Bett legen" zu kompromittieren. Wer – wie Liberale – den Pluralismus, die Verhältniswahl, daher das Mehrparteien-Parlament will, muss zu Kompromiss und Koalition stehen – was einen hochentwickelten Parlamentarismus und eine über das Formale hinausgehende politische Kultur erfordert.

Welche Aufgabe hat eine liberale Partei wie NEOS?

Mit dem politischen Liberalismus *im weiteren Sinn* ist in Europa und sonst nur wenigen Teilen der Welt ein Wertesystem gegeben, das – nach leidvoller Geschichte – eine Chance hat, eine wünschenswerte und realisierbare Basis für das politische, gesellschaftliche, wirtschaftliche Zusammenleben der Menschen zu bilden. Natürlich kann keine Partei – auch nicht eine deklariert liberale – ein Monopol auf alles Liberale in Anspruch nehmen. Alle „Mitte"- Parteien können ebenfalls zurecht auf *auch* liberale Programmatik und Praxis verweisen, *neben* ihren sozialdemokratischen, konservativen oder grünen Hauptanliegen.

Auch bei der Wirtschafts- und Sozialpolitik sind liberale Parteien wie NEOS als Verfechter von Marktwirtschaft, von Wettbewerb und globalem Freihandel herausgefordert und daher mit dem Vorwurf der Nähe zum sogenannten „Neoliberalismus" konfrontiert, obwohl NEOS zu diesem umwelt- und sozialpolitisch deutlich auf Distanz steht. Aber auch hier gilt: Besonders in Österreich kann eine Partei, die im Parteienmix wirtschaftsliberale Positionen betont, nur von großem Nutzen sein.

Das Alleinstellungsmerkmal von liberalen Parteien besteht darin, dass bei ihnen die Substanz des politischen Liberalismus im Mittelpunkt steht, ihr zentrales Anliegen darstellt und ihre Funktion darin besteht, diese Werte gegenüber den anderen Parteien, aber auch anderen gesellschaftlichen Kräften zu verteidigen, einzumahnen und nach Kräften durchzusetzen. Sie müssen dafür die höchste Sensibilität beweisen und an der Spitze der Gegenbewegung zu illiberalen Entwicklungen stehen, auch in Österreich.

Beate Meinl-Reisinger

Freiheit und Selbstbestimmung mehr denn je

Was hat 1848, was hat die Geschichte des Liberalismus in Österreich mit der Gründung von NEOS zu tun? Nun, offen gestanden, zunächst einmal gar nichts. Zumindest auf den ersten Blick. Gemeinsam mit Matthias Strolz und anderen habe ich NEOS nicht gegründet, weil eine liberale Partei im Parlament fehlte. Sie fehlte, aber die Kraft kam aus einer tiefen Unzufriedenheit mit dem etablierten Parteiensystem, der konsequenten Reformresistenz der „großen Koalition", dem Grausen vor selbstreferentieller und eigennütziger Parteipolitik und einer beschämenden Zukunftsvergessenheit der Politik. Bürgerinnen und Bürger aus der Mitte, für die Mitte und vor allem für die Zukunft. Bürger im Sinne einer politischen Bürgerlichkeit, die beschließen ihre Angelegenheiten selbst in die Hand zu nehmen. Wirtschaftliche Vernunft und Freiheit gepaart mit gesellschaftspolitischer Freiheit und Egalität, proeuropäisch, pro-Reformen und radikal zukunftsorientiert. Und hier ist sie dann doch: die liberale Grundmotivation. Bürgerinnen und Bürger nehmen die Geschicke ihres Landes selbst in die Hand. Und die Richtung, in die diese Bewegung diese Geschicke lenken möchte, ist auch schnell klar gewesen: Mehr Demokratie, mehr Eigenverantwortung, mehr Nachhaltigkeit und mehr Freiheit. Keine Revolution, aber eine Evolution.

Haben wir NEOS also zwar nicht explizit als liberale Partei gegründet, so war die Verortung entlang typisch liberaler Kernwerte jedoch bald klargestellt. Dennoch scheuten wir uns lange das „L-Wort" auch selbst in den Mund zu nehmen. Zu verbrannt schien uns die Erde rund um die landläufige Diskussion um den „Neoliberalismus". An die Stelle von ideologisch geführten Debatten sollte schließlich auch Evidenz treten. Es gilt nach der besten Lösung zur Erreichung bestimmter Ziele zu streben anstatt nach einer dogmatischen.

So fremd uns Dogmatismus auch sein mag, mit dem Zusammenschluss mit dem „Liberalen Forum" und den „Julis – den Jungen Liberalen" gelang die größte Integration liberaler Kräfte in Österreich seit Gründung des „Liberalen Forums". Diese war auch nachhaltig, denn mittlerweile ist klar, dass NEOS als liberale Partei nachhaltig im politischen Parteienspektrum verankert werden konnte und seinen Platz eingenommen hat.

Wo ist also der Anknüpfungspunkt zu 1848 konkret? Es kann nicht in Abrede gestellt werden, dass das Bild der bürgerlich-liberalen Revolution von 1848 in Österreich das einer gescheiterten Revolution ist. Trotzdem bildet das Aufbegehren der Bevölkerung und ihr Kampf um Mitsprache das Fundament unserer modernen Demokratie. In diesem Sinn gedenken wir keiner grundsätzlich gescheiterte Revolution. Eher einer Revolution, deren Früchte mit Verzögerung und erst nach langen blutigen Kämpfen und Kriegen geerntet werden konnten. Einer Revolution, deren Idee nicht mehr unterdrückt werden konnte und deren Grundgedanken noch heute die politischen Auseinandersetzungen prägen.

Ich möchte nicht in Ansätzen die Situation der politischen Unfreiheit einer absolut herrschenden Monarchie ohne Pressefreiheit, ohne Grund- und Bürgerrechte mit Grundherrschaften mit der heutigen Situation vergleichen. Und dennoch ringen wir auch heute um das Verhältnis von Staat und Bürger. Mahnen Transparenz und Augenhöhe ein, verlangen Rechenschaft und Kontrolle. Wir bemängeln fehlende demokratische Kultur und Teilhabe, treten für Gleichberechtigung und auch darüberhinausgehende faktische Gleichstellung ein. Wir stellen uns schützend vor die Unabhängigkeit der Justiz und mahnen saubere Gewaltenteilung und ein feingesonnenes Netz aus „checks und balances" ein.

Freilich ist Österreich eine Demokratie. Die Frage ist, inwieweit der Grad der Demokratisierung reicht. Nach 1945 haben die zwei Parteien ÖVP und SPÖ auf ein Konstrukt des institutionalisierten Konsenszwangs gesetzt. Mit Wahlergebnissen von über 80 % oder gar 90 % für beide Parteien bis zu Beginn der 90er Jahre, mit einer starken Sozialpartnerschaft war zwar nötige Stabilität garantiert, demokratische Prinzipien von institutioneller Machtbeschränkung nur sehr spärlich ausgeprägt. Zahllose Korruptionsskandale der vergangenen Jahre geben von diesem grundlegenden Mangel an demokratischer Reife ein Zeugnis ab. Das V-Dem Institut der Universität Göteborg stufte 2022 Österreich aufgrund von mangelnder Transparenz teilweise fehlender rechtlicher Durchsetzung von Transparenz Prädikat einer „liberalen Demokratie" auf den Status einer „Wahldemokratie" zurück.[1] Auch wirtschaftlich betrachtet hat die Sozialpartnerschaft, deren institutionelle Teilhabe an politischen Entscheidungsprozessen gestärkt durch die Pflichtmitgliedschaft und interventionistische Lust, etatistische Spuren hinterlassen. Österreich gehört in Europa zu den Ländern mit der höchsten Staatsquote. Nach Berechnung der Österreichischen Nationalbank 53,2 % im Jahr 2022.[2] Für 2021 wies der liberale Think Tank „Agenda Austria" Österreich mit der dritthöchsten Staatsquote in der EU mit über 55 % aus.[3] Zur selben Zeit sinkt die Wettbewerbsfähigkeit, Investitionen gehen zurück, der öffentliche Haushalt investiert nur zu einem geringen Teil in Infrastruktur, Bildung, Forschung oder Innovation, sondern in Subventionen für Konsum und Sozialausgaben einschließlich dem Zuschuss zur immer größer werdenden Pensionslücke.

---

1 https://www.v-dem.net/publications/democracy-reports/ (zuletzt abgerufen am 29. Februar 2024).
2 Österreichische Nationalbank, „Staatsquoten" https://www.oenb.at/isawebstat/stabfrage/createReport?report=7.23 (zuletzt besucht am 29. Februar 2024).
3 https://www.agenda-austria.at/grafiken/oesterreich-hat-die-dritthoechste-staatsquote-in-der-eu/ (zuletzt besucht am 29. Februar 2024).

Und gleichzeitig findet ein neuer globaler Kampf um Systemdominanz statt. Während wir Ende der 90er Jahre noch das „Ende der Geschichte" und den weltweiten Siegeszug von liberaler Demokratie und Marktwirtschaft wähnten, ist die Zahl der Menschen weltweit gesehen, die in einer Demokratie leben, am Schrumpfen. 2022 lebten 72 Prozent der Weltbevölkerung in Autokratien, das sind 5,7 Milliarden Menschen. Das Demokratieniveau, das der globale Bürger durchschnittlich genießen kann, ist 2022 auf das Niveau von 1986 gesunken. Die Welt hat mehr geschlossene Autokratien als liberale Demokratien – zum ersten Mal seit Jahrzehnten. Faktoren wie Meinungsfreiheit oder die Qualität von Wahlen verschlechterten sich, Regierungszensur von Medien und staatlicher Druck auf zivilgesellschaftliche Institutionen nahmen zu.[4]

Die vergangenen Jahre haben uns aber leider vor Augen geführt, dass die Entwicklungen – weltweit – nicht hin zu mehr Freiheit, zu mehr Selbstbestimmung, sondern in die entgegengesetzte Richtung laufen. Autoritarismus und Populismus mitsamt antidemokratischen Haltungen sind am Vormarsch. Das Fundament, auf dem unsere liberale Demokratie aufbaut, erodiert zunehmend.

Vergessen wir niemals: Der Weg hin zu einem autoritären System ist keine Wasserrutsche, in die man sich begibt, um in hohem Tempo in die Autokratie zu rutschen. Nein, es sind stete antidemokratische Tropfen, die fallen und das Fundament der Demokratie aushöhlen. Tropfen, die gar nicht auffallen oder mit einem Schulterzucken abgetan werden, bis man feststellen muss, dass das Fundament brüchig geworden ist. Zu brüchig, um zukunftsfest zu stehen.

Der völkerrechtswidrige Angriffskrieg Russlands ist eine Bedrohung nicht nur für Leib und Leben der Ukrainerinnen und Ukrainer und für die Ukraine in ihrer Eigenstaatlichkeit und Selbstbestimmung, sondern für die gesamte internationale regelbasierte Friedensordnung. Ganz besonders aber auch für die Europäische Union. Schon länger ist Russland an Desinformationskampagnen und der systematischen Unterstützung nationalistischer Parteien und Narrative in Europa beteiligt. In den sozialen Medien werden „Kulturkämpfe" aufgepeitscht, Populistinnen und Populisten aber auch eben auch staatliche Akteure wie Russland nutzen die Emotionalität der Debatte, fachen sie mit zigtausenden Bots weiter an und spalten unsere Gesellschaften. Hatten Medien früher eine „Gatekeeper" Funktion, um seriöse Information von Falschmeldungen zu unterscheiden und konnten Bürgerinnen und Bürger selbst entscheiden, welche Informationen sie konsumierten, werden Nutzerinnen und Nutzer in den sozialen Medien entlang bisheriger Likes und Postings gezielt mit den für sie „passenden" Nachrichten versorgt. Durch einen Algorithmus entmündigt. Von Autonomie und Freiheit keine Spur. Viel mehr noch haben soziale Mediengiganten wie Facebook, X, Twitter marktbeherrschende Stellungen.

---

4 Siehe Bericht in Fußnote 1.

Zunehmend wird klar, dass Polarisierung, die Erosion von Vertrauen, das Fehlen von gesicherter Information durch freie Medien und die zielgerichtete Befeuerung von Emotion und Spaltung unsere Demokratien destabilisiert.

Hoch an der Zeit für Liberale aufzustehen und die Zukunft von Freiheit, Demokratie und Wohlstand aktiv mitzugestalten. Politik allein wird das nicht schaffen. Wir brauchen wieder aktive Bürgerschaft, die bereit ist, ihre Anliegen und Ideale in die Öffentlichkeit zu tragen.

Wenn wir also die Feierlichkeiten anlässlich 175 Jahre 1848 begehen, dann auch im Verständnis, dass Politik Öffentlichkeit braucht. „Democracy dies in darkness" lautet seit Jahren das Motto der Washington Post. Demokratie stirbt im Dunkeln, aber auch durch den Rückzug ins Private. Dass Demokratie abhängig ist von bürgerschaftlichem Engagement, haben bereits die Revolutionärinnen und Revolutionäre 1848 verstanden. So ist: „Ja dürfen's denn das", in unseren Zeiten nicht mehr die bestimmende Frage. Etwas zu Tun ist vielmehr unser aller Pflicht, denn die wehrhafte Demokratie zählt auf ihre Bürgerinnen und Bürger. Dazu kann jede und jeder einen Beitrag leisten. Jeden Tag aufs Neue.

III. Ausblicke

Philipp Blom

1848 — mehr Parallelen als uns lieb ist?

Die Frage, die mir gestellt wurde, war eine verlockende: Angesichts der Geschichte um die Revolution von 1848 eine Überlegung anzustellen, wie die Geschichte der Revolution weitergegangen ist und wie robust die Gesundheit unserer eigenen Demokratien heute ist. Ich habe diese freundliche Herausforderung gerne angenommen und möchte Sie so einladen, gemeinsam mit mir eine Art Bestandsaufnahme zu machen, die den Gedanken liberaler Revolutionen bis in die Gegenwart verfolgt. Dabei stellt sich mir eine dringende, wenn auch vielleicht überraschende Frage: die nach dem historischen Scheitern des liberalen Traums heute. Aber langsam, wir werden noch dorthin kommen.

Die Ereignisse von 1848 scheinen weit entfernt zu sein von der politischen Gegenwart, ein Flächenbrand in einem Europa, das aus überwiegend autokratisch und feudal beherrschten Kleinstaaten bestand, die politische Folge von Westeuropas letzter großer Hungersnot, eine Art arabischer Frühling des 19. Jahrhunderts (beide Aufstände haben mehr als nur die Jahreszeit gemeinsam), eine Episode aus einer anderen Welt, die noch dazu, das ist Konsens, gescheitert ist und ihre liberalen Interessen nicht durchsetzen konnte. Es bedurfte eines Umwegs über die Hybris des Westens und zwei Weltkriege, um liberalen Idealen wie der persönlichen Freiheit, der Schaffung von Wohlstand, dem Schutz von persönlichem Eigentum und einem stabilen Wirtschaftswachstum den Weg zu ebnen.

Diese Vision kulminiert, wie es Francis Fukuyama 1989 in einem berüchtigt gewordenen Artikel schrieb, im Ende der Geschichte. Der Zeit nämlich, in der alle Gesellschaften im Sog des liberalen Projekts zu demokratisch verfassten Marktwirtschaften wurden. Und wenn sie nicht gestorben sind, so wirtschaften sie noch heute…

Tatsächlich aber ist es nicht so gekommen. Tatsächlich muss die Geschichte des Liberalismus neu erzählt werden, was erstaunlicherweise die Ereignisse von 1848 viel unmittelbarer verständlich macht. Die Ereignisse sind, zumindest in den vergangenen 30 Jahren, sehr anders verlaufen als die liberalen Vordenker beschrieben hatten. Das liberale Projekt hat nicht triumphiert, wie es noch in den 1990er Jahren unausweichlich schien. Stattdessen haben ganz andere, wesentlich bedrohlichere Entwicklungen stattgefunden, neue Konstellationen von wirtschaftlicher und politischer Macht und neue soziale Antworten darauf, die es notwendig machen, den Abgleich mit den Ereignissen von 1848 ganz neu zu fassen.

Dies ist auch das zentrale Argument von Christopher Clarks neuem und gewichtigen Magnum Opus, Frühling der Revolution: Europa 1848/49 und der Kampf für eine neue Welt. Clark stellt das gängige Bild der Revolution auf den Kopf, indem er ihren Erfolg oder ihr Scheitern schlicht als uninteressant beiseitelässt. Von einem Erdbeben oder einem Vulkanausbruch fragt man schließlich auch nicht, ob er erfolgreich war, sondern man untersucht die vielschichtigen Ursachen und Folgen.

So gesehen bietet 1848 ein völlig anderes Bild und es wird deutlich, dass auch wenn die Ziele verschiedener Revolutionäre und revolutionärer Bewegungen nicht verwirklicht wurden, auch wenn ihre Revolutionen blutig niedergeschlagen und ihre Anführer häufig eingesperrt, ins Exil gezwungen oder hingerichtet wurden: Europa war danach ein anderer Kontinent, auf dem sogar triumphierende Reaktionäre wie Otto von Bismarck zu einer ganz neuen Art von Mensch gehörten und ihre Macht anders nutzten und in dem sich viele von ihnen nur an der Macht halten konnten, indem sie dem liberalen Bürgertum Zugeständnisse machten.

Wien ist ein gutes Beispiel für diese grundlegende Veränderung, die innerhalb von einer Generation die Stadt selbst revolutionierte. Während des Wiener Aufstandes 1848 hatten die Aufständischen den Ersten Bezirk eingenommen und sich innerhalb der gigantischen, gegen die osmanische Bedrohung errichteten Befestigungen verschanzt. Die Erfahrung, dass der Herrscher von der eigenen Bevölkerung aus seinem Palast ausgeschlossen werden konnte, war den Habsburgern neu und war eine der entscheidenden Beweggründe für die Schleifung der Mauern und die Errichtung der Ringstraße. Dieses gigantische Bauprojekt signalisierte auch, wie tief sich die Beziehung zwischen Herrschern und Beherrschten verschoben hatte. Die Ringstraße war ein bürgerliches und zu einem wesentlichen Teil jüdisch finanziertes Projekt. Die Gebäude, die diesen Prachtboulevard säumten, zitierten zwar verschiedene historische Stile, waren aber mit sehr modernen architektonischen Mitteln gebaut und ergaben mit Museen, Parlament, Oper, Theater und Börse ein Panorama sehr bürgerlicher Ambitionen und Werte. Ob die Ringstraße ihre langen geraden Linien tatsächlich der Möglichkeit verdankt, mit Artillerie auf Demonstranten zu schießen, ist unter Historiker:innen umstritten, aber die Gefahr, aus der eigenen Hauptstadt ausgeschlossen zu werden war somit gebannt.

Die Ringstraße zeigt noch etwas über das sogenannte Scheitern der 48er Revolution: Obwohl die Niederschlagung brutal gewesen war, waren die Ereignisse doch der Katalysator für einen neue Gesellschaft gewesen, eine wesentlich modernere, liberalere Gesellschaft, die viel stärker als vorher den Stempel bürgerlicher Werte trug. Ähnliches geschah übrigens in Paris und Madrid, die Ebenfalls im Bild einer neuen Zeit völlig umgestaltet wurden.

Dieser liberale Triumph, der sich über alle Herausforderungen hinwegsetzte, war konstitutiv für das folgende Jahrhundert. Wir leben heute in Gesellschaften, die durch diesen Triumph möglich gemacht worden sind. Viele seiner Kernideen sind in den Gesellschaften Westeuropas stärker Wirklichkeit geworden als irgendwo anders auf der Welt.

Doch dieses Bild der Umsetzung liberaler Ideale vom Städtebau bis in die Parlamente scheint ein bisschen zu einfach. Auch die Ringstraße war zwar ein Projekt des liberalen Bürgertums, aber es bedurfte eines abtrünnigen Großbürgers, Victor Adler, um der Welt deutlich zu machen, dass so viel bourgeoiser Prunk mit seinen Vergoldungen, Atlanten und Posamenten, auf dem fürchterlichen Elend der sogenannten Ziegelböhmen beruhte, die unter Sklaverei-ähnlichen Bedingungen schufteten.

Auch der liberale Triumph hatte seine Opfer, seine Gewinner und Verlierer, aber seine Geschichte wurde von denen geschrieben, die durch ihn zu Gewinnern gemacht wurden. In der gegenwärtigen politischen Situation sollte das ein Alarmzeichen sein. Der liberale Blick auf die Welt, Geschichte und politische Macht, auf Krieg und Klimakatastrophe, hat sich in den vergangenen Jahrzehnten zu oft als ungenügend und oberflächlich erwiesen. Sehen wir die Geschichte von 1848 also einmal mit anderen, nicht liberal fokussierten Augen. Sehen wir sie als einen Aufstand von revolutionären Nationalisten gegen ein transnationales politisches Eliteprojekt, nämlich das Europa, wie es der Wiener Kongress unter Metternich geordnet hatte, der bis zur Revolution von 48 immer noch Staatskanzler in Wien war.

Die Revolution von 1848 war ein Aufstand gegen die monarchistischen und administrativen Eliten, aber er hatte auch seine konkreten Anlässe. Der wichtigste unter ihnen war die Wirtschaftskrise von 1846 und 47, die auch infolge zweier sehr schlechter Ernten in Teilen Europas Hungersnot verursachte. Inflation und Unsicherheit aber ließen nicht nur Hunderttausende von Menschen ihre Existenz verlieren, die drohende oder tatsächliche Verarmung bedeutete ein Nachlassen im Konsum von Industriegütern wie Textilien, was wiederum hunderttausendfache Entlassungen und weitere Verelendung nach sich zog. Manche Regierungen versuchten, die Not mithilfe von Arbeitsbeschaffungsmaßnahmen zu lindern, aber als beispielsweise der französischen Regierung im Winter 1847/48 das Geld für diese Programme ausging, waren plötzlich mehr als 100.000 arbeitslose Männer auf den Straßen der Hauptstadt.

Christopher Clark fasst diese Entwicklung so zusammen: Das Gespenst der Pauperisierung verfolge Europa, immer mehr Menschen arbeiteten voll, ohne der Armut entkommen zu können. Eine Krise der Arbeit und der Armut manifestierte sich in Europa und die Frage war nur, ob sie „gottgewollt war," wie die Konservativen behaupteten, ein Symptom für Rückständigkeit der Regulierung, wie die Liberalen sagten, oder Teil des politischen und wirtschaftlichen Systems selbst, wie die Radikalen sagten, wie Clarke die Debatten der Jahre vor der Revolution resümiert. Manche Fragen und Debatten überdauern die Jahrhunderte.

Die Angst vor dem sozialen Abstieg und die Armut waren virulent in einem Europa, denn die rückwärtsgewandte politische Ordnung der Restauration trug den Realitäten der Industrialisierung zu wenig Rechnung. In dieser angespannten Situation zwischen Missernten, politischer Frustration und sozialer Angst brauchte es nur noch einen Funken, um einen internationalen Flächenbrand zu verursachen.

Dieser Flächenbrand war, wie Clark zeigt, horizontal weitläufig vernetzt, vertikal in den Staatsapparat hinein aber zu schwach: Revolutionäre kamen weit herum und einige von ihnen setzten ihre Karrieren nicht nur in anderen europäischen Ländern, sondern auch auf anderen Kontinenten fort, sie lasen einander und diskutierten Nachrichten aus anderen Ländern. Auch ihre Gegner aber waren gut vernetzt, vor allem auch in ihren Hierarchien: Der Aufstand in Rom wurde von französischen Truppen niedergeschlagen, der in Budapest von österreichischen und russischen. Auch die Reaktion hatte ihre Internationale. Vor allem aber hatten sie Armeen und Verwaltungsapparate hinter sich. Die Macht der Revolutionäre blieb kurzzeitig und erreichte kaum je die Korridore der Macht.

Eine Situation, in der häufig nationalistische, in eigenen Echoräumen radikalisierte Minderheiten mit manifesten Abstiegsängsten „den Eliten" den Kampf ansagen, erinnert geradezu schmerzhaft an die Gegenwart, in der politische Konflikte immer stärker sowohl von rechts als auch von links als Konfrontationen zwischen den „normalen" Menschen und „dem System" inszeniert werden und in dem Abstiegsängste und Opfernarrative längst den Platz eingenommen haben, den noch vor wenigen Jahrzehnten die Hoffnung innehatte.

Was ist passiert?

Oberflächlich betrachtet stellt sich die Antwort einfach dar: Die Welt steckt, um es kurz zu sagen, in einer Polykrise (danke Adam Tooze) von einander überlagernden Notstands-Situationen von der Klimakrise und dem Zusammenbruch der Biodiversität über Pandemien und multiresistente Keime bis hin zu Kreditblasen in China, Krieg in der Ukraine und in Gaza, unkontrollierbarer Migration, endemischem Wassermangel und mehr Naturkatastrophen. Das macht Menschen nervös, schafft Druck, der sich irgendwo entladen muss.

Aber machen wir es uns nicht so einfach. Die Veränderungen in europäischen und allgemein „westlichen" Demokratien sind keine Resultate von Erderhitzung oder Artensterben. Sie sind kein Resultat natürlicher Prozesse, sondern von bewussten Entscheidungen, Gesetzesänderungen, Allianzen.

Dies ist die Geschichte vom Triumph liberaler Ideen in ihrer reduktivsten Interpretation, ein Triumph, der nach 1989 so vollkommen zu sein schien, dass sogar das Ende der Geschichte ausgerufen wurde, die säkulare Entsprechung zum Kommen des Messias und dem Anfang der Zeit danach, in der nichts mehr passiert, keine Ungerechtigkeit, kein Leid.

Dies ist aber auch die Geschichte vom Zusammenbruch eines liberalen Traums, der nicht nur im Hinblick auf die Erderhitzung an den Nebenwirkungen seines Erfolges krankt. Das Problem begann mit der wirtschaftlichen Entgrenzung der Welt, die sich mit der Verfasstheit von Gesellschaften in territorial begrenzten Staaten von vorneherein nur schwer vereinbaren ließ.

Mit der Globalisierung der Wirtschaft, des Geldverkehrs und der Kapitalmärkte und der darauf folgenden Deindustrialisierung Europas verloren die dortigen Arbeiter:innen ihre Verhandlungsmacht, denn ein Arbeiter in Linz kann mit einem in Bangladesch oder in China nicht konkurrieren. Im Zuge derselben Globalisierung aber verloren Staaten auch weitgehend die Kontrolle über ihr Steueraufkommen, über den Wert ihrer

Währung, ihrer Pensionsfonds, ihre Gesetzgebung und ihre Zinspolitik. Sie tauschten politische Gestaltungsmacht innerhalb der eigenen Grenzen gegen globale Vernetzung und billige Konsumprodukte ein.

Ein oft übersehener Aspekt dieser Entwicklung ist übrigens die Umstellung von Steinkohle auf Erdöl in der Industrie. Kohle musste mehr oder minder lokal gefördert werden und konzentrierte Energiequellen und Fabriken an einem Ort, dessen Arbeiterschaft so auch eine gewisse Verhandlungsposition hatte. Erdölvorkommen aber befanden sich praktischerweise in Staaten mit schwachen gesetzlichen Rahmen für Menschenrechte und Umweltschutz und Erdöl ist einfacher zu transportieren als Kohle. Auch das erlaubte der Industrie, sich zu globalisieren und aus Europa abzuwandern, mit tiefgreifenden Folgen für die dortigen Gesellschaften.

Die klaren Gewinner dieser Entwicklung waren der internationale Kapitalmarkt und Millionen von Konsumenten, deren materieller Lebensstandard durch die Verbilligung von Industriegütern und besonders elektronischen Geräten stieg, wenn auch ihr Einkommen stagnierte. Immer mehr billige Produkte machten eine gewisse Art von Luxus zum Alltag für Millionen, konnten aber nicht darüber hinwegtäuschen, dass die soziale Mobilität dieser Gesellschaften sich immer weiter abschwächte.

Dieser sozialen Stagnation für die meisten Arbeitenden steht ein immens ansteigender Wohlstand einer kleinen wirtschaftlichen Elite gegenüber. Anschwellende Profite befeuern die Finanzmärkte, deren immer kompliziertere Produkte hoch spekulative Profite versprechen. Dieses spekulative Geschäft ist staatlich gesichert, wie Präsident Obama 2008 demonstrierte, als er nach der durch Banken verursachten Sub-Prime-Crisis große Banken rettete und die Entscheidungsträger:innen nicht zur Verantwortung gezogen wurden.

Dies mag moralisch attraktiv sein oder nicht, aber es hat politische, oder sagen wir soziologische Konsequenzen, denn einerseits erschüttert es das Vertrauen von Bürger:innen in die Rechtschaffenheit der eigenen Politik und der eigenen Eliten und zum zweiten übersetzen sich große Vermögen in Macht nicht nur in der Gesellschaft, sondern auch im politischen System. Teilnahme an dieser Machtelite steht laut Statistik im Wesentlichen nur denen offen, die Kapital erben, denn Profite aus Arbeit können Profite aus Kapital nicht mehr einholen, die einfache Botschaft nach mehr als 1000 Seiten von Thomas Pikettys klassischer Studie Kapital im 21. Jahrhundert.

Große Vermögen aber können nicht nur das eigene Leben gestalten helfen, sondern wirken immer wieder, sei es durch Parteispenden, durch Stiftungen oder Thinktanks, durch Lobby-Organisationen oder gelegentlich auch organisiertes Verbrechen, durch Medien oder informelle Kanäle, direkt oder indirekt auf politische Entscheidungsprozesse ein. Wenn Macht und Einfluss aber daran gebunden sind, in welche Familie jemand geboren wird, dann bestehen hier längst die Strukturen einer funktionalen Aristokratie.

Ich möchte mich hier jedes persönlichen politischen oder sogar moralischen Urteils enthalten und lediglich mit der notwendigen Distanz Prozesse beschreiben, die ich mit denselben Mitteln der Analyse ansehe, wie den Vormärz. Gerade aber im Hinblick auf die Ausgangsvoraussetzungen der Revolution von 1848 und von so vielen anderen Revolutionen und auch im Hinblick auf die Geschichte moderner Demokratien scheint es geboten deutlich zu machen, dass demokratische Gesellschaften dann florieren, wenn sie relativ egalitär und sozial dynamisch sind und dann beginnen auseinander zu brechen, wenn sie von Oligarchen, Militärs, ererbtem Adel oder anderen geschlossenen Eliten dominiert werden.

Eine exklusive Klasse innerhalb einer Gesellschaft, die sich selbst perpetuiert und deren Macht und Reichtum stetig wachsen ist schlicht unvereinbar mit dem Ideal der Demokratie, der Idee, dass jede Person eine gleiche Stimme hat, nach Möglichkeit die gleichen Chancen, das eigene Leben zu gestalten, den gleichen Schutz vor Willkür und Gewalt, aber auch dieselben Regeln und Gesetze. Stattdessen besteht zur Umgehung der Regelungen für Normalsterbliche inzwischen ein dynamischer globaler Markt für Steueroasen, Staatsbürgerschaften, anonymisierten Investments, Trust Funds, Immobilien, Titeln und Dienstleistungen aller Art bis hin zu privaten Armeen und bedient eine Klientel, die immensen Wohlstand auf sich konzentriert.

Das ist neu. So etwas gab es um 1848 nicht und auch nicht in den Jahrhunderten davor. Es gab gewisse Privilegien des Adels, die denen der heutigen Oligarchenklasse frappierend ähnlich sind, und es gab die Privilegien einer aufsteigenden Bourgeoisie, die sich mit der reaktionären Welt des Wiener Kongresses arrangiert hatte und davon wirtschaftlich nach den napoleonischen Kriegen profitierte. Dieser Wohlstand aber war um den Preis der politischen Mitsprache und Mitgestaltung gekommen und letztlich gerieten Wohlstand und reaktionäre Machtpolitik in Widerspruch zueinander, weil die Wirtschaftspolitik vieler autoritärer Kleinstaaten die Entwicklung kapitalistischer Märkte immer stärker behinderte.

Die wirtschaftlichen Eliten der Gegenwart sind nicht ethnisch oder religiös definiert und nicht national gebunden. Sie definieren sich nicht nur über ein Repertoire von Symbolen und Gesten des Privilegs, sondern über ihre wirtschaftliche Macht. 2021 besaß 1 % der Weltbevölkerung 45 % des Wohlstandes, weitere 40 % des Kuchens gehören den nächsten 10 % der Bevölkerung, sodass knapp 90 % der Menschen auf diesem Planeten sich die verbleibenden 15 % des Wohlstandes teilen mussten. 2100 Milliardäre besitzen mehr als 60 % der Weltbevölkerung.

Um konkreter zu werden, in Österreich besaß das reichste Prozent der Bevölkerung 1995 etwa 25 % des nationalen Wohlstandes und heute sind es über 30 % — in Deutschland veränderte sich der Anteil von 26 % auf nur 28 %, in Russland hingegen von 20 % auf 48 %, und in den USA von 28 % auf 35 %. Für ganz Westeuropa betrug diese Umschichtung von Arm nach Reich etwa 5 %.

Die Reichen werden also tatsächlich reicher, während die Mehrheit der Bevölkerung an diesem Segen der Globalisierung nicht teilhaben kann. Zwischen 1945 und 1980 stiegen Produktivität und Löhne etwa gleich stark an und befeuerten den wirtschaftlichen

Aufschwung nach dem 2. Weltkrieg. Danach, also etwa gleichzeitig mit Ronald Reagan und Margaret Thatcher, mit Marktreformen, dem Zerschlagen der Gewerkschaften und der Abwanderung der Industrie vor allem nach Südostasien, stagnierten die Löhne von 90 % der Bevölkerung der USA und der EU, während die immensen weiteren 150 % Steigerungen an Produktivität und Profiten an 10 % von Anleger:innen und Executives großer Firmen flossen.

Die Kontraste werden dabei immer brutaler: In der sechstgrößten Wirtschaftsmacht der Welt, Großbritannien, haben nur 3 % aller arbeitsfähigen Menschen keine Arbeit, aber 25 % leben unter der Armutsgrenze, sind auf soziale Tafeln und Schulessen angewiesen und können im Winter nicht heizen und keinen Arzt besuchen. Das übrigens sind Zustände, die denen von 1848 immer näher kommen.

Auch hier will ich nicht moralisieren, sondern vielmehr einen Punkt in der Tradition von Machiavelli machen: Egal ob es gut ist oder verwerflich, ein Wirtschaftssystem so auszurichten — irgendwann merken die Leute das. Und dann werden sie ungehalten. Irgendwann beginnen Menschen sich zu fragen, ob dieses Konzept, die sogenannte liberale Demokratie, die immer mehr Geld in die Taschen von Milliardären schwappen lässt, sich ihren Bürgerinnen aber nur als Technokratie zeigt, wirklich das richtige ist für sie. Ob nicht jemand, der einmal richtig anpackt und der aufräumt mit den Eliten und den Sumpf trockenlegt, ob so jemand nicht besser wäre.

Mit der Technokratie kommen wir zum transnationalen Eliteprojekt — 1848 war es die Ordnung des Wiener Kongresses, heute die EU, aber auch die UN und eine ganze Reihe internationale Organisationen. Ihre Sprache ist die Verordnung, die Direktive, das Gesetz, die DIN-Norm. Sie offenbart sich an Momenten wie der Covid-Pandemie. In den Augen ihrer Kritiker ist es ihre Mission, die Massen als Konsument:innen und Arbeiter:innen für das System verfügbar, gefügig, uninformiert und ängstlich zu halten. Von hier bis zum Wahnsinn von QAnon mit seinen satanischen Praktiken und intergalaktischen Eidechsen.

Man muss solchen Verschwörungstheorien nicht folgen, um zu verstehen, wie sehr die Refeudalisierung westlicher, demokratischer Gesellschaften, verbunden mit der Herrschaft einer technokratischen Expertenklasse, die sich von Brüssel aus in jeden Aspekt des Lebens einmischen will, wichtige Grundannahmen der Demokratie heute beschädigt.

Ernst Wolfgang Böckenförde bemerkte schon 1964: „Der freiheitliche, säkularisierte Staat lebt von Voraussetzungen, die er selbst nicht garantieren kann." Das betrifft eben jene Grundvoraussetzungen. Demokratien sind letztlich Verfahrensordnungen, die von einem Ethos animiert werden müssen, einer gewissen staatsbürgerlichen Verfasstheit. Für die Demokratien Westeuropas (im östlichen Europa war diese Erfahrung auch durch den Eisernen Vorhang eine ganz andere) war dieses Grundverständnis getragen von einem liberalen Projekt, das sich von der Aufklärung herleitete, einem progressiven Weltbild, das einen Weg in eine bessere Zukunft zeichnete. Mithilfe von Vernunft, Innovation, Leistung, Respekt und Gesetzestreue, Pünktlichkeit und Eigenverantwortung konnte jedes noch so utopische Ziel realisiert werden.

Diese liberale Erzählung ist in den vergangenen Jahrzehnten erheblich beschädigt und neu geschrieben worden. Nicht nur Leistung und harte Arbeit, sondern auch Kolonialismus und Sklaverei hatten Europa reich gemacht, wie die neue Generation von Historiker:innen zeigte. Das gestiegene Lebensniveau hatte Landschaften der Zerstörung hinterlassen, der Rohstoffhunger der Industrie verheerte ganze Regionen und die technologischen Errungenschaften der reichen Länder hingen von immer weiter steigendem Verbrauch von fossilen Brennstoffen ab und brachten die vitalen Systeme des Planeten an den Rand des Kollapses.

Noch dazu erschlossen sich die Vorteile der liberalen Weltsicht, die für ihre Apostel wie Naturgesetze waren, nicht überall. Vor die Wahl gestellt, in einer liberalen Welt aus freien Märkten und technokratischen Regierungen zu leben zogen sich nicht nur die Stammesfürsten Afghanistans in ihre Bergfestungen zurück — in einem steigenden Ausmaße taten es auch die eigenen Bürger:innen, die sich und ihre historische Erfahrung in dieser Welt nicht mehr wiedererkannten oder erkennen, und die von der liberalen Elite für ihre Langsamkeit kaum mehr als Verachtung ernteten.

Im Rückblick scheint 9/11 der Moment, an dem auch den Strategen des Westens klar wurde, dass die Anziehungskraft liberaler Märkte und Demokratien nicht universell war, sondern dass eine liberale Ordnung zu einer unter vielen wurde. 2008 war dann das Signal, dass auch ein liberales System im Zweifel systemerhaltend agiert und bereit ist, dafür Existenzen zu vernichten, siehe Griechenland. 2016 kamen mit Brexit und Trump zwei weitere Zeichen, dass die Toleranz vieler Menschen für transnationale Eliten, ihre politischen Agenden und ihre sozialen Prioritäten sehr begrenzt ist.

Das liberale Projekt ist zutiefst beschädigt. Historisch kann es sich im Hinblick auf Sklaverei, Kolonialismus und vielfache andere Formen der Ausbeutung nicht des Vorwurfs der Heuchelei entziehen. Im Hinblick auf die Klimakrise wirkt es seltsam hilflos, weil diese die sonnige, progressistische Grundeinstellung in Frage stellt und sich mit bloßem Technologie-Optimismus und Bemerkungen über grünes Wachstum nicht beantworten lässt. In der Konfrontation mit Putin und anderen expansionistischen und terroristischen Machthabern zerfällt die liberale Idee der Geschichte als Hegelianischen Marsch zur Perfektion und ihre politische Handlungsmaxime des rationellen Selbstinteresses hat einer Politik des Hasses und der Zerstörung wenig entgegenzusetzen.

Liberale Eliten, die seit 1945 überall im globalen Norden immer wieder an der Regierung waren und auch sonst großen Einfluss ausübten, haben es nicht geschafft, die vielfachen Widersprüche zwischen global und lokal, zwischen Wirtschaft und Politik, zwischen Arbeit und Kapital zu lösen. Im Zweifel gingen die Entscheidungen immer zugunsten globaler Märkte, übernationaler Regulatorien, wirtschaftlicher Erfordernisse oder internationaler Korporationen und damit auch der Eliten, die sie repräsentierten. Immer mehr Menschen fühlen sich von diesen Widersprüchen beeinträchtigt, weil sie lokal leben, das aber nach dem auf und ab globaler Märkte und politischer Konstellationen.

Mit dem liberalen Projekt ist auch seine Zukunftsgewandtheit in Frage gestellt. Damit erscheint einer der großen Unterschiede zwischen dem frühen 19. und dem frühen 21. Jahrhundert. Die Revolution 1848 war auch eine Revolte der Hoffnung, die erdrückende Politik überwinden und eine bessere, gerechtere und freiere Gesellschaft bauen zu können, getragen von ewigem Fortschritt, blühendem Handel, Wissenschaft und Solidarität. Heute aber ist die Hoffnung, so scheint es mir, fast völlig aus den Gesellschaften des Westens verschwunden. Das ist keine Funktion von Abstiegsangst und Armut. Hoffnung blüht unter den schwierigsten Bedingungen und sie kann in reichen, friedlichen Gesellschaften vertrocknen, denn sie hängt nicht von der statistischen Chance ab, dass sie Wirklichkeit werden kann, sondern vielmehr von der Möglichkeit, in Zukunft ein sinnvolles, gutes Leben zu leben.

Im Laufe der Nachkriegszeit sind viele Hoffnungen Wirklichkeit geworden, aber Hoffnung wurde in westlichen Demokratien auch zunehmend wirtschaftlich definiert, als persönliche Karriere, sozialer Aufstieg, als Eure-Kinder-werden-es-mal-besser-haben und ganz allgemein als Wachstum. Von nun an war das zivilisatorische Projekt der liberalen Welt vor allem ein ökonomisches, das sich über freie Märkte verbreitete, die neben Waren und Dienstleistungen auch persönliche Freiheiten, Menschenrechte und Demokratie schaffen sollten.

Diese Hoffnung ist aus mehreren Gründen zerbrochen. Rein wirtschaftlich und unmittelbar spürbar ist sie es für einen großen Teil der Bevölkerung, der sich von der fairen Teilhabe an den Wirtschaftsgütern ausgeschlossen fühlt und für den deswegen der Erfolg des Kollektivs und die Werte der liberalen Eliten für ihre persönlichen Hoffnungen unwichtig geworden sind. Die wachsende Ungleichheit ist in einer Gesellschaft, die persönlichen Wert zum Konsumgut macht, immer offensichtlicher, ein Blick in die Goldene Meile in der Wiener Innenstadt genügt.

Die Frage, die Christopher Clark als wesentliche Triebfeder für die Revolutionäre von 1848 identifizierte, nämlich die nach dem Wert der Arbeit zu einer Zeit, in der Hunderttausende täglich bis zur Erschöpfung arbeiteten und trotzdem zu arm waren, um sich selbst zu ernähren, muss neu gestellt werden, besonders im Hinblick auf Automatisierung und KI im Arbeitsmarkt und die Sicherheit und den sozialen Status den Arbeit gegenwärtig hat und zu verlieren droht. Das Gespenst der Pauperisierung ist längst zurück, nur bedroht es heute nicht nur wirtschaftlich, sondern auch im Hinblick auf die eigene Identität.

Wenn die liberale Elite es nach Jahrzehnten des Regierens und Zeiten von Frieden und ungekanntem Wohlstand nicht geschafft hat, die Gerechtigkeit zu schaffen, von der sie pausenlos redet, und wenn stattdessen Armut und Unsicherheit steigen oder auch nur zu steigen scheinen, dann hat sich diese Elite selbst in die Bedeutungslosigkeit hineinregiert. Wenn ihr Einsatz für Menschenrechte nach den immensen Erfolgen von der UN bis hin zur feministischen Revolution sich gegenwärtig als sektiererische Identitätspolitik äußert, dann scheinen sie potentiellen Wähler:innen, die mit unmittelbaren Existenzsorgen kämpfen, unendlich weit weg. Wenn sie versucht, komplexe Probleme mit technokratischen Mitteln und Verordnungen zu lösen, wird das als kalte Einmischung empfunden.

Dazu kommt, dass das liberale Wirtschaftsprojekt an seine natürlichen systemischen Grenzen stößt und das Modell keine Alternative zu Wachstum zulässt. Unendliches Wachstum in einem endlichen System ist unmöglich. Auf der Jagd nach Wachstum hat die Menschheit allein seit 1990 mehr fossile Brennstoffe verbraucht als in der gesamten Geschichte zuvor, mit dem Resultat, dass momentan pro Minute eine Million Tonnen Eis in die Weltmeere abschmelzen. Seine Gier nach Rohstoffen resultiert in der Abholzung von 30 Fußballfeldern Regenwald pro Minute, der Produktion von 20.000 Plastikflaschen pro Sekunde. Ein anderes Resultat dieser Entwicklung ist der bestürzend rasante Kollaps der Biodiversität.

Der Rest ist schnell kalkuliert: drei Prozent Wirtschaftswachstum pro Jahr bedeutet eine Verdoppelung des Volumens in 24 Jahren, in 100 Jahren eine Verzehnfachung. Das ist auch mit den tollsten Technologien, alternativen Energiequellen und ökonomischen Umschichtungen nicht möglich ohne erhöhten Ressourcenverbrauch, ohne mehr Produkte, mehr Schadstoffe, mehr CO2. Eine Umrüstung der Wirtschaft wäre theoretisch möglich, ist aber angesichts politischer Widerstände, rechtlicher Verpflichtungen und globaler Vernetzungen mehr als unwahrscheinlich. Wenn aber Wirtschaftswachstum nicht der Motor einer zukünftigen Demokratie sein kann, nicht der Hoffnungsträger von Fortschritt, Freiheit und Gerechtigkeit — was kann ihn ersetzen? Und wie ist es möglich, Diktatoren wie Putin auch militärisch die Stirn bieten zu können, die eigene Freiheit und die der eigenen Verbündeten zu verteidigen und robuste Demokratien mit Sozialsystemen und Justizapparaten zu finanzieren, wenn Wirtschaftswachstum immer dramatischer auf Kosten natürlicher Systeme geht und immer stärker durch Sekundäreffekte wie Naturkatastrophen zunichte gemacht wird?

Historisch angreifbar, wirtschaftlich diskreditiert und klimatechnisch in eine Sackgasse geraten, ist die Hoffnung der liberalen Revolution entweder verblasst, oder in ihr Gegenteil verkehrt worden. Versuche, mit technologischem Optimismus und dem Glauben in die rettende Erfindung, die schon fast serientauglich ist, machen sich angesichts der katastrophalen Entwicklung von Klima und Biosphäre jämmerlich aus und begreifen schlicht das Ausmaß des Problems nicht einmal im Ansatz.

Kein Wunder also, dass sich Skepsis und Pessimismus breit gemacht haben. Von allen politischen Kräften haben eigentlich nur rechts- oder linksradikale bis faschistoide Parteien tatsächlich robuste Utopien. Sie wollen etwas verändern, sie bieten Hoffnung, wenn auch nicht in eine bessere Zukunft, sondern eine bessere Vergangenheit, denn die Reparatur der Vergangenheit ist ihr eigentliches Programm.

Aber nicht nur rechtsaußen, das längst nicht mehr außen ist sondern mitten in der politischen Debatte, ist die Vergangenheit zum Hoffnungsort geworden. Die Zukunft scheint hauptsächlich Bedrohung zu sein, die Versprechen der politischen Klasse in ganz Europa gehen meistens dahin, dass nichts Grundlegendes geändert werden muss, dass man uns nichts wegnehmen wird, dass die Dinge nicht schlimmer werden, dass Mauern und Grenzpatrouillen uns schützen werden vor den Übeln der Gegenwart. Die Tatsache, dass europäische Gesellschaften rein demographisch gesprochen außergewöhnlich alte Gesellschaften sind, verstärkt eine natürliche Tendenz zum Erhalt des Status quo.

Ohne eine Art geteilter Hoffnung aber, ohne eine Vision von einer Zukunft, die zwar nicht garantiert ist, aber doch sinnvoll und möglich und die über uns selbst und unser Leben hinausweist, ohne so ein gesellschaftliches Bild muss eine Demokratie zerbröckeln. Vielleicht könnte ein wirklicher Green New Deal den Gesellschaften des Westens wieder die notwendige utopische Energie zur Zukunftsgestaltung geben, aber als technokratisches Projekt ohne demokratische Legitimierung ist es nicht durchführbar.

Eines scheint sicher: Der Druck auf die Demokratien des Westens wird weiter steigen in den kommenden Jahren und Jahrzehnten, denn die Systeme, die sie stützen, sind nicht robust. Zur Erinnerung: Die Welt hat gerade eine nicht besonders tödliche Pandemie überstanden und in den letzten zwei Jahren mit einem nicht besonders großen Krieg in der Ukraine gelebt, und schon das bringt das globale Ernährungssystem an seine Grenzen und treibt die Inflation auf über zehn Prozent. Die Auswirkungen eines Krieges in und um Israel, der die islamische und die westliche Welt in Gegnerschaft bringen könnte, sind dabei noch gar nicht berücksichtigt.

Doch auch jenseits von Ereignissen wie Epidemien oder Kriegen wirken die Vektoren der Veränderung weiter auf Gesellschaften, die kaum oder gar nicht darauf vorbereitet sind. Erderhitzung wird weiterhin natürliche Kreisläufe verändern und wird zu Nahrungsmittelunsicherheit führen, Millionen von Klimaflüchtlingen werden politische Machtverhältnisse verschieben und Konflikte um Land und Wasser intensivieren, globale Versorgungsketten, Handelsrouten und Rohstoffvorkommen werden zu politischen Spielbällen, die rasend schnelle Entwicklung der künstlichen Intelligenz wird Gesellschaften mit großer Wucht verändern, Vereinsamung auch durch soziale Medien und die Problematik der von Algorithmen gesteuerten Information vergiften jetzt schon demokratische Debatten.

Innerhalb dieser Debatten wird alles, was irgendwie mit „den Eliten" assoziiert werden kann, also auch Naturwissenschaften, internationale Institutionen wie die UN und die EU, aber auch ein bestimmter Begriff von Bildung, Kultur und Zivilgesellschaft, als kompromittiert und vergiftet gelten. Volkstribune nach dem Zuschnitt eines Donald Trump wissen, diesen Keil tiefer einzuschlagen und Politik zum Fest der niedersten Triebe zu machen. Das Resultat nach europäischem Zuschnitt sind Demokratien wie Ungarn, die der demokratischen Form genügen, sie aber funktional völlig aushöhlen, eine Entwicklung, die auch in Ländern wie Österreich problemlos denkbar wäre. In all diesen Fällen bleiben die Kulissen der Demokratie stehen, während vor ihnen längst ein anderer Text gespielt wird, eine andere Geschichte, die sich mit fremden Federn schmückt.

Die Revolution von 1848 kann beängstigend nahe rücken, wenn man sie lässt. Sie war eine wirre, von wirtschaftlicher Angst, politischer Frustration und Hass auf autoritäre Eliten getragene, wirre Serie von Revolten im Namen der Normalen, des Volkes, für Freiheit, Selbstbestimmung. Sie hatte ganz unterschiedliche Botschaften, von Universalismus und Menschenrechten bis hin zu Nationalstolz und Chauvinismus. Was aber alle Richtungen gemeinsam hatten, war ihr Wille, dass die Dinge anders werden sollten.

Es ist immer einfacher, Entwicklungen in der Vergangenheit zu verorten, die schon eingeordnet ist, erschlossen, ediert, beschrieben und in Kontext gesetzt. Die Entwicklungen der Gegenwart sind zu flüssig und durch neue Technologien auch zu schnell und zu umfangreich, um eine vergleichbare Sichtung zu ermöglichen. Dazu kommt noch eine Quelle der Blindheit: Wir, die wir in diesem Saal sitzen und stehen, gehören einer strukturellen Analyse zufolge entweder zu Elite oder werden von eben dieser Elite bezahlt oder finanziert, um ihre Geschichte zu erzählen, ihre Version der Dinge, ihre Prioritäten zu fördern, ihren Willen durchzusetzen. Dieser Vorwurf lässt sich nicht ganz von der Hand weisen, aber er bedeutet auch nicht, dass es nicht möglich ist, die eigene Situation und Perspektive als weiteren Punkt in die Analyse mit einzubeziehen.

Keine Elite will sich eingestehen, dass sie nicht sorgsam umgegangen ist mit ihrer Macht, dass sie viele ihrer Ziele verfehlt hat, dass Siegen dumm macht, dass ihre wirtschaftlichen Prioritäten zu kurz gedacht waren und sich in der Gesellschaft auch darum ein steigendes Ressentiment bildet, eine Mischung aus Demütigung, Angst und Frustration, die jederzeit virulent werden kann. Das muss nicht in diesem Land passieren, auch wenn es hier schon längst angefangen hat. Der entscheidende Impuls könnte sehr nahe liegen: Die nächste Wahl in den USA, der Ausgang des Krieges in der Ukraine und dessen westliche Unterstützung, die potentiell katastrophale Entwicklung im Nahen Osten, aber auch ein europäischer Schwenk hin zum Postfaschismus, in der populistische Politikerinnen gewissermaßen als Stadthalter von globalen Oligarchen oder Korporationen verwalten und die mit den Eliten und den Migranten zwei ausgezeichnete Feindbilder zu bewirtschaften haben.

Historisch gesehen sind Demokratien eine immense Ausnahme in der politischen Organisation von Macht. Zur Zeit des Vormärz, bloße 175 Jahre her, gab es keinen einzigen Staat, der ein allgemeines, freies und gleiches Wahlrecht für alle Bürger:innen kannte. In einer zunehmend polarisierten und atomisierten Gesellschaft sind die zivilisatorischen Grundvoraussetzungen, das gegenseitige Mindestvertrauen und eine Orientierung an gesellschaftlichen Werten stark geschwächt und es wird immer stärker deutlich, dass die Entscheidungsstrukturen von Demokratien, die auf Verlangsamung von Prozessen und auf Kompromisse ausgerichtet sind, in Zeiten von rascher historischer Veränderung nicht immer die gewünschten Resultate liefern können. Es kann also kein Zweifel bestehen, dass die liberale Demokratie als Modell stark unter Druck geraten ist und sich immer mehr Menschen nach politischen Alternativen umsehen. Solche Entwicklungen verlaufen, wie Hemingway bemerkte, zuerst sehr langsam, und dann sehr schnell.

Die Revolutionen von 1848 konnten sich rasch verbreiten, weil die Eliten nicht fähig waren, die Situation richtig zu lesen, konnten sich aber nicht durchsetzen, weil sie zu wenig Zugriff auf die Strukturen der politischen Macht hatten. Trotzdem haben sie die Landkarte Europas verändert, sogar die Mächte der Reaktion, die sie niederschlugen. Auch heutige politische Revolten, vom arabischen Frühling über die Erstürmung des Capitols in Washington, Protestwellen in Frankreich oder in den Niederlanden — Bewegungen mit sehr unterschiedlichen Agenden und Forderungen, mussten scheitern, weil sie zwar Konflikte auf die Straße tragen, sie aber nicht in strukturierte politische Prozesse übersetzen können.

Aber vielleicht ist auch die Straße ganz einfach nicht der Ort, von dem die Gefährdung westlicher Demokratien ausgehen wird. Längst zeichnen sich andere, gravierende Krisen ab, die im Begriff sind, demokratische Gesellschaften zu überwältigen und den Traum von einer liberalen Welt zu beenden. Vielleicht finden wir die Lektionen zu diesem Kapitel der katastrophalen Veränderung auch nicht in Christopher Clarks großem Buch über 1848, sondern in einem früheren Werk, das sich mit den Ursachen des Ersten Weltkrieges auseinandersetzte und in virtuosem Detail beschreibt, wie die Eliten von 1914 zwischen Selbstüberschätzung, Missverständnissen, Verharmlosungen und Kurzzeitinteressen einfach mitgetrieben wurden, sehenden Auges in die Katastrophe. Es trägt den prägnanten Titel: Die Schlafwandler.

Christoph Wiederkehr

Prinzip Wien: Ein liberales Credo

Österreich hat eine liberale Geschichte, wie die vielen Beiträge in diesem Band eindrücklich zeigen. Diese Geschichte wird oft vergessen, kleingeredet oder – im besten Fall – als kurze historische Episode abgetan. Zu Unrecht. Wien hat als pulsierende Weltstadt eine ebenso stark ausgeprägte liberale Geschichte, die allerdings im geschichtlichen Rückblick auf die Stadt durch die Erzählung des „Roten Wiens" überlagert wird, wobei viele Errungenschaften Wiens, die bis heute international Anerkennung finden, durch liberales Gedankengut und auch durch liberale Politik geprägt wurden.

Es war in Wien, wo sich im März 1848 Bürger:innen und Arbeiter:innen erhoben, um für ihre Rechte und politische Mitsprache einzutreten. Es war in Wien, wo der österreichische Parlamentarismus zum Leben erweckt wurde – zunächst in der Winterreitschule, später in der Währinger Straße, und schließlich im heutigen Parlamentsgebäude. Es war in Wien, wo das liberale „Bürgerministerium" zwischen 1867 und 1870 wegweisende Gesetze zur politischen und gesellschaftlichen Liberalisierung erließ. Und es war in Wien, wo zwischen 1861 und 1895 auch liberale Bürgermeister Anteil an jener kulturellen Blüte hatten, von der sie noch heute lebt. Wegweisende stadtplanerische Leistungen wie die Hochquellwasserleitung, die Entwicklung der Ringstraße und der Bau des Zentralfriedhofs gehen auf diese Phase zurück. Wien war somit Schauplatz und Ausgangspunkt von Liberalisierung, Reform und Fortschritt.

Wien hat aber nicht nur eine liberale Geschichte, die Stadt hat auch eine liberale Gegenwart und Zukunft. Genauso wie damals sind auch heute in einer Zeit großer Veränderung liberale Kräfte wieder Motor der Modernisierung und Stadtbelebung. Seit 2015 haben diese liberalen Kräfte mit den NEOS auch wieder eine politische Vertretung im Wiener Landtag und Gemeinderat und seit 2020 sind sie – als Teil der sozialliberalen Fortschrittskoalition – erstmals seit dem 19. Jahrhundert auch wieder Teil einer Wiener Stadtregierung, um Wien mutig zu gestalten und in eine gute Zukunft zu führen. Man möchte sagen: Gerade zur rechten Zeit und in mittelbarer Tradition der vielen liberalen Vordenker und Gestalter Wiens aus dem 19. Jahrhundert. Dafür symbolisch versinnbildlichend sieht der Autor den Umstand, dass sich das NEOS-Regierungsbüro heute in der Felderstraße befindet, benannt nach dem einflussreichen liberalen Bürgermeister Cajetan Felder.

Die Leistungen des Liberalismus und das von ihm geschaffene System der liberalen Demokratie werden heute immer offener herausgefordert. Bereits zu Beginn des Jahres 2021 plädierte der englische Historiker und deklarierte Liberale Timothy Garton Ash daher für eine „Neuerfindung des Liberalismus" im 21. Jahrhundert.[1] Die zentrale Frage, die er (sich) stellte war, was die elementaren Werte des Liberalismus – Freiheit und Individualismus – im Angesicht des Klimawandels, wachsender Ungleichheit und in Zeiten von Massenmigration – bedeuten. Müsse sich der Liberalismus angesichts dessen gar neu erfinden?

Die Liste der oben genannten Herausforderungen ist keinesfalls vollständig. Philipp Blom hat auf die titanisch erscheinenden Aufgaben, die sich der Politik stellen, stilistisch brillant hingewiesen.[2] Viele von diesen sind global, wie der Klimawandel und die Migrationsbewegungen. Manche – wie die Frage ökonomischer Ungleichheiten – stellen sich vor allem auf der Ebene der einzelnen Staaten. Doch allen von ihnen ist gemein, dass sie sich auf die unmittelbaren Lebenswelten jedes einzelnen Menschen auswirken. Die globale Herausforderung des Klimawandels verändert das Leben, Wohnen und Fortbewegen. Globale Migrationsbewegungen verändern die Zusammensetzung der Bevölkerung und können damit auch zu kulturellen Spannungen führen. Ungleichheiten verändern die gefühlte Nähe der Menschen zueinander. Alle diese globalen Probleme betreffen unmittelbar das städtische Zusammenleben. Auch wenn in einem ersten Gedankenschritt zurecht darauf hinzuweisen ist, dass diese globalen Herausforderungen am besten auch global gelöst werden sollten, muss doch anerkannt werden, dass dies angesichts zunehmender geopolitischer Konflikte und einem verstärkten Systemwettkampf zwischen Demokratie und Autoritarismus als Utopie erscheint. Umso wichtiger ist deshalb einerseits ein Zusammenwirken und eine verstärkte politische Integration zur Lösung der Herausforderungen in Europa durch ein Stärken der Europäischen Union zu erzielen. Andererseits spielen Städte als Orte der Innovation eine essenzielle Rolle, um Antworten auf die Auswirkungen der globalen Probleme auf lokaler Ebene zu finden. Damit wird sowohl das aktuell geschwächte Vertrauen der Bevölkerung in die Lösungskompetenz der Demokratie auf lokaler Ebene gestärkt, als auch die negativen Folgen globaler Dynamiken, wenn nicht gelöst, so zumindest abgemildert. Beispielsweise betrifft der Klimawandel Großstädte wie Wien massiv. Eine ambitionierte Politik mit dem Ziel der CO_2 Neutralität bis 2040 und mutigen Schritten zur Klimawandelanpassung verbessern sowohl das Stadtklima als auch das Vertrauen der Bevölkerung Antworten auf den Klimawandel auf lokaler Ebene zu finden. Städte können hier als mutige „Versuchslabore" auch Vorbilder für andere Städte sein, genauso wie für nationale Regierungen.

Blicken wir auf Wien, um die Zeiten der großen Veränderung zu illustrieren. Erstmals seit über 100 Jahren leben in Wien wieder mehr als 2 Millionen Menschen. Das Wachstum ist ähnlich stark wie zur Zeit der Jahrhundertwende. Alleine 2022 ist Wien

---

[1] Timothy *Garton Ash*, Neue Lösungen für neue Probleme. Warum (und wie) sich der Liberalismus im 21. Jahrhundert neu erfinden muss. In: NZZ.ch, online unter: https://www.nzz.ch/feuilleton/timothy-garton-ash-so-gelingt-die-zukunft-des-liberalismus-ld.1596438 (abgerufen am 10.1.24).

[2] Siehe seinen Beitrag im vorliegenden Band.

um über 50,000 Menschen gewachsen. Diese müssen irgendwo wohnen und arbeiten können, was eine innovationsoffene Stadtplanung erfordert. Der Klimawandel und der Angriffskrieg Russlands auf die Ukraine erfordern einen raschen Ausstieg aus Gas. Migration und Ungleichheiten bedeuten Herausforderungen an das Zusammenleben in der Stadt, um das wechselseitige Vertrauen und den gesellschaftlichen Zusammenhalt sicherzustellen.

Wenn die Politik bei deren Lösung versagt, gefährdet das nicht zuletzt die liberale Demokratie selbst, die um stabile Institutionen, die Annahme der Aushandlungsmöglichkeit politischer Entscheidungen und den Schutz von Menschen-, Bürger- und Minderheitenrechten herum organisiert ist. Deren Voraussetzung ist jedoch, dass alle Teilnehmer:innen am politischen Prozess darauf vertrauen können, dass diese genannten Regeln akzeptiert werden und Vertrauen insgesamt in demokratische Entscheidungsprozesse besteht. Das ist jedoch zum Teil nicht mehr der Fall, weil die Größe der Aufgabe – im Fall des Klimawandels – kulturelle Veränderungen – im Falle der Migration – sowie vermeintliche oder tatsächliche Ungleichheiten den Eindruck erwecken, dass der übliche, oft langwierige und auf mittelfristige Stabilität abzielende demokratische Prozess zu deren Bewältigung schlichtweg ungeeignet wäre. Darüber hinaus ist die aktuelle Zeit davon geprägt, dass das Vertrauen der Bevölkerung in Institutionen massiv leidet, was insbesondere Politik und Medien betrifft. Dies ist deshalb besonders besorgniserregend, weil Demokratie zu einem guten Teil von Vertrauen lebt und ein Aushöhlen des Vertrauens demokratiefeindliche Bewegungen stärkt und damit die Demokratie insgesamt gefährdet.

Dass die liberale Demokratie langsam und schwerfällig ist, ist in Wahrheit kein neuer Vorwurf. Adam Gopnik weist jedoch in seinem flammenden Plädoyer für den Liberalismus darauf hin, dass sich das liberale Prinzip der schrittweisen Reform stets als die erfolgreichere und nachhaltigere Methode des Problemlösens erwiesen hat. Prozesse, die die Bürger:innen in die Transformation ihrer Grätzel einbezogen, sorgten beispielsweise zwar nicht auf einen Schlag, dafür nachhaltig für ein Sinken der Kriminalitätsrate in amerikanischen Innenstädten und straften auf diese Weise die Behauptung, dass nur fundamentale Änderungen zu Veränderungen führen können – wie sowohl von linker als auch reaktionärer Seite oft behauptet – Lügen.[3] Für Liberale ist Defätismus angesichts groß erscheinender Probleme daher fehlangezeigt, denn Liberale werden nicht von Angst geleitet, sondern von Mut und Zuversicht.

Eine mutige und innovative Politik ist notwendig, denn mit Stillstand und Verleugnung werden wir die Probleme der Zeit nicht lösen, und gute Vorsätze müssen auch umgesetzt werden, was Diskussion und Überzeugung erfordert. Was kann die kommunale Ebene in Wien beispielsweise zu deren Bewältigung beitragen?

---

3 Adam *Gopnik*, A Thousand Small Sanities. The Moral Adventure of Liberalism (London 2019) 70–71.

1. Die Wiener Stadtregierung hat sich das ambitionierte Ziel gesetzt bis 2040 CO2-neutral zu werden. Dafür ist beispielsweise die Umrüstung von 580.000 dezentralen Gasthermen notwendig. Das ist ein unglaublich großes Infrastrukturprojekt, das den Großprojekten des 19. Jahrhunderts in nichts nachsteht und auch zahlreiche Chancen bietet: neue Jobs, saubere Luft, Unabhängigkeit von russischem Gas.
2. Die Verwaltung wird einer digitalen Transformation unterworfen , um bürgernäher und schneller zu werden. Serviceorientierung statt Untertanendenken ist die Maxime der Zeit, denn dies schafft Vertrauen in die Institutionen.
3. Die Transformation des öffentlichen Raumes ist als Projekt vergleichbar mit der Ringstraße im 19. Jahrhundert. Mehr Grünflächen, mehr Wasserflächen zur Kühlung, flächendeckende Radinfrastruktur, Aufwertung von Plätzen und Beschattung sind nur ein paar wichtige Ziele für eine Stadtplanung in Zeiten des Klimawandels.
4. Die Grundvoraussetzung für eine gute Entwicklung der Stadt und für mündige Bürger:innen ist eine gute Bildung, die bereits im Kindergarten beginnt. Genau deswegen werden die Investitionen in die Bildung massiv erhöht und die Kindergärten und Schulen gestärkt, damit diese gut auf das Leben im 21. Jahrhundert vorbereiten.

Die Geschichte zeigt, dass es nicht immer einer Revolution bedarf, die radikal an Strukturen rüttelt – das Beispiel der liberalen Revolution von 1848 ist eine wichtige Ausnahme. Für die Lösung der meisten menschlichen Probleme ist ein evolutionärer Prozess der Reform, der die Bürger:innen miteinbezieht, einer radikalen Umwälzung überlegen.

Politische Fundamente

Ein Haus ohne stabiles Fundament wird über Kurz oder Lang in sich zusammenstürzen. Doch wer spricht gerne und mit Überzeugung von den Finessen des Fundament-Bauens? Außer Techniker:innen, Baumeister:innen oder Menschen mit besonderen Interessen wohl kaum jemand. Heftig können Fachleute und Laien über Architektur streiten, darüber ob ein Haus ihren ästhetischen Bedürfnissen entspricht, ob die Anlage der Räume plausibel und praktisch ist, oder ob es billig gebaut ist. Man wird jedoch kaum Leute finden, die bei Fragen des Fundaments emotional werden.

Liberale sind die Spezialist:innen der *politischen* Fundamente. Das ist ihre Stärke, aber auch ihre größte Schwäche. Die Geschichte des österreichischen Liberalismus ist auch deswegen so wenig bekannt, weil Liberale für Dinge gekämpft haben, die uns selbstverständlich geworden sind. Was sind diese Leistungen? Ein öffentliches Schulwesen, das der Kontrolle der Kirchen entzogen ist. Eine unabhängige Justiz und Verwaltung, sowie Instanzen zu deren Kontrolle. Ein von – zunächst nur Teilen – der Bevölkerung gewähltes Parlament, dem die Kontrolle und Freigabe des Budgets oblag. Die Gleichberechtigung der Völker der Habsburgermonarchie. Oder auf kommunaler

Ebene: Der Bau eines Zentralfriedhofs, einer (Hochquell-)Wasserleitung und die Anlage der Ringstraße. Letztere sind wenigstens seh- und spürbar, doch ihre – auch damals – wesentliche Bedeutung ist oft nicht auf den ersten Blick ersichtlich.

Das große Verdienst der Liberalen ist die Schaffung politischer Fundamente, die wir heute Institutionen nennen. Ihr Zweck ist nicht nur die Etablierung von Regeln, die für alle nachvollziehbar, verbindlich und fair sind, sondern in besonderem Maße der Schutz der einzelnen Bürger:innen vor dem Zugriff des Staates. So erklärt sich die Bedeutung, gegen gerichtliche und administrative Entscheidungen berufen zu können. So erklären sich die Gewaltenteilung und die langwierigen parlamentarischen Prozesse. So erklärt sich auch die subversive Kraft des freien Unternehmertums. Nicht mehr wie vor 1848 für den Grundherren – der auch die weltliche Gerichtsbarkeit repräsentierte – sondern für den eigenen Nutzen das Feld zu bestellen war eine radikale Veränderung der wirtschaftlichen und politischen Verhältnisse.

Die Zeichen der Zeit

Die Frauen und Männer des Jahres 1848 haben sich nicht gegen ein verkrustetes politisches Establishment erhoben, weil sie nichts mehr zu verlieren hatten, sondern weil sie im Gegenteil darauf hofften, etwas zu gewinnen. Freiheit, Verfassung und Beteiligung waren die Hauptforderungen der Revolutionäre. Ins Exil wurde der Staatskanzler Metternich geschickt, nicht die Krone. Es ging nicht um eine Entsorgung des Staates, sondern um dessen Reform. Die Gleichheit verstanden diese bürgerlichen Liberalen vor allem als eine Gleichheit zwischen Bürgertum und Adel. Ein verengtes Verständnis von „Mündigkeit" – das sich aus Besitz, Bildung und Wohlstand ableitete – ließ für viele von diesen Fragen nach der Beteiligung von Arbeitern, Frauen oder gar Armen als nicht vertretbar, oder absurd erscheinen. Ein historischer Fehler, aus dem wir lernen sollten.

Tamara Ehs hat in ihrem glänzenden Beitrag über den kommunalen Liberalismus Wiens im Jahre 1848 in diesem Band darauf hingewiesen, dass die Liberalen die soziale Frage und die Forderung der Arbeiter:innen nach politischer Beteiligung nicht wahr- oder gar ernstnahmen. Sie befanden sich damit im Gegensatz zu demokratischen – als radikal empfundenen – Strömungen innerhalb der 1848er.

Dieses Nicht-Wahrnehmen aktueller gesellschaftspolitischer Fragen rächte sich. Die soziale Frage wurde zu einer der wesentlichen Herausforderungen des letzten Drittels des 19. Jahrhunderts, deren Beantwortung die Liberalen anderen Kräften überließen und damit deren Aufstieg und den eigenen Untergang herbeiführten. Sowohl in der Christlichsozialen Partei eines Karl Lueger, als auch in der Sozialdemokratischen Partei eines Victor Adler wurden Antworten auf die soziale Frage formuliert, die breite Zustimmung fanden.

Aus der Geschichte lernen wir, dass es sich rächt, die Zeichen der Zeit zu ignorieren. Einerseits, weil aufkommende Probleme gelöst werden müssen und andererseits, weil deren Ignorieren dazu führt, dass andere – möglicherweise auch destruktive – Kräfte beginnen das politische Feld zu bestellen. Gustav Stresemann formulierte treffend: „Liberal ist, wer die Zeichen der Zeit erkennt und danach handelt."

Menschenwürde, Pluralismus, Demokratie und Gemeinsinn

Doch die Zeichen der heutigen Zeit verweisen nicht nur auf Ungleichheiten, wie Timothy Garton Ash treffend analysiert. Die Frage der Ungleichheit ist vielmehr mit der Frage nach Identität verbunden, deren Beantwortung – leider – viele Liberale den Rechtspopulisten überlassen. Der Überfall der Terrororganisation Hamas auf israelische Zivilist:innen – darunter Frauen, Jugendliche, Kinder und Säuglinge – am 7. Oktober 2023 und die teils unverhohlen judenfeindlich gefärbten Pro-Palästina-Demonstrationen in Europa führen uns die Dringlichkeit dieses Themas vor Augen. Wer die (soziale) Beteiligungsfrage des 21. Jahrhunderts lösen will, muss daher zuerst die Identitätsfrage lösen und einen Gemeinsinn, der sich auf die liberale Demokratie bezieht, ermöglichen. Österreich – und Wien im Speziellen – könnte hier durchaus zum Modellfall werden.

Denn wer einen Blick auf die österreichische Geschichte des 19. Jahrhunderts wirft, stellt fest, dass unsere heutige Multikulturalität im Grunde genommen nichts Neues ist. Wien – bereits im Jahr 1910 eine Stadt mit mehr als 2 Millionen Einwohner:innen – war ein vielsprachiger, multireligiöser Schmelztiegel und beheimatete auf einer Fläche, die wesentlich kleiner war als die des heutigen Wien – unzählige Ethnien, Religionen und Sprachen.

Aus dieser Vielfalt erwuchs die kulturelle und wissenschaftliche Stärke Wiens an der Jahrhundertwende. Jener Zeit, in der die Wurzeln vieler Leistungen liegen, von deren Weltruf Österreich bis heute zehrt: Die österreichische Schule der Nationalökonomie, der Wiener Kreis, die Wiener medizinische Schule, der Rechtspositivismus und die Psychoanalyse, um nur einige wenige zu nennen. Treffend daher der Wahlspruch Franz Joseph I.: „Viribus unitis", also „mit vereinten Kräften". Diese Stärke ist jedoch nicht selbstverständlich. Österreich-Ungarn zerbrach nach dem Ersten Weltkrieg in einzelne Nationalstaaten.

Denn auch traditionell vielfältige Gemeinwesen können in Krisen geraten. Ein Gemeinwesen, dem seine Bürger:innen die Unterstützung versagen, kann nicht überleben. Am deutlichsten führt uns das der Populismus in den USA vor Augen. „E pluribus unum", also „Aus vielen eines", der Wappenspruch des großen Siegels der Vereinigten Staaten zwischen 1782 und 1956, wirkt angesichts der dortigen gesellschaftlichen Polarisierung, geradezu zynisch.

Wir sollten uns hüten, die Vergangenheit zu idealisieren. Wenn wir versuchen, aus unserer Geschichte zu lernen, ist doch festzustellen, dass das friedvolle Zusammenleben Menschen unterschiedlichster Herkunft, Erfahrungen und Überzeugungen möglich sein kann, auch wenn – wie in der Habsburgermonarchie und in den USA – diese Stabilität fragil ist. Denn sie muss politisch gewollt sein und gestaltet werden. Doch was bedeutet das?

Das bedeutet, dass wir klarer als bisher darüber diskutieren müssen, welche Werte von uns als unverbrüchliche Rechte politisch anerkannt und geschützt werden müssen und dass wir deren Verletzen nicht akzeptieren. Die Demokratie muss – wie ein vielstrapazierter Begriff zurecht ausdrückt – wehrhaft sein.

Es sind drei Grundprinzipien, auf die wir uns stützen, und die für alle, die bei uns leben, verbindlich sind: Menschenwürde, Pluralismus und Demokratie. Menschenwürde bedeutet, dass jede:r von Geburt an das Recht hat, ihr und sein Leben in Freiheit und nach eigener Vorstellung zu leben. Dazu gehört die Gleichstellung der Geschlechter, überall.

Pluralismus bedeutet die Freiheit jedes/jeder Einzelnen, aber auch die Toleranz gegenüber allen Lebensentwürfen, Glaubensrichtungen, Weltanschauungen und sexuellen Orientierungen, solange sie in Freiheit und Eigenverantwortung gelebt werden. Der Staat ermöglicht jedem dieses Streben nach eigenem Glück, unabhängig davon, ob einem ein bestimmter Lebenswandel nachvollziehbar ist oder nicht. Man muss nicht alles gut finden, aber jede:r hat das Recht, nach eigener Façon glücklich zu werden.

Demokratie wiederum gibt uns die Spielregeln vor, nach denen wir zusammenleben. Die Spielregeln definieren wir auf rechtsstaatliche Weise. Keine Religion steht über den staatlichen Institutionen. Es herrscht das Recht, nicht das Recht des Stärkeren. Es gilt das Prinzip der Mehrheit, das eingeschränkt wird durch explizite Schutzrechte für Minderheiten. Diese gesellschaftlichen Regeln müssen von allen – freiwillig – akzeptiert werden.[4]

Glück und Lebenssinn zu finden ist eine Aufgabe, die ein Staat seinen Bürger:innen nicht abnehmen kann. Was das Privatleben angeht, hat der Staat agnostisch zu sein. Das bedeutet aber auch, dass der Staat und seine Repräsentant:innen kein Urteil über die persönliche Lebensführung der Bürger:innen fällen dürfen, solange diese im wechselseitigen Einvernehmen mündiger Personen stattfindet und die oben angeführten Grundwerte respektiert werden

Die Stadt – vor allem die Großstadt – war in der Geschichte immer wieder der Ort, der vielen ein glückliches Privatleben erst ermöglichte. Das auch deswegen, weil jene, die in ländlichen, traditionsbewussten Gegenden, aufwuchsen, aber keine Verbindung zur dortigen Mehrheitsgesellschaft verspürten, unter einem Druck zur Konformität standen. Ein Jahr in der Stadt zu leben kann das Leben verändern. Im Mittelalter sogar

---

4 Charles *Taylor*, Wieviel Gemeinschaft braucht die Demokratie? (Frankfurt am Main 2019) 53.

wortwörtlich. Denn wenn ein Unfreier ein Jahr in der Stadt lebte, konnte er von seinem Grundherrn nicht mehr zurückgefordert werden. Der sich darauf beziehende Satz „Stadtluft macht frei" hat – vor allem für Minderheiten – eine über seinen Ursprung als Rechtsgrundsatz hinausgehende Bedeutung. In der Möglichkeit authentisch leben zu können, wie es den eigenen Bedürfnissen und Wünschen entspricht, sowie frei von Zwängen mit und neben anderen Menschen zu leben, zeigt sich ihr Wert. Und auch durch die Freiheit, die sie ermöglicht, fühlen sich ihre Bewohner:innen mit der Stadt verbunden.

Menschenwürde, Pluralismus und Demokratie sind das Fundament unseres Gemeinwesens. Der Gemeinsinn ist das Salz in der Suppe unseres politischen Zusammenlebens. Das Gefühl der Zusammengehörigkeit, das durch eine gemeinsame Geschichte, Gegenwart und Zukunft bestimmt wird. Bräuche und Riten sind wirkmächtige Instrumente zur Schaffung gemeinsamer Verbundenheit, doch diese müssen für alle da sein, unabhängig ihrer Hautfarbe, ihres Geschlechts oder ihrer sexuellen Orientierung.

Prinzip Wien

Eine Metapher, die frühere Historiker für die 1848er Revolution verwendet haben, ist jene des „Völkerfrühlings". Hier – so die Behauptung – liegt die Wiege des Nationalismus. Das ist nur teilweise richtig. Zweifellos hat das Jahr 1848 für verschiedene Gruppen verschiedene Bedeutungen.[5] Für die „bürgerlichen Revolutionäre" war die Erhebung prinzipiell jedoch universell gemeint. Das politische System musste sich – jenen, die sich für fähig erachteten – öffnen. Das Recht sich zu versammeln und sich öffentlich zu artikulieren musste jedem – der es konnte – zugestanden werden. Die Trennung in soziale Stände – zumindest zwischen Adel und Bürgertum – mussten überwunden, nicht aufrechterhalten werden. Die Revolution von 1848 enthielt daher – auch vor dem Hintergrund ihres größtenteils unumstrittenen Einsatzes für eine konstitutionelle Monarchie(!) – ein Element der Vereinigung und der Schaffung eines Gemeinwesens für alle.[6] Ziel war nicht die atomisierte Gesellschaft, sondern den Bürger:innen die Mitwirkung an einem Gemeinwesen zu ermöglichen.

Die Identitätsdebatte der heutigen Zeit hat verschiedene Facetten. Einerseits werden in dieser verständliche Minderheitenanliegen nach sozialer Anerkennung formuliert.[7] Andererseits wird ein Verlust an patriotischen Gefühlen beklagt. Doch so wie Österreich nicht nur aus dem Bundesstaat, sondern aus Bundesländern besteht, bestehen die Bundesländer wiederum aus Regionen und Gemeinden. Eine Zugehörigkeit zu diesen

---

5 Darauf weisen nicht zuletzt Pieter Judson und Gabriella Hauch in ihren Texten in diesem Band hin.
6 *Gopnik*, A Thousand Small Sanities 126.
7 Siehe Francis *Fukuyama*, Identity. Contemporary Identity Politics and the Struggle for Recognition (London 2019).

herzustellen – durch gemeinsame Rituale und das gemeinsame Leben in diesen – ist oft leichter als eine Verbindung zu einem übergroßen, als entfernt erlebten Staat. Wien ist dafür ein sehr gutes Beispiel. Ein großer Teil der Wiener:innen ist nicht in der Stadt geboren, trotzdem gelten sie selbstverständlich als Wiener:innen. Ein Attribut, das die Zugehörigkeit zu Wien stärkt und auch breit geteilt wird. Auch Menschen, die mit dem Konzept des Patriotismus nichts anfangen können, weisen oft ein erstaunliches Maß an Wiener Lokalpatriotismus auf, der nicht zuletzt in dem Social-Media-Hashtag „Wienliebe" zum Ausdruck kommt.

Nicht nur Wien, sondern auch Österreich ist ein Land der Zuwanderung. Diese ist – auch mit Blick auf das Pensionssystem – eine ökonomische Notwendigkeit. Das bedeutet allerdings nicht, dass man die Augen vor Problemen verschließen sollte, die Migration mit sich bringen kann. Außerdem ist es notwendig, dass Migration – am besten europäisch – klar geregelt wird und irreguläre Formen der Zuwanderung massiv zurückgedrängt werden, um die Akzeptanz der Zuwanderung insgesamt zu stärken. Das Gefühl des staatlichen Kontrollverlusts, das insbesondere nach der Flüchtlingsbewegung 2015/2016 verstärkt wurde, war und ist eine große Gefahr für den Zusammenhalt unserer Gesellschaft. Dies wurde verstärkt durch eine nicht funktionale europäische Regelung (Dublin-Verfahren) und dem Erstarken von national-populistischen Parteien in ganz Europa, die prinzipiell gegen Migration Stimmung machen. Die Einigung auf eine Neuregelung der europäischen Migrations- und Asylpolitik durch ein umfassendes Migrations- und Asylpaket ist ein wichtiger Schritt für eine bessere Regelung und mehr Akzeptanz des europäischen Migrationssystems, die Effektivität der angedachten Regelungen steht allerdings noch in den Sternen.

Ein gutes Zusammenleben und erfolgreiche Integration bestehen aus Angeboten *und* aus klaren Konsequenzen, wenn diese verbindlichen Angebote nicht angenommen werden. Das gilt für den Spracherwerb, die Integration in Ausbildung und Arbeitsmarkt ebenso, wie für die Akzeptanz unserer Grundwerte und Prinzipien. Menschenrechte, und selbstverständlich auch die darin enthaltenen Frauen- und Minderheitenrechte, stehen bei uns nicht zur Diskussion. Abwertungstendenzen gegenüber Frauen und Minderheiten werden wir nicht zulassen.

Die Aufgabe der Stadt, beziehungsweise der Politik insgesamt, ist es, Angebote zu schaffen, die eine Identifikation mit Österreich als liberaler europäischer Demokratie, sowie seiner Geschichte und Traditionen, ermöglicht. Wien leistet hier bereits viel. Einerseits können bei uns alle Menschen, die einen Hauptwohnsitz in Wien haben, unabhängig ihrer Staatsbürgerschaft Petitionen an das Rathaus richten und somit ihre Stadt mitgestalten. Andererseits kommt natürlich vor allem der Bildung eine wesentliche Bedeutung bei der Identitätsstiftung zu. In Ermangelung eines Faches „Leben in der Demokratie", das es unbedingt bräuchte, sind es in dieser Legislaturperiode neu eingeführte lokale Projekte wie das Wiener Kinder- und Jugendparlament, die Kinder- und Jugendmillion, die Fachstelle Demokratie und die Wiener Bildungschancen, die diese politische Bildungsfunktion neben dem regulären Schulunterricht stärken und so einen Beitrag zur Demokratiebildung leisten.

Der Gemeinsinn und gelungene Integration ist eine Medaille mit zwei Seiten. Auf der einen Seite ist die Offenheit und Toleranz gegenüber Neuem durch die ansässige Bevölkerung. Die andere Seite der Medaille besteht darin, dass jene, die neu nach Wien kommen, ebenfalls ihren Beitrag zur Integration leisten. Dieser Beitrag besteht im Bekenntnis zu Menschenwürde, Pluralismus und Demokratie. Menschen, die diesen Beitrag leisten, sollen Wien selbstverständlich als ihre Heimat bezeichnen dürfen und von anderen auch als Wiener:innen anerkannt werden.

Niemand von uns sollte sich scheuen, sich zu unserer großartigen Stadt zu bekennen. In all ihrer Vielfalt, ihrer Geschichte, ihren Potenzialen. Probleme, die es zweifellos gibt, sind da, um gelöst zu werden. Ich habe daher auch kein Verständnis für politische Kräfte, die vorgeben „patriotisch" zu sein, öffentlich aber ausschließlich gegen Wien und die Wiener:innen vom Leder ziehen. Ein Geschäftsmann mit Migrationsbiographie, der mehrere Geschäfte auf einem Markt betreibt, hat unseren Respekt für seine Leistungen verdient, nicht die Verachtung spalterischer Pseudopatrioten. Wer seine Stadt, sein Land, verändern will, muss sie, muss es lieben.

Kommunaler Liberalismus

Was bedeutet (kommunaler) Liberalismus also im 21. Jahrhundert? Muss er sich „neu erfinden" wie Timothy Garton Ash in seinem Essay gefragt hat? Ja und nein. Er muss offen sein für die Herausforderungen der Zeit und Lösungen auf dem Fundament liberaler Werte finden. Die Grundwerte von Freiheit und Individualismus sind aktueller und schützenswerter denn je. Gleichzeitig muss der kommunale Liberalismus mutig neue Wege einschlagen und um Vertrauen der Bevölkerung werben, denn Vertrauen ist der Kitt unserer Demokratie. Die Basis für einen erfolgreichen kommunalen Liberalismus ist mehr denn je eine gute Bildung und insbesondere eine demokratische Grundbildung, um selbstbestimmt als mündige:r Bürger:in an unserer Gesellschaft teilhaben zu können. Dafür müssen der Staat und insbesondere die Stadt ihre Bemühungen intensivieren, um politische Teilhabe und Zugehörigkeit zu stärken. Es darf nicht zählen, woher man kommt, sondern was man bereit ist zum gesellschaftlichen Leben beizutragen. Der Erfolg für den kommunalen Liberalismus liegt insbesondere in der Erneuerung eines zentralen Versprechens: Durch das eigene Wirken und eine gute Bildung ist ein gutes Leben möglich. Gleichzeitig müssen Grundwerte klar benannt und eingefordert werden und bei Nichteinhaltung darf auch vor Konsequenzen nicht zurückgeschreckt werden. Diese Bereitschaft zur Selbstkritik, zur Korrektur und Reform ist dem Liberalismus von jeher eingeschrieben. Insofern bedeutet liberal sein das, was es immer bedeutet hat: Bereit und offen zu sein für den gesellschaftlichen Wandel und mit Mut und Zuversicht alle gesellschaftlichen Herausforderungen zu lösen.

Autor*innenverzeichnis

Mag. Dr. Clemens Ableidinger
Senior Researcher im NEOS Lab. Doktoratsstudium der Geschichte an der Universität Wien, mit Forschungsaufenthalten am European University Institute, Florenz, sowie am Collegium Carolinum München. Uni:Docs-Fellow an der Universität Wien (2018–2021), Theodor-Körner-Preisträger (2022).

Dr. Philipp Blom
Studien der Philosophie, Geschichte und Judaistik in Wien und Oxford. Er lebt heute als Schriftsteller und Historiker in Wien und schreibt regelmäßig für europäische und amerikanische Zeitschriften und Zeitungen.

Dr. Tamara Ehs
Politikwissenschaftlerin und Demokratieberaterin, u.a. für das Staatsministerium für Zivilgesellschaft und Bürgerbeteiligung Baden-Württemberg und die European Association for Local Democracy (ALDA) in Brüssel, engagiert sich zudem in der politischen Bildung. Ihre Forschung und Lehre konzentrieren sich auf die sozialen Fragen von Demokratie und Verfassung, auf politische Aspekte der Verfassungsrechtsprechung sowie auf die Herausforderungen der europäischen Integration.

Dr. Friedhelm Frischenschlager
Verteidigungsminister a. D. (1983–1986), Mitgründer des Liberalen Forums (LIF), Abgeordneter zum Nationalrat (1977–1983, sowie 1986–1996), Abgeordneter zum Europäischen Parlament (1996–1999), studierter Jurist, wissenschaftliche Tätigkeiten im Fach der Politikwissenschaften.

Assoc. Prof. Mag. Dr. Alfred Gerstl, MIR
Verfasste seine Dissertation über das Liberale Forum, für das er zuerst als persönlicher Mitarbeiter von Friedhelm Frischenschlager, anschließend als Referent im Liberalen Bildungsforum tätig war. Nach diesen Tätigkeiten spezialisierte er sich auf Internationale Politik, speziell im indopazifischen Raum und in Südostasien. Aktuell forscht und lehrt er als Privatdozent an der Universität Wien und als Associate Professor an der Palacký-Universität in Olmütz (Tschechien).

Univ. Prof. Dr. Gabriella Hauch
Universitätsprofessorin für Frauen- und Geschlechtergeschichte an der Universität

Wien. Von 2001 bis 2011 Gründungsprofessorin des gesamtuniversitären Instituts für Frauen- und Geschlechterforschung an der Johannes Kepler Universität Linz. Mit-Herausgeberin der OeZG (Österreichische Zeitschrift für Geschichtswissenschaften) und L'Homme. Europäische Zeitschrift für feministische Geschichtswissenschaft.

Univ. Prof. Dr. Wolfgang Häusler
Geboren 1946 St. Pölten. Professor für Österreichische Geschichte an der Universität Wien im Ruhestand. Publikationen zu den Forschungsschwerpunkten historische Landeskunde, österreichisch-jüdische Geschichte, Geschichte des 19. Jahrhunderts. Zum Thema der Tagung: Ideen können nicht erschossen werden. Revolution und Demokratie in Österreich 1789 – 1848 – 1918 (2017).

Prof. Pieter Judson
Professor für die Geschichte des 19. und 20. Jahrhunderts am European University Institute, Florenz, davor Isaac Clothier Professor am Swarthmore College, Pennsylvania. Seinen PhD absolvierte 1987 an der Columbia University.

Mag. Beate Meinl-Reisinger, MES
NEOS-Vorsitzende und Klubobfrau im Österreichischen Parlament. Die studierte Juristin zog als Gründungsmitglied von NEOS 2013 in den Nationalrat ein. 2015 zog sie nach einem erfolgreichen Wahlkampf als Spitzenkandidatin erstmals mit NEOS in den Wiener Landtag ein, bis sie 2018 den NEOS-Vorsitz übernahm und in den Nationalrat zurückkehrte. In ihrer politischen Arbeit kämpft sie für eine liberale, reformorientierte Politik.

Prof. Dr. Jana Osterkamp
Historikerin und Juristin. Professorin für die Verflechtungsgeschichte Deutschlands mit dem östlichen Europa an der Universität Augsburg. Leiterin des Bukowina-Instituts. Davor wissenschaftliche Mitarbeiterin des Collegium Carolinum mit Lehrtätigkeit an der Ludwig-Maximilians-Universität München.

Univ. Prof. Dr. Anton Pelinka
Jurist und Politikwissenschaftler, ab 1975 Professor an der Universität Innsbruck, Gastprofessuren in Stanford und Harvard. 1990–2012 Direktor des Instituts für Konfliktforschung in Wien, 2006–2018 Professor an der Central European University in Budapest.

Prof. Mag. Dr. Andreas Pittler
Schriftsteller und Sachbuchautor. Studien der Geschichte, Germanistik und Politikwissenschaft an der Universität Wien. Verfassen zahlreicher Romane und Sachbücher, darunter einer Biografie des liberalen Wiener Bürgermeisters (1868–1878) Cajetan Felder.

Dr. Pablo Vivanco
Historiker. Doktoratsstudium der Geschichte an der Universität Wien. Forschungsschwerpunkt: Geschichte des Liberalismus in der Habsburgermonarchie. Lehraufenthalt am Department of History an der University of California, Los Angeles (UCLA).

Prof. Janek Wasserman
Professor für moderne deutsche- und mitteleuropäische Geschichte an der University of Alabama. Seine Forschungsschwerpunkte umfassen die Ideengeschichte, mitteleuropäische Geschichte und Wirtschaftsgeschichte. 2019 erhielt er den Joseph Spengler Book Prize.

Univ. Prof. Dr. Manfried Welan
Politik- und Rechtswissenschaftler, Schriftsteller und ehemaliger Politiker. Ab 1969 Professor für Rechtslehre am Institut für Rechtswissenschaft der Universität für Bodenkultur Wien (BOKU). 1977 bzw. 1991–1993 Rektor der BOKU. 1983–1991 Abgeordneter zum Wiener Landtag und Gemeinderat (ÖVP), 1968/87 Stadtrat, 1988–1991 Dritter Landtagspräsident. Hauptarbeitsgebiete: Staat, Recht, Politik, Universität und Umwelt.

Christoph Wiederkehr, MA
Vizebürgermeister der Stadt Wien, sowie Wiener Landessprecher und Stv. Bundesvorsitzender der NEOS. Studium der Politikwissenschaften an der Universität Wien mit Studienaufenthalten an der University of Sussex, sowie der Australian National University.